KB033227

페이크
FAKE

FAKE

Fake Money, Fake Teachers, Fake Assets
How Lies Are Making the Poor and Middle Class Poorer

by Robert T. Kiyosaki

Copyright © 2019 Robert T. Kiyosaki

This edition is published by arrangement with Rich Dad Operating Company, LLC.

First Korean Edition: July 2019

Rich Dad, CASHFLOW and The CASHFLOW Quadrant (The EBSI symbol)
are registered trademarks of CASHFLOW Technologies, Inc.
All rights reserved.

Korean Translation Copyright © Minumin 2019

이 책의 한국어판 저작권은 Rich Dad Operating Company, LLC.와 독점 계약한 (주)민음인에 있습니다.
저작권법에 의해 한국 내에서 보호를 받는 저작물이므로 무단 전재와 무단 복제를 금합니다.

ROBERT KIYOSAKI

로버트 기요사키

박슬라 옮김

페이크
FAKE

FAKE MONEY · FAKE TEACHERS · FAKE ASSETS

가짜 뉴스와 정보에서 진짜 돈과 자산을 지켜라

민음인

transparency(명사)

1. 투명성 또는 투명한 정도

2. 투명한 것

3. 시가 수준, 시장 깊이, **재무** 감사 보고서 등 투자자가 회사에 대한
   재무 정보에 즉시 접근할 수 있는 범위

부자 아빠는 종종 이렇게 말했다.
"맑은 물에서는 물고기를 잡을 수 없다."

— 중국 속담 중에서

진실을 추구하는 이들에게 이 책을 바친다.

감사의 말
C학생이 A학생에게

나는 글을 못 써서 고등학교 때 두 번이나 낙제했다. 10학년 때는 영어 과목에서 F를 받았다. 글을 쓸 줄 몰랐다는 뜻이 아니다. 당연히 쓸 줄 알았다. 다만 맞춤법과 구두법을 잘 사용하지 못했고 언제나 "문법적으로 부정확하다."는 평가를 받았다.

그런데도 내가 F를 맞은 진짜 이유는 아마 영어 교사가 내가 쓴 글을 좋아하지 않았기 때문일 것이다. 나는 그 교사에 대한 나의 의견을 썼다. 왜 수업 시간에 아무도 관심조차 없는 책을 읽어야 하는지 궁금했다. 그리고 어쨌든 그 교사는 자신이 해야 할 일을 제대로 하지 못했다. 우리 반 학생 중 75퍼센트가 F를 받았으니까.

10학년에 낙제했을 때는 자퇴할까도 생각했다. 나는 크게 낙담했다. "멍청하다."는 소리를 좋아할 사람은 아무도 없지 않은가. 나는 학교가 싫었다. 나는 배움을 갈망했지만 필요도 없는 교과목을 억지로 공부하고 싶지는 않았다. 우리 아버지, 즉 가난한 아빠가 설득해 자퇴만은 막았지만, 이미 돌이킬 수 없는 상처를 입은 뒤였다. 부자 아빠의 아들도 같은 교사가 가르치는 영어 과목에서 F를 받았다.

그 뒤로 나는 우리 반에서 가장 똑똑한 여학생의 옆자리에 앉아 무사히 학교를 졸업했다. 그 아이는 'A학생'이었다. 학교에서는 다른 사람에게 도움을 요청하는 것을 "부정행위"라고 하지만 비즈니스 세상에서는 그것을 "협력"이라고 부른다. A학생과 '협력'하지 않았다면 나는 고등학교를 마칠 수 없었을 것이다.

오늘날 나는 '베스트셀러 작가'라는 명성을 얻었고, 내 저서는 개인 재무관리 분야에서 부동의 1위를 지키고 있다. 그런 명성을 얻을 수 있었던 것은 내가 다른 사람들과 협력했기 때문이다.

이렇게 긴 사설을 늘어놓은 이유는 출판계의 거물인 모나 감베타에게 감사의 마음을 전하기 위해서다. 모나는 내 A학생이다. 모나는 내 편집자이자 출판업자이자 코치이자 응원가며, 아주 가까운 친구이기도 하다. 우리는 오랜 세월 동안 서로 협력하며 여러 권의 책을 세상에 내놓았다. 모나가 아니었다면, 그리고 그녀가 내 새로운 A학생이 아니었다면, 이 책 『페이크』는 출간되지 못했을 것이다.

『페이크』는 사실 1년 전에 출간되었어야 했다. 이 책을 쓴 이유는 — 그리고 다시 고쳐 쓴 이유는 — 세상이 너무 빠르게 변화하고 있고 가짜 돈이라는 복잡한 주제를 최대한 단순하게 설명해야 했기 때문이다.

모나는 아무런 불평도 비난도 비판도 없이 언제나 나를 격려해 주었다. 『페이크』를 몇 번이고 거듭 다시 수정했을 때도 마찬가지였다. 그녀는 절대로 나를 포기하지 않았다.

이 책은 내가 모나에게 바치는 '감사'의 표시다. 모나 감베타가 아니었다면, 그리고 그녀의 지지와 참을성과 아무리 힘들고 어려울 때도 기꺼이 보내 준 피드백이 없었다면, 나는 지금과 같은 '진짜' 작가가 될 수 없었을 것이다.

차례

머리말

미래는 가짜다

이 책 『페이크』는 원래 2018년 4월에 탈고되어 그해 가을에 출간될 예정이었다.

2018년 5월 28일, 나는 가판대에 늘어서서 "날 봐요!", "날 집어 가요!", "날 읽어 줘요!"라고 앞다퉈 외치고 있는 신문과 잡지들 앞을 지나가고 있었다.

개중에서 가장 큰 목소리로 유혹하는 것은 예쁜 여자들과 멋진 스포츠카가 크게 박힌 잡지들이었다. 그렇지만 내 먹살을 붙잡고 "나를 반드시 읽어야 해!"라고 윽박지른 것은 《타임》지의 밋밋한 표지였다. 표지의 헤드라인은 이렇게 외치고 있었다.

"우리 세대가 미국을 파산시켰다."

이 책의 출간을 미룬 것은 바로 그 기사가 나에게 미친 충격 때문이었다.

퍼즐의 마지막 조각

1,000조각짜리 커다란 지그소 퍼즐을 맞춰 본 적이 있는가? 몇 시간, 때로는 며칠이나 몇 주일을 들여 무수히 많은 조각들을 뒤져 보다가 마침내 퍼즐을 완성시키는 데 결정적인 역할을 하는 조각을 찾아낸 적이 있는가?

《타임》지의 그 기사는 과거와 현재, 미래의 그림을 완성시키는 1,000조각 퍼즐의 마지막 조각이었다. 『페이크』에는 《타임》지의 기사가 필요했고, 그것은 이 책을 다시 써야 한다는 의미였다.

그 기사는 스티븐 브릴Steven Brill이 고학력 엘리트에 관해 쓴 것이었다. 필자인 브릴 본인도 매사추세츠주에 위치한 명문 사립학교인 디어필드 아카데미를 거쳐 예일대와 예일 법학대학원을 졸업한 엘리트였다.

브릴의 기사를 조금 인용해 보자.

내 (베이비붐) 세대의 모범생들이 일류 대학을 졸업하고 직업 세계로 들어서면서, 그들의 개인적인 성공은 사회적으로 매우 심각한 결과를 불러일으켰다.

해석: 엘리트 계층은 탐욕에 빠져 남들을 희생시키며 자신들의 배를 불렸다.

그들은…… 새 자산을 구축하기보다 자산을 복잡하게 옮기는 거래를 기반으로 하는 경제를 창조했다.

해석: 엘리트 계층은 새로운 비즈니스와 상품, 일자리를 창출하여 미국 경제를 재건하는 것이 아니라, 그들 자신을 부자로 만드는 방법에만 집중했다.

그들은 파생상품과 신용부도스왑을 비롯해 매혹적이고 위험부담이 높은 금융 도구를 고안해 냈고, 이는 빠른 수익이라는 황홀경을 낳는 동시에 위험을 감수하는 이들과 그 결과를 감당해야 할 이들을 분리시켰다.

해석: 엘리트 계층은 그들 자신과 친구들은 부자로 만들지만 다른 모든 이들은 가난하게 만드는 가짜 자산을 창조했다. 그들은 실패했을 때조차도 보너스를 가져가지만, 평범한 엄마 아빠와 그 자녀들은 세금과 인플레이션을 통해 엘리트 계층의 실패 비용을 부담해야 한다.

퍼즐의 첫 번째 조각

브릴의 기사가 내 퍼즐을 완성시킬 마지막 조각이었다면, 퍼즐의 첫 번째 조각은 1983년에 출간된 『자이언트 그런치*Grunch of Giants*』였다.

그런치Grunch는 '보편적 총 현금강탈GRoss UNiversal Cash Heist'의 약자로, 미래학자이자 지오데식 돔의 발명가로 유명한 R. 버크민스터 풀러 박사의 저작이다.

버크민스터 풀러 박사가 지은 엑스포 67의 미국관

1967년에 나는 당시 "미래를 조명하는 세계박람회"라고 홍보하던 '엑스포 67: 인간과 세계'에 참가하기 위해 뉴욕에서부터 캐나다 몬트리올까지 히치하이킹을 했다. 세계박람회에 설치된 미국관이 바로 풀러의 지오데식 돔이었다.

몬트리올에서 풀러를 만나지 못했지만 나는 1981년과 82년, 83년에 그를 만나 강의를 듣고 함께 공부할 기회를 얻을 수 있었다. 아래 사진은 내가 1981년 캘리포니아주 타호호(湖) 근방의 커크우드에서 열린 '비즈니스의 미래'라는 행사에 참가했을 때 풀러 박사와 같이 찍은 사진이다. 그와 함께한 모든 경험이 나 자신과 인생을 뒤바꾸는 계기가 되었다.

버크민스터 풀러와 기요사키

가수 존 덴버는 풀러에게 헌정하는 노래인 「한 사람이 할 수 있는 일What One Man Can Do」에서 이 위대한 인물을 "미래의 할아버지grandfather of the future"라고 부르기도 했다.

풀러는 1983년 7월 1일에 세상을 떠났다. 내가 그를 마지막으로 만나고 약 3주일 뒤의 일이었다. 부고를 듣자마자 서점으로 달려가 그의 유작인 『자이언트 그런치』를 사서 읽은 기억이 난다. 풀러는 부자 아빠가 그의 아들과 내게 가르치던 것과 똑같은 이야기를 하고 있었다. 『자이언트 그런치』는 초부자들이 세상을 "등쳐 먹는" 이야기다. '그런치'는 내 새로운 1,000조각 퍼즐의 첫 번째 조각이었다.

1983년부터 2018년까지 나는 무수한 글을 읽고 연구하고 세미나에 참석하면서, 그런치 퍼즐을 완성시킬 다른 조각들을 갖고 있는 사람들의 이야기를 듣고 배웠다.

내가 만나고 읽고 연구한 진짜 교사들에 대해서는 이 책의 2부인 '가짜 교사'에서 설명하도록 하자.

그러던 중 2018년 5월 28일, 『자이언트 그런치』를 읽은 뒤 무려 35년 후에 브릴의 기사가 실린 《타임》지를 맞닥뜨린 것이다. 그것은 1,000조각 퍼즐의 결정적인 마지막 조각이었고, 브릴은 『자이언트 그런치』에서 풀러가 예측하고 우려했던 것들이 대부분 현실이 되었음을 입증해 주었다.

풀러는 미래학자였다. 그가 『자이언트 그런치』에서 제시했던 수많은 예측과 우려는 오늘날 현실화되었으며, 브릴의 기사는 '시의적절'하게 등장했다.

브릴의 기사 때문에 『페이크』의 발간이 미뤄지긴 했지만 오직 극소수만이 알고 있는, 미국에서 가장 훌륭하고 똑똑하고 명석한 고학력 엘리트들의 세상에 대한 식견과 통찰력을 나눠 준 데 대해 그에게 감사하지 않을 수가 없다.

혹시 궁금해할까 봐 설명하자면, 그런 '엘리트' 중에 가장 유명한 인물들을 들자면 다음과 같다.

1. 빌 클린턴 대통령
2. 힐러리 클린턴 국무장관
3. 버락 오바마 대통령
4. 조지 H. W. 부시 대통령
5. 조지 W. 부시 대통령
6. 벤 버냉키 연방준비제도 의장
7. 재닛 옐런 연방준비제도 의장
8. 밋 롬니 상원의원

이밖에도 전 세계에서 수많은 엘리트들이 세상을 지배하고 있다.

나는 이들이 악인이라든가(어쩌면 일부는 그럴지도 모르지만) 배후에서 음모를 꾸미고 있다고 주장하는 게 아니다. 나는 그들 중 대부분이 좋은 사람이고 그들이 '옳다'고 생각하는 일을 하고 있다고 믿는다. 문제는 이 엘리트들이 너무 똑똑한 까닭에 자기성찰이 부족하고 수십억이 넘는 죄 없는 사람들의 삶을 파괴하고 있으면서도 멈추지 않고 계속 자기가 옳다고 생각하는 일을 행하고 있다는 것이다.

그런치와 고학력 엘리트가 '반드시' 일치하는 것은 아니다. 풀러는 엘리트 계층을 그런치라고 지칭하지 않았다. 내 기억에 따르면 풀러는 그의 강의와 저서에서 엘리트를 꼭두각시 인형으로, 그런치 주도자들을 꼭두각시 인형을 부리는 조종사로 비유했다. 그들은 어둡고 보이지 않는 막후에 숨어 있는 것을 좋아하지만, 이 책에서 나는 그들을 환한 조명 밑으로 끌어낼 것이다.

자, 그렇다면 이 『페이크』는 무엇에 관한 책일까?

무엇이 진짜이고 무엇이 가짜인가

세상과 담을 쌓고 있지 않는 이상, 우리는 오늘날 이런저런 가짜의 소용돌이 속에 살고 있다. 한때 우리가 믿었던 거의 모든 것들이……가짜인 듯이 보이기도 한다.

도널드 트럼프 대통령은 진실 또는 진실로 인식되는 다양한 문제를 보도하는 언론 매체들을 "가짜fake 뉴스"라고 비난했고, 단번에 그 단어를 유행시켰다. 소셜 미디어에는 수많은 가짜 팔로워가 있다. 수백만 명이 가짜 롤렉스와 가짜 루이뷔통, 가짜 베르사체를 구입하는 데 수십억 달러를 소비한다. 심지어 가짜 의약품도 있다.

2019년 1월 17일 자《타임》지는 로저 맥나미의 저서『저커버그되다Zucked』를 인용해 '정보'와 '허위 정보(즉 가짜 뉴스)'의 차이점에 대해 설명한다.

페이스북에서 정보와 허위 정보는 똑같아 보인다. 유일한 차이점이 있다면 허위 정보가 더 많은 수익을 벌어들이고, 따라서 더 나은 대접을 받는다는 것이다.

이런 형태의 허위 정보는 계속해서 사람들을 자극하고 부풀어 올라…… 대중을 도발하고, 흥분시키고, 폭발하게 만든다.

딥 페이크

'딥 페이크deep fake'란 무엇일까? 그것은 자잘한 손재주를 가진 아마추어가 유명인의 이미지나 목소리를 추출해 진짜처럼 보이는 가짜 영상을 만드는 기술이다.

짐작하겠지만, 딥 페이크 기술이 제일 인기 있는 분야는 포르노 영상이나 사진에 영화배우의 얼굴을 합성하는 것이다. 그보다 더 위험한 것은 강대국의 지도자가 다른 나라에 선전포고하는 영상을 만드는 것일 테다.

간단히 말해서 우리는 더 이상 눈과 귀를 믿을 수 없는 세상에 살고 있다.

오늘날의 세상에서 무엇이 진짜이고 가짜인지 확인하는 행위는 부유와 가난, 전쟁과 평화, 나아가 심지어 생사를 가를 수도 있는 중요한 일이다.

이 책은 무엇을 다루는가

『페이크』는 다음 세 가지 '가짜'에 대해 다룬다.

1. 가짜 돈: 가짜 돈은 부자를 더욱 부자로 만들고 가난한 사람들과 중산층은 더욱 가난하게 만든다.

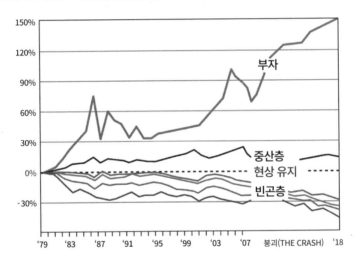

경제적 격차

1979년 대비 계층별 소득점유율 변화(세후 및 인플레이션 반영)

출처: 의회 예산처

2. 가짜 교사: 학교에서 돈에 대해 무엇을 배웠는가? 대부분은 "아무 것도 못 배웠다."고 대답할 것이다. 교사들은 대개 좋은 사람들이지만 미국의 교육 제도는 붕괴했고, 구식이 되었으며, 학생들이 현실 세계

에 대비하게 하는 데 실패했다.

우리의 교육 제도는 학생들을 밝은 세상으로 인도하기는커녕 수백만 젊은이들을 암흑처럼 깜깜한 재정 상태와 가장 악랄한 형태의 부채로 이끌고 있다. 바로 학자금 대출 말이다.

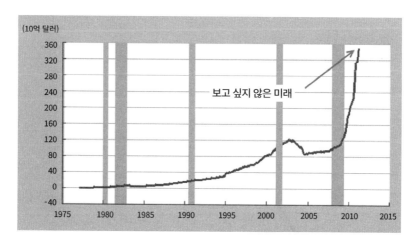

미국 연방 정부 및 샐리메이(Sallie Mae)가 보유한 총 소비자 대출(TOTALGOV)
도표의 음영 부분은 미국 경제의 침체기를 의미한다.

출처: 연방준비제도 이사회

현재 학자금 대출액은 총 1.2조 달러를 넘어섰는데 이는 미국 정부가 보유한 가장 큰 자산이기도 하다.

범죄 세계에서는 이런 것을 '갈취extortion'라고 부른다. '갈취'의 사전적 정의는 다음과 같다. 1) 남의 돈이나 재산을 강제로 빼앗는 행위, 특히 공무원이 직권을 남용해 저지르는 그 같은 행위. 2) 과잉 청구.

3. 가짜 자산: 먼저 자산과 부채의 차이에 대해 정확히 이해할 필요가 있다. "자산은 내 주머니에 돈을 넣어 주는 것이다." 그리고 "부채는 내 주머니에서 돈을 빼 가는 것이다."

가난한 아빠는 늘 "우리 집은 가장 큰 자산이다."라고 말했다. 부자 아빠는 "집은 자산이 아니라 부채다."라고 말했다. 많은 사람들이 집이 자산이라고 생각한다.

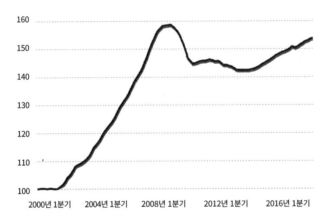

집은 자산이 아니다

세계 주택가격지수는 금융 위기 이전 수준으로 아직 회복되지 못했다.(동일가중평균)

출처: 국제결제은행, 유럽중앙은행, 댈러스 연방준비은행, 세빌스 및 정부 출처

2008년, 주택 시장이 붕괴했다. 샌프란시스코와 뉴욕, 호놀룰루처럼 집값이 오히려 치솟은 일부 도시를 제외하고는 전 세계 수많은 도시의 주택 가격은 위의 IMF 자료에서 볼 수 있듯이 아직도 회복되지 못했다.

금융계의 대량살상무기

'부동산 붕괴'는 진짜 부동산 붕괴가 아니었다. 그것은 가짜 자산 때문에 일어난 일이었다. 브릴이 《타임》지 기사에서 묘사한 가짜 자산 말이다. 그가 뭐라고 말했는지 다시 한번 읽어 보자.

(엘리트 계층은) 새 자산을 구축하기보다 자산을 복잡하게 옮기는 거래를 기반으로 하는 경제를 창조했다. 그들은 파생상품과 신용부도스왑을 비롯해 매혹적이고 위험부담이 높은 금융 도구를 고안해 냈고, 이는 빠른 수익이라는 황홀경을 낳는 동시에 위험을 감수하는 이들과 그 결과를 감당해야 할 이들을 분리시켰다.

워런 버핏은 이러한 파생상품을 "금융계의 대량살상무기"라고 표현했다.

그라면 진즉부터 알고 있었을 것이다. 버핏이 소유한 회사 중 하나가 그런 파생상품을 평가하고 보증하는 곳이기 때문이다.

2008년에 거의 700조 달러 규모에 이르는 파생상품 시장이 붕괴했고, 그 결과 세계 경제가 거의 무너질 뻔했다.

많은 사람들이 '서브프라임 부동산' 구매자들 때문에 부동산 시장이 붕괴했다고 비난하지만, 실은 엘리트 계층이 파생상품이라고 불리는 가짜 자산을 마구 찍어 냈기 때문이었다. 그것이 부동산 붕괴의 진짜 원인이다.

미래를 보고 싶다면 큰 그림을 보라

백문이 불여일견이니, 다음 도표를 보자. 125년에 걸친 다우존스 산업평균지수의 변화를 그린 도표다.

다우존스 산업평균지수(DJIA) | 1895~2015
도표의 음영 부분은 미국 경제의 침체기를 의미한다.

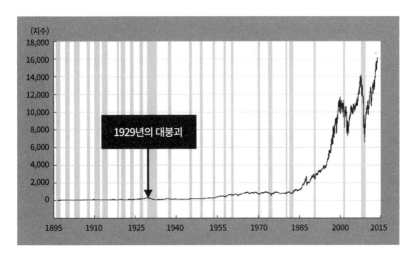

출처: S&P 다우존스 지수

버크민스터 풀러는 먼저 큰 그림을 본 다음에 작은 그림을 보라고 가르쳤다. 하지만 불행히도 대부분의 투자자는 작은 그림에서 시작해 외려 시야를 점점 좁혀 가는 경향이 있다. 이를테면 많은 투자자가 아침에 눈을 뜨면 관심 있는 주식 '하나'의 주가가 올랐는지 떨어졌는지 확인한 다음 일을 하러 간다. 그들은 주식 하나, 예를 들어 '아마존'에는 전문가일지는 몰라도 큰 그림을 보지는 못한다. 글로벌 시장에 존재하는 수천 개의 주식 가운데 고작 하나만으로는 미래에 대한 정보를 얻을 수 없다.

풀러 박사는 이렇게 가르쳤다. "미래를 보고 싶다면 가능한 한 가장 큰 그림부터 살펴봐야 한다."

앞에서 본 도표는 한 발짝 뒤로 물러나 세월의 변화를 보다 거시적인 관점에서 살펴볼 수 있게 해 준다.

이 책의 상당 부분이 이 그래프와 비슷한 과정을 따라 진행될 것이며, 독자 여러분 또한 더 넓은 관점으로 미래를 볼 수 있게 될 것이다.

돈은 눈에 보이지 않는다

이 책에서 알려 주는 또 다른 진실은 돈이 눈에 보이지 않는다는 것이다. 도표와 그래프는 '보이지 않는 돈'이 다양한 시장에 들고 나는 과정을 살펴볼 수 있는 능력을 준다. 『부자 아빠 가난한 아빠』에서 나는 현금흐름의 중요성에 대해 강조했고, 1996년에는 아내인 킴과 함께 '캐시플로 보드게임'을 개발했다. 부자 아빠는 종종 "부자는 들어오는 현금흐름이 더 많고, 가난한 사람과 중산층은 나가는 현금흐름이 더 많다."고 말했다.

풀러는 "눈에 보이지 않으면 다가오는 것을 피할 수도 없다."고 말했다. 그래서 미래를 '보는 것'이 그토록 중요한 것이다.

이 책을 쓸 때 나는 늘 KISS(엄청나게 단순하게 만들 것, Keep It Super

Simple)를 마음에 새기고, 독자 여러분이 지루하지 않게 자잘한 사실이나 숫자보다 표나 그래프 같은 시각 자료를 더 많이 활용했다.

대붕괴

다시 앞의 도표로 돌아가 보자. 다우존스 그래프에서 1929년의 대붕괴가 강조된 데에는 그럴 만한 이유가 있다. 한 발 뒤로 물러나 1929년에 발생한 증시 대폭락을 돌아보고 그것을 2000년의 '닷컴 버블 붕괴'와 2008년의 '서브프라임 붕괴'와 비교해 본다면 어째서 풀러가 『자이언트 그런치』를 집필하고, 내가 『부자 아빠 가난한 아빠』를 쓰고, 스티븐 브릴이 「우리 세대가 미국을 파산시켰다」를 썼는지 이해할 수 있을 것이다.

여기서 다시 브릴의 글을 인용해 보겠다. 왜냐하면 이건 정말로, 정말로 중요한 이야기이기 때문이다.

(엘리트 계층은) 새 자산을 구축하기보다 자산을 복잡하게 옮기는 거래를 기반으로 하는 경제를 창조했다. 그들은 파생상품과 신용부도스왑을 비롯해 매혹적이고 위험부담이 높은 금융 도구를 고안해 냈고, 이는 빠른 수익이라는 황홀경을 낳는 동시에 위험을 감수하는 이들과 그 결과를 감당해야 할 이들을 분리시켰다.

세계를 강타한 거품 경제의 탄생과 붕괴는 고학력 엘리트들이 제도

안에 쏟아부은 수조 달러의 가짜 돈 때문에 발생한 것이다.

그래서 그들은 문제를 해결했는가? 그럴 리가 있나. 그 문제가 그들을 부자로 만들어 주는데 뭐 하러 해결한단 말인가? 뭐 하러 바꾼단 말인가? 왜 변화를 주겠는가? 산다는 게 이렇게나 멋지고 근사한데. 물론 엘리트층에게만 말이다.

2008년 파생상품 시장의 규모는 거의 700조 달러에 달했다.
2018년 현재 파생상품 시장의 상한 추정치는 1,200조 달러다.

잘못 들은 게 아니다. 엘리트들은 문제를 더 크고 심각하게, 거의 두 배로 부풀렸다. 내가 이 책을 쓰고 있는 지금, 우리는 1,000조 달러 이상 규모의 재앙을 목전에 두고 있다.

이 책의 목적

내가 책을 쓰고 캐시플로 게임을 개발한 이유는 나나 이 책을 읽는 당신처럼 평범한 이들이 ― 고학력 엘리트가 아니라 ― 다가오는 금융 위기를 극복하고, 성공을 거두고, 어쩌면 나아가 큰 부자가 될 수 있는 기회를 주기 위해서다. 거듭 말하지만 머지않아 우리는 '1,000조 달러 이상' 규모의 대붕괴를 직면하게 될 것이다.

우리는 지금 '어마어마한 규모의 숫자'를 말하고 있다.

100만은 얼마나 큰 숫자인가?

많은 사람들이 백만장자가 되고 싶어 한다.

100만은 1,000에 1,000을 곱한 숫자다.

$1,000 × 1,000 = $1,000,000

10억은 얼마나 큰 숫자인가?

10억은 100만에 1,000을 곱한 숫자다.

$1,000,000 × 1,000 = $1,000,000,000

1조는 얼마나 큰 숫자인가?

1조는 10억에 1,000을 곱한 숫자다.

$1,000,000,000 × 1,000 = $1,000,000,000,000

1,000조는 얼마나 큰 숫자인가?

1,000조는 1조에 1,000을 곱한 숫자다.

$1,000,000,000,000 × 1,000 = $1,000,000,000,000,000

여기서 질문. 그렇다면 1,200조 규모의 파생상품이 날아간다면 어떤 일이 생길까?

그래서 나는 이 책을 써야만 했다.

고학력 엘리트들이 우리의 돈을, 교사를, 그리고 우리의 자산을 손에 넣고 뒤흔들면 경제는 카드로 만든 집처럼 위태로워진다.

넓은 관점에서 보라

- 10억 초 전에는 1987년이었다.
- 10억 분 전에는 예수가 이 땅에 살아 있었다.
- 10억 시간 전에 인류는 동굴에 살았다.
- 10억 일 전에 인류는 지구상에 존재하지 않았다.
- 미국 정부는 두 시간마다 10억 달러를 소비한다.

1983년에 버크민스터 풀러가 지금과 같은 미래를 예견했다.
1996년에 캐시플로 게임이 발명되었다.
1997년에 『부자 아빠 가난한 아빠』가 출간되었다.
2018년에 스티븐 브릴이 풀러가 예견한 미래가 마침내 눈앞에 도래
했음을 확인해 주었다.

그래서 나는 『페이크』의 출간을 연기했다.
여러분에게 완성된 퍼즐을 보여 주기 위해서.

FAKE MONEY

TEACHERS

ASSETS

1부

가짜 돈

1971년, 리처드 닉슨 대통령이 미국 달러화에 대한 금본위제를 폐지했고,
미국 달러화는 정부의 돈인 '명목화폐(fiat money)'가 되었다.
부자 아빠는 명목화폐를 "가짜 돈(fake money)"이라고 불렀다.
그분은 또 이렇게 말했다.
"가짜 돈은 부자를 더 부자로 만든다.
그리고 안타깝게도……
가짜 돈은 가난한 사람들과 중산층을 더 가난하게 만든다."
그래서 『부자 아빠 가난한 아빠』의 첫 번째 교훈은
"부자들은 '가짜' 돈을 위해 일하지 않는다."이다.

첫 번째 거짓말
"저축을 하면 부자가 된다."

Chapter 1

가짜 돈
곧 세상이 바뀔 거다

1972년에 나는 해병대 장교로 복무하며, 베트남 연안에 떠 있는 항공모함에서 무장 헬리콥터 조종사로 주둔하고 있었다. 내가 베트남에 간 것은 그게 두 번째였다. 처음으로 베트남을 방문한 것은 1966년에 킹스포인트의 해양사관학교에서 장교후보생으로 있을 때였다.

1966년에 나는 열아홉 살이었고, 2차 세계대전 때 독일과 일본, 이탈리아에 대항할 무기와 물자를 수송하기 위해 대량생산된 낡고 녹슨 '빅토리급' 수송선에 타고 있었다. 다만 당시 이 오래된 선박은 2차 세계대전의 물자가 아니라 500, 750, 또는 1,000파운드에 달하는 폭탄을 베트남으로 실어 나르고 있었을 뿐이다.

1972년에 나는 스물다섯 살이었고, 이번에는 헬기 조종사가 되어 항공모함에 타고 있었다.

부자 아빠에게서 온 편지

그러던 어느 날 나는 부자 아빠에게서 편지를 한 통 받았다. 거기에는 이렇게 쓰여 있었다. "닉슨 대통령이 금본위제를 폐지했다. 조심하렴. 곧 세상이 바뀔 거다."

닉슨 대통령은 1971년 8월 15일에 미국 달러화의 금태환을 완전히 중지했다. 이 선언은 당시 인기 TV 드라마였던 「보난자Bonanza」의 정규 방송 중간에 긴급히 발표되었는데, 나는 그 드라마도 대통령의 중요한 성명도 놓친 게 틀림없었다.

2018년, 내가 이 글을 쓰고 있는 지금도 대부분의 사람들이 닉슨의 1971년 선언이 얼마나 중요한 의미가 있는지 아직도 깨닫지 못하고 있다. 부자 아빠의 말처럼 "세상이 바뀔" 참이었고, 실제로 바뀌었다. 미국 달러의 금본위제를 폐지함으로써 닉슨 대통령은 세계 역사상 가장 거대한 변화 중 하나를 야기했다. 그러나 불행히도 그 변화가 전 세계 사람들의 삶을 얼마나 크게 바꾸었는지 아는 이는 지금까지도 실로 극소수에 불과하다.

그때 나는 세상이 왜 바뀌는지, 또 얼마나 바뀔지 짐작조차 못 하고 있었다. 나는 닉슨 대통령이 보내는 메시지를 이해하지 못했지만, 부자 아빠가 보낸 경고는 내 관심을 사로잡았다.

나는 항공모함에 있는 조종사 대기실에서 《월스트리트 저널》을 발견하고 해답을 찾아보기 시작했다. 그러나 《월스트리트 저널》마저 금에 관한 기사라고는 온스당 35달러였던 금값이 상승하고 있고, 온스당

40~60달러 사이에서 변동하고 있다는 짧은 언급뿐이었다. 또 다른 잡지에서는 금값이 온스당 1,000달러까지 폭등할 수 있다는 '허무맹랑한' 예측을 내놓고 있었다.

금값이 변동하고 있다는 사실이 아주 흥미로웠다. '왜 금값이 오르고 있는 거지?' 나는 자문했다. '그게 무슨 뜻일까?'

> "
> 내가 이 책을 쓰고 있는 현재, 비트코인과 다른 가상화폐의 가격이 엄청난 속도로 폭등했다가 하락하고 있다. 비트코인이나 블록체인 기술을 사용한 화폐가 사람들의 삶과 미래, 그리고 재정적 안정에 어떤 영향을 미치게 될지 제대로 이해하고 있는 사람은 소수에 불과하다.
> 1971년에 발생한 금값 상승과 2018년에 발생한 비트코인 가격의 상승은 거대한 글로벌 변화를 예고하는 전조 현상이다. 세계의 금융 구조판이 들썩이고 곧이어 금융 지진과 금융 쓰나미가 닥쳐올 것이다.
> "

가짜 뉴스의 이면

테드는 나처럼 금에 관심이 있는 동료 조종사였다. 우리는 자유 시간에 금에 대해 공부하기 시작했는데, 조사를 하다 보니 금과 미래의 변화에 대해 조금 더 이해할 수 있게 되었다.

뉴스에 따르면 닉슨 대통령이 금본위제를 폐지한 것은 미국이 독일에서 폭스바겐을, 일본에서 도요타를, 프랑스에서 고급 와인을 너무 많이 수입하고 있기 때문이었다. 미국은 이러한 무역 불균형 문제를 해결해야만 했다.

이 상황을 꼼꼼히 살펴보면 다음과 같다.

- **무역 적자**: 무역 적자란 수출보다 수입을 더 많이 하고 있다는 뜻이고, 미국이 그러한 상태였다.
- **문제점**: 문제는 프랑스나 이탈리아, 스위스 등의 국가가 물품에 대한 대금으로 미국 달러를 받고 싶어 하지 않는다는 것이었다. 그들은 미국 달러를 신용하지 않았고, 금을 원했다.
- **해결책**: 닉슨은 '금 창구를 닫아 버렸다.' 다시 말해 이제는 금이 미국 밖으로 유출되지 않는다는 얘기다.
- **진짜 혹은 가짜**: 정말로 그것이 금본위제를 폐지한 진짜 이유일까, 아니면 가짜 이유일까?

아마 가짜일 것이다. 닉슨 대통령이 괜히 "교활한 딕"이라고 불리는 게 아니다.

이 책의 뒷부분에 가면 닉슨이 내세운 이유들이 왜 거짓말인지 알게 될 것이다. 내가 닉슨이 금본위제를 폐지한 진짜 이유라고 추측하는 것들에 대해서도 설명하겠다.

닉슨은 미국의 무역 적자 문제가 해결되면 다시 금본위제로 돌아가겠다고 약속했지만 결코 약속을 지키지 않았다. 그리고는 탄핵이 임박하자 스스로 대통령직에서 사임했다.

금을 찾아 떠난 모험

테드와 나는 베트남 지도를 열심히 연구했고, 이내 금광을 발견했다. 문제는 1971년에 미국은 베트남전에서 밀리고 있었고, 지도 위의 금광은 이미 적의 손에 들어가 있었다는 사실이었다.

테드와 나는 다음날 함께 임무수행을 위해 떠나기로 의기투합했다. 우리의 계획은 항공모함에서 이륙해, 적의 전선을 지나, 금광에 가서, 저렴한 가격으로 금을 사 오는 것이었다.

다음 날 아침 일찍, 우리는 헬기를 몰고 바다 위로 약 40킬로미터를 가로질러 베트남 영토에 진입했다. 후퇴한 남베트남 군대가 남겨 놓은 그을린 탱크와 차량들의 잔해를 내려다보며 우리는 점차 불안해지기 시작했다. 북베트남 군대가 남베트남 군대를 쫓아 남쪽으로 밀고 내려가고 있었다. 전선을 넘고 나자 테드와 나는 적군의 점령지에서 헬기가 추락해 포로라도 된다면 정말로 심각한 문제에 봉착한다는 사실을 깨달았다. 게다가 당연하지만 모함(母艦)에 우리가 어디에 가는지 밝히지도 않고 나온 상태였다.

지도를 따라가다 보니 이내 우리가 찾고 있던 마을을 둘러싼 널찍한 대나무 숲이 나타났다. 마을은 적의 전선에서 약 50킬로미터 안쪽에 있었다. 우리는 서두르지 않고 천천히 원을 그리며 마을 위를 선회했다. 한번은 왼쪽으로, 다음에는 오른쪽으로. 사격을 받는다면 여기서 곧장 포기하고 항공모함으로 돌아갈 작정이었다.

그러나 총알은 날아오지 않았고, 안전하다는 확신이 들자 우리는 볏

논 근처에 있는 풀밭에 헬기를 착륙시킨 다음, 엔진을 *끄고* 정비반장만 남겨 둔 채 마을로 들어갔다.

테드와 내가 적의 점령지에서 진흙투성이 마을 길을 따라 걸어가는 모습이 아직도 눈앞에 선히 보이는 것 같다. 우리는 길가에서 채소와 오리, 닭을 파는 베트남 주민들에게 반갑다는 듯이 손을 흔들었다. 아무도 우리에게 손을 마주 흔들지 않았다. 대부분은 그저 빤히 쳐다볼 뿐이었다. 미국 군인 두 명이 한창 전쟁 중에, 적지의 한가운데, 그것도 밝은 대낮에 시장 한복판에 나타날 정도로 멍청하다는 것을 도무지 믿을 수가 없다는 눈치였다.

우리는 웃는 얼굴로 두 손을 들어 올려 무장을 하고 있지 않다는 것을 보여 주었다. 무기는 전부 헬리콥터에 남겨 두고 왔다. 마을 주민들이 우리를 총을 든 해병대가 아니라 돈을 가진 사업가로 봐 주길 바랐기 때문이다.

한 어린 사내아이가 우리를 마을 안쪽에 있는 '금 거래상'에게 데려다주었다. 작달막한 여인이 빈랑나무 열매 때문에 붉게 물든 치아를 환히 드러내며 우리를 반갑게 맞이했다. 그녀의 사무실은 대나무로 지은 작은 오두막이었고, 입구에 있는 대나무 발은 걷어져 있었다. 그것은 금 거래상이 업무를 시작했다는 뜻이었다. 닉슨은 미국의 '금 창구'를 닫았지만, 베트남 여인의 금 창구는 열려 있었다.

진짜 금일까, 가짜 금일까?

테드와 나는 둘 다 해병대 조종사였고 대학 학위를 가진 장교였지만, 곧 우리가 금에 대해 아무것도 모른다는 사실을 깨달았다. 우리는 진짜 금이 어떻게 생겼는지 전혀 모르고 있었다.

금 거래상이 내놓은 금은, 지름 10센티미터 정도에 두께 1.5센티미터쯤 되는 투명한 플라스틱 케이스에 담겨 있는 작은 덩어리였다. 우리는 플라스틱 케이스를 들어 밝은 빛에 비춰 보았다. 생전 처음 진짜 금을 보는 순간이었다. 그리고 우리 눈에 그것은 마치 말라빠진 건포도에 금칠을 해 놓은 것처럼 보였다.

"이게 금이야?" 내가 테드에게 물었다.

"내가 어떻게 알아?" 테드가 대꾸했다. "난 금이 어떻게 생겼는지 몰라. 너는 알아?"

"난 네가 알 줄 알았지." 나는 고개를 흔들며 대답했다. "그래서 너를 파트너로 삼은 거잖아."

전쟁 중에 적지에서 거래를 하고 있다는 압박감이 우리를 짓누르고 있었다. 테드는 내가 머저리라고 생각했고, 나도 그가 머저리라고 생각했다.

사업가들은 수많은 진실의 순간을 맞이하게 된다. 테드와 내가 맞닥뜨린 최초의 진실은 우리가 조종사로서는 훌륭한 파트너일지 몰라도 금에 관해서는 둘 다 머저리라는 것이었다.

우리가 둘 다 머저리라는 사실을 깨닫고 마음을 진정시킨 뒤, 우리는 흥정을 시작했다.

처음 우리가 제시한 가격은 온스당 40달러였다. 테드와 나는 그날 국제적으로 통용되는 금 '현물가spot'가 온스당 55달러라는 것을 알고 있었다. 우리는 미국 달러를 갖고 있고 과감하게 적지까지 들어왔으니 할인을 받을 수 있을 거라고 생각했다. 붉은 치아를 가진 그 몸집이 작은 여인은 그저 히죽 웃었다. 아마 속으로 이렇게 생각하고 있었을 것이다. '한심한 머저리들. 너네는 금 현물가가 전 세계 어딜 가든 똑같다는 걸 모르니?'

우리가 아무리 용을 써도 그녀는 가격을 깎아 주지 않았다. 그녀는 '현물가는 현물가'라는 사실을 잘 알고 있었고, 이제 우리가 진짜 바보 멍청이라는 것을 알게 되었다. 사기를 칠 마음만 있었다면 우리한테 진짜 금칠을 한 건포도도 팔 수 있었을 거다. 금칠을 한 토끼 똥을 팔아도 테드와 나는 진짜 금과 구분할 수 없었을 테니까 말이다.

곧 우리의 협상은 헬기에 남아 있던 정비반장의 고함과 비명소리 때문에 중단되었다.

"중위님, 중위님들, 당장 돌아오십시오!"

나와 부조종사는 즉시 협상을 중단하고 미친 듯이 시장을 가로질러 허둥지둥 헬기로 돌아갔다. 난데없는 꾸악 소리 때문에 내가 본의 아니게 닭 한 마리를 걷어차고 오리 한 마리를 밟았다는 사실을 깨닫고는 약간 죄책감이 들기도 했다.

머릿속에서 온갖 이미지가 뭉게뭉게 솟아오르기 시작했다. 검은 옷을 입은 베트콩과 카키색 군복을 입은 북베트남 병사들이 논밭을 헤치며 우리 헬리콥터를 향해 접근하고 있었다. 그제야 나는 우리가 완전한 비무장 상태이고 방어 능력이 없다는 것을 사무치게 실감했다. 금거래상 여인의 말이 맞았다. 우리는 머저리들이었다.

진흙탕 속에서

다행히도 그곳에는 베트콩도 북베트남군도 없었다. 정비반장이 당황한 이유는 헬기가 가라앉고 있었기 때문이었다. 내가 헬기를 착륙시킨 풀밭은 실은 버려져 있던 논이었다.

엔진과 로켓, 기관총과 탄약의 무게 때문에 기체가 뒤로 기우뚱하게 기운 채 천천히 가라앉고 있었고, 꼬리날개는 진흙탕에 빠지기 일보 직전이었다. 즉시 시동을 걸지 않으면 평생 여기서 빠져나가지 못할 판이었다.

우리 셋 중에 가장 가볍고 몸집이 작은 정비반장이 조종석에 앉아 엔진에 시동을 걸었고, 나와 테드는 어깨를 꼬리날개 밑에 밀어 넣고 헬기 꼬리가 진창에 가라앉지 않게 밀어 올리기 시작했다.

회전날개가 천천히 회전하기 시작했다. 모든 게 순조로웠다. 잠시 후에 회전날개의 속도가 최고조에 이르러 정비반장이 조심스럽게 기체를 앞뒤로 흔들자 스키드가 끈적거리는 진흙탕에서 조금씩 빠져나오기 시작했다. 테드와 나는 그에게 고함을 지르며 회전하기 시작한 꼬리날개가 진흙탕에 너무 가까이 있다고 외쳐 댔다.

헬기가 진창에서 벗어나 마침내 공중에 떠오를 때까지만 해도 모든 게 다 잘될 것만 같았다. 하지만 다음 순간, 고약한 악취를 풍기는 물컹한 진흙 덩어리가 사방으로 흩뿌려졌고, 나와 테드는 순식간에 녹색 조종복과 얼굴 그리고 머리까지 전부 흉한 암갈색 오물에 뒤덮였다.

나는 조종석에 기어올라 조종간을 잡았고, 테드는 정비반장이 비켜 준 부조종사 자리에 올랐다. 정비반장은 뒷자리에 있는 기관총 사수 자리를 차지했다.

항공모함으로 돌아가는 길은 길고도 조용했다. 나와 테드는 아무 말도 하지 않았고 정비반장은 우리에게 금을 구했냐고 차마 물어볼 엄두도 내지 못했다.

상갑판에 착륙하고 나자 해병대와 해군 병사들이 진흙투성이가 된 우리 헬기 주위에 몰려들었다. 테드와 나는 엔진을 끄고 헬기에서 내렸다. 병사들이 헬기보다 더 지저분한 오물에 뒤덮인 나와 테드를 물끄러미 바라보았다. 우리는 갑판을 가로질러 샤워실로 향했다. 우리를 쳐다보는 사람들에게 해 줄 수 있는 말이라곤 "아무 말도 하지 마." 뿐이었다.

실수를 통해 배우기

『부자 아빠 가난한 아빠』는 1997년에 처음 출간되었다. 부자 아빠는 정규 교육을 많이 받지 못한 분이었다. 내 친아버지인 가난한 아빠는 학구적인 재능이 뛰어난 분으로, 겨우 2년 만에 대학을 졸업하고 스탠퍼드대학과 시카고대학, 노스웨스턴대학에서 대학원을 다녔고 교육학 박사 학위를 받았다. 내가 학교에 다닐 때 아버지는 하와이주의 교육감이었다.

두 아버지는 배움에 대해 완전히 상반된 철학을 갖고 있었다.

가난한 아빠는 실수를 하는 것은 그 사람이 멍청하다는 의미라고 생각했다. '올바른' 답을 외우는 것이야말로 지적 능력을 평가할 수 있는 방법이었다.

반면에 부자 아빠는 실수를 통해 배울 수 있다고 믿었다. 그분은 자주 이렇게 말씀하셨다. "책을 읽어서 골프 선수가 될 수는 없다. 진짜 골프 선수가 되려면 수많은 실수를 경험해야 하지. 진짜 부자가 될 때도 마찬가지다."

나는 학업에 뛰어나지 못했기 때문에 부자 아빠의 철학을 선택했다.

진짜 vs. 가짜

이 책은 가짜 돈과 가짜 스승, 가짜 자산에 관한 이야기다. 동시에 이 책은 진짜 돈과 진짜 스승, 진짜 자산에 관한 이야기이기도 하다.

가짜 돈

닉슨 대통령이 금본위제를 폐지했을 때 미국 달러는 가짜 돈이 되었다. 가짜 돈은 부자는 더 부자로 만들지만 가난한 사람과 중산층은 더 가난하게 만든다.

가짜 교사

학교에서 나는 많은 교사들이 가짜라는 것을 알게 되었다. 간단히 말해 그들은 자신이 가르치는 것을 실천하지 않았다. 하지만 미국 해양사관학교에서 나를 가르친 교사들은 모두 진짜 교사였다. 비행 교관들은 전부 직접 비행기를 조종할 수 있었기 때문이다.

가짜 자산

수백만 명의 사람들이 가짜 자산에 투자하고 있다. 나는 『부자 아빠 가난한 아빠』에서 "자산이란 내 주머니에 돈을 넣어 주는 것"이라고 정의한 바 있다. 대부분의 사람들이 자산이라고 생각하는 것들은 사실 그들의 주머니에서 돈을 '빼 간다.' 급여를 받을 때마다 일정 액수가 퇴직 적금이라는 명목으로 401(k)와 IRA 또는 국민연금 등을 통해 월스트리트로 빠져나간다.

수십 년 동안 '은퇴 후를 대비해' 돈을 저축한 수많은 사람들은 언젠가 그들이 저축한 돈이 몇 배로 불어 돌아오길 바란다. 그러나 머지않아 내 또래의 수많은 베이비붐 세대는 은퇴 후에 사용할 노후자금이 충분하지 않다는 사실을 깨닫게 될 것이다. 급여를 쪼개 저축한 돈이 가짜 자산에 투자되어 부자들을 더 부자로 만들고 그들은 빈털터리로 만들었기 때문이다.

진짜 교사

부자 아빠를 비롯해 진짜 교사들에게서 배울 수 있었다는 점에서 나는 엄청난 행운아다. 나는 새로운 것을 배우고 싶을 때마다 제일 먼저 진짜 교사를 찾아 나섰다. 진짜 교사란 자신이 가르치는 일을 날마다 몸소 실천하고 자신이 하는 일에서 성공을 거둔 사람들이다.

베트남에서 만난 그 작달막한 여인도 진짜 교사였다. 그녀는 겨우 몇 분 만에 내가 얼마나 머저리인지 가르쳐 주었을 뿐만 아니라 그 뒤로도 계속해서 배우고 익히도록 영감을 주었다. 학교에서는 가르치지 않는 신기하고 신비롭고도 중요한 것, 즉 '돈'에 대해서 말이다.

금을 소유하는 것이 불법이라고?

테드와 나는 샤워실에서 진흙을 씻어 낸 후에 조종사 대기실로 돌아와 한동안 조롱거리가 되었다.

부대장은 우리를 상부에 고발하겠다고 으름장을 놨다. 작전장교는 모두의 앞에서 헬기를 세척하라고 지시했다. 그렇지만 가장 흥미로웠던 것은 무기장교의 반응이었다. 그는 이렇게 말했다.

"정말로 금을 사 왔다면 너희는 체포되었을 거야."

"네? 무슨 이유로 체포한다는 겁니까?"

"미국인이 금을 소유하는 것은 불법이니까."

"그게 왜 불법입니까?" 테드가 물었다.

무기장교도 정확한 이유는 몰랐다. 문책은 거기까지였다. 어쨌든 그

때는 전시 상황이었고 다음 날 아침 우리에게는 중요한 비행 임무가 있었다. 결국 저녁 식사 시간이 되자 사건은 거기서 마무리되었다.

하지만 나는 새로운 궁금증을 품게 되었다. 어째서 미국인이 금을 소유하는 것이 불법이지?

그 질문은 그 뒤로도 내가 계속해서 금융 교육을 받고 해답을 추구하도록 이끌었다.

나는 부자 아빠처럼 실수를 통해 배우고 있었다.

> "
> 1933년에 프랭클린 딜라노 루스벨트 대통령은 미국인이 금을 소유하는 것을 금지했다. 그래서 대부분의 미국인처럼 나와 테드는 금으로 된 장신구를 본 적은 있어도, 진짜 금화나 금덩어리는 한 번도 본 적이 없었다. 우리가 알고 있는 유일한 돈은 달러 지폐와 합금 동전이었지 진짜 금화나 은화가 아니었다.
> 오늘날 대부분의 사람들이 아는 돈은 가짜 돈이다.
> "

무엇이 진짜 돈인가

역사적으로 '돈'은 조개껍데기와 색구슬, 깃털과 살아 있는 동물, 커다란 돌멩이에 이르기까지 여러 가지 형태로 통용되었다.

현대의 돈은 세 가지로 구분된다.

1. **신의 돈**God's money: 금과 은

2. **정부의 돈**Government's money: 달러, 유로, 페소 등

3. 대중의 돈 People's money : 비트코인, 이더리움, 집코인 등

이 책의 목적은 어떤 돈이 진짜이고 가짜인지, 어떤 교사가 진짜이고 가짜인지, 그리고 어떤 자산이 진짜이고 가짜인지 답하는 것이다.

전 세계의 독자들이 묻고
로버트 기요사키가 답하다

Q 언제 처음으로 금을 구입할 생각을 했는가? 그리고 어떻게 금을 살 계획이었는가?
— 바버라 E.(캐나다)

A 1972년에 처음으로 금을 사기 시작했는데, 그때는 미래에 대해 생각하지 않았다. 그저 호기심이 일었을 뿐이다. 나는 금과 미국 달러의 관계가 궁금했다. 그때 나는 정말 멍청하게도 적진까지 갔다는 이유만으로 금을 할인가에 구입할 수 있을 거라고 생각했다. 그 뒤로 금과 미국 달러, 가짜 돈에 대해 배우고 익힐수록 더 많은 것이 궁금해지기 시작했다.

1983년에 버크민스터 풀러의 『자이언트 그런치』를 읽었을 즈음에는 전 세계에서 벌어지고 있는 현금강탈의 규모와 범위가 더욱 뚜렷하게 드러나기 시작했다. 2008년에 전 세계 중앙은행들이 경제를 구한다는 명목으로 수조 달러를 찍어 내자 현금강탈은 더욱 걷잡을 수 없이 악화되었다. 중앙은행들은 그들 자신의 안위를 위해 '우리 같은 평범한 사람들'이 대가를 지불하게 만들었다.

이 책의 3부에서는 오늘날 그러한 현금강탈이 얼마나 사악하고 널리 감행되고 있는지, 그리고 왜 이런 무절제한 현금강탈이 미래에 끼칠 영향이 우려되는지 설명할 것이다.

Q 사람들은 왜 스타트업 기업을 신뢰하지 않는 걸까?
— 모로 S.(나이지리아)

A 아이디어란 많고도 흔한 것이다. 신제품이나 비즈니스에 관한 아이디어를 갖고 있는 사람들은 무수히 많다.

그러나 진짜 금융 교육을 받지 않고도 백만 달러 가치를 지닌 아이디어를 진짜 백만 달러로 바꿀 수 있는 사람은 아주 극소수에 불과하다. 그래서 대부분의 사람들이 스타트업을 신뢰하지 않는 것이다.

Q 내가 전 재산을 명목화폐로 갖고 있다면 결국 다 잃게 될까?
— 노아 W.(미국)

A 그렇다. 전부 잃게 될 것이다. 지난 역사를 되짚어 봐도 명목화폐는 모두 살아남지 못했다.

가짜 돈은 그 자체로 아무 가치도 없다. 미국 달러가 역사상 최초로 영원히 살아남는 가짜 돈이 될 수 있을까? 그렇다, 가능하기는 하다. 그렇지만 나라면 그런 희박한 가능성에 걸지 않을 것이다.

Q 금본위제가 폐지되었는데 금의 현물가는 어떻게 결정되는가?
— 테사 H.(페루)

A 이론적으로 금의 현물가는 국제 자유 시장에 의해 결정된다. 그렇지만 그건 이론일 뿐이다. 오늘날 금 시세는 대부분의 금융 자산처럼 큰손에 의해 조작된다.
이 책의 3부에서 금 시세가 어떻게, 왜 조작되는지, 그리고 어째서 그러한 가격 조작이 머지않아 불가능해질지에 대해 자세히 설명하겠다.

Q 미국인이 금을 소유하는 것이 왜 불법인가? 거기에 대해 정부는 어떤 사유를 댔는가?
— 고든 P.(미국)

A 연방준비제도와 그런치, 미국 정부는 화폐 공급과 대형 은행 및 연방은행과 경쟁하는 다른 수많은 소규모 은행들을 통제하고 싶어 한다.
얼마 전까지만 해도 미국에는 20개의 대형 은행이 있었지만 오늘날 이른바 '대마불사(大馬不死) 은행'(규모가 크고 경제에 큰 영향을 미치기 때문에 정부가 공적 자금을 투입하여 도산을 막아 주는 은행 — 옮긴이)은 겨우 4개에 불과하다. 모두가 전보다 작고 좁아진 은행 제도에 갇혀 있다. 많은 이들이 오래전부터 소수의 거대 은행과 연방은행이 미국 경제를 통제할 계획을 세우고 있었다고 의심하고 있다.

Q 인터넷도 없던 시절인데 베트남의 금 거래상은 국제 금 시세를 어떻게 알았을까?

— 앤서니 O.(호주)

A 그 사람은 전문 거래상이었다. 전문가는 판매하는 상품의 가격을 반드시 알아야 한다. 아마 전화나 라디오, 단파, 신문을 통해서 정보를 얻거나, 다른 거래상과 연락을 취하고 있거나, 거래하는 금광 주인이 국제 시장과 연결되어 있었을 것이다.

그보다 더 중요한 질문은 지금 당신의 친구들 중 금 현물가를 알고 있는 사람이 얼마나 되고, 금에 관심을 갖고 있는 사람이 얼마나 되느냐는 것이다.

Chapter 2

우리는 신을 신뢰한다
당신은 누구를 신뢰하는가

1971년 8월 15일, 리처드 M. 닉슨 대통령이 "일시적"으로 미국 달러의 금본위제를 중단하겠다고 선언했다.

1972년 6월 17일, 워싱턴 D.C. 워터게이트 건물에 위치한 민주당 중앙위원회 본부에 불법 침입 사건이 발생했다. 유명한 워터게이트 사건의 시작이었다.

1973년 10월 10일, 스피로 애그뉴 부통령이 부패 혐의에 대한 공소를 피하기 위해 탈세를 인정하는 불항쟁 답변을 내놓았다. 공화당 하원 원내대표인 제럴드 포드가 닉슨의 새로운 부통령으로 임명되었다.

1974년 2월 6일, 하원에서 결의안이 가결되어 법사위원회가 워터게이트 사건과 관련해 닉슨 대통령의 탄핵 요건 충족 여부를 검토하는 청문회를 할 수 있게 되었다.

1974년 7월 27일, 법사위원회에서 탄핵소추 사유 세 가지가 가결되었다. **사법 방해, 직권 남용, 그리고 의회에 대한 모독**이었다.

1974년 8월 9일, 닉슨이 대통령직을 사임했다.

1974년 9월 8일, 제럴드 포드 대통령이 **닉슨 전 대통령이 재직 중 저질렀거나 혹은 연루되었던 모든 연방 범죄에 대해 기소를 면제하는 조건 없는 사면**을 발표했다.

그런데도 우리는 리더들을 신뢰한다……. 정말로 이들이 '우리'의 리더인가?

그 후로 아무도 금본위제를 되돌리지 않았다. 그들은 그저 잊어버린 것일까? 일시적인 조치였던 것이 왜, 그리고 언제 영구적인 정책으로 변한 것일까?

금화 속의 금은 어디로 갔을까

나는 미국 지폐를 들여다볼 때마다 궁금해진다. 거기엔 이런 표어가 쓰여 있다.

In God We Trust
(우리는 신을 신뢰한다.)

우리는 왜 신을 신뢰해야 하는가? 신의 돈인 금과 은은 어떻게 되었는가?

금의 원자번호는 79이고, 은의 원자번호는 47이다. 금과 은은 우리가 살고 있는 이 행성과 함께 탄생했다. 금과 은은 지구상에 바퀴벌레가 한 마리도 남지 않고 멸망한 뒤에도 계속 여기 존재할 것이다.

그런데 왜 엘리트들은 가짜 돈에 "우리는 신을 신뢰한다."고 적어 놓았을까?

역사상 가장 존경받는 리더들이 가짜 돈으로 더욱 부유해지고 강력해지는 것은 그다지 드문 일이 아니다. 종이돈은 중국 당나라 왕조(AD 618~907) 때 처음 사용되었고, 후에 17세기 유럽인들도 그 실용성을 깨닫게 되었다. 사회 지배층이 가짜 돈을 찍어 내 전쟁 자금으로 활용하고 자신을 찬양하는 기념물을 지을 수 있다는 사실을 알게 되었을 때, 중국 왕조는 무너졌다.

로마인은 금화와 은화를 사용했다. 그들은 동전의 가장자리를 깎아 가짜 돈을 만들었다.

페이크

미국 주화의 가장자리를 살펴보면 대부분 홈이 파여 있는 것을 볼 수 있을 것이다. 그것은 원래 금화나 은화의 가장자리를 깎아 내기 어렵게 만들기 위한 방법이었다.

로마인들은 전쟁이 지지부진해지고 더 많은 전쟁 자금이 필요하게 되자 금화와 은화의 가치를 '저하debase'시켜 가짜 돈을 만들었다. 다시 말해 금화나 은화에 구리나 주석, 니켈과 같은 저렴한 금속을 섞었다는 뜻이다.

1965년에 미국 정부도 미국 은화의 가치를 저하시키기 시작했다. 그래서 은화 가장자리에서 붉은색의 구리 성분을 볼 수 있는 것이다.

그레셤의 법칙

'그레셤의 법칙'이란 간단히 말해,

"악화(가짜 돈)가 사용되기 시작하면 양화(진짜 돈)는 사라진다."는 뜻이다.

1965년, 하와이의 힐로섬에 살던 시절에 나는 근처 은행에서 달러 지폐를 10센트와 25센트, 50센트 동전으로 교환해 오곤 했다. 나는 집으로 돌아가 동전 묶음 속에서 진짜 은화만 골라낸 다음 구리 테두리가 보이는 은화는 다시 은행에 돌려주었다.

얼마 지나지 않아 내 커다란 천 가방은 진짜 은화로 가득해졌다.

내가 대체 왜 달러 지폐를 동전 묶음과 교환하여 진짜 은화를 모으기 시작했는지는 나도 잘 모르겠다. 하지만 어쨌든 나는 그렇게 했다.

그레셤의 법칙이 작용하기 시작했던 걸까?

나는 같은 해에 뉴욕에 있는 학교에 입학했고, 그 뒤로는 진짜 은화가 들어 있던 가방을 다시는 보지 못했다. 어머니가 다 써 버리신 게 아닐까 궁금하다.

황금 세상을 찾아서

1996년부터 2012년까지 나는 파트너와 함께 일했다. 진짜 교사였던 그의 이름은 프랭크 크레리였고, 내 부자 아빠와 가난한 아빠와 대략 비슷한 연배였다. 그는 IPO(주식공개상장)를 통해 캐나다와 미국의 증권 거래소에서 여러 개의 금광과 은광을 공개했다.

프랭크는 직접 돌아다니기에는 나이가 많았기 때문에 대신 나를 세계 곳곳에 보내 금은광을 찾아보게 했다. 그것은 '진짜' 교육이었다. 페루 안데스에 있는 한 언덕 사면에 일렬로 나 있는 작은 채굴 구멍들을 따라가며 금맥을 살폈던 기억이 난다. 광산의 지질학자는 그 작은 구멍들이 고대 잉카인들이 황금을 채굴하던 곳이라고 말해 주었다. 오래전 스페인의 프란시스 피사로가 이곳에 도착해 잉카의 지도자들을 모두 살해하고 황금을 강탈해 가기 전에 말이다.

또 몽고에 있는 오래된 금광을 방문하기도 했다. 우리는 그곳을 "체커 판"이라고 불렀다. 평지에 있는 데다 곳곳에 뚫려 있는 구멍들 때문에 꼭 체커 판처럼 보였기 때문이다.

우리가 매입한 광산들 가운데 가장 결과가 좋았던 곳 중 하나는 아르헨티나 남부의 외딴곳에 있는 오래된 은광이었다. 우리는 은값이 온스당 채 3달러도 되지 않았을 때 토론토 증권거래소에서 그것을 상장했다. 은 시세가 온스당 7달러를 돌파했을 때는 꽤 훌륭한 실적을 올릴 수 있었다. 현재 은값은 온스당 15달러 상당인데 불행히도 우리는 7달러 선이었을 때 그곳을 매각했다.

가장 규모가 컸던 곳은 중국에 있는 오래된 광산이었다. 우리는 '계약금 없이' 곧장 그곳을 인수했는데, 계약서에 따르면 우리가 토론토 증권거래소에서 회사를 상장해 자금을 모으면 중국 정부가 광산을 내주기로 되어 있었다. 그래서 우리는 그렇게 했다. 좋은 소식은 우리가 어마어마한 금 매장량을 발견했다는 것이다. '확인된' 양만 수백만 온스에 달했다. 1년 남짓한 동안 우리는 억만장자였다. 스페인어를 곁들여 우리끼리 부르는 용어도 만들었다. "문도로 광산Mundoro Mining", 즉 "황금 세상"이었다.

그러던 어느 날, 정부 관리가 중국 정부가 사업 허가권을 갱신해 주지 않기로 결정했다는 소식을 가져왔다. 현재 그 광산은 중국 엘리트 계층의 친구들 손에 들어갔고, 그들은 억만장자가 되었다.

우리는 문도로에서 추방되었다. 이것이 바로 내가 진짜 교육이라고 부르는 것이다.

역사는 반복되고 있는가?

그 일을 겪고 나는 깨달았다. 외딴곳에 사는 사람들, 외부의 접촉 없이 아무리 고립되어 있는 이들이라도 금과 은의 가치에 대해서는 본능적으로 알고 있다는 것을.

그런데 우리에겐 무슨 일이 일어난 거지? 신의 돈에 대한 이런 우리의 본능은 어떻게 된 걸까? 혹시 교육을 지나치게 많이 받은 건 아닐까?

우리는 왜 잘 알지도 못하는 사람들을 신뢰하는 걸까? 엘리트 계층이 가짜 돈에 "우리는 신을 신뢰한다."는 문구를 적는다는 이유만으로 왜 그들을 믿는 걸까?

다음 도표를 보라.

금 vs. 가짜 돈

금 대비 주요 화폐 가치 | 1900~2018

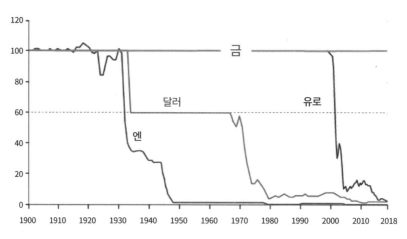

이제 우리의 리더들이 가짜 돈을 더 많이 찍어 낸 후에 그 돈이 어떻게 됐는지 보라.

저축하는 사람이 패배자인 이유

1913년 이래 미국 달러의 구매력 변화

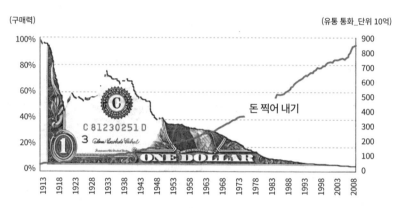

출처: 노동통계국

역사가 반복되고 있는가?

다음에 보게 될 사진은 1923년에 길거리에서 돈을 가지고 노는 독일 아이들의 모습이다. 전부 수십억에 달하는 가짜 돈이다. 1차 세계대전 이후 바이마르 정부는 미화 1달러의 가치가 420만 마르크에 상응하는 지독한 인플레이션을 겪었다.

페이크

이 아이들이 갖고 놀고 있는 돈이 어디서 나왔는지는 다음 도표를 보면 알 수 있다.

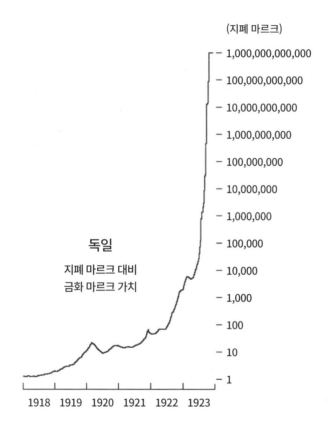

(지폐 마르크)

— 1,000,000,000,000
— 100,000,000,000
— 10,000,000,000
— 1,000,000,000
— 100,000,000
— 10,000,000
— 1,000,000
— 100,000
— 10,000
— 1,000
— 100
— 10
— 1

독일

지폐 마르크 대비
금화 마르크 가치

1918 1919 1920 1921 1922 1923

출처: 위키디피아

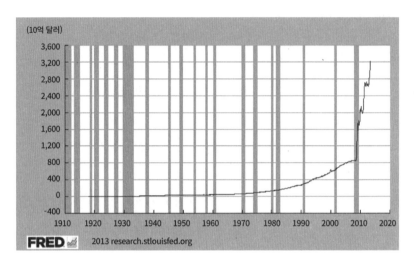

출처: 연방준비은행 경제통계자료(FRED)

위의 FRED 그래프에 따르면, 미국은 2008년 금융 위기 이후 가짜 돈을 수조 달러씩 찍어 내고 있다.

1920년대에 독일이 가짜 돈인 '제국 마르크'를 찍어 내던 것과 꼭 닮아 있지 않는가?

나쁜 소식은 인류 역사상 가짜 돈은 단 한 번도 살아남은 적이 없다는 것이다. 모든 종이돈은 언젠가 진정한 가치로 돌아갈 것이다. 제로, 0으로 말이다.

당신이 가진 돈이 그렇게 될 때에도 "우리는 신을 신뢰한다."고 말할 수 있을까?

학생들이 원하는 공부를 할 수 있도록

풀러 박사는 "학자들이 그들만의 학업으로 돌아갈 수 있도록 자유롭게 해방"시켜야 한다는 책을 쓴 적이 있다. 다시 말해 학생들을 학교에서 내보내 그들이 원하는 공부를 할 수 있게 해야 한다는 의미다.

나는 어디서나 대개 평범한 학생이었다. 가짜 학생이었다. 해군비행학교 시절을 제외하면 나는 학교를 별로 좋아하지 않았다. 학교는 지루했다. 풀러가 "학자들이 그들만의 학업으로 돌아갈 수 있도록 자유롭게 해방"시키자는 이야기를 할 때마다 나는 과연 내가 하고 싶은 공부는 무엇일지 궁금했다.

풀러의 『자이언트 그런치』를 읽은 후, 나는 드디어 진정으로 공부하고 싶은 것을 발견했고 그제야 진짜 학생이 되었다.

그것은 공부를 막 시작했을 당시, 그러니까 초등학교 4학년 때 손을 들어 선생님에게 이렇게 물었을 때와 비슷했다. "돈에 대해서는 언제 배우나요?" 나는 그 질문을 던짐으로써 동급생의 아버지인 부자 아빠를 만났고, 그의 아들과 함께 아홉 살 때부터 30대에 이르기까지 진짜 교사의 제자가 되었다.

『자이언트 그런치』는 내 학습과 연구조사를 완전히 새로운 단계로 끌어올렸다. 나는 그런치 분야에 박식한 진짜 교사들의 저서들과 세미나를 찾아다니기 시작했다. 오래된 금은광을 발굴하기 위해 나를 전세계 곳곳에 보낸 프랭크 크레리도 그런 진짜 교사 중 한 명이었다. 진짜 교사들에 대한 이야기는 2부인 '가짜 교사'에서 더 자세히 하도록 하겠다.

다시 돌아가 《타임》지에 실린 스티븐 브릴의 「우리 세대가 미국을 파산시켰다」를 보자. 그 엘리트 계층에 관한 기사는 버키 풀러가 35년 전에 『자이언트 그런치』에서 우려한 것과 똑같은 것을 우려하고 있다. 풀러는 세계 경제를 좌지우지하는 보이지 않는 사람들이 제도권 안의 학교를 뒤져 '그들'이 원하는 방식으로 세계 경제를 운영할 수 있는 똑똑하고 영리한 학생들을 찾아내 훈련시킨다고 말했다.

한편 스티븐 브릴은 정확히 그렇게 표현한 것은 아니지만, 이렇게 쓰고 있다.

나는 그런 엘리트 중 한 명이었다. 1964년에 나는 퀸스에 있는 노동계급 동네인 파 로커웨이에 살던 책벌레였다. 어느 날 나는 존 F. 케네디의 전기를 읽다가 그가 예비학교에 갔다는 대목을 발견했다. 내가 다니는 198 중학교의 교사들은 그게 무엇인지 몰랐지만, 나는 곧 그 예비학교라는 것이 대학과 비슷한 곳이라는 것을 알아차렸다. 교실에서 수업을 듣고 학교 안에서 기숙하는데, 다만 대학보다 4년 일찍 가는 것일 뿐이다. 그건 꽤 괜찮은 생각 같았다. 학생들에게 금전적 지원을 하는 예비학교가 있다는 사실을 알고 나니 더더욱 괜찮아 보였다. 나는 매사추세츠주 서부에 있는 디어필드 아카데미에 입학했다. 교장인 프랭크 보이든은, 형편이 안 좋은 주류 판매점을 운영하는 근심 가득한 내 부모님에게 학교의 학자금 지원 정책에 따라 매년 감당할 수 있는 수준의 수표만 보내면 된다고 말했다.

3년 뒤인 1967년에 나는 최고학년이 되었고, 교장실에 R. 인슬리 클라크 주니어와 함께 앉아 있었다. 그는 예일대학교의 입학처장이었다. (…) 내가 몰랐던 사실은 내가 '잉키'라고 불리는 클라크의 혁신적 정책의 수혜자였다는 사실이다. 나는 후에 '잉키의 아이들'이라고 불릴 집단 중 한 명이 될 터였다. 우리는 1960년대 후반부터 70년대 사이 예일대와 다른 엘리트 교육 기관, 법률 회사, 그리고 투자은행을 덮친 능력주의라는 파도의 일부였다.

풀러라면 이렇게 말했을 것이다. "이 똑똑한 젊은이들은 그런치의 주동자들에게 선택되고 훈련받았다."
스티븐 브릴은 이렇게 썼다.

내 (베이비붐) 세대의 모범생들이 일류 대학을 졸업하고 직업 세계로 들어서면서, 그들의 개인적인 성공은 사회적으로 매우 심각한 결과를 불러일으켰다.

예비학교로 간 아이들

부자 아빠의 이야기에서 하지 않은 이야기가 있다면, 내 부자 동급생들이 리버사이드 초등학교를 졸업한 후 나나 부자 아빠의 아들처럼 공립학교에 간 것이 아니라, 사립 예비학교에 갔다는 것이다. 대부분은 140킬로미터나 떨어진 하와이 빅아일랜드섬에 있는 하와이 예비 아카데미에 갔다. 어떤 아이들은 버락 오바마가 다녔던 오하우섬에 있는 푸나호우 학교에 입학했다.

미래의 대통령도 스티븐 브릴 같은 "잉키의 아이들" 중 한 명이었다. 젊은 '배리' 오바마는 푸나호우를 거쳐 하버드 법학대학원에 입학했고, 후에 미국 대통령이 되었다. 빌 클린턴과 조지 W. 부시 대통령도 비슷한 길을 거쳤다.

내가 가난한 아빠에게 예비학교에 가도 되느냐고 묻자 그분은 이렇게 대답했다. "우린 부자가 아니야. 그리고 공립교육의 책임자인 교육감의 아들이 사립 예비학교에 간다면 정치적으로도 옳지 않을 거다."

부자 동급생들이 예비학교에 다니는 동안 부자 아빠의 아들과 나는 길 건너 동네 아이들과 함께 힐로 중학교와 힐로 고등학교에 다녔다.

좋은 소식은 덕분에 날마다 서핑을 할 수 있었다는 것이다. 또 힐로 고등학교에는 하와이에서 제일가는 미식축구팀이 있었고, 나는 미식축구를 좋아했다. 우리는 시합이 있을 때마다 하와이 예비 아카데미의 예전 동급생들을 박살 내 주었다.

최고의 소식은 마이크와 내가 방과 후나 주말에 부자 아빠의 제자가 될 수 있었다는 것이다. 우리는 중학교와 고등학교를 다니는 동안 진짜 비즈니스에 관한 진짜 금융 교육을 받았다.

예비학교에 간 초등학교 동창생 중 상당수가 스탠퍼드와 다트머스, 예일 등의 명문 대학을 졸업했다. 엘리트와 미래의 엘리트들을 위한 학교 말이다.

> 『부자 아빠 가난한 아빠』는 내가 아홉 살 때 부자 아이들이 가득한 리버사이드 초등학교에 다니던 시절의 이야기로 시작된다. 가난한 집이나 중산층 아이들은 길 건너편에 위치한 힐로유니언 초등학교에 다녔다.
>
> 부자 아이들과 같은 학교에 다니다 보니 나는 왜 다른 아이들은 전부 부자인데 우리 집은 가난한지 궁금하지 않을 수가 없었다. 그래서 4학년 때 부자 아이들 사이에서 손을 번쩍 들고 선생님에게 물었다. "돈에 대해서는 언제 배우나요?" 선생님이 "학교에서는 돈에 대해 가르치지 않는단다."라고 대답했을 때, 내 평생의 공부가 시작되었다. 그다음은 이른바 '다 아시는 대로'다.
>
> 하와이주의 교육감이었던 내 가난한 아빠는 학교에서는 정부가 허락한 것만 가르칠 수 있다고 말했다. 아버지는 내게 돈에 대해 배우고 싶다면 친한 친구인 마이크의 아버지를 만나 보라고 충고했고, 그분이 내 부자 아빠다. 진짜 교사에게서 진짜 금융 교육을 받는 『부자 아빠 가난한 아빠』는 그렇게 시작되었다.

엘리트들이 일으킨 경제적 폐해

스티븐 브릴은 그와 동세대의 성공한 사람들에 대해 이렇게 말한다.

그들은…… 새 자산을 구축하기보다 자산을 복잡하게 옮기는 거래를 기반으로 하는 경제를 창조했다.

해석: 엘리트 계층은 가짜 자산을 창조해 부자가 되었지만, 고소득 일자리를 창출하는 등 진짜 경제를 성장시키지는 못했다.

전 세계의 독자들이 묻고
로버트 기요사키가 답하다

Q 미국의 재정 문제를 어떻게 해결할 수 있을까? 어디서부터 시작해야 하는가? 금본위제를 다시 시행해야 하나? 파생상품과 가짜 자산을 없애야 할까? 어떻게 해야 보편적 총 현금강탈을 막을 수 있을까?
— 제이미 M.(미국)

A 훌륭한 질문이다. 나도 젊었을 때 비슷한 의문을 갖고 있었다. 버키 풀러와 현금강탈에 대해 연구하면 할수록 답은 하나뿐이었다. 풀러의 '일반 원리' 중 하나는 "비상사태에서 비롯되는 부상(浮上)"이다. 이는 비상사태가 발생한 후에야 변화가 일어난다는 의미다. '비상사태emergency'라는 단어도 '부상emerge'이란 단어를 품고 있지 않는가. 풀러는 인류의 다음 혁명이 '비상사태'를 통해 발생할 것이라고 가르친다.

다행인 것은 우리 중 많은 수가 그러한 비상사태가 다가오고 있다는 것을 알고 이미 행동에 돌입했다는 것이다. 비상사태가 발생하기에 '앞서' 전보다 더 똑똑하고 현명한 인류가 부상할 것이며, 어쩌면 우리는 그 광경을 이미 눈앞에서 보고 있을지도 모른다.

2004년에 많은 희생자를 낸 초대형 쓰나미가 인도네시아 연안을 강타하기 직전, 아무것도 모르고 해변을 거닐던 관광객들과는 달리 코끼리 같은 동물들은 이미 그 지역을 피해 달아나고 있었다.

오늘날에도 그와 비슷한 일이 일어나고 있다. 수백만 명의 사람들이 희생자가 되길 거부하고 다가오는 경제적 비상사태에 앞서 변화를 일구고 있다.

내가 쓰는 모든 책은 변화해야 할 시점을 아는 이들을 위한 것이다.

Q 금본위제로 돌아가기엔 너무 늦은 것 아닌가?
— 앤드루 C.(캐나다)

A 누구에게 묻느냐에 따라 다르다. 이 책의 3부 '가짜 자산'을 읽으면 연준의 장 버냉키를 비롯한 많은 '고학력 엘리트'들이 왜 금이 과거의 조잡한 유물에 불과하다고 생각하는지 알게 될 것이다.

반면에 제임스 리카즈는 『금의 귀환The New Case for Gold』이라는 저서를 통해 금본위제로의 귀환이 생각보다 쉽게 이뤄질 수 있다고 설명한 바 있다.

Q 만일 닉슨이 금본위제를 폐지하지 않았다면 지금 세상은 어떤 모습을 하고 있을까?
— 조이 S.(베트남)

A 좋은 질문이다. 하지만 솔직히 나도 모르겠다. 나는 만약을 상상하기보다

가까운 미래를 예측하고 대비하는 것을 더 좋아한다.

Q 가짜 진실도 있는가?
— 마이클 A.(폴란드)

A 물론이다. 학교에서는 가짜 진실을 "역사"라고 부른다.

'역사history'라는 단어를 쪼개 보면 'his'와 'story'라는 두 단어로 이뤄져 있다는 것을 알 수 있다.

사관학교에서 우리는 "역사란 승자가 쓰는 것"이라고 배운다.

요제프 괴벨스가 말했듯이 "큰 거짓말을 여러 번 되풀이하면 사람들은 결국 그것을 믿을 것이다."

풀러는 역사적인 이야기나 거짓말이 아니라 직접 보고 만지고 느낄 수 있는 "유물artifact"을 신뢰하라고 가르쳤다.

예를 들어 콜럼버스는 미 대륙에 발을 디딘 적이 없다. 그는 서인도제도의 섬에 상륙했고 그러므로 엄밀히 말해 그는 미 대륙을 발견하지 않았다. 그렇지만 바이킹이 미 대륙에 콜럼버스보다 한참 전에 상륙했음을 증명하는 유물은 남아 있다.

그렇다면 누가 미 대륙을 발견한 것일까? 이탈리아인? 아니면 바이킹?

Q 지난 몇 년 새에 화폐에 급격한 변화가 일어난 이유는 무엇인가?
— 케빈 I.(일본)

A 인류의 역사를 들여다보면 화폐는 수천 년에 걸쳐 변천을 겪었다. 중국인

들은 최초로 지폐를 발명했고, 로마인들은 주화의 가치를 '저하'시켜 로마 제국의 멸망을 야기했다.

히틀러가 1933년에 권력을 잡게 된 것은 바이마르 정부가 1차 세계대전의 배상금을 마련하기 위해 화폐를 너무 많이 찍어 냈기 때문이다. 지나친 화폐 발행은 결국 2차 세계대전으로 이어져 수백만 명의 목숨을 앗아 갔다.

많은 사람들이 1971년부터 미 제국이 무너지기 시작했다고 믿는다.

Q 얼마 전 비트코인이 대폭락했다. 아직도 그게 진짜 돈이라고 생각하는가?
— 프랑코 S.(이탈리아)

A 그렇다. 하지만 꼭 비트코인일 필요는 없다. 나는 언젠가 블록체인 기술이 세상을 바꿀 거라고 생각한다. 정부의 돈보다 더 신뢰할 만하기 때문이다. 나는 같은 이유로 금과 은을 선호한다. 금과 은은 우리의 정부와 은행, 연금 자금을 운용하는 자들보다 훨씬 신뢰할 만하다.

Q 가짜(와 진짜) 뉴스가 넘쳐 나는 요즘 세상에 진정으로 신뢰할 수 있는 돈에 관한 진짜 뉴스를 얻으려면 어떻게 해야 하는가?
— 새뮤엘 H.(벨기에)

A 나는 이 책에서 현금강탈이 이뤄지는 것을 직접 눈앞에서 목격한 내부자들의 말을 인용했다. 361쪽을 보면 내부에서 그런치를 목격한 사람들이 한 리치대드 라디오 인터뷰 목록을 발견할 수 있다. 인터뷰를 듣고 진짜 교사들로부터 극소수만이 알고 있는 돈에 관한 진짜 가르침을 배우기 바란다.

Q 이 책이 가짜로 가득한 세상에서 살아남고 앞으로 다가올 경기 침체에 대비하게 도와줄 수 있을까?

— 존 H.(남아프리카)

A 1971년 금본위제가 폐지된 이래, 돈은 눈에 보이지 않게 되었다. 이 책은 주의력을 강화하고, 대부분 사람들이 너무 늦은 때가 되어서야 알아차리는 변화의 징후를 미리 감지할 수 있도록 도울 것이다.

Chapter 3

금과 은의 실물을 보유하는 실용적인 이유
신의 돈에 대하여

내가 금과 은의 실물을 '보유'한다고 표현했다는 점에 주목하라. '투자'하는 것도 아니고 '거래'하는 것도 아니다. '보유'가 '투자'와 '거래'와 다른 이유에 대해 설명해 보자.

첫 번째 이유: 금은의 실물은 투자 대상이 아니라 보험이다

내가 금은 실물을 보유하는 것은 돈을 벌기 위해서가 아니다. 그것은 일종의 보험이다. 엘리트 계층의, 그리고 나 자신의 어리석은 행동에 대비하는 일종의 '헤지hedge' 대책이다.

나는 교통사고가 나거나 남을 자동차로 칠까 봐 만약의 경우에 대비해 자동차 보험에 들고 있다. 금과 은을 보유하는 목적도 그와 비슷하다.

나는 엘리트 계층을 신뢰하지 않는다. 그들은 자신이 모든 것을 안다고 생각한다. 자신들이 항상 옳다고 생각한다. 그들은 자신이 실수를 저지르지 않는다고 믿는다. 자신이 틀렸음을 절대로 인정하지 않는다.

사실 이 같은 태도가 엘리트층만의 전유물은 아니다. 우리는 모두 "나는 맞고 너는 틀렸어." 병에 걸려 있다. 우리는 누가 항상 옳은지 알고 있다. 때로는 심지어 나조차도 그런 사람이 된다.

엘리트 계층의 진짜 문제는 바깥세상과 담을 쌓고 항상 비슷한 부류의 다른 엘리트들로만 둘러싸여 있다는 점이다. 그들의 자녀는 다른 엘리트들의 자녀가 다니는 엘리트 학교에 다닌다. 그들은 자신이 언제나 잘하고 있고 세상을 위해 좋은 일을 하고 있다고 믿지만 진짜 세상과는 동떨어져 있다. 대규모 자선행사를 열어 서로 근사하게 차려입고 호화로운 파티장에 나타나 세상을 구하기 위해 수십억 달러를 모금하지만…… 그들에게서 세상을 구하는 일은 누가 한단 말인가? 그들은 날 때부터 똑똑했고 훌륭한 교육을 받고 근면성실하게 일하지만 부지불식간에 자신들만 더 부자가 될 수 있는 세상을 만들려고 조작하고 있다. 다른 모든 사람을 희생양 삼아서 말이다.

누가복음 23장 34절에 이런 구절이 있다.

그때에 예수께서 말씀하셨다. "아버지, 저 사람들을 용서하여 주십시오. 저 사람들은 자기네가 무슨 일을 하는지를 알지 못합니다." (새번역 성경)

예수가 십자가형을 당할 때 한 말이다. 나는 주일학교 모범생은 아니었지만 그때 배운 가장 중요한 교훈 중 하나가 바로 '용서'였다.

엘리트 계층은 자신들이 무슨 일을 하는지 모르고 있다. 문제는 '그들이 무슨 일을 하는지 모르는' 데 대한 대가를 다른 사람들이 치르고 있다는 것이다.

스티븐 브릴은 《타임》지에 이렇게 썼다.

(엘리트들은) 승리를 강화하고 견제력이 될 수 있는 세력들을 압도하고 흡수했으며, 그 뒤에는 사다리를 끌어 올려 다른 이들이 성공을 나눠 갖거나 감히 그 지위에 도전하지 못하게 만들었다.

그들은 점차 숙련된 솜씨로 그들의 승리를 제한하는 방호책을 무너뜨리고, 정치 지형을 적극적으로 변화시키고, 예상치 못한 결과를 억누름으로써 그들이 보다 큰 공동체에 미친 피해와 책임으로부터 보호받을 수 있는 해자(垓子)로 둘러싸인 나라를 만들었다.

해석: 엘리트 계층은 법보다 위에 있다. 그들을 막을 철책도 울타리도 없다. 그들은 대개 같은 명문 학교를 졸업한 최고의 엘리트 변호사를 비싼 값으로 고용하여 덜 유명한 학교를 졸업한 가난뱅이 정부 변호사들을 처리하도록 만든다. 또한 그들은 자신이 한 일에 책임지지 않으며 역시 얼마나 많은 사람들의 삶을 망가뜨렸든 책임질 필요 없이 원하는 일을 마음껏 할 수 있는 힘을 지니고 있다. 특권계급만이 받을

폭군despot

(명사) 절대 권력을 쥔 권력자나 사람, 일반적으로
잔인하거나 억압적으로 권력을 행사하는 사람.

수 있는 고급 교육과 성공이 그들을 '폭군'으로 만들었다.

나는 내가 모든 것을 알지는 못한다는 것을 안다. 그저 조금 많이 알 뿐이다. 항상 최선을 다하지만 돈을 다루다가 때로는 실수도 한다. 그렇다고 해도 나는 우리의 지도자들을 신뢰하지는 않는다. 가짜 돈도 신뢰하지 않는다. 그래서 나는 금과 은을 실물로 보유한다. 그것이 신의 돈이기 때문이다.

금과 은은 엘리트와 나 자신으로부터 스스로를 보호하기 위한 일종의 보험 대책이다.

두 번째 이유: 리스크가 없다

모든 투자에는 리스크가 수반된다. 하지만 금은 실물에는 리스크가 없다. 금과 은의 가격이 변동하는 것은 가짜 돈의 가치가 변동하기 때문이다.

예를 들어 주식이나 부동산에 투자할 때 사람들이 ROI, 즉 투자수익률을 따지는 이유는 리스크를 감수하기 때문이다. 은행에 돈을 예치할 때 이자라는 형태로 수익을 얻을 수 있는 이유는 은행에 돈을 맡기는 것이 실은 위험한 행동이기 때문이다. 특히 엘리트 계층이 돈을 찍어 내고 있을 때는 더욱 그렇다.

다음 도표를 다시 보자.

저축하는 사람이 패배자인 이유

1913년 이래 미국 달러의 구매력 변화

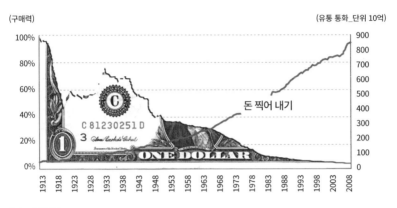

(구매력)

(유통 통화_단위 10억)

돈 찍어 내기

출처: 노동통계국

나는 금화나 은화를 구입할 때 투자수익을 기대하지 않는다. 왜냐하면 리스크가 수반되지 않기 때문이다. 앞서 이야기했듯이 금과 은은 신의 돈이며, 그 시세가 변동하는 것은 단지 가짜 돈의 가치가 변동하기 때문이라는 점을 늘 명심해야 한다. 금과 은은 있는 그대로 금과 은이다. 금과 은은 여러분이, 내가, 엘리트 계층이, 심지어 마지막 바퀴벌레가 지구상에서 사라진 뒤에도 계속 남아 있을 것이다.

나는 금과 은의 실물을 영원히 간직하기 위해 구입한다. 남들과 거래하거나 팔 계획도 없다. 워런 버핏이 계속 주식을 갖고 있는 것처럼 나도 금과 은을 계속 갖고 있을 것이다. 어떤 사람은 이렇게 말할지도 모르겠다. "하지만 난 돈을 쓰고 싶은데요." "난 돈이 필요해요."

그래서 대부분의 사람들이 부자가 되지 못하는 것이다. 사람들은 돈을 쓰는 것을 좋아한다. 실은 나도 마찬가지다. 나도 돈을 쓰는 것을 좋아한다. 근사한 차와 좋은 집과 옷, 맛있는 음식을 사랑한다. 그렇지만 나는 돈이 없거나 심지어 직업이 없을 때조차도 가지고 있는 자산을 보호하고 절대로 금과 은을 내다 팔지 않았다. 다시 한번 강조한다. 워런 버핏이 주식을 팔지 않는 것처럼 나도 금과 은을 절대로 팔지 않을 것이다.

금에는 리스크가 없다 1: 거래상대방 위험 이해하기

'거래상대방 위험'은 진짜 금융 용어를 익히고 금융 지식을 넓히고 싶은 사람이라면 누구나 알아야 하는 필수용어다. '채무불이행 위험'이라고도 불린다.

모든 투자에는 채무불이행 위험이 수반된다. 간단히 설명하자면 '채무불이행'이란 계약상의 조건을 충족시키지 못하는 것을 의미한다. 이를테면 당신의 친구가 100달러를 빌려 가면서 10년 뒤에 110달러를 갚겠다고 약속했다고 치자. 10달러는 당신이 친구에게 100달러를 빌려주는 데 대한 위험부담이다. 즉 그 10달러는 '거래상대방(친구)' 위험이다.

만일 친구가 직업도 없고 이미 당신에게 1,000달러의 빚을 진 상태라면 이자율은 더 높아질 것이다. 거래상대방 위험이 더 높기 때문이다. 그쯤 되면 돈을 빌려 달라는 부탁에 "싫어."라고 대답하는 편이 나을 테지만. 그러면 친구는 은행에 가서 대출을 요청할지도 모르는데,

그것이 바로 은행에서 바라는 일이다. 은행은 사람들에게 대출을 해 주고 싶어서 안달이 나 있다. 그들은 우리가 은행에서 발행한 신용카드를 사용해 주길 바란다. 은행은 저축을 하는 사람들로부터 돈을 버는 게 아니다. 그들은 돈을 빌리는 사람들에게서 돈을 번다.

거래상대방 위험의 또 다른 예시를 들어 보자. 당신이 집에 보험을 든다고 치자. 보험계약은 거래상대방, 즉 보험회사를 얼마나 신뢰할 수 있느냐에 달렸다. 집에 불이 났는데 보험회사가 파산했다면 당신의 집과 보험은 둘 다 아무 가치도 없어질 것이다.

그런데 다음 그림에서 보듯이 2008년에 무슨 일이 일어났을까?

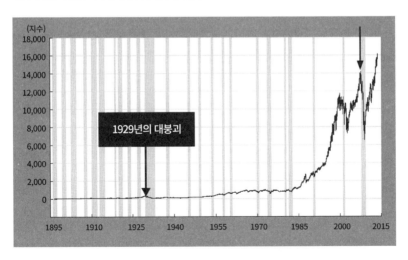

다우존스 산업평균지수(DJIA) | 1895~2015
도표의 음영 부분은 미국 경제의 침체기를 의미한다.

출처: S&P 다우존스 지수

1. 앞서 내가 예로 든 당신 친구와 같은 서브프라임 대출자들이, 감당할 수 없는 수준의 집을 사기 위해 돈을 대출받았다.

2. 은행은 기뻐하며 당신의 서브프라임(비우량) 등급 친구에게 서브프라임(비우량) 융자를 해 주었다.

3. 그런 다음 은행은 투자은행에 그 주택융자를 판매했다.

4. 투자은행은 수천 개의 서브프라임 융자를 패키지로 묶은 파생상품에 주택저당증권, 즉 MBS라는 이름을 붙였다.

5. 투자은행은 MBS를 정부와 투자 펀드, 연금 제도 및 쉽게 속아 넘어가는 사람들에게 판매했다.

6. 그리고 모든 거래상대방을 안심시키기 위해, 이들 엘리트들은 일종의 보험인 신용부도스왑CDS을 구입했다.

그렇게 모두가 부자가 되었다. 왜냐하면 관련자들 모두가 '수수료'를 챙겼기 때문이다.

브릴의《타임》지 기사를 다시 인용해 보자.

(엘리트 계층은) 새 자산을 구축하기보다 자산을 복잡하게 옮기는 거래를 기반으로 하는 경제를 창조했다. 그들은 파생상품과 신용부도스왑을 비롯해 매혹적이고 위험부담이 높은 금융 도구를 고안해 냈고, 이는 빠른 수익이라는 황홀경을 낳는 동시에 위험을 감수하는 이들과 그 결과를 감당해야 할 이들을 분리시켰다.

서브프라임 대출자들이 융자금을 지불할 수 없게 되자 파생상품이 무너졌다. 워런 버핏이 2002년에 파생상품에 대해 경고한 대로였다. 파생상품은 진정 "금융계의 대량살상무기"였다.

감옥에 간 사람은 아무도 없었다. 돈을 번 사람들은 전부 — 부동산 중개인에서 모기지 중개인, 은행과 투자은행, 그리고 월스트리트에 이르기까지 — 자신의 돈을 그대로 지켰다.

수백만 명이 직장을 잃고 집과 저축, 미래를 잃었다. 미국 정부는 빚더미에서 허우적대고 있는데, 이는 즉 납세자와 그 자녀들, 손자들 세대까지도 계속 은행가들의 보너스를 대신 내줘야 한다는 뜻이다.

금에는 리스크가 없다 2: 신용부도스왑 이해하기

보이지 않는 돈의 세계에서 신용부도스왑은 자동차보험이나 주택보험, 생명보험만큼이나 중요한 수단이다.

신용**부도**default스왑에는 세 당사자가 개입되어 있다.

1. 채권 매도자bond seller
2. 채권 매입자bond buyer
3. 채권 보험사bond insurer

채권 매도자는 빚IOU을 모아 판매하면서 그것을 '채권'이라고 부른다. 매도자는 시간이 흐른 뒤에 수익, 이자, 또는 ROI를 지불하기로 동의한다. 이는 당신 친구가 100달러를 빌려주면 1년 뒤에 10퍼센트 이자를 지불하겠다고 말하는 것과 비슷하다. 간단히 말하자면 위의 사례에서 돈을 빌린 당신 친구도 당신에게 채권을 판매하는 셈이다.

채권 매입자는 이 채권을 매입한 다음 시간이 지나면 수익, 이자, 즉 ROI를 얻을 수 있으리라 기대한다. 이런 경우에 채권 매입자는 친구에게 100달러를 빌려준 당신이다. 당신은 1년 후에 친구가 110달러를 갚으리라 기대한다.

채권 매입자인 당신은 채권 매도자인 당신 친구가 약속을 지킬 것이라는 확언을 받고 싶다. 그래서 당신과 친구는 **채권 보험사**를 찾아가고, 보험사에서는 당신이 100달러 원금과 10달러 이자를 받을 수 있게 보증해 준다.

신용부도스왑은 누군가 약속을 지키지 않을 때를 대비한 보험이다.

금에는 리스크가 없다 3: 파생상품 이해하기

파생상품에 대해 간단히 이해하고 싶다면 오렌지를 생각해 보라.

오렌지를 꽉 짜면 오렌지주스를 얻을 수 있다. 이 '오렌지주스'가 오렌지의 파생상품이다. 오렌지주스에서 수분을 증발시키면 '농축 오렌지주스'가 되는데, 이것 또한 오렌지의 또 다른 파생상품이다.

서브프라임 대출자가 금전적으로 감당하기 힘든 주택을 구입하면 엘리트 계층은 대출자와 주택을 이용해 주택저당증권이라는 파생상품을 만든다. 그러면 보험사가 그 상품에 대해 또 다른 파생상품인 신용부도스왑을 만든다. 그 결과 엘리트 계층은 큰돈을 벌고 보너스를 받는다. 이 카드로 만든 집이 와르르 무너진 뒤에도 말이다.

그러나 그 뒤로도 바뀐 것은 아무것도 없다. 아무도 감옥에 가지 않았고, 똑같은 사람들이 여전히 새로운 금융 파생상품을 만들어 내고 있다. 브릴은 이렇게 쓰고 있다.

(엘리트들의) 돈과 권력, 로비스트와 변호사를 대동한 대공세는 그들에게 책임을 문책해야 할 정부 기관과 의회, 법조계를 궤멸시켰다.

이해 못 해도 걱정은 하지 말 것

거래상대방 위험과 주택저당증권, 신용부도스왑에 대해 이해가 잘 가지 않더라도 걱정할 필요는 없다. 세상의 99퍼센트는 '보이지 않는 돈의 세상'에서 무슨 게임이 진행되고 있는지 잘 모르니까. 이 보이지 않는 세상에 대해 더 잘 이해하고 싶다면 친구들 몇 명을 모아 브릴과 내 책을 읽어 보고 토의해 보는 것도 좋겠다. 잊지 마라. 혼자보다는 여러 사람이 머리를 맞대는 게 훨씬 낫다.

무엇보다 가장 중요한 점은, 우리가 알고 있는 금융 제도가 전부 거래상대방 위험을 기반으로 하고 있다는 사실이다.

은행은 안전한 곳인가?

앞서 이야기했듯이 은행에 돈을 맡기면 이자를 주는 것은 거래상대방 위험이 있기 때문이다.

정부가 연방예금보험공사FDIC를 통해 25만 달러까지 예금자 보호를
해 주는 이유는 저축을 하는 사람들이 안심하고 돈을 맡길 수 있게 하
기 위해서다. 은행과 정부는 불안으로 인한 대규모 예금 인출 사태가
발생하는 것을 바라지 않기 때문에 예금액을 어느 정도 보장해 준다.

하지만 안타깝게도 은행에 100만 달러를 예금해 두었는데 은행이
파산할 경우, 보장받을 수 있는 금액은 한도액인 25만 달러가 전부다.

만일 당신이 지역 은행에 돈을 예금하러 가면 은행은 '저축 계좌'를
열 것인지 아니면 '금융 시장 계좌Money Market Account, MMA'를 열 것인지 물
을 것이다. 이자율은 MMA가 조금 더 높다. 그 이유가 뭘까? 원금보장
이 되지 않기 때문이다. 평생 모든 저축을 맡길 정도로 은행을 신뢰한
다면 차라리 MMA가 낫지 않을까?

금과 은을 신뢰하라

금과 은은 진짜 돈이기 때문에 이러한 거래상대방 위험이 없다. 신
은 약속을 어기지도 않고 부도를 내지도 않는다.

나는 은행의 안전금고에도 금은을 보관하지 않는다. 나는 은행도,
정부도 신뢰하지 않는다. 그들은 신이 아니라 인간일 따름이니까.

요즘에는 경비원이 딸린 사설 금고 사업이 성행하고 있다. 얼마 전
나는 싱가포르에 있는 사설 금고를 살펴보았다. 주 비행장에서 곧바
로 접근할 수 있는 개인 활주로가 연결된 곳이었다. 내가 매니저와 대

화를 나누는 동안 개인 비행기 한 대가 비행장에 착륙하더니 개인 활주로를 따라 금고가 있는 곳으로 갔다. 비행기의 문이 열리고, 무장 경비원 두 명이 잠겨 있는 금속 상자 세 개를 짐칸에서 내렸다. 내용물이 금고에 들어가고, 서류에 서명을 마치고, 비행기가 다시 이륙했다. 그 사이에도 비행기 엔진은 계속 돌아가고 있었다.

개인 비행기를 운용할 정도가 아니라면 금과 은을 집에서 멀리 떨어진 곳에 있는 방화금고 안에 넣어 두는 것도 좋다. 다만 누군가에게 금고와 열쇠가 있는 장소를 알려 줄 생각이라면 상대방이 충분히 신뢰할 만한 사람인지 확신할 수 있어야 할 것이다.

세 번째 이유: 빈부격차가 극심해져 계급투쟁의 시대가 열린다면?

스티븐 브릴은 이렇게 지적하고 있다.

1. 1929년부터 1970년까지 중산층의 소득은 부유층보다 더 빠른 속도로 상승했고 소득 불균형은 감소했다.
2. 1928년에는 하위 90퍼센트가 전체 부의 52퍼센트를 소유했다.
3. 1970년에는 하위 90퍼센트가 차지하는 전체 부가 68퍼센트까지 증가했다.
4. 1970년에는 최상위 1퍼센트의 보유 자산이 전체 부의 9퍼센트 미만이 었다.
5. 1971년부터 돌연 기존의 경향이 반대쪽으로 급변하기 시작했다.
6. 2007년에는 최상위 1퍼센트가 전체 부의 24퍼센트를 차지했다.

7. 2012년에 하위 90퍼센트의 보유 자산은 전체 부의 절반 이하인 49퍼센트로 하락했다.

백문이 불여일견, 다음 표를 다시 한번 보자.

경제적 격차

1979년 대비 계층별 소득점유율 변화(세후 및 인플레이션 반영)

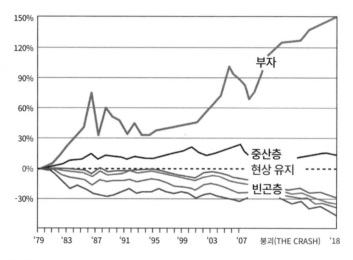

출처: 의회 예산처

누가 가난한 사람들에게 신경 쓴단 말인가?

브릴은 《타임》지 기사의 토대가 되었던 책 『추락*Tailspin*』에서 빈곤층과 중산층에 대해 이렇게 말한다.

정치가들은 중산층의 고난에 대해서는 최소한 립서비스라도 하지만 빈곤층에 대해서는 도움을 주기는커녕 아예 언급조차 하지 않는다. 취약층에게 눈길이라도 주었다가는 중산층 사람들이 자신들을 포기했다고 느낄지도 모른다는, 선출 공무원들의 두려움 때문이라고밖에는 설명할 수가 없다.

브릴은 대니얼 마코비츠와 레이 피스맨의 논문을 인용한다.

정책을 입안하는 엘리트 계층은 정파에 상관없이 (경제적) 평등에는 관심이 없다.

해석: 누가 가난한 사람들과 중산층에 신경 쓴단 말인가?

브릴은 엘리트 계층이 평등권과 여성권리, LGBT권리 등과 같은 민주주의적 가치에 관심을 지닌 진보적인 사람들을 끌어들여 커다란 약진을 성취했다고 지적한다. 하지만 그들은 불공평한 경제력이나 그들과 중산층 및 빈곤층 사이에 점점 크게 벌어지고 있는 소득 불균형에 대해서는 아무런 관심도 없다. 브릴이 지적한 일곱 가지 사실을 살펴보자.

1. 미국이 자랑스럽게 내세우는 경제적 유동성이라는 엔진이 덜컹거리고 있다. 자식 세대가 부모보다 높은 소득을 올릴 확률은 지난 50년 사이 90퍼센트에서 50퍼센트로 하락했다.

2. 2017년 가계부채는 금융 위기 이전 최고점을 기록했던 2007년보다 더

욱 증가했다.

3. 세계에서 가장 부유한 국가인 미국은 OECD 35개 회원국들 가운데 멕시코 다음으로 빈곤율이 가장 높은 국가다.(미국과 함께 끝에서 두 번째를 기록하고 있는 국가로는 이스라엘과 칠레, 터키가 있다.)

4. 미국 아동의 수학 이해력은 OECD 35개 회원국 가운데 30위, 과학 이해력은 19위다.

5. 미국 아동 5명 중 약 1명이 정부가 '식료품 부족'이라고 분류하는 가정에 거주하고 있다. 이는 그들이 '활동적이고 건강한 생활을 영위하는 데 충분한 식료품을 섭취하지 못하고 있음'을 의미한다.

6. 미국 공항의 시설은 부끄러운 수준이며 항공통제체계 또한 25년이나 낙후되어 있다. 전력망과 도로, 철도 시설 또한 노후되어 미국의 사회기반시설은 국제 순위에서 한참 하위를 차지하고 있다. (…) 미국 전역에서 하루 평균 657번의 단수 현상이 발생한다.

7. 국회의원들은 하루 평균 다섯 시간씩 구걸을 하는 데 지쳐 있다. (…) 워싱턴에는 상하원 의원 1명당 각각 20명이 넘는 등록 로비스트가 존재한다.

상황이 이런데 누가 가난한 이들과 중산층에 신경이나 쓴단 말인가?

미래는 더 어둡다

1980년대에 풀러와 함께 미래를 내다보는 법을 배울 때, 나는 저 지평선 너머에서 먹구름이 다가오고 있는 것을 볼 수 있었다. 그리고 마침내 눈앞에 폭풍우가 몰아치고 있다.

1. 베이비붐 세대의 상당수가 충분한 노후자금을 갖고 있지 않다. 1974년 이전까지는 대부분의 노동자가 회사의 연금 제도를 이용했기 때문이다. 그러나 1974년 이후 피고용인들은 스스로 살길을 찾아야 했고 401(k) 같은 개인 연금 저축으로 노후를 버틸 수 있기를 바라야 했다.
2. 주요 근로자연금 펀드가 파산했다. 이를테면 미국에서 가장 큰 공무원 연금인 캘리포니아주의 캘퍼스CalPERS는 이미 1조 달러 적자를 기록하고 있다.
3. 다음은 사회보장연금에 대한 그래프다.

GDP 비율

(사회보장제도 흑자/적자)

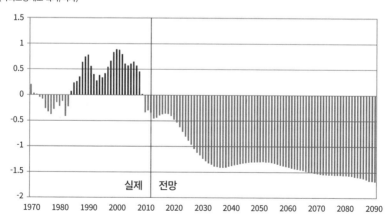

출처: 미국 피터슨재단 | 사회보장국

메디케어는 더욱 심각한 골칫거리다. 미국은 도저히 이길 수 없는, 수조 달러가 소요될 기나긴 전쟁을 치르는 중이다.

파산을 막으려 돈을 더 찍어 낼 것인가

브릴은 "미국 의회는 1994년부터 종합예산을 편성하지 못하고 있다."고 지적한다.

2018년 1월 25일 자《이코노미스트》지에서는 왜 미국이 균형 예산을 집행하지 못하고 파산하게 될 것인지 그 이유를 설명했다.(강조 부분은 내가 한 것이다.)

미국 헌법은 의회에 지갑을 열 수 있는 권한을 부여했다. 의회가 이 권한을 사용하는 방식은 네 가지 점에서 이상한 부분이 있다. 첫째, 연간 예산은 의회가 매년 재승인해야 한다고 결정한 연방 예산 지출의 약 3분의 1만을 처리한다. 노인들을 위한 메디케어 같은 대부분의 복지후생 정책은 자동적으로 예산이 확보된다. 따라서 예산 편성 과정은 의원들에게 장기적 재정 문제에 대해 눈길을 끌 화려한 자리를 제공해 주지만 실제로 주원인을 해결할 기회는 거의 없다. **바로 복지후생 지출이 끊임없이 증대되고 있다는 사실 말이다.**

해석: 미국은 결국 그동안 보이지 않는 척했던 빈곤층 때문에 파산할 것이다. 헌법이 이를 보장한다.

문제는 우리의 엘리트 계층이 비대해진 복지후생 제도를 위해 더 많은 돈을 찍어 낼 것인지 아니면 다시 금본위제로 돌아갈 것인지에 달려 있다. 어쩌면 우리는 또다시 거대한 대공황의 시대에 접어들게 될지도 모른다.

네 번째 이유: 신의 돈 vs. 정부의 돈

일일이 설명하기보다 직접 눈으로 확인하는 편이 와 닿을 것이다.

금 vs. 가짜 돈

금 대비 주요 화폐 가치 | 1900~2018

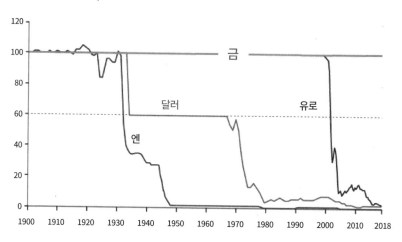

Q 정부가 가짜 돈을 앞으로 얼마나 더 많이 찍어 낼 수 있을까?

A 엘리트 계층은 사람들이 가짜 돈을 위해 일하는 한, 원하는 만큼 가짜 돈을 실컷 찍어 낼 것이다.

다음 단계는 IMF가 국제 통화인 특별인출권SDR을 발행하는 것일지도 모른다……. 실질적으로 더 많은 가짜 돈이 유통되게 하는 것이다. 다시 한번 강조하지만, 사람들이 가짜 돈을 받아들이는 한 그들은 더 많은 돈을 찍어 낼 것이다.

그러는 동안 엘리트층은 진짜 금을 사들여 쌓아 두고 있다. 그들은 게임이 끝났다는 것을 이미 알고 있기 때문이다.

다섯 번째 이유: 신의 돈은 쉽게 구할 수 있다

금광이나 은광을 구입하는 것은 어려운 일이다. 나도 안다. 이미 두 번쯤 해 봤으니까.

금광이나 은광을 사려면 많은 시간과 돈과 지적 노동이 필요하다.

믿을 수 있는 금은 거래상 또는 동전 거래상에게서 진짜 금화나 은화를 구입하는 편이 훨씬 쉽고, 돈도 별로 들지 않는다.

나는 1965년부터 10센트와 25센트, 50센트 은화를 모으기 시작했다. 1972년에는 홍콩에서 처음으로 금화를 구입하기도 했다. 1974년까지 미국인은 법적으로 금을 소유할 수가 없었는데도 말이다.

좋은 소식은 심지어 지금도 1달러만 있으면 1965년 이전에 발행된 은화를 살 수 있다는 것이다. 20달러만 있으면 진짜 1달러 은화를 살 수 있고, 1,500달러만 있으면 진짜 금화도 살 수 있다. 하지만 초보자라면 수집용 희귀 금화는 사지 말라고 권하고 싶다. 수집용 주화를 거래하려면 다년간의 경험과 깊이 있는 금융 교육이 필요하다.

부유하든 가난하든 누구나 신의 돈을 소유할 수 있다는 것, 그것이 가장 좋은 소식이다.

내가 존경하는 제임스 리카즈는 금이 온스당 1만 달러까지 상승하리라 예측했고, 다른 이들은 온스당 400달러로 떨어지리라고 예측한다.

당신이 어떻게 행동할지는 누구를 믿느냐에 달려 있다.

나는 이미 정해져 있다. 앞에서도 말했지만 나는 금과 은을 구입한 다음 이제껏 설명한 이유들을 근거로 절대로 팔지 않고 간직할 것이다.

반대로 당신은 지폐에 쓰인 문구를 보며 계속 신을 신뢰할 수도 있다. 그게 대부분의 사람들이 실제로 하고 있는 일이니까.

2부 '가짜 교사'와 3부 '가짜 자산'에서는
어떻게 돈을 필요로 하지 않으면서도
원하는 것을 살 수 있으며,
어떻게 더 많은 금과 은을 살 수 있는지 설명할 것이다.
지금은 왜 금은 실물을 보유해야 하고
엘리트 계층의 "신을 신뢰하라."는 말을 믿지 않는게 좋은지
이해하는 것이 중요하다.

전 세계의 독자들이 묻고
로버트 기요사키가 답하다

Q 당신이 말하는 '1,000조각 퍼즐'을 '그런치 퍼즐'이라고 불러도 될까?
— 스콧 J.(미국)

A 뭐든 원하는 대로 불러도 된다. 내가 돈을 1,000조각 퍼즐이라고 부르는 가장 큰 이유는 독자 여러분이 돈을 공부하는 학생이 되어 '삶과 돈'이라는 금융 퍼즐의 해답을 찾도록 격려하기 위해서다.

세상살이는 학교생활과 다르다. 답을 외울 필요도 없고, 시험을 보지도 않고, 시험에 합격하거나 낙제하지도 않는다. 삶이란 평생토록 거치는 기나긴 배움의 과정이고 거기에 정답이란 없다.

무언가를 진짜로 배운다는 것은…… 인생을 통해 배우는 것이다. 정해진 스승이 있는 것도 아니다. 현실 세상에서는 모든 것이 교사가 될 수 있다. 정해져 있는 올바른 답이라는 건 없다. 어떤 상황에서 옳은 답이 다른 상황에서는 틀린 답이 될 수도 있다. 삶이란 모든 것에서, 즉 성공은 물론 실패로부터도 배우는 것이다. 한 명의 교사만을 따르는 것, 한 명의 철학만을 믿고 "내가 옳고 너는 틀렸어."의 세상에 사는 것은 어리석은 일이다.

누군가가 의사나 CEO라는 이유로, 아니면 단순히 부자라는 이유로 믿고 신뢰하는 것은 정신 나간 짓이다. 진정한 학생이라면 주변의 모든 것과 모든 사람으로부터 배움을 얻어야 한다. 인생 자체가 당신의 스승이며 산다는 것은 끊임없이 배우는 과정이기 때문이다.

이 책을 다 읽고 부디 모두가 필요한 조각들을 찾아 1,000조각짜리 돈의 퍼즐을 완성할 수 있으면 좋겠다. 원한다면 '그런치 퍼즐'이라고 불러도 좋다. 아니면 '내 인생의 퍼즐'이라고 불러도 좋다.

Q 엘리트 지배층은 왜 파생상품을 조작해 (합법적으로) 세상을 등쳐 먹는 방법을 배웠는가? 만일 그들이 꼭두각시 인형이라면 뒤에서 그들을 조종하는 것은 누구인가?
— 잭슨 G.(미국)

A 아주 훌륭한 질문이다! 동시에 우리가 결코 진실을 알지 못할 수도 있는 질문이기도 하다.

어쨌든 진실은 사람들이 돈에 대해 거짓말을 한다는 것이다. 대부분의 사람들은 스스로에게도 혹은 다른 사람들에게도 솔직하지 못하고 "나는 돈에 관심이 없어."라고 말한다. 그러나 그들 역시 마음속 깊은 곳에서는 돈을 욕망하고 갈구하고 종종 필사적이기까지 하다. 대부분의 사람에게 돈이란 몸과 마음, 영혼에서 생명을 짜내는 것이다.

오늘날 돈은 생존에 없어서는 안 될 필수품이다. 수천 년 전에는 살아가는 데 돈이 별로 필요하지 않았다. 사냥꾼은 먹을거리들을 사냥했고, 채집꾼은 생존에 필요한 것들을 채집했다. 그들은 동굴이나 천막에 살았기에 주택융자금을 낼 필요도 없었다. 이동할 때는 걷거나 동물을 탔기에 자동차 할부금을 내거나 기름을 넣을 필요가 없었다.

하지만 현대인들은 먹고 자고 이동하고 교육을 받고 삶을 영위하려면 돈이 필요하다. 사람들은 돈의 진실 — 생존에 필수적인 수단이라는 것 — 을 말하기보다는 거짓말을 한다. 대부분 그 진실을 감당할 수 없기 때문이다.

사람들은 "나는 돈에 관심이 없어."라고 말하지만 부자들이 돈을 갖고 있다는 이유로 그들을 경멸한다. "나는 돈에 관심이 없어."라고 말하면서 백만 달러를 꿈꾸며 복권을 산다.

사람들은 "나는 돈에 관심이 없어."라고 말하면서 수백만 달러가 걸린 소송을 하고, 돈 때문에 누군가와 결혼을 한다.

사람들은 "나는 돈에 관심이 없어."라고 말하면서 아이들에게 학교에서 좋은 성적을 받으라고 종용한다. 자식들이 배우기를 바라서가 아니라 좋은 일자리를 구해 많은 돈을 벌 수 있기를 바라기 때문이다.

그렇다면 엘리트 계층은 어째서 세상을 등쳐 먹는 걸까?

왜냐하면 고학력자들은 돈에 대한 욕구에 솔직하지 못하기 때문이다. 그리고 그들이 그 사실을 숨길 수 있는 이유는 대부분의 사람들 또한 돈에 대해 솔직하지 못하기 때문이다.

Q 구매력이 계속 감소 중인 미국 달러화를 일반 대중이 언제까지 받아들일 수 있을까? 어떤 일이 일어나야 사람들이 미국 달러의 진정한 가치에 의문을 제기하게 될까?

— 레티샤 J.(크로아티아)

A 그걸 알 수 있는 사람은 아무도 없다. 다만 나는 언제든 준비되어 있어야 한다고 믿기 때문에 금은의 실물을 모아 은행 체제 밖에 보관하는 것이다.

Q 엘리트 계층으로부터 어떻게 나를 보호할 수 있을까? 그게 정말로 가능할까? 효과적인 보호책이 있을까?
— TJ B.(영국)

A 엘리트층에게서 자신을 보호하는 가장 좋은 방법은 금은의 실물을 보유하는 것이다. 엘리트들은 인간이 만든 것이라면 무엇이든 통제하거나 조작할 수 있지만, 신의 돈을 통제하고 조작하거나 파괴하는 것은 그보다 훨씬 어렵다. 금과 은은 엘리트층과 당신, 그리고 내가 사라진 후에도 오래도록 남아 존재할 것이다.

Q 가짜 돈을 유리하게 이용할 수 있는 방법이 있을까?
— 링컨 T.(미국)

A 나는 빚을 이용해서 자기자본, 즉 가짜 돈을 만든다. 가짜 돈으로 가짜 돈을 창출하는 자산을 획득하고 그렇게 번 가짜 돈으로 진짜 돈, 신의 돈인 금과 은을 구입한다. 하지만 그렇게 하려면 진짜 금융 지식이 필요하다는 사실을 명심하기 바란다.

Chapter 4

가짜 돈 찍어 내기
역사는 반복된다

가짜 돈을 찍어 내는 것은 그리 새로운 개념이 아니다.

고대로부터 현대에 이르기까지 은행 체제는 모두 가짜 돈을 기반으로 세워져 있다. 가짜 돈을 찍어 내는 것이야말로 은행이 돈을 만들어 내는 방법이다.

은행이 많은 돈을 벌 수 있는 이유는 수천 년 전부터 돈을 발행할 권리를 갖고 있었기 때문이다.

은행은 돈을 찍어 낼 수 있는 유일한 기관이 아니다. 주식 시장, 채권 시장, 부동산 시장, 금융 파생상품 시장, 그리고 다른 수많은 시장들 역시 돈을 찍어 낼 권리를 갖고 있다.

위조업자들은 **진짜** 가짜 돈을 찍어 낸다.

당신도 합법적으로 돈을 찍어 낼 수 있다. 면허도 필요 없이 말이다.

교훈: 돈을 위해 일하는 사람들은…… 돈을 찍어 내는 사람들을 위해 일하는 것이다.

물론 그보다 더 큰 문제는 우리의 교육 제도가 학생들에게 돈이 어떻게 만들어지는지 가르치지 않는다는 것이다. 대신에 그들은 학생들에게 '돈을 찍어 내는 사람들을 위해 일하라.'고 가르친다. 그것이 오늘날 우리가 마주하고 있는 금융 위기의 실체다.

세계 역사에서 돈을 찍어 낸 사례

한 가지 기억해야 할 점은 돈을 찍어 낸다는 개념이 전혀 새로운 것이 아니라는 사실이다. 대부분은 작고 고립되고 국지적으로 발생했으며, 대개 작은 국가에 한정되어 있었다. 몇몇 현금 강탈은 세계의 역사를 바꿀 정도로 거대했다. 몇 가지 예를 들어 보자.

1. **중국**은 기원후 618년에 세계 최초로 종이 화폐를 발행했다. 마르코 폴로는 중국을 여행하던 중에 종이돈에 대해 알게 되었고, 후에 지폐는 서서히 유럽으로 퍼져 나가기 시작했다.
2. **로마 제국**은 원정 전쟁 때문에 부채가 쌓이기 시작하자 니켈과 주석 같은 저렴한 금속으로 금화와 은화의 순도를 낮추기 시작했다.
3. **미국 식민 개척지**는 독립 전쟁 당시 가짜 돈을 찍어 내기 시작했고, 남북 전쟁 때 남부 연합 역시 콘페더레이트Confederate 달러를 찍어 냈다.
4. **독일**은 1920년대에 수조 달러에 달하는 가짜 돈을 발행했다. 이렇게 찍

어 낸 가짜 돈은 2차 세계대전과 아돌프 히틀러의 정치적 부상, 이어 수백만 명의 유대인 및 다른 죄 없는 이들의 학살로 이어졌다.

5. **짐바브웨**는 한때 아프리카의 곡창지대로 불렸지만 2000년대에 지도자들이 돈을 찍어 내기 시작하면서 경제적 파탄에 이르렀다.

6. **베네수엘라**는 세계에서 가장 부유한 산유국 중 하나다. 2018년에 파산과 쿠데타를 겪었지만 그럼에도 아직까지 가짜 돈을 찍어 내고 있다.

교훈: 거의 모든 사례에서 부자들은 더 부자가 되고 다른 모든 사람들은 더 가난해졌다. 가짜 돈을 찍어 낸 결과는 결코 아름답지 않다.

현대 미국에서 일어난 현금강탈의 사례

1. 약속

1944년에 미국 달러는 뉴햄프셔주 브레튼우즈에서 체결된 협정에 따라 세계의 '준비 통화'가 되었다. 다시 말해 미국은 브레튼우즈 협정에 근거하여 달러와 금을 등가로 교환해 주겠다고 전 세계에 약속했고, 그 약속과 함께 미국 달러화는 최초의 국제 통화가 되었다. 전 세계적인 현금강탈이 가능해진 무대가 마련된 것이다.

2. 적과의 거래

1950년대에 과거의 적국이었던 독일과 일본이 미국에 폭스바겐과 도요타를 판매하기 시작했다. 미국의 수입량이 늘수록 더 많은 금이 해외로 빠져나갔다.

3. 깨진 약속

1971년에 금본위제의 폐지는 1944년에 한 약속을 깨트리는 행위였다. 리처드 닉슨이 약속을 깨트린 것은 미국에서 금이 더 이상 반출되지 않게 하기 위해서였다. 역사는 닉슨이 거짓말쟁이임을 밝혀냈고 그의 별명은 '교활한 딕'이 되었다. 닉슨은 그가 왜 약속을 깨트렸는지에 대해서도 거짓말을 했다.

만일 닉슨이 달러화의 금태환 약속을 지켰다면, 금본위제는 금이 해외로 빠져나가는 문제를 해결해 주었을 것이다. 미국은 수출량보다 더 많은 돈을 찍어 낸 데 대한 벌을 받았을 테고, 더 저렴하고 질 좋은 상품을 생산했을 것이며(다른 말로 자본주의), 금은 다시 미국으로 흘러 들어왔을 것이다.

그러나 고학력 엘리트들은 자본주의를 죽였고, 공장들은 문을 닫고, 일자리는 더 저렴한 노동력을 찾아 미국을 떠나갔다.

금본위제가 무너진 것은 고학력 엘리트층이 돈을 마구 찍어 내 세상의 돈을 빼먹으면서 자신들의 배를 불렸기 때문이다. 버키 풀러의 표현을 빌자면 "그런치", 즉 보편적 총 현금강탈을 그들이 저질렀기 때문이다.

4. 빚이 된 달러

1971년에 달러는 미국 납세자들의 IOU(차용증서)가 되었다. 미국은 폭스바겐과 도요타에 대한 대금을 IOU로 지불하기 시작했다.

닉슨은 금본위제의 폐지가 일시적인 조치에 불과하다고 약속했다. 그러나 워터게이트 사건으로 탄핵될 위기에 처하자 대통령직에서 사임했고, 금본위제를 되살린다는 약속을 지키지 않았다.

착취에 앞장선 엘리트들

세계 역사상 가장 거대한 돈 찍어 내기 계획이 진행되었고, 지금도 여전히 진행 중이다. 부자들은 슈퍼 부자가 되었고, 중산층과 빈곤층은 더욱 가난해졌다.

스티븐 브릴은 이렇게 썼다.

최근, 많은 미국인들이 정치 성향에 관계없이 다양한 형태의 똑같은 질문을 던지고 있다. 어쩌다 우리가 이렇게 됐지? 어쩌다 세계 최고의 민주주의 국가이자 선진 부유국이 이렇게 금 간 도로와 소득 불균형, 극심한 양극화와 제대로 기능하지 않는 정부를 가진 곳이 되었을까?

나도 지난 2년간 그 대답을 찾으려 부단히 애썼지만 끝없이 반복되는 아이러니만을 발견했을 뿐이다. 50년 전에 미국을 위대하게 만든 핵심 가치들이 이제는 미국을 추락시키고 있다.

풀러 박사도 강의 중에 정확히 이 점을 경고한 바 있다. 내가 참석했던 세 번의 강의 내용을 정리하자면, 풀러 박사는 가문의 부를 상속받은 부자들이 1960년대와 70년대에 중산층과 빈곤층의 똑똑한 학생들에게 엘리트 고등 교육의 문을 열어 주었다고 말했다. 그리고 이 베이비붐 세대의 고학력 엘리트 학생들은 그들 그런치가 조종하는 꼭두각시 인형이 되었다.

브릴은 1960년대에 선택받은 똑똑한 중산층 학생 중 한 명이었다.

그중에는 버락 오바마 대통령과 빌 클린턴, 힐러리 클린턴 국무장관과 연준의장인 벤 버냉키와 재닛 옐런도 있었다.

버키 풀러도 옛 가문의 부를 물려받은 전통적인 백인 귀족 부유층이었다. 그는 가문의 4대째로 밀턴 아카데미를 졸업했고 4대째 하버드대에 입학했지만 졸업하지는 못했다.

존 케네디 대통령과 조지 H. W. 부시, 조지 W. 부시, 밋 롬니 의원은 모두 하버드와 예일대를 졸업했고, 미국의 백인 귀족 가문 출신이며, 상속재산을 물려받았다.

그러나 브릴은 동료들, 즉 중산층과 가난한 집 출신의 고학력 엘리트들이 재산을 상속받지 않았음을 눈치챘다. 따라서 그들은 부자가 되려면 학교에서 공부할 때와 똑같은 근성과 의지를 발휘해야 했다. 그런 불굴의 의지와 근성을 이용해 그들은 월스트리트와 대기업, 법률회사에 침투했다.

브릴은 자신처럼 가난하거나 중산층 집안 출신의 엘리트들이 똑같이 가난하거나 중산층 미국인들의 경제적 삶을 파괴하고 있다는 사실을 깨달았다.

브릴은 이렇게 쓰고 있다.

그의 동료들은 미국 경제계에 침투하여, 저임금 국가들과 경쟁하는 대신 일자리를 해외로 수출했다. 법률사무소를 인수한 변호사들은 무력한 빈곤층이나 중산층을 보호하는 것이 아니라 부자들을 위해 일했다. 월스트리트는 새로운 진짜 자산을 창조하는 것이 아니라 금융 공학과 가짜 자산을 만들었다. 교육계의 엘리트 계급은 '미국식 예외주의(미국이 세계를 이끄는 최고의 국가라는 것—옮긴이)'보다 사회 공학social engineering에 초점을 맞추고 모두가 평등하고 누구의 감정도 상하지 않게 가르치는 데 치중했다.

그들은 모든 아이들을 동등하게 만드는 한편, 그들의 자식들은 무사히 꼭대기까지 올라갈 수 있도록 자신들이 다녔던 예비학교에 보내고 명문 대학에 입학시켰다.

간단히 말해, 엘리트 계급의 엘리트 아이들은 빈곤층과 중산층은 접근조차 할 수 없는 고급 교육을 받았다.

스티븐 브릴은 이 모든 것이 근면성실하게 노력해 성공을 거둔 자신과 같은 이들이 일으킨 문제임을 깨달았다.

그들은 승리를 강화하고 견제력이 될 수 있는 세력들을 압도하고 흡수했으며, 그 뒤에는 사다리를 끌어 올려 다른 이들이 성공을 나눠 갖거나 감히 그 지위에 도전하지 못하게 만들었다.

그들은 점차 숙련된 솜씨로 그들의 승리를 제한하는 방호책을 무너뜨리고, 정치 지형을 적극적으로 변화시키고, 예상치 못한 결과를 억누름으로써 그들이 보다 큰 공동체에 미친 피해와 책임으로부터 보호받을 수 있는 해자로 둘러싸인 나라를 만들었다.

풀러도 『자이언트 그런치』와 강의에서 스티븐 브릴과 유사한 우려를 표한 바 있다. 그는 로널드 레이건 대통령을 미국을 안쪽에서부터 집어삼키는 야심 찬 고학력 엘리트들에게 둘러싸인 "앞잡이"라고 부르기도 했다.

은퇴 이후의 삶이 아름다울까?

1971년은 전 세계 사람들의 부를 등쳐 먹는 현금강탈이 시작된 해였다. 그해 달러는 더 이상 금과 교환할 수 없게 되었고, 보이지 않는 돈이 되었다. 사람들이 더 이상 현금강탈을 '볼 수 없게' 된 것이다. 다시 말하지만 풀러의 말처럼 눈에 보이지 않으면 다가오는 것을 피할 수도 없다.

물론 돈을 찍어 내는 것이 나쁜 점만 있는 건 아니다. 가짜 돈을 찍어 냄으로써 생긴 좋은 일들도 많다. 가짜 돈을 위해 일하는 수십억 명이 경제를 활성화시키고 새로운 발명품, 개선된 주택 보급과 의약품,

소비자 상품과 첨단기술을 개발해 냈다. 엘리트 집단이, 세상을 더 나은 곳으로 만들기 위해 애쓰는 사람들의 건강과 부를 빨아먹고 있을 때도 이들은 더 나은 세상을 만들어 냈다.

문제는 돈을 찍어 내는 방법이 역사적으로 효과를 거둔 적이 없다는 것이다. 마찬가지로 1971년에 시작된 현금강탈도 결국 실패할 것이다. 가짜 돈을 찍어 내어 시작된 파티는 곧 파장을 앞두고 있고, 남는 것은 끔찍한 숙취뿐이다.

인구의 1퍼센트가 억만장자가 되었지만 다른 수십억 명은 더 가난해졌고 앞으로도 더 가난해질 것이다.

현재 수백만 명의 베이비붐 세대가 — 아마도 역사상 가장 부유하고 운이 좋았던 세대 — 앞두고 있는 은퇴 후의 삶은 그리 아름답지 않다. 많은 이들이 생계를 걱정하고 있으며, 많은 이들이 죽을 때까지 일을 해야 할 것이다. 평생을 바쳐 일했지만 그들은 여전히 가난하고, 나이가 들수록 점점 더 가난해지고 있다.

이것이 바로 가짜 돈을 위해 일하고 가짜 돈을 저축할 때 일어나는 일이다.

다음 도표가 모든 것을 말해 준다.

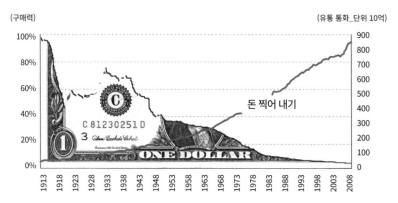

저축하는 사람이 패배자인 이유

1913년 이래 미국 달러의 구매력 변화

(구매력)   (유통 통화_단위 10억)

돈 찍어 내기

출처: 노동통계국

2018년 6월 23일 자《월스트리트 저널》을 보자.

「미국의 시한폭탄」

미국인들이 기존 세대보다 악화된 재정 상태로 은퇴 연령에 도달하고 있다.

"기존 세대", 즉 2차 세계대전 세대는 '여생 동안 일정 금액을 받을 수 있는' 확정급여형Defined Benefit, DB 연금을 받았다. 그래서 그들은 따로 금융 교육을 받을 필요가 없었다. 확정급여형 연금이 '전문적인 관리'를 받고 있었기 때문이다.

그러다 DB 연금 제도가 중단되었다. 기업은 직원을 고용하는 데 돈이 너무 많이 든다는 이유로 DB 연금을 지원하는 것을 그만두었다.

오늘날 퇴직 후 평생 일정액의 연금을 받을 수 있는 베이비붐 세대는 소수에 지나지 않는다.

심지어 요즘에는 DB 연금을 받고 있는 베이비붐 세대들마저 불안해하고 있는 상태다. 《월스트리트 저널》은 "일부 공무원들은 재정 부족에 시달리는 정부가 연금을 축소할지도 모른다는 불안에 시달리고 있다."고 보도했다.

DB 연금이 문제에 봉착한 이유는 투자수익률을 7.5퍼센트로 높게 설정했을 뿐만 아니라, 대부분의 연금 혜택자들이 70살 이후까지 생존할 것이라고 계산하지 않았기 때문이다. 좋은 소식은 베이비붐 세대가 그보다 더 오래 살고 있다는 것이다. 나쁜 소식은 시장이 항상 예측대로 움직이지는 않는다는 것이다.

여기다 꽤 걱정스러운 숫자와 사실까지 합쳐 보자. 현재 매일 약 1만 명의 베이비붐 세대가 은퇴를 하고 있다.

현재의 위기는 첫 번째 베이비붐 세대가 80세에 이르러 더 많은 건강보험과 치료비가 필요해지는 순간, 재정적 재앙이 될 것이다. 사회보장제도와 메디케어가 파산하는 순간 말이다.

주식 시장에 뛰어든 베이비붐 세대

1974년 수백만 명의 베이비붐 세대가 노동시장에 합류하자, 퇴직연금 비용을 삭감하기 위한 근로자퇴직소득보장법Employee Retirement Income Security Act, 일명 에리사ERISA가 도입되었다. 몇 년 뒤에는 최초의 401(k),

즉 확정기여형Defined Contribution 연금이 탄생했다.

이제 베이비붐 세대는 금융 교육이 전무한 채로 스스로 '전문적인' 자산관리인이 되어야 했다. 베이비붐 세대에 위기가 닥쳐온 것이다.

확정기여형, 즉 DC 연금은 노동자가 '기여한 금액'만을 연금으로 받을 수 있다. 운이 나빠서, 혹은 모아 놓은 돈이 전부 소진되어 DC 계좌에 아무것도 남지 않는다면 은퇴자들은 알아서 살아남아야 한다.

《월스트리트 저널》은 이렇게 보도했다.

기대수명이 증가하고 교육비가 상승하면서 50대나 60대는 성인이 된 자녀들과 부모 세대를 부양해야 했다.

베이비붐 세대는 종종 "샌드위치 세대"라고 불리는데, 이는 자식과 부모를 동시에 책임져야 하기 때문이다.

2017년 현재 미국에서 60~69세 사이의 인구가 진 부채는 총 2조 달러에 이른다. 베이비붐 세대가 7,500만 명이라는 점을 감안하면 이는 엄청난 액수다.

이어지는 내용은 다음과 같다.

(베이비붐 세대는) 부채율이 높고, 자녀들의 교육비를 지불하는 동시에 나이 든 부모를 부양하기 위해 저축을 축내고 있다. 쥐꼬리만 한 401(k) 연금의 2인 가구당 중간값은 연간 8,000달러 이하다.

미국에서 55~70세의 가장이 부양하는 가구의 40퍼센트 이상이 은퇴 후에도 비슷한 생활 수준을 유지할 수 있는 자원을 갖추지 못하고 있다. 약 1,500만 가구에 이르는 숫자다.

401(k)에 투자하고 최소 1명의 55~64세 근로자를 보유한 가구의 2016년 비과세 혜택 연금 저축액의 중간값은 13만 5,000달러다. 62~65세 사이의 부부가 오늘 퇴직할 경우 이들의 연금소득은 월 600달러가 될 것이다.

2000년부터 2008년 사이 주식 시장의 하락으로 '혼자 알아서 운용하는' 노후자금의 위험성이 드러났고, 많은 401(k) 투자자들이 자금을 인출한 뒤에 다시 채워 넣지 않거나 청구서를 지불하기 위해 돈을 인출하는 등 예금액을 줄이기 시작했다.

아서 스미스 주니어(61세)는 그때의 여파를 아직도 체감하고 있다. 그는 지난 35년 동안 여러 회사에서 근무하며 꾸준히 401(k)를 납입했다. 그러나 그의 401(k) 자금은 시장이 붕괴했을 때 큰 타격을 입었고, 이는 그가 개별적인 기술 주식에 투자했기 때문이라고 말한다.

"원하는 주식을 선택해 투자할 수 있었기 때문에 고위험 투자군에 덜컥 달려들었지요."라고 그는 말한다. 그의 401(k)는 2000년대 초반에 반 토막이 났고, 2008년에는 또다시 그 절반의 절반을 잃었다.

내가 아직 어린 꼬마였던 1980년대는 오직 투기꾼만이 주식 시장에 투자했다. 당시 사람들이 선호하던 투자처는 채권 시장이었다. 그렇지만 오늘날 대부분의 베이비붐 세대는 주식 시장에 판돈을 거는 도박꾼이 되었다.

베이비붐 세대가 주식 시장에 투자하는 이유는 예금과 채권의 금리가 전례 없이 낮은 수준이기 때문이다. '높은 수익률'을 찾아다니는 많은 사람들이 결국에는 도박꾼이 되어 주식 시장에 뛰어든다.

앞서 봤던 다우존스 지수 그래프를 다시 한번 떠올려 보자.

지금 우리는 어디에 와 있는가? 다시 말하지만 다우존스는 현재 사상 최고치를 기록하고 있고, 이는 투자수익을 바라는 가짜 돈이 만들어 낸 결과다.

그런데 누구는 15억 달러의 보너스를 받는다고?

《월스트리트 저널》의 표지, 베이비붐 기사 옆에는 다음과 같은 헤드라인이 적혀 있다.

「샤오미 CEO가 150억 달러의 감사 선물을 받다」

그 기사는 이렇게 시작된다.

기업가치 700억 달러 돌파를 앞둔 중국 스마트폰 제조업체인 샤오미가 창립자 겸 경영인에게 감사의 선물을 증정했다. 150억 달러에 달하는 제한 없는 주식으로, 이는 전 세계 기업 역사상 최대액이다.

역사는 반복된다

역사는 가짜 돈을 찍어 내는 행태가 번영으로 이어질 수 없다는 사실을 알려 준다. 역사는 가짜 돈을 찍어 내는 행위가 결국 가짜 돈을 위해 일하는 사람들의 가난과 빈곤으로 끝난다는 사실을 보여 주었다.

역사적으로, 중국과 로마 제국, 독일 바이마르 공화국과 현대의 베네수엘라에 이르기까지 가짜 돈을 찍어 내는 것은 지속 가능한 번영을 창출하지 못했다. 그 결과는 항상 경제 공황과 혁명, 전쟁, 혹은 그 세 가지를 전부 합친 형태로 나타났다.

미국의 베이비붐 세대는 탄광 속 카나리아와도 같다. 한때 가장 부유했던 베이비붐 세대가 지금은 은퇴 후에 빈한한 삶을 걱정하고 있다. 그들은 가짜 돈의 실패를 감지하는 카나리아다.

1971년에 역사상 최대의 가짜 돈 찍어 내기가 시작되었다.

문제는 그것이 언제, 그리고 어떻게 끝날까다.

진짜 금융 교육은 돈이 왜 그리고 어떻게 만들어지고 있는지를 포함해야 한다. 정부가 돈을 찍어 내고 있다는 사실을 인지한다면 경제적으로 생존할 가능성을 높일 수 있을 것이다.

전 세계의 독자들이 묻고
로버트 기요사키가 답하다

Q 신이란 인간이 만든 것인데, 왜 신의 돈이라고 부르는가?(종교를 반대하거나 영적 존재를 부인하는 건 아니다.) 어째서 그런 이유만으로 진짜 돈을 소유해야 한다고 말하는 건가?
— 제이슨 C.(미국)

A 신의 존재에 대해 묻는 건가 아니면 금에 대해 묻는 건가? 나는 신의 존재 여부를 증명할 수는 없어도 금의 존재를 증명할 수는 있다.

내가 금과 은을 신의 돈이라고 부르는 이유는 내가 금은 광산에서 일을 시작했기 때문이다. 내가 투자한 중국의 금 광산과 아르헨티나에 있던 은 광산은 둘 다 토론토 증권거래소의 IPO를 통해 상장되었다.

광산을 '공개'하려면 그 전에 금이나 은이 진짜 묻혀 있다는 사실을 증명해야 했다. 광맥이 있다는 사실을 검증하고, 회사가 광산을 합법적으로 소유하고 채굴하고 금과 은을 판매할 권리를 갖고 있음을 증명해야 했다. 또 우리가

IPO를 통해 회사 지분을 판매할 권리가 있다는 것도 증명해야 했다.

그래서 나는 이 땅에 지구가 숨겨 놓은 금과 은이 존재한다는 것을 실제로 알고 있다. 나는 땅속에 묻혀 있는 금과 은을 내 눈으로 직접 보았다. 그래서 그것을 신의 돈이라고 부르는 것이다. 금과 은은 가짜 돈, 정부의 돈, 대중의 돈과 대중이 사라진 뒤에도 변함없이 남아 존재할 것이다.

나는 또 가짜 금과 가짜 은이 있다는 것도 안다. 상장지수펀드 ETF는 가짜 금은이다. ETF는 직접 소유하고 있지도 않은 금과 은을 합법적으로 사고팔 수 있다. 보유하고 있는 진짜 금 1온스당 가짜 금 100온스를 매도할 수 있다. 내가 이런 것을 아는 이유는 회사를 상장한 경험이 있기 때문이다. 회사를 증권거래소 상장 목록에 올려 공개했을 때, 나는 그곳에서 거래되는 대부분의 명목자산이 가짜라는 것을 알게 되었다.

Q 금을 얼마나 많이 보유해야 할까? 포트폴리오 구성 비율을 알려 줄 수 있는가?
— 브루노 T.(프랑스)

A 대부분의 자산관리사들은 자산의 10퍼센트가량을 귀금속으로 구성하라고 권하지만 나는 그 공식을 따르지 않는다.

나는 금이 신의 돈이며, 부를 부른다고 믿는다. 나는 진짜 돈이 진짜 부를 부른다고 믿기 때문에 실물 금을 보유한다.

간단히 말해 매달 1만 달러의 소득을 원한다면 나는 1만 달러어치의 금을 구입해 보관한다. 하지만 이 방법이 당신에게도 통할지는 알 수가 없다. 그저 나와 내 아내 킴에게는 이 믿음이 효과가 있었다고밖에는 말 못 하겠다.

Chapter 5

얼마나 많은 돈을 찍어 내고 있을까
통제권을 쥐는 법

다시 한번 말하지만, 돈을 찍어 내는 것은 전혀 새로운 개념이 아니다.

강조하건대, 가짜 돈을 찍어 내는 것이야말로 은행 체제의 근간이다.

돈이 어떻게 만들어지는지 알고 나면 가짜 돈이 지배하는 세상에서 성공할 기회를 더 잘 포착할 수 있다.

돈 찍어 내는 방법 1: 암소 불리기

수천 년에 걸친 인류의 역사 속에서 돈은 여러 가지 형태로 통용되었다. 구슬, 깃털, 돌멩이, 가축, 그리고 도자기. 그중에서 초기에 등장한 가장 중요한 돈의 형태는 바로 가축이다.

가축은 수천 년 동안 우리가 알고 있는 돈의 토대를 구축했다. 심지어 지금까지도 진짜 돈으로 사용되고 있을 정도다. 실제로 영어에서

'cattle(소)'라는 단어는 돈이나 땅, 소득에 이르기까지 모든 형태의 '재산'을 의미한다.

예전 사람들은 돈을 빌릴 때 담보로 자신의 소를 맡겼다. 빌린 돈을 갚으면 그 소를 다시 돌려받을 수 있었다.

이 같은 형태의 담보대출은 지금도 사용되고 있다. 이 담보collateral의 동의어가 바로 '증권security'이다. 2008년의 금융 위기는 부채담보부채권Collateralized Debt Obligation, CDO과 주택저당증권Mortgage-Backed Securities, MBS이 폭락하면서 발생했다.

'담보collaterlized'와 '증권security'이라는 단어에 주목하라. 이것들은 천 년 전에 사용되었던 '소'와 똑같은 목적을 지닌다. 천 년 전에 소는 '진짜' 담보이자 '진짜' 증권이었다. 반면에 가짜 담보인 CDO와 MBS가 가짜라는 사실이 들통났을 때는 전 세계 경제가 파탄 날 뻔했다.

어떻게 그토록 많은 교육을 받고 유능하고 많은 돈을 버는 사람들이 가짜 담보가 진짜라고 믿었던 걸까? 생각해 보면 정말 겁나는 일이 아닌가? 심지어 가짜 담보를 진짜 담보라고 믿은 그들이 아직도 세상을 좌지우지하고 있다는 사실을 알고 나면 이보다 더 끔찍하지 않을 수 없다.

천 년 전에 진짜 소가 뭔지도 모르는 은행가가 있었다고 상상이나 할 수 있는가? 놀랍게도 그게 바로 작금에 벌어지고 있는 일이다.

"모자만 거창할 뿐 소는 한 마리도 없다"

오늘날 부자와 다른 사람들의 차이점은 담보로 잡힐 만한 자산이 없다는 것이다.

많은 빈곤층과 중산층이 가난한 이유는 담보로 사용할 수 있는 자산이 없기 때문이다. 그것은 목장주가 소 한 마리 없이 빈손으로 은행에 가서 돈을 빌리려고 하는 것과 비슷하다.

텍사스에 사는 내 친구가 종종 하는 말이 있다.

"모자만 거창할 뿐 소는 한 마리도 없다."

세상에는 "모자만 거창할 뿐 소는 한 마리도 없는" 카우보이들로 가득하다. 큰 집에 살면서 좋은 자동차를 몰고 자식들을 사립학교에 보낼지는 몰라도…… 담보물이 없는 것이다. 은행은 집과 자동차를 보증 삼아 그들에게 돈을 대출해 주고 신용카드를 — '소비자신용'이라는 빚의 일종 — 발급해 줄지는 모르지만, 투자를 받을 만한 신용은 '없다.' 그런데도 그들은 늘 "은행에서 융자를 안 해 줘."라고 투덜댄다.

은행이 원하는 것은 진짜 담보물이다. 당신도 마찬가지로 진짜 담보물이 필요하다.

오늘날의 CDO와 MBS는 '담보'와 '증권'이다. 문제는 그 CDO와 MBS가 가짜 담보와 가짜 증권으로 뒷받침되고 있다는 것이다.

안정적인 미래를 원한다면 '진짜 담보'와 '진짜 증권'을 소유해야 한다. 진짜 담보와 진짜 증권이야말로 이 책에서 이야기하고 싶은 핵심이다.

이자의 개념

현물 보상을 뜻하는 'in kind(형용사)'는 독일어 'kinder', 즉 '어린이'라는 단어에서 파생된 금융 용어다. 'kindergarten(유치원)'은 문자 그대로 '아이들의 정원'이라는 뜻이다.

"

누군가 소를 담보로 맡기면 대출업자는 그 소의 새끼로 '현물 보상in kind'을 받았다. 송아지, 즉 'kinder'는 이자의 초기 형태였다. 오늘날 은행에서 대출을 받는 대신 내는 이자는 현대적인 형태의 '새끼'인 셈이다.

'in kind'는 원래 '동일한 것으로 갚다.'라는 뜻이다. 새끼에는 새끼로, 돈에는 돈으로, 그리고 눈에는 눈으로. 곧 '이자interest'는 '동일한 것in kind'이다. 달리 표현하자면, 돈이 새끼를 치는 것, 혹은 돈이 돈을 낳는 것이다.

현대의 은행은 가짜 돈에 이자를 부과하지 않으면 살아남지 못한다.

당신도 돈을 찍어 내고 있다

1. 저축: 은행에 돈을 예금하면 당신의 돈은 또 다른 돈을 찍어 내게 된다. 당신에게 돈에는 돈으로, 즉 이자라는 형태로 보상을 부여하는 것이다. 다시 한번 말하지만 당신의 예금에 붙는 이자는 당신이 찍어 내는 돈이다.

2. 신용카드: 신용카드를 쓸 때도 당신은 돈을 찍어 내는 것이다. 신용카드는 진짜 돈이 아니다. 당신이 믿음직한 신용을 지녔다는 보장일 뿐이다. 당신의 그 훌륭한 신용이 곧 은행의 담보물이며, 미국에서는 개인의 신용 등급을 FICO 점수로 측정한다. 다만 다른 점이 있다면 신

용카드를 사용할 때는 '은행을 위해 돈을 찍어 낸다.'는 것이다. 당신이 다시 갚아야 하고 더불어 이자(동일한 것)까지 붙게 되는 돈 말이다.

3. 융자: 자동차나 주택, 사업 때문에 은행에서 융자를 받을 때에도 당신은 돈을 찍어 내고 있다. '당신은 은행을 위해 돈을 찍어 내고', 은행은 그 대가로 당신에게 새로 찍어 낸 돈에 대해 이자를 청구한다.

이제 당신이 찍어 내는 두 가지 돈에 대해 생각해 보라.

1. 저축 계좌에 1,000달러를 예금했고,

   은행이 당신에게 2퍼센트 이자를 지불한다.

2. 신용카드로 1,000달러를 소비했고,

   은행이 그에 대해 18퍼센트 이자를 청구한다.

두 경우 모두 당신이 새로 찍어 낸 돈이다. 문제는 누구의 돈이 더 높은 가치를 지니느냐는 것이다. 당신의 돈일까, 아니면 당신이 은행을 위해 새로 찍어 낸 돈일까?

명심하라. 1971년부터 전 세계 통화체계는 가짜 돈을 찍어 내고 있다.

명심하라. 돈을 위해 일하는 사람들은 돈을 찍어 내는 사람들을 위해 일하는 것이다.

이 책에서 당신은 사람들이 얻고자 열심히 일하는 바로 그 돈을 찍어 내는 사람이 되는 법을 배울 것이다. 하지만 그러려면 먼저 돈이 어떻게 만들어지는지부터 이해해야 한다.

돈 찍어 내는 방법 2: 부분지불준비제도와 맨드레이크 메커니즘

전 세계 은행 체제는 대부분 '부분지불준비제도'를 기반으로 하고 있고, 이 제도는 수천 년 전부터 존재해 왔다. 부분지불준비제도에 대해 간단히 설명해 보자.

수천 년 전, 당신은 한 상점을 운영하고 있다. 당신은 금화 10개를 갖고 상점에서 판매할 상품을 구입하기 위해 수천 킬로미터나 떨어진 나라에 가야 하는데, 어쩌면 중간에 강도를 마주칠지도 모른다.

그래서 당신은 살고 있는 지역의 '은행가'를 찾아간다. 대개 금 세공인인 그는 당신의 금화 10개를 금고에 안전하게 보관해 두겠다고 약속하고는 당신이 금화 10개를 맡겼다는 증서를 써 준다. 그 증서가 바로 지금도 사용되고 있는 양도성 예금증서Certificate of Deposit, CD다.

당신은 그 종이 한 장을 갖고 온갖 위험이 도사리고 있는 수천 킬로미터에 달하는 거리를 여행한다. 그동안 '은행가'가 보관하고 있는 당신의 금화는 안전하다.

당신은 상점에서 판매할 새 상품을 구입하고, 당신에게 물건을 판 상인에게 CD를 넘겨준 다음 집으로 돌아온다. 당신에게 상품을 판매한 상인은 그가 거래하는 '은행가'에게 가서 당신의 CD를 금화 10개와 교환한다.

얼마 후, 당신은 종이 서류인 CD가 금화보다 훨씬 안전하고 편리하다는 사실을 깨닫는다. 당신은 은행가에게 금화를 맡기고, 그 은행가가 발행한 금화 보관증인 CD를 종이돈처럼 사용하기 시작한다.

은행은 어떻게 돈을 찍어 내는가

그런데 돈이 필요한 사람들이 은행가를 찾아가 '대출'을 부탁한다. 은행가는 '당신이 맡긴 금화 10개' 중에서 9개를 다른 사람에게 빌려준다. 금고에 남아 있는 금화 1개가 바로 '부분지불준비금'이다. 은행가는 '준비금'으로 원금의 10퍼센트 — 금화 10개 중 1개 — 만 갖고 있으면 된다.

이제 새로운 돈이 만들어졌다. 금화 10개가 부분지불준비제도를 통해 금화 19개가 된 것이다. 당신이 가진 금화 10개는 진짜 돈이다. 은행가가 다른 사람에게 빌려준 금화 9개는 가짜 돈이다. 은행가는 가짜 돈을 찍어 낸 것이다.

이제 이야기는 더욱 흥미진진해진다. 당신의 금화 10개 중에서 9개를 빌린 사람이 그가 거래하는 은행에 가서 빌려 온 금화 9개를 예금하고 CD를 받는다. 그리고 금화 9개를 가진 은행은 '다음' 사람에게 금화 9개의 10퍼센트인 8.1개를 빌려준다.

금화 8.1개를 빌린 사람은 또 다른 은행에 그것을 예치하고, 은행은 또다시 금화 8.1개의 90퍼센트를 다른 사람에게 대출해 주고…… 그렇게 끊임없이 반복된다.

맨드레이크 메커니즘

맨드레이크라는 만화 캐릭터에서 이름을 딴 맨드레이크 메커니즘 Mandrake Mechanism이라는 것이 있다. 마법사 맨드레이크는 모자 속에서 무엇이든 원하는 것을 꺼낼 수 있다. 당신의 은행가도 허공에서 돈을 만들어 낼 수 있다.

앞에서 설명한 간단한 예시에서 원래의 금화 10개는 부분지불준비제도라는 마법을 통해 10+9+8.1=27.1개까지 늘어났고, 이 27.1개의 금화는 부분지불준비제도와 맨드레이크 메커니즘을 통해 순식간에 2,710개나 혹은 그 이상까지 불어날 수 있다.

부분지불준비제도와 맨드레이크 메커니즘은 가짜 돈이 얼마나 눈 깜짝할 사이에 엄청난 규모로 증가할 수 있는지 보여 준다.

모자 속에서 1,000조 달러를 꺼내다

1971년 닉슨 대통령이 금본위제를 폐지하자 '세상에는 더 이상 금화 10개가 필요하지 않게 되었다.' 그리고 마법 돈을 쏟아 내는 맨드레이크 시스템이 세계를 장악했다.

맨드레이크가 모자 속에서 가짜 돈을 끊임없이 끄집어내는 동안 수십억 명의 사람들이 전 세계 은행으로 달려가 수십억 달러의 가짜 돈을 빌리고 예금하는 모습을 상상해 보라.

2008년 이래 마법사 맨드레이크는 그가 만들어 낸 마법 돈의 세상이 붕괴하는 것을 막기 위해 '모자'에서 자그마치 1,000조 달러가 넘는 돈을 꺼냈다.

맨드레이크가 언제까지 마법 돈을 만들어 낼 수 있을까? 그것이 바로 우리가 직면하고 있는 문제다.

예금 인출 사태를 어떻게 대비할까

맨드레이크의 마법이 사라지면 예금 인출 사태가 발생한다. 맨드레이크의 마법 공연이 끝나게 되면 공황에 빠진 사람들은 은행에 달려가 돈을 내놓으라고 소리칠 것이다. 문제는…… 맨드레이크한테 돈이 없다는 것이다.

미국 은행들은 이런 사태에 대비하기 위해 대책을 세워 두었다. FDIC, 즉 미연방예금보험공사가 최고 25만 달러까지 예금액을 보장해 주는 것이다. 문제는 사람들이 은행으로 몰려들기 시작하면 FDIC가 그 자금을 전부 감당할 수가 없다는 데 있다.

한편 예금 인출 사태로 인해 공황이 발생하면 전국의 은행 시스템은 합법적으로 영업을 중단할 수 있다. 실제로 현대 역사에서 이미 여러 번 발생한 일이기도 하다.

맨드레이크의 마법 공연이 중단되면 사람들이 인출할 수 있는 돈은 현금인출기의 돈이 전부다. 은행 ATM으로 서둘러 달려갔더니 "오늘 하루 인출액 한도는 100달러입니다."라는 안내문이 붙어 있다고 한번 생각해 보라.

마법 공연에 현혹되지 말고 금과 은을 믿어라

부자 아빠에게서 부분지불준비제도와 맨드레이크의 마법에 대한 설명을 듣고 나자 나는 왜 지폐에 "우리는 신을 신뢰한다."고 적혀 있는지 이해할 수 있었다.

나는 신의 돈인 '진짜' 금과 은을 신뢰한다. 나는 맨드레이크의 마법 공연을, 또는 버키 풀러가 그런치라고 부르는 보편적 총 현금강탈을 신뢰하지 않는다.

나는 맨드레이크가 마법 공연을 계속하기 위해 돈을 찍어 내고 중앙은행과 정부, 은행, 주식과 채권 시장을 운용하라고 고용한 엘리트보다도 금과 은을 신뢰한다.

명심하라. 금과 은은 당신과 나, 엘리트 계급과 심지어 바퀴벌레가 지구상에서 사라진 뒤에도 오래도록 남아 존재할 것이다.

ETF는 가짜 금이다

맨드레이크는 가짜 은과 가짜 금도 만들었다.

나는 가짜 금과 가짜 은인 상장지수펀드ETF에 투자하지 않는다. 금과 은의 ETF인 GLD와 SLV는 가짜 금과 가짜 은이다. 내가 ETF에 투자하지 않는 이유는 모든 ETF가 부분지불준비제도, 즉 맨드레이크의 마법 공연의 일부이기 때문이다. 예를 들어 맨드레이크는 ETF를 이용해 진짜 금 1온스를 가짜 종이 금 50~100온스로 만들 수 있다. ETF와 뮤추얼 펀드는 모두 맨드레이크의 마법이다. 맨드레이크는 돈과 주식, 채권, 심지어 부동산까지도 모자에서 꺼낼 수 있다.

부동산 ETF는 부동산투자신탁Real Estate Investment Trust 즉 REIT라고 불린다. 나는 금과 은, 부동산을 사랑하지만 GLD와 SLV, REIT에는 투자하지 않는다.

그렇다고 ETF나 뮤추얼 펀드에 절대로 투자하지 말라는 이야기는 아니다. 어떤 이들에게는 이런 종류의 종이 자산이 도움이 되기 때문이다.

3부 '가짜 자산'에서는 어떤 사람이 GLD와 SLV, REIT에 투자해야 하는지, 그리고 나는 왜 투자하지 않는지 설명하도록 하겠다.

일단 여기서는 내가 ETF에 투자하지 않는 이유는 그것이 파생상품이고, 맨드레이크 마법 공연의 일부이기 때문이라는 것만 밝혀 두자.

돈 찍어 내는 방법 3: 파생상품

전 세계 은행 체제는 파생상품에 기반하고 있다. 파생상품이란 무엇인지 다시 한번 살펴보자.

오렌지주스는 오렌지의 '파생상품'

앞서 '오렌지주스'가 오렌지의 파생상품이라고 말한 바 있다. 다시 오렌지주스에서 수분을 증발시키면 '농축 오렌지주스'가 되고, 이는 오렌지와 오렌지주스 모두의 파생상품이라고 말이다.

그럼 석유의 경우는 어떨까. 휘발유는 석유의 파생상품이다. 휘발유는 원유보다 쉽게 발화할 뿐만 아니라, 그 이름처럼 휘발성이 강하다. 휘발유의 또 다른 파생상품으로는 항공원료와 제트원료, 그리고 그밖에 다른 정제유가 있다.

우라늄의 원자번호는 92이고 원소기호는 U다. 우라늄은 은보다 더 흔한 물질이다. 우라늄의 파생상품은 불안하고 위험하며 유독성을 띠는데, 주로 원자로 연료와 대량살상무기로 사용된다.

'파생상품'은 위험하다

마찬가지로 주식은 기업의 파생상품이다. 주택융자는 부동산의 파생상품이다. 그리고 채권은 돈의 파생상품이다. 그러다 약 50년 전, 세상이 바뀌었다. 버키 풀러는 그들이 돈으로 게임을 시작했다고 말한다.

스티븐 브릴은 다우존스 법무보좌관이었던 마틴 립튼의 말을 인용한다.

우리는 종이 쪼가리를 주고받는 완전히 새로운 경제 활동을 발명했고, 이는 아무것도 이룩하지 못한다.

1950년에는 제조업이 기업 수익의 60퍼센트를 차지했지만 오늘날에는 겨우 25퍼센트에 불과하다. 1950년에 금융 산업은 기업 수익의 9퍼센트를 차지했지만 오늘날에는 30퍼센트에 이른다.

라나 포루하는 저서 『메이커스 앤드 테이커스_Makers and Takers_』에서 이렇게 썼다.

금융 시장에서 부의 창조는 공동 번영을 위한 것이 아니라 그 자체로 목표가 되었다.

해석하자면 "내 몫을 챙겼으면 됐지 남들은 알 바 아님."이 되시겠다.

포루하는 미국 금융계의 "내 몫을 챙겼으면 됐지."의 사례로 "미국 상위 20퍼센트 헤지펀드 매니저가 미국에 존재하는 모든 유치원 교사를 합친 것보다 더 많은 소득을 올린다."고 제시하고 있다.

가짜 돈을 만드는 금융 공학

돈의 세계를 장악한 금융 공학은 오랫동안 진짜 번영을 창출할 수 있는 새로운 자산이 아니라 해로운 가짜 자산을 창조했다.

2005년 즈음 고수익을 갈망하던 엘리트 금융 공학자들은 주택융자 같은 평범한 금융 파생상품을 사용해 서브프라임 대출자들을 발굴하여 그들이 감당할 수 없는 수준의 대출을 해 주었고, 주택저당증권MBS 또는 부채담보부채권CDO라는 프랑켄슈타인의 금융 괴물을 창조한 다음 이를 '증권'의 형태로 만들어 세계에 판매했다……. 다시 말해 '금융 파생상품'의 '금융 파생상품'을 퍼트린 것이다. 바로 이것이 워런 버핏이 "금융계의 대량살상무기"라고 불렀던 그것이다. 스티븐 브릴이 "2008년에 금융계의 대량학살무기가 터졌고, 세계 경제는 거의 붕괴할 뻔했다."고 말한 원인이다.

그런데 그 이후로 변화가 있었는가?

2007년에 파생상품 시장의 총 규모는 약 700조 달러였고, 2008년에는 이 대량살상무기가 폭발해 세계 경제를 거의 붕괴시켰다. 그리고 2018년 현재 파생상품의 총 가치는 '1,200조' 달러에 달한다.

뭐 하러 바뀌겠는가? 맨드레이크의 마법 공연은 지금도 계속되고
있는데.

돈을 찍어 내는 방법 4: 인플레이션

맨드레이크의 마법 공연은 인플레이션을 기반으로 유지된다. 인플
레이션이 멈추면 맨드레이크의 텐트도 무너지고, 공연은 끝날 것이다.
다우존스 지수 그래프를 다시 한번 살펴보자.

다우존스 산업평균지수(DJIA) | 1895~2015
도표의 음영 부분은 미국 경제의 침체기를 의미한다.

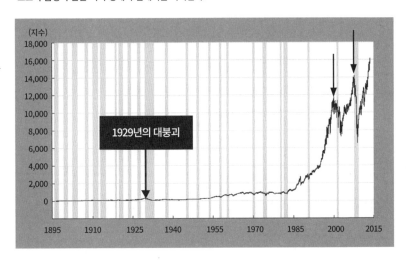

출처: S&P 다우존스 지수

2000년과 2008년, 맨드레이크의 '텐트'가 언제 어디서 무너졌는지 확연히 볼 수 있을 것이다. 화살표로 표시한 꼭짓점 부분이 정말로 텐트의 꼭대기같이 보이지 않는가?

또 아래 그림을 보면, 언제 보편적 총 현금강탈이 맨드레이크의 텐트를 다시 부풀리기 시작했는지도 보일 것이다.

다우존스 산업평균지수(DJIA) | 1895~2015

도표의 음영 부분은 미국 경제의 침체기를 의미한다.

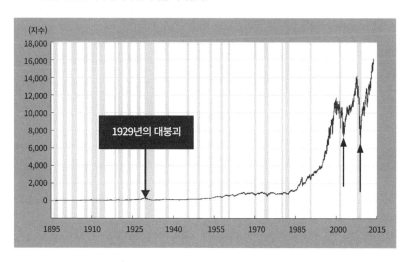

출처: S&P 다우존스 지수

'돈 찍어 내기'의 다른 말: 부실자산구제 프로그램, 양적 완화

최상층 엘리트들은 — 연준의장 벤 버냉키와 미국 재무장관이나 전 골드만삭스 CEO인 행크 폴슨 — 돈을 찍어 낸다고 표현하지 않고 새로운 이름을 고안해 냈다. 그들은 이를 부실자산구제 프로그램Troubled Asset Relief Program, TARP, 나중에는 양적 완화Quantitative Easing, QE라고 불렀다.

아마 "돈을 찍어 낸다."고 말하는 것보다 더 어렵고 지적으로 들리기 때문일 것이다.

나는 그것을 BS라고 부른다. 허풍 떨기.Blowing Smoke

맨드레이크의 마법과 부분지불준비제도가 너무 많은 돈을 찍어 낸 나머지 다른 나라의 텐트들도 무너지고 있다. 세계는 대공황에 접어들기 직전에 와 있다. TARP와 QE가 필요했던 이유는 맨드레이크의 텐트가 무너지는 것을 막아야 했기 때문이다.

교훈

1. 맨드레이크의 마법은 인플레이션이 존재할 때에만 유지될 수 있다.(무슨 뜻인지 알겠는가? 그러니 계속해서 텐트를 부풀려야 하는 것이다.)

2. 인플레이션이 발생하지 않는다면 맨드레이크는 돈을 찍어 내 생긴 거대한 빚을 갚을 수가 없다.

3. 인플레이션이 발생하면 부채의 가치가 줄고 — 돈의 가치가 줄기 때문에 — 더 저렴해진 달러로 부채를 갚을 수 있다. 다음 그림을 보면 이해하기가 쉬울 것이다.

1913년 이래 미국 달러의 구매력 변화

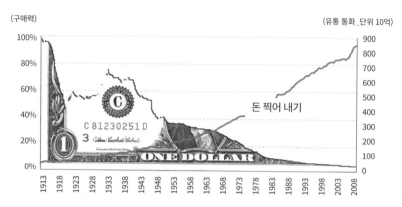

출처: 노동통계국

인플레이션이 디플레이션보다 낫다

디플레이션이 발생하면 부채의 가치가 증가하기 때문에 전보다 더 비싸고 가치가 인상된 달러로 부채를 지불해야 한다.

디플레이션은 대개 불경기로 이어진다.

인플레이션 시기에 사람들은 가격이 더 올라갈까 봐 신속하게 돈을 쓰게 된다. 반대로 디플레이션 시기에 사람들은 돈을 쓰지 않는다. 그들은 가격이 내려가기를 기다리고, 이는 경기 침체로 이어진다. 그러므로 맨드레이크 마법의 돈 공연에는 인플레이션이 필요하다. 인플레이션이 일어나지 않는다면 맨드레이크는 지난번 공연에 들어간 비용을 지불할 수가 없다. 그것이 바로 연방 정부와 재무부가 TARP와 QE

를 도입하는 이유다. 수조, 수천 조의 가짜 돈을 사용해 맨드레이크의 텐트를 부풀려야 하기 때문이다.

피해는 저축하는 사람들이 입는다

'담보'라는 뜻의 'collateral'이라는 단어를 생각해 보자. 유해한 파생상품과 가짜 자산, 가짜 담보collateral 때문에 부수적인 피해collateral damage를 입는 것은 순진하고 죄 없는 사람들이다. 저축하는 사람들은 결국 패배자가 된다.

아메리칸 드림은 사라졌다. 주택보유자들은 물론 저축을 하는 사람들에게도 마찬가지다.

2008년에 시장이 붕괴했을 때 은행들은 사람들에게 제발 돈을 빌려가라고 빌며 금리를 인하했다.

그로써 가장 큰 피해를 본 사람들은 주로 고정 소득에 의존해 살고 있던 은퇴자들이었다. 은퇴 자금의 이율이 하락했고 어떤 경우에는 심지어 마이너스 금리를 기록하기도 했다. 저축자금에서 더 이상 이자를 얻을 수가 없자 그들은 원금을 인출해 생활을 유지해야 했고, 따라서 이자를 얻을 원금이 줄어들었다.

백만장자도 이자만으로는 살 수 없다

1970년에 내가 대학을 졸업했을 때만 해도 저축예금의 이자율은 최대 15퍼센트였다. 계산을 간단히 하기 위해 100만 달러를 예로 들어

보면, $1,000,000×15%=$150,000다. 1970년에는 1년에 15만 달러의 이자만으로도 충분히 살아갈 수 있었다. 그러나 2008년 이후 금리가 하락했고, 일부 국가에서는 마이너스까지 추락했다. 저축을 한 사람들은 가장 큰 패배자가 되었으며, 백만장자들은 가난해졌다. 이번에도 100만 달러의 저축이 있다고 하면, $1,000,000×2%=$20,000다. 아무리 백만장자라도 미국에서 1년에 2만 달러로 생활하는 것은 힘겨운 일이다. 저축예금 이자로 먹고사는 백만장자들은 새로운 가난뱅이가 된 것이다.

그렇게 많은 사람들이 주식 시장으로 떠밀렸고, 그 결과 주식 시장은 거품이 되었다. 다우존스 지수 그래프를 보면 2000년과 2008년에 거품이 터진 후 주식 시장이 어떻게 되었는지 알 수 있을 것이다.

닥쳐온 변화의 징조들

1. 비트코인과 전자화폐: 2009년에 비트코인이 등장했다. 전자화폐는 순식간에 성장해 맨드레이크 마법의 돈 공연을 위협하기 시작했다. 맨드레이크는 경쟁을 좋아하지 않는다. 그런치는 대중의 돈인 전자화폐에 대항해 싸우기 시작했으며, 일부 엘리트들은 전자화폐 쪽으로 변절했다.

2. 인플레이션은 빈곤을 낳는다: 돈을 찍어 내는 것은 일부 사람들을 더 부자로 만든다. 사람들은 집값이 오르거나 주식 포트폴리오가 올라 '순 자산'이 증가했기 때문에 전보다 더 부자가 되었다고 느낀다. 그러

나 돈을 찍어 내는 것은 수백만 명의 사람들을 전보다 더 가난하게 만든다.

스탠퍼드와 하버드, 버클리대학 연구진에 따르면, 자식 세대가 부모보다 높은 소득을 벌 확률은 겨우 50년 사이에 90퍼센트에서 50퍼센트로 하락했다. 또 다른 연구에 따르면 2009~2010년 사이 상위 1퍼센트 소득이 31.4퍼센트 증가한 반면, 하위 99퍼센트의 소득은 고작 0.4퍼센트 증가했다.

3. 텐트 도시: 미국 전역에 텐트 도시가 급증하고 있다. 특히 샌프란시스코와 시애틀, 호놀룰루처럼 미국에서 가장 부유한 도시에서 말이다. 텐트에 거주하는 사람들 중 상당수가 집을 살 여유가 없는 직장인이다. 2018년 현재 미국에 거주하는 노숙자들의 수는 약 55만 5,000명에 이른다.

4. 혁명: 역사적으로 볼 때, 최상위 부유층과 다른 계층과의 경제적 격차가 지나치게 벌어지면 혁명이 발발한다. 내가 우려하는 것도 바로 그것이다. 러시아와 쿠바, 베네수엘라의 경우에도 부유층과 나머지의 빈부 격차가 극심해졌을 때 혁명이 발발했다. 그렇다면 우리도 새로운 혁명을 앞두고 있는 게 아닐까?

그림으로 보는 미래

풀러 박사는 과거를 연구하면 미래를 내다볼 수 있다고 말했다. 미래를 예견하는 데 도움이 될 그래프 몇 개를 소개한다.

다우존스 산업평균지수(DJIA) | 1895〜2015

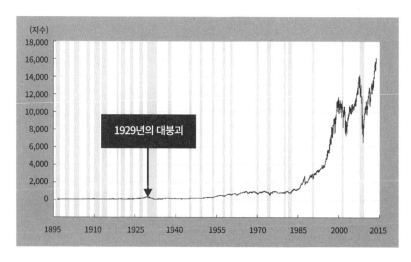

출처: S&P 다우존스 지수

사상 최대의 돈 찍어 내기!

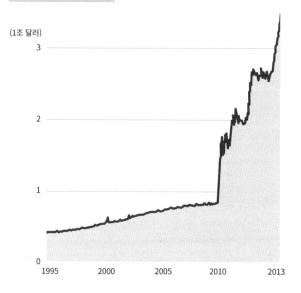

돈을 너무 많이 찍어 내면 어떻게 되는가?

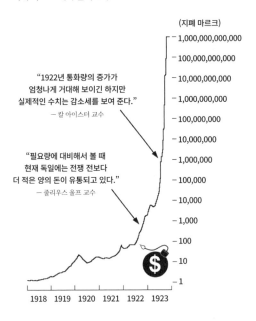

독일 바이마르 정부 시절의 초인플레이션

지폐 마르크 대비 금화 1마르크

(지폐 마르크)
- 1,000,000,000,000
- 100,000,000,000
- 10,000,000,000
- 1,000,000,000
- 100,000,000
- 10,000,000
- 1,000,000
- 100,000
- 10,000
- 1,000
- 100
- 10
- 1

"1922년 통화량의 증가가
엄청나게 거대해 보이긴 하지만
실제적인 수치는 감소세를 보여 준다."
— 칼 아이스터 교수

"필요량에 대비해서 볼 때
현재 독일에는 전쟁 전보다
더 적은 양의 돈이 유통되고 있다."
— 줄리우스 울프 교수

1918 1919 1920 1921 1922 1923

오늘날 미국은 1918～1923년 독일에서 발발한 초인플레이션의 길을 따라가고 있는 듯 보인다.

인플레이션이 실패했을 때, 많은 국가들이 초인플레이션의 고통을 겪었다. 대부분 돈을 지나치게 찍어 냈기 때문이다. 다음 사진들을 보면 1920년대에 독일이 초인플레이션에 빠졌을 때 어떻게 됐는지 알수 있다. 어쩌면 내가 어째서 '가짜 돈을 저축하지 않는지' 그 이유도 이해할 수 있을 것이다.

1923년 마르크화 평가절하 당시 은행 지하에 지폐들이 쌓여 있다.

1차 세계대전 종전 후 초인플레이션이 덮쳤을 당시 한 여성이 지폐로 난로에 불을 붙이고 있다.

1923년에 독일 아동들이 거리에서 돈 뭉치로 탑을 쌓고 있다. 아무 가치도 없는 수십억 마르크에 달하는 가짜 돈이다.

1923년 바이마르 정부 시기, 쓸모없어진 마르크 지폐를 태우고 있다.

이러한 독일의 초인플레이션은 히틀러의 정치적 부상과 2차 세계대전, 그리고 수백만 명의 죄 없는 사람들의 죽음으로 이어졌다.

돈을 찍어 내는 것은 지속 가능한 번영을 가져오지 못한다. 돈을 찍

부헨발트 강제 수용소의 피해자들

어 내면 돈을 위해 일하는 사람들은 더욱 가난해질 따름이다.

1971년은 역사상 최초로 전 세계적인 '돈 찍어 내기'가 시작된 해였고, 오늘날 전 세계의 은행 체제는 종이돈을 기반으로 굴러가고 있다. 미국과 세계는 언제까지 가짜 돈을 찍어 낼 수 있을까?

역사는 반복되는가?

나는 그렇다고 믿는다.

다음 장에서는 내가 왜 실물 금은을 보유하는지 설명하도록 하겠다.

전 세계의 독자들이 묻고
로버트 기요사키가 답하다

Q 거품이 터지면 어떻게 되는가? 돈이 그냥 사라지는 건가?
― 크리스 G.(그리스)

A 그렇기도 하고 아니기도 하다. 거품이 터지면 돈의 일부는 승자에게서 패자에게로 이전된다. 대부분의 패배자들은 '장기 투자'를 맹목적으로 신봉하던 평범한 투자자들이다. 장기 투자는 효과가 있을 때도 있지만 그렇지 않을 때도 있다.

돈이 승자에게서 패자로 옮겨 간다고 해서 그것이 사라지는 것은 아니다. 패자는 돈을 잃지만 돈이 정말로 사라지는 것은 아니다. 그저 소유자가 바뀌는 것일 뿐이다.

많은 금융 전문가들이 주식을 팔지 않으면 돈을 잃는 것이 아니라고 말하는 것도 그런 이유에서다. 전문가들은 당신이 여전히 주식을 갖고 있기 때문에 돈을 잃은 것이 아니라고 말한다.

내 생각은 다르다. 예를 들어 내가 주당 20달러에 100주를 매입했다고 하자.(100주×$20=$2,000) 그런데 다음 날 주식 시장이 붕괴한다. 이제 주식은 수당 2달러로 떨어졌다.(100주×$2=$200) 이런 경우에 돈은 정말로 사라진 것이다. 투자자는 1,800달러를 잃었다.

하지만 투자자가 재무상담사에게 "1,800달러를 잃었어요."라고 말한다면 그는 이렇게 대답할 것이다. "돈을 잃는 것은 주식을 팔 때예요. 그래서 장기적으로 투자하는 겁니다. 시간이 지나면 주가는 오를 겁니다."

그건 거짓말이다. 방금 주가가 내려간 순간 그 돈은 사라졌다. 투자자의 자산 기둥에서 자취를 감춘 것이다.

Q 예금 인출 사태가 발생하면 어떻게 되는가? 은행이 사람들에게 돈을 빌려 줄 수 있을까?
— 마누엘 A.(멕시코)

A 경우에 따라 다르다. 공황에 빠진 사람들은 흥미로운 행동을 하기 때문에 어떤 일이 벌어질지 예측하는 것은 대단히 어려운 일이다.

2008년 금융 위기가 닥쳤을 때 수많은 사람들이 수조 달러를 날렸다. 미국 정부가 대형 은행을 '구제'해 준 덕분에 부자들은 돈을 잃지 않았다. 그러나 저축을 한 사람들은 은행이 수조 달러의 가짜 달러를 찍어 내 저축해 둔 돈의 가치를 떨어뜨렸기 때문에 패배자가 되었다.

또다시 금융 위기가 찾아와 모든 사람들이 한꺼번에 돈을 찾고 싶어 한다면 은행은 '구제bail out'의 반대인 '채권자손실부담bail in' 제도를 도입할지도 모른다. 채권자손실부담이란 은행이 저축자들의 예금을 동결시켜 은행의 자본금으로 사용하는 것이다. 다시 말하지만 저축을 한 사람들은 패배하고 부자들은 승리할 것이다.

제임스 리카즈는 그의 책 『은행이 멈추는 날*The Road to Ruin*』에서 "아이스 나인Ice Nine"이 발생할 것이라고 예측하는데, 아이스 나인은 전체 금융 시스템이 동결되어 마비되는 것이다. 그래서 짐 리카즈는 금과 은뿐만 아니라 은행 체제 밖에 늘 약간의 현금을 보관해 두라고 충고한다.

Q 나는 당신과 다른 사람들이 폭로한 사실을 믿기가 힘들다. 자료를 읽고, 듣고, 생각하지만⋯⋯ 아직은 부인 단계에 있는 것 같다. 어떻게 해야 마음을 열고 현실을 받아들일 수 있을까?

— 자나 V.(미국)

A 이미 그것만으로도 당신의 마음이 열려 있다는 증거라고 할 수 있다. 사실을 인식하고 나면 마음이 열리고, 새로운 생각과 아이디어를 받아들일 수 있게 된다. 축하한다.

Q 언론 매체의 뉴스가 진짜인지 가짜인지 어떻게 알 수 있는가?

— 로히트 M.(인도)

A 항상 뉴스의 출처를 확인해라. 이 책에서 나는 리치대드 라디오의 인터뷰를 출처로 삼고 있다. 각각의 인터뷰는 대개 약 40분 길이인데, 40분 동안 현실의 가짜 돈 세상에서 진짜 일을 한 사람들의 이야기를 들으면 많은 것을 배울 수 있다.

주식 중개인이나 부동산 중개인, 보험 중개인에게서 정보를 얻고 있다면 부자 아빠의 경고를 늘 명심하라. "그들이 '브로커broker'라고 불리는 이유는 당신보다 더 빈털터리broker이기 때문이다."

Q 미국의 중앙은행인 연방준비제도야말로 진짜 문젯거리가 아닌가?
— 존 K.(미국)

A 그건 누구에게 묻느냐에 달려 있다. 나는 많은 문제가 있다고 믿는다. 연준과 중앙은행 제도는 수많은 문제들 중 하나다.

나는 진짜 문제는 학교에서 금융 교육을 하지 않는 데 있다고 생각한다. 만일 개개인이 진짜 금융 교육을 받을 수만 있다면 우리가 직면한 이 금융 위기는 별로 큰 문제가 되지 않을 것이다. 오히려 진짜 부자가 될 기회일 수도 있다……. 그래서 내가 이 책과 다른 책들을 쓰는 것이다.

'위기(危機)'라는 단어는 위험(危險, danger)과 기회(機會, opportunity)로 이뤄져 있다. 나는 당신 같은 사람들, 위험 속에서 기회를 포착하는 사람들을 위해 책을 쓴다.

Q 로스 IRA(비과세 개인연금적금)는 진짜 자산인가 가짜 자산인가?
— 이반 K.(미국)

A 경우에 따라 다르다. 로스 IRA는 비과세 혜택을 받지만, 모든 IRA가 자산인 것은 아니다. 시장이 붕괴하면 IRA도 부채로 변모할 수 있다.

Q 왜 이 책의 그래프는 미국 주식 시장을 부정적으로 그리는가? 아니면 그 반대일까? 어쩌면 주식에 투자할 좋은 기회일지도 모른다는 생각이 드는데…….

— 루카스 D.(독일)

A 좋은 질문이다. 그 그래프는 보는 사람의 관점에 따라 긍정적으로 해석될 수도 있고 부정적으로 해석될 수도 있다. 장기 투자를 하는 사람에게 시장 붕괴는 위기지만 '단기' 거래를 노리는 사람에게는 도리어 기회가 될 수도 있다. 다시 말하지만 '위기=위험+기회'다!

Q 돈이란 단순히 교환 매체가 아닌가? 그러므로 장기적 가치는 그다지 중요하지 않다. 주식을 살 수도 있었는데 미국 달러로 저축을 했다면 순전히 자기 잘못이 아닌가?

— 대니 W.(일본)

A 동감이다. 이 책의 마지막 부분에서 돈을 저축할 필요는커녕 심지어 돈 자체가 필요 없을 수도 있다는 사실을 배우게 될 것이다. 진짜 금융 교육의 가치는 돈의 유무와는 상관없이 어쨌든 부자가 되는 것이다.

Q 사람들은 왜 정부와 은행이 무슨 짓을 하고 있는지 보지 못하는가?

— 빅터 R.(싱가포르)

A 옛말에 "맑은 물에서는 물고기를 잡을 수 없다."는 속담이 있다. 이 책『페

이크』와 모든 부자 아빠 시리즈의 목적은 대부분의 사람들이 보지 못하는 것
을 보게 돕는 것이다.

Q 비트코인이 차세대의 국제 화폐가 될까?
— 베니 S.(이스라엘)

A 그건 상당히 의심스럽다. 그러나 블록체인 기술은 세상을 바꿀 것이다.

Chapter 6

금과 은의 실물을 보유하는
철학적인 이유
당신은 무엇을 갖고 있는가

이번에도 나는 금은 실물을 '보유'한다고 말했다. '투자'하는 것도 아니고 '거래'하는 것도 아니다. 나는 금은을 실물로 '보유'한다. '보유'가 '투자'와 '거래'와 다른 데에는 몇 가지 이유가 있다.

첫 번째 이유: 신뢰

나는 가짜 돈을 신뢰하지 않는다. 그리고 나 자신도 신뢰하지 않는다. 나는 내가 모든 것을 알지 못한다는 것을 알며, 모든 해답을 갖고 있지도 않다. 하지만 나는 미래를 예측할 수는 없다고 해도 미래에 대비해야 한다는 것은 안다.

나는 정부와 은행, 월스트리트를 운영하는 엘리트 계층을 신뢰하지 않는다. 나는 가짜 돈을 찍어 내는 누구도 신뢰하지 않는다.

내가 금은 실물을 보유하는 이유는 그것을 신뢰하기 때문이다. 나는 진짜 돈을 신뢰한다. 금과 은은 지구가 탄생했을 때부터 존재했다. 금과 은은 바퀴벌레가 존재하기 전에도 여기 있었고, 바퀴벌레가 멸종한 뒤에도 여전히 남아 있을 것이다.

나는 '신의 돈'을 신뢰한다.

두 번째 이유: 감당할 수 있는 비용

1965년 미국 정부가 은화에 저렴한 금속을 섞어 가치를 '저하'시키기 시작한 이래, 모든 미국의 '은' 주화는 가장자리에서 구리의 흔적을 볼 수 있게 되었다.

당시 똑똑하기로 이름났던 나와 같은 반 동급생 패트릭은 동전에 구리 테두리가 나타나는 이유를 조사하고는 은값이 올랐기 때문이라는 사실을 알아냈다. 비용이 증가했기 때문에 은화를 더 저렴한 가격으로 만들어야 했던 것이다. 은은 당시 성장 가도를 달리던 전자 부문과 의료 산업, 그리고 불순물 정제 등 여러 산업 분야에서 유용하게 쓰이는 귀한 금속이었다. 오늘날에도 은의 사용은 더욱 증가하고 있다.

그때 패트릭과 나는 10센트와 25센트 은화를 모으기 시작했는데, 오늘날에도 전 세계 거의 모든 사람들이 진짜 은화를 살 수 있다. 10센트 짜리 은 주화는 개당 1.5달러에 쉽게 구할 수 있다. 1.5달러짜리 동전도 살 수 없는 사람은 다른 문제가 있는 것이다.

미국의 아메리칸 이글 은화의 가격은 약 20달러다. 나라면 현대의 미국 동전이나 달러보다는 차라리 10센트나 25센트, 또는 아메리칸 이글 1달러 은화를 사겠다.

다시 말하지만, 금과 은의 실물에는 이자가 붙지 않는다. 리스크가 없기 때문이다. 은행에서 예치금에 대해 이자를 지불하는 까닭은 부분지불준비제도와 맨드레이크 메커니즘 때문에 은행에 돈을 맡기는 것이 위험하기 때문이다.

금과 정부 화폐에 무슨 일이 일어났는지 다시 찬찬히 보라. 아래 도표에서 금은 100에서 일직선을 그리고 있는데, 이는 시간의 흐름에 구애받지 않고 늘 일정한 구매력을 지녔다는 의미다. 그러나 (같은 도표의 우측 하단에서 볼 수 있듯이) 다른 모든 인위적인 통화는 지난 10년간 금에 비해 구매력을 97~99퍼센트나 상실했다.

금 vs. 가짜 돈

금 대비 주요 화폐 가치 | 1900~2018

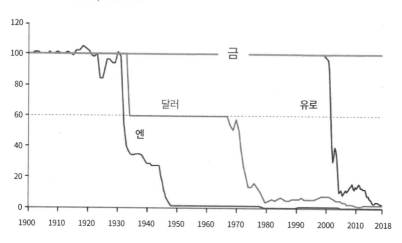

무엇이 더 위험할까? 정부가 찍어 낸 돈을 아끼고 저축하는 것일까 아니면 금과 은을 보유하는 것일까?

시급히 가짜 돈이 필요할 때에도 실물 금과 은은 유동자산이다. 전 세계 어디서든 가짜 돈과 교환할 수 있다.

세 번째 이유: 복잡성 vs. 단순성

나는 1972년에 약 50달러를 들여 생애 최초로 금화를 손에 넣었다. 그때만 해도 세상은 단순했다. 그러나 오늘날 세상은 몹시 복잡한 곳이며, 시시각각 더욱 복잡해지고 있다.

1972년에 내 쉐보레 코르벳에는 간단히 버튼을 눌러 조작하는 라디오가 설치되어 있었다. 우리 집 아파트에는 단순한 걸쇠가 달려 있었다. 그러나 오늘날 나는 설명서가 있어야 내 페라리에 달린 라디오를 사용할 수가 있다. 현관문에 달린 단순한 걸쇠로는 더 이상 도둑들을 막을 수가 없다. 그들은 내가 가진 모든 것을 훔칠 것이며, 심지어 바다 건너에서 내 신분마저 훔쳐 갈 것이다.

1972년에 사람들이 가장 두려워하던 것은 핵전쟁이었다. 요즘에는 날마다 사이버 전쟁이 벌어지고 있다. 어딘지도 모르는 나라에 사는 열다섯 살짜리 해커가 그저 장난삼아 뉴욕과 런던, 도쿄, 베이징의 전기를 단숨에 차단할 수도 있는 것이다.

그러면 어떤 일이 생길까?

은행에 돈을 이체할 수 없으면 어떻게 될까? 월급 통장에 돈이 들어

오지 않는다면 어떻게 될까? 사회보장제도나 복지 제도에서 수표를 보내 주지 못한다면 어떻게 될까? 은행이 문을 닫는다면? 전 세계 수식 시장이 붕괴하면 어떻게 될까?

미국의 대형 슈퍼마켓에는 평균 약 3일분의 식료품이 구비되어 있다고 한다. 만약 수천, 수만 명의 굶주린 사람들이 집 앞에 있는 대형 마트로 몰려간다면 무슨 일이 일어날까?

세상은 복잡하지만, 금과 은은 단순하다.

5G

현실주의자가 되려면 낙관주의인 동시에 비관주의가 되어야 한다. 나는 미래에 대해 낙관적이다. 그렇지만 동시에 비관적이기도 하다. 비관주의자인 나는 '5G'로 미래에 대비한다.

1. 금Gold과 은

2. 음식Grub: 최소 6개월분의 식량

3. 휘발유Gasoline: 나는 유전에 투자하고 다른 도시로 이동하는 데 필요한 휘발유를 따로 준비해 둔다.

4. 토지Ground: 나는 도시와 떨어진 곳에 식량과 물이 구비된 안전한 부동산을 보유하고 있다.

5. 총Gun과 탄약: 총과 탄약은 자기방어 수단인 동시에 '교환 화폐'로 활용할 수 있다.

금과 은의 거래상대방은 신

가짜 돈에는 거래상대방 위험이 수반된다. 달리 말하면 가짜 돈은 그 자체로는 돈이 되지 못한다는 뜻이다.

앞 장에서 내가 예시로 들었던 이야기를 다시 떠올려 보라. 한 친구가 당신에게서 100달러를 빌리고 차용증서인 IOU를 써 주었다. 이제 그것은 거래상대방 위험이다. 당신의 IOU는 거래상대방인 당신 친구를 신뢰할 때만 가치를 지닌다. 만약 친구가 사기꾼이라면 당신이 그에게서 받은 IOU는 숫자가 적힌 종이 쪼가리일 뿐이다.

그것이 바로 1971년에 발생한 일이었다. 미국 달러는 정부가 발행한 약속어음인 IOU이고 거래상대방은 미국 정부다. 미국 달러화는 미국 정부의 도덕성과 신용을 신뢰할 수 있을 때만 사용할 수 있다.

돈을 발행한 정부가 파산하면 수백만 명의 사람들이 전 재산을 잃는다. 이미 역사상 여러 번 일어나지 않았는가.

기업의 주식 증서도 마찬가지다. 주식을 발행하던 기업이 망하거나 사라지면 주식 증서는 그저 종이 쪼가리일 뿐이다.

다시 한번 강조한다. 모든 가짜 돈에는 거래상대방 위험이 수반된다. 그러나 금과 은에는 그런 것이 없다. 금과 은의 거래상대방은 바로 신이기 때문이다.

금과 은을 모을 때 주의할 점

금과 은을 모을 때 수집용 주화는 권장하지 않는다. 대부분의 주화

거래상이 당신에게 수집용 희귀주화를 판매하려고 용을 쓸 것이다. 부르는 대로 값을 매길 수 있기 때문이다.

그러나 전문가가 아닌 이상 캐나다 메이플 리프나 중국 팬더, 호주 캥거루, 남아프리카 공화국의 크루거랜드 같은 평범한 금화나 은화에 집중하는 편이 낫다.

초보자라면, 엄청나게 단순하고 간단하게 하라.

복잡하게 만들어 현혹시키다

엘리트 계층은 단순한 것을 복잡하고 어렵게 만들었다. 그들은 거래상대방 위에 또 다른 거래상대방과 거래상대방 위험을 수없이 덧씌우고 덧씌웠다. 간단한 주택융자에 수많은 거래상대방을 덧씌워 파생상품의 파생상품인 MBS로 만들었다. 그들은 엄청나게 복잡한 금융계의 프랑켄슈타인 괴물을 만드는 일을 결코 중단하지 않을 것이다. 뭐 하러 그러겠는가?

2008년에 파생상품 시장이 붕괴했을 때 정계의 엘리트(일부 엘리트 변호사를 포함해)인 클린턴 부부와 조지 W. 부시, 조지 H. W. 부시 대통령과 연준의장 앨런 그린스펀과 벤 버냉키, 재닛 옐런, 버락 오바마 대통령은 '금융계 엘리트'들에게 구제금융을 내주며 앞으로도 계속 맨드레이크 마법의 돈 공연을 계속하려고 다독였다. 그들의 공연은 지금도 계속되고 있다.

그래서 대중의 돈인 전자화폐가 커다란 위협으로 떠오른 것이다. 많은 암호화폐 채굴자와 개발자들이, 맨드레이크 마법의 돈 공연과 풀러가 '자이언트 그런치'라고 부른 보이지 않는 리더들을 꼭대기에서 끌어내리고자 하는 강렬한 욕망과 열정(그리고 일부는 증오)을 품고 있다.

나는 단순함을 사랑한다. 그래서 금과 은을 사랑하는지도 모르겠다. 금과 은의 거래상대방은 바로 신 자체다.

네 번째 이유: 진짜 돈이란 무엇인가?

진짜 돈을 정의하자면 다음과 같다.

1. 금융 거래 시에 통용될 수 있는 교환 매체
2. 가치 측정이 가능한 회계 단위
3. 가치의 저장 수단

1. 신의 돈: 금화와 은화는 세 가지 범주에 모두 해당된다. 금과 은의 가격이 변동하는 이유는 정부의 돈의 가치가 변동하기 때문이다.

2. 정부의 돈: 명목화폐는 가치의 저장 수단이 아니다. 은행의 부분지불준비제도와 맨드레이크 마법의 돈 공연 때문에 종이에 인쇄되는 가짜 돈이다. 명목화폐는 오래 간직할수록 가치가 떨어지고, 그러므로 저축을 하는 사람은 패배자가 된다.

3. 대중의 돈: 전자화폐에 대해서는 아직 명확한 결론을 내리지 못했다. 하지만 나는 전자화폐와 블록체인 기술이 미래의 화폐가 되리라고 확신한다.

다섯 번째 이유: 신의 눈물

오래전에 애플 컴퓨터가 잡지 광고에 힌두교 성자들을 등장시킨 적이 있다. 광고의 표제는 "신성한 아이콘"이었고, '구루'들의 수장은 아시아인이 아니라 백인이었다. 광고는 애플의 새 매킨토시 컴퓨터와, 구루가 하와이의 카우아이섬에서 운영하고 있는 벌꿀 산업의 이미지를 접목시키고 있었다. 광고는 영리했고, 심오한 의미를 지니고 있었으며 기억에도 오래 남았다.

수년 후에 나는 그 구루 수장인 구루데바의 세미나에 참석하게 되었다. 질문 시간이 되었을 때 대부분의 사람들은 깨달음과 영성, 평화나 행복에 대해 물었다.

그런데 구루는 온몸에 금 장신구를 두르고 있었다. 금 안경, 커다란 금귀고리와 금목걸이, 금팔찌까지. 나는 감리교 집안에서 자랐고 감리교 성직자들은 그런 황금 장신구를 많이 (혹은 전혀) 달지 않는다. 그래서 나는 손을 들고 물었다.

"왜 그렇게 많은 금 장신구를 두르고 있나요?"

구루가 다정한 미소를 지으며 대답했다.

"왜냐하면 금은 신의 눈물이니까요."

"뭐라고요?"

나는 깜짝 놀랐다. 감리교에서라면 불경한 언사로 여겨질 대답이었다.

나는 구루가 한 말에 당혹하여 가만히 앉아 있었다.

내가 금이 신의 눈물이라는 말을 듣고 혼란스러워하고 있다는 사실을 눈치챈 구루가 말했다.

"신의 눈물인 금은 부를 부른답니다."

내가 "부를 부른다."는 말이 무슨 뜻인지 물어보려는 찰나, 구루가 말했다.

"가령 한 달에 1,000달러를 벌고 싶다면 1,000달러어치의 금을 갖고 있으면 되지요."

내가 되물었다.

"한 달에 100만 달러를 벌고 싶으면 100만 달러어치의 금을 갖고 있으면 되고요?"

구루는 내가 영성보다 다른 것을 더 갈구한다는 것을 알아채고는 웃으면서 말했다.

"우선 1,000달러부터 시작해 본 다음 내 말이 맞는지 확인해 보는 게 어떨까요. 모든 사람에게 통하는 건 아니랍니다. 신의 관대함에는 조건이 있지요."

그때가 1986년이었고, 킴과 나는 돈을 그리 벌지 못하고 있었다. 금을 살 1,000달러를 모으는 것은 힘든 일이었지만 킴과 나는 해냈다. 우리는 매달 금과 은을 조금씩 구입했고, 결코 포기하지 않았다.

정말로 금이 부를 부를까?

나는 정말로 금이 부를 부르는지 증명해 줄 수는 없다. 그저 내가 무슨 일을 했고, 어떤 효과가 있었는지 말해 줄 수 있을 뿐이다.

예를 들어 월수입을 5,000달러에서 1만 달러로 늘리고 싶을 때면 우리는 1만 달러어치의 금화를 모은 다음 그것을 갖고 있다는 사실을 잊어버렸다. 몇 달이 흐른 뒤에 우리는 모르는 사이 '정말로' 수입이 늘어나기 시작했다는 것을 깨달았다. 금값이 내려가면 우리는 더 많은 양의 금을 샀다. 지금 우리는 해외에 사설 금고를 대여해야 할 정도다. 개인 비행기와 개인 활주로까지 필요하지는 않지만…… 어쨌든 아직은 말이다.

킴과 내가 "금이 저한테도 부를 가져다줄까요?" 같은 질문을 받을 때마다 우리는 그때 구루가 했던 대답을 똑같이 들려준다. "우선 금을 모으기 시작해 본 다음, 신의 눈물인 금이 당신에게도 통하는지 확인해 보는 게 어떨까요. 신은 관대하시지만 그 관대함에는 조건이 있거든요."

금에 관한 영적 교훈: 금이 신의 눈물이라면, 우리는 이렇게 자문해 봐야 할 것이다. 신의 눈물은 '기쁨의 눈물'일까 아니면 '슬픔의 눈물'일까?

현재 유통되고 있는 금의 상당량이 슬픔의 눈물이다. 많은 스위스 은행들이 나치가 유대인들을 학살하고 그들에게서 빼앗은 금을 숨기는 데 협력했다. 나는 안데스산맥에서 고대 잉카 제국의 금광을 바라보면서 프란시스코 피사로가 이끄는 스페인 군대가 금과 보석과 다른 귀금속 때문에 수만 명의 원주민을 살해한 것을 떠올렸다. 그렇게 빼앗은 많은 금이 지금도 스페인에 있다.

보이는 강탈 vs. 보이지 않는 강탈

많은 사람들이 부를 강탈당했다.

영국인들은 거대한 나무 선박과 금속 칼, 대포와 총, 화약을 사용해 대대손손 그 땅에서 평화롭게 살아온 원주민들을 약탈하고 그들의 부를 훔쳐 갔다. 스페인과 네덜란드, 포르투갈, 프랑스도 똑같은 짓을 저질렀다.

초기 식민지 미국인들은 말을 타고 총을 휘두르며 미국 원주민들의 땅을 빼앗았다. 노예 제도를 마지막으로 폐지한 강대국 중 하나인 미국은 오랫동안 아프리카 노예들의 피와 땀, 눈물을 착취했다.

일본은 이탈리아와 독일과 손을 잡고 석유와 내연기관, 비행기, 선박, 탱크, 대포, 기관총, 로켓 기술을 활용해 세계를 정복하려 했다.

냉전은 원자력 에너지 기술로 세계를 멸망시킬 뻔했다.

그리고 이제 현대의 엘리트 계층은 복잡한 교육과 법률, 금융 파생상품을 이용해 세계의 영혼을 훔치려 하고 있다.

그래도 지난 역사에 발생했던 다른 모든 강탈 행위는 눈으로 볼 수 있는 종류였다.

토착민들은 강간당하고 살해당하고 노예로 팔려 가고 재산을 탈취

당하기 전에 유럽의 배와 군대를 볼 수 있었다.

미국의 원주민들도 죽임을 당하거나 땅을 빼앗기기 전에 공격자들의 말과 총을 볼 수 있었다. 많은 원주민들이 적들의 말과 총을 훔쳐 맞서서 대항했다.

2차 세계대전 때도 사람들은 새로운 자원인 석유로 작동하는 비행기와 탱크, 그리고 선박을 눈으로 확인할 수 있었다.

냉전 시대에 피어오른 버섯구름은 전 세계 사람들의 의식 속에 깊이 각인되었다.

보이지 않는 돈

1971년 8월 15일 리처드 닉슨 대통령은 단순히 금본위제를 폐지한 것이 아니다. 그는 돈이 눈에 보이지 않게 만들었다.

닉슨이 갑자기 드라마 방송을 중단하고 긴급 성명을 발표했던 그날, 당연하겠지만 대부분의 사람들이 그 성명의 의미를 이해하지 못했다. 닉슨이 선언한 내용을 눈으로 '볼' 수가 없었기 때문이다.

그리하여 1971년부터 우리의 교육 체제는 장님이 장님을 인도하는 모양새가 되었다.

나는 그날 그 드라마를 보지는 않았지만, 1971년 8월 15일에 내가 어디에 있었는지는 '안다.' 나는 그때 캘리포니아 펜들턴 기지에서 베트남 출정을 앞두고 첨단무기 교육 훈련을 받고 있었다.

1972년 1월 3일, 나는 베트남으로 떠났고, 운명이 이끄는 대로 진짜 교사를 만났다. 그 작은 베트남 여성은 적군의 점령지에서 금을 판매하고 있었다. 진짜 돈 — 신의 돈인 금 — 에 대한 내 진짜 금융 교육은 그렇게 시작되었다.

진짜 금융 교육을 받지 않은 사람들은 장님이나 마찬가지다. 그들은 눈앞에서 현금강탈이 일어나고 있는 것을, 그들이 벌기 위해 열심히 일하는 바로 그 돈을 통해 그들의 삶과 노력이 도난당하고 있다는 사실을 보지 못한다.

신의 눈물

얼마 전 나는 학자금 대출 때문에 고생하고 있는 밀레니얼 세대에게서 그들이 이런 처지에 처하게 된 것은 전부 베이비붐 세대 때문이라는 불평을 들었다. 그들은 밀레니얼 세대와 베이비붐 세대가 실질적으로 같은 배를 타고 있다는 사실을 모르고 있었다. 진짜 금융 교육을 받은 적이 없으니 그들이 중요하게 생각하는 바로 그 고등 교육이 — 그리고 빚의 원천인 — 그들을 등쳐 먹고 있다는 사실을 어떻게 알겠는가?

오늘날 신이 흘리는 눈물은 '절도'나 다름없는 우리의 교육 제도에 대한 슬픔의 눈물일까?

> **절도larceny**
> (명사) 남의 사적 소유물을 자신의 것으로 만들기 위해 부당하게 훔치거나 빼앗는 것

세계에서 가장 값비싼 미국의 교육 제도는 타락하고 망가졌다. 어쩌면 그래서 정부가 교육 체제에 어마어마한 비용을 투자하고 있는

데도 변함없이 서구 세계에서 최악을 기록하고 있는지도 모른다.

스티븐 브릴은 그의 저서 『추락』에서 이렇게 지적한다.

세계에서 가장 부유한 국가인 미국은 OECD 35개 회원국들 가운데 멕시코 다음으로 빈곤율이 가장 높은 국가다.(미국과 함께 끝에서 두 번째를 기록하고 있는 국가로는 이스라엘과 칠레, 터키가 있다.) (…)

미국 아동의 수학 이해력은 OECD 35개 회원국 가운데 30위, 과학 이해력은 19위다. (…)

미국 아동 5명 중 약 1명이 정부가 '식료품 부족'이라고 분류하는 가정에 거주하고 있다. 이는 그들이 '활동적이고 건강한 생활을 영위하는 데 충분한 식료품을 섭취하지 못하고 있음'을 의미한다.

나는 아직도 귓가에서 구루의 목소리를 듣는다. "금은 신의 눈물이니까요."

나는 금을 축적하면서 나 자신에게, 내 영혼에게 이렇게 묻는다. "내가 가진 금은 신의 슬픔의 눈물인 걸까, 기쁨의 눈물인 걸까?" 무엇보다 "나는 신이 원하는 일을 하고 있는가?"

우리는 모두 잘못된 수단을 사용해 부를 손에 넣은 사람들에 관한 이야기를 들은 적이 있다.

이 영적 교훈은 모든 것에 적용될 수 있다. 중요한 것은 당신의 돈이나 부, 권력이 아니라 그 돈과 부와 권력을 어떻게 얻었느냐다.

가짜 돈의 몰락

가짜 돈이 앞으로 얼마나 오랫동안 세상 사람들의 부를 훔쳐 갈 수 있을까? 자이언트 그런치, 맨드레이크 마법의 돈 공연은 앞으로 얼마 버티지 못할 것이다.

그래서 대중의 돈, 전자화폐와 블록체인 기술이 탄생한 것이다. 블록체인은 맨드레이크나 자이언트 그런치보다 훨씬 신뢰할 만하다. 심지어 우리의 교육 제도보다도 더욱 신뢰할 만하다.

미래에 어떤 일이 발발하든 금과 은은 언제나 신의 돈일 것이다.

다음 2부 '가짜 교사'에서는
우리의 교육 제도가 전 세계 수십억 명을
등쳐 먹고 있다는 사실을 배우게 될 것이다.
진짜 금융 교육을 받지 않으면
보이지 않는 돈이 지배하는 진짜 세계를 볼 수 없다.

부자들이 보이지 않는 돈의 세상에서 알게 된 것을
교육 제도가 어떻게 우리는 보지 못하게 하는지를 배울 것이다.
진짜 교사를 찾는 방법을 배울 것이다.
가짜 교사들은 볼 수 없는 진짜 돈의 보이지 않는 세계를
볼 수 있게 가르치는 진짜 교사들 말이다.

전 세계의 독자들이 묻고
로버트 기요사키가 답하다

Q 비트코인이 가짜 돈을 찍어 내는 사람들에게 위협이 된다고 했는데, 더 자세히 설명해 줄 수 있겠는가?
— 주프 P.(네덜란드)

A 연방준비제도와 비트코인 채굴자들은 많은 공통점을 지니고 있다. 일단 양쪽 모두 돈을 만든다. 따라서 암호화폐는 가짜 돈을 독점하는 중앙은행에 위협이 된다.

Q 금융 교육을 제대로 받지 못한 직원들 덕분에 부자들이 더 큰 이득을 보고 있는가?
— 새뮤얼 S.(호주)

A 금융 교육의 부재로 인해 과연 누가 이득을 얻기는 하는지 잘 모르겠다. 우리는 모두 금융 지식의 부족과 무능력 때문에 어떤 방식으로든 대가를 치르고 있다. 그중에서도 가장 큰 대가를 치르고 있는 것은 가난한 사람들이다.

Q 만일 정부가 1930년대에 그랬던 것처럼 개인의 금 소유를 금지하고, 금을 몰수하고, 이 같은 조치를 은까지 확대한다면 어떻게 될까? 그때는 저렴한 수집용 은화가 도움이 될까?
— 리처드 K.(미국)

A 나는 재무상담사가 아니다. 그저 최선을 다해 다른 사람들을 가르치고, 내가 하거나 하지 않는 일에 대해 알려 줄 뿐이다. 자신에게 무엇이 좋을지는 스스로 결정해야 한다.

Q 분석 대상을 가짜 정치인까지 확대한다면 우리에게 왜 가짜 돈과 가짜 교사, 그리고 가짜 자산이 있는지 설명할 수 있지 않을까?
— 후안 T.(스페인)

A 어차피 모든 정치인은 가짜 아닌가? 그들의 진짜 속셈이 무엇인지 알 수 있는 방법이 있기나 한가? 나는 아직도 사람들이 왜 정치가가 되고 싶어 하는지 잘 모르겠다.

Q 금이나 은을 보관할 장소를 고를 때 어떤 기준을 참고하는지 조금만 귀띔해 줄 수 있을까?

— 크리스토퍼 R.(러시아)

A 나는 사설 금고를 사용하고 있는 다른 친구에게 물어보았다. 일단 해외에 자산을 보관하기로 결정한 뒤, 내 변호사에게 돈을 합법적으로 해외에 이전하는 방법을 아는 다른 변호사를 소개해 달라고 부탁했다. 그런 다음 그 변호사와 면담을 하고 사설 금고를 운영하는 사람들과 면담을 가졌다.

은행 제도 외부에서 운영되는 자산 보호 비즈니스는 꽤 규모가 큰 편이다. 충분한 시간을 들여 신뢰할 수 있는 기관과 사람을 신중하게 물색하기를 당부한다.

FAKE
MONEY
TEACHERS
ASSETS

2부

가짜 교사

아홉 살 때, 나는 가난한 아빠에게 물었다.
"돈에 대해서는 언제 배우나요?"
하와이주 교육감이었던 그분은 이렇게 대답하셨다.
"학교에서는 돈에 대해 가르치지 않는단다."
그래서 나는 진짜 교사를 찾아 나섰다.

동방박사는 어떻게 현자가 되었을까?

진짜 교사는 왜 진짜 교사인가?

학교에서 돈에 대해 가르치지 않는다면

교사와 부모들이 어떻게 돈에 대해 가르칠 수 있을까?

가짜 교사

『부자 아빠 가난한 아빠』는 두 명의 훌륭한 교사에 관한 이야기다.

내 진짜 아버지는 풀러 박사나 예일대 졸업생인 스티브 브릴처럼 고학력 엘리트였다. 그분은 고등학교 때 전 과목에서 A를 놓치지 않은 우등생이자 졸업생 대표였고, 하와이대학에서 2년 만에 학사를 마치고 스탠퍼드대학과 시카고대학, 노스웨스턴대학을 거쳐 교육학 박사 학위를 땄다.

반면에 부자 아빠는 고등학교도 마치지 못한 분이었다. 그분은 부친이 세상을 떠나자, 열세 살 때 가족 사업을 물려받아야 했다. 그러나 부자 아빠는 정식 교육을 많이 받지 않았음에도 사업을 번창시키고 하와이주 전체에 호텔과 레스토랑 가맹점을 세울 수 있었다.

부자 아빠는 1960년대에 와이키키 해변에 있는 작은 호텔을 구입했고, 이를 시작으로 인접한 해변 부지들을 사들이기 시작했다.

와이키키 해변에 우뚝 서 있는 하얏트 리젠시 호텔을 볼 때마다 나는 부자 아빠가 어떻게 해변의 자그마한 부동산을 하나씩 '모아'들여 마침내 저 방대한 부지를 마련했는지 회상하곤 한다.

부자 아빠가 완성한 호텔 부지는 2016년에 7억 5,600만 달러에 매각되었다.

부자 아빠와 가난한 아빠 이야기

『부자 아빠 가난한 아빠』의 이야기는 1956년에 시작된다. 그때 나는 초등학교 4학년인 아홉 살이었다. 내가 살던 마을은 하와이의 사탕수수 농장 마을인 힐로였는데, 화려하고 북적이는 와이키키 해변과는 아주 멀리멀리 떨어진 작고 아름다운 곳이었다. 우리 가족은 내가 일곱 살 때 호놀룰루에서 힐로로 이주했다. 아홉 살 때는 힐로의 한쪽 지역에서 반대쪽 동네로 이사했고, 나는 새 학교에서 새로운 동급생들과 함께 공부를 하게 되었다.

새 학교에서 내가 가장 먼저 알게 된 사실은 동급생들이 전부 부자라는 것이었다. 많은 아이들이 '하울리haole'였다. 하울리는 하와이에서 외지인, 특히 백인을 가리킬 때 쓰는 말이다. 나머지는 나처럼 아시아계 미국인이었다. 대부분의 내 '백인' 동급생들은 사탕수수 농장이나 자동차 영업소, 육류포장 공장, 대형 마트나 은행가의 자식이었다. 아시아계 아이들의 부모님은 의사나 변호사였다. 내 아버지는 평범한 학교 교사였다.

아이들은 착하고 친절하고 다정했다. 친구들이 부자라는 사실을 알게 된 것은 대다수가 반짝반짝한 새 자전거를 갖고 있고, 개인 섬에 위치한 커다란 저택에 살았으며, 그들의 부모님은 요트클럽이나 컨트리클럽에 다녔고, 휴가 때면 해변이나 산에 있는 별장에 놀러 가곤 했기 때문이다.

나는 아버지가 5달러를 주고 산 중고 자전거를 탔다. 요트클럽이나 컨트리클럽이 뭔지도 몰랐다. 하울리 친구들이 살고 있는 개인 섬으로 가는 긴 교량은 마치 딴 세계로 들어서는 관문과도 같았다. 나는 그들이 살고 있는 커다란 저택을 보고는 두 눈이 휘둥그레졌다. 친구들의 '두 번째 집'에 초청을 받았을 때는 세상에 저렇게 멋지고 근사한 집이 있다는 사실을 믿을 수가 없을 정도였다.

우리 가족은 새 학교에서 두 블록 떨어진 힐로 도서관 옆 낡은 집에 세를 들어 살고 있었다. 지금은 그 자리에 주차장이 들어서 있다.

부자 아이들과 같이 부자 학교에 다니기 전까지, 나는 우리 집이 가난하다고는 생각해 본 적이 없었다.

그래서 나는 아홉 살 때 손을 들어 선생님에게 물었다.

"돈에 대해서는 언제 배우나요?"

전혀 생각지도 못한 질문을 들은 교사는 허둥거리며 말을 더듬더니 마침내 이렇게 대답했다.

"학교에서는 돈에 대해 가르치지 않는단다."

그 말에는 표면적인 대답 이상의 의미가 담겨 있었다. 선생님의 어조와 메시지를 전달하는 방식에서 풍기는 기운이 그랬다. 나는 순간적으로 주일학교에 와 있는 줄만 알았다. 선생님이 내심 "'돈을 좋아하는 것은 만악(萬惡)의 근원'이고, '돈은 부정함의 극치'라는 걸 모르는 거니?"라고 말하고 있다는 것을 피부로 느낄 수 있었다.

주일학교에서는 '부정한 돈'이 악마의 유혹이라고 가르쳤다.

하지만 선생님의 대답에 만족할 수 없었던 나는 재차 물었다.

"돈에 대해서는 언제 배워요?"

선생님은 당혹한 말투로 대답했다.

"집에 가서 아버지한테 여쭤보렴. 너희 아버지가 교육감이시잖니."

가난한 아빠의 대답

내가 학교에서 무슨 일이 있었는지 말하자, 아버지는 웃음을 터트렸다. 그러고는 빙그레 웃으며 말했다.

"얘야, 선생님이 대답할 수 없는 질문은 하면 안 돼. 교사란 항상 모든 답을 알고 있어야 하거든. 그 사람들은 '나도 모른다.'라고 대답하는 훈련을 받지 못했단다. 너 때문에 선생님이 많이 당황하셨겠구나."

"하지만 선생님은 왜 돈에 대해 모르는데요?" 내가 물었다.

"교사들은 돈에 대해 알 필요가 없거든."

"왜요?"

"학교 교사는 안정적인 직업이기 때문이란다. 실력이 떨어지는 교사라도 해고를 당할 염려가 없지. 정부가 주는 공무원 연금과 의료보험 혜택도 받을 수 있고. 그래서 돈에 대해선 몰라도 된단다. 게다가 무엇보다 교사들은 여름방학이나 휴일에도 월급을 받으면서 마음껏 쉴 수 있지."

나는 여전히 이해할 수가 없었다.

"하지만 왜요, 아빠? 돈은 누구나 사용하는 거잖아요." 그런 다음 나는 왜 그게 궁금한지 설명했다. "다른 애들은 전부 부자인데 왜 우리 집만 부자가 아닌지 알고 싶어요."

"얘야."

아버지의 목소리가 진지해졌다.

"너 야구 좋아하지?"

"네."

"야구에 대해 궁금한 게 있으면 담임 선생님한테 물어볼 거니?"

"아뇨. 그분은 야구를 전혀 모르시는걸요."

"그분은 돈에 대해서도 전혀 모르신단다."

"근데 왜요?" 나는 또다시 물었다. "왜 우리만 빼고 다른 집은 다 부자예요? 나도 걔네들만큼 부자가 될 수 있게 학교에서 가르쳐 줘야 하는 거 아니에요?"

아버지가 고개를 절레절레 저으며 대답했다.

"너 낚시 좋아하지?"

"네."

"그럼 너희 선생님한테 낚시하기 좋은 자리가 어딘지 물어볼 거니?"

"아뇨."

"너희 선생님은 돈 버는 법을 모른단다. 그리고 학교생활을 잘하고 싶으면 교사들이 모르는 분야에 대해 물어보면 안 돼. 수학 수업을 들을 때는 수학에 관한 것만 묻고, 과학 수업을 들을 때는 과학에 관한 질문만 하렴. 그러면 학교생활을 잘할 수 있을 거다. 그렇지만 선생님한테 그런 식으로 무안을 준다면 그분들도 너한테 똑같이 할 거야."

학교에서 돈에 대해 가르치지 않는 이유

아버지는 말했다.

"학교에서 돈에 대해 가르치지 않는 가장 큰 이유는 정부에서 허락한 과목만 가르칠 수 있기 때문이란다."

"정부에서 가르치라는 과목만 가르칠 수 있다고요?"

내 귀를 믿을 수가 없었다. 아버지는 고개를 끄덕이며 설명했다.

"나는 하와이주 전체의 교육을 책임지고 있지만, 학교에서 가르치는 과목을 결정할 권한은 없어."

"그러면 어떻게 해야 돈에 대해 배울 수 있어요?"

아버지는 이번에도 웃음을 터트렸다. 그리곤 잠시 생각에 잠겼다가 말했다.

"마이크의 아버지한테 가서 여쭤보는 건 어떻겠니?"

마이크는 내 제일 친한 친구였다.

"왜요?"

"그분은 사업가니까."

"사업가가 뭐예요?"

"자기 사업을 경영하는 사람이다. 사업가는 따로 직업을 갖고 있지 않지. 일자리를 만드는 게 사업가가 하는 일이거든."

"그럼 아빠는요? 아빠는 사업가가 아니에요? 아빠 밑에서도 다른 선생님들이 일하고 있잖아요."

"그래, 그건 그렇지. 하지만 교육 제도를 만든 건 내가 아니란다. 다른 선생님들처럼 나도 정부에 고용된 공무원일 뿐이야. 사업가와 피고용인은 다르단다."

"뭐가 다른데요?"

나는 아홉 살이었고 아버지가 설명한 내용을 잘 이해할 수가 없었다. '피고용인'이라는 말은 전에도 들은 적이 있었지만 '사업가'라는 단어는 처음 들었다.

가난한 아빠는 흔쾌히 설명해 주었다.

"미국의 학교 체제는 학생들이 피고용인이 되도록 교육시키지. 피고용인은 돈에 대해 알 필요가 없어. 그래서 학교에서 금융 교육을 하지 않는 거란다. 반면에 사업가는 돈에 대해 반드시 알아야 해. 사업가가 돈에 대해 모른다면 직원들은 일자리를 잃고 사업가는 망할 테니까 말이다."

그것이야말로 내가 구하고 있던 대답이었다. 나는 언젠가 피고용인이 될 수 있다는 건 알았지만 사업가가 될 수도 있다는 건 모르고 있었다. 그리고 내가 성공적인 사업가가 되고 싶다면 돈에 대해서 알아야 했다.

며칠 뒤에 나는 자전거를 타고 마이크의 집을 찾아갔다. 마이크의 아버지는 집에 사무실을 두고 일하고 있었다. 나는 그분에게 돈에 대해 가르쳐 달라고 부탁했다.

『부자 아빠 가난한 아빠』의 이야기는 거기서부터 시작된다.

교육은 중요한가?

1960년대에 내가 힐로에 살고 있을 때만 해도 교육은 별로 중요하지 않았다. 힐로는 사탕수수 농장 마을이었기 때문에 고등학교를 졸업하지 않아도 많은 돈을 벌 수 있는 직업이 널려 있었다. 농장에서 일하는 트럭 운전사와 거대한 기중기 운전사, 중장비인 사탕수수 압착기 기사들은 거액의 봉급을 받았다.

그리고 무엇보다도, 농장에서는 일꾼들에게 평생 연금을 제공했다. 다시 말해 그들은 노후 계획을 세울 필요가 없었다. 평생 연금을 받을 수 있는데 뭐 하러 대학교 졸업장이나 금융 교육이 필요하단 말인가? 많은 농장 일꾼들이 학교 교사보다 훨씬 많은 돈을 벌었다.

사탕수수 농장은 직원들에게 사택을 제공했고, 병원과 헬스케어 시설, 의사와 간호사도 갖추고 있었다. 노동자들에게 많은 봉급을 주었고, 직원과 그들의 가족들을 정성스럽게 돌봐 주었다. 그러니 사람들은 고등 교육을 받을 필요가 없었다.

하지만 1994년이 되자 모든 것이 바뀌었다. 하와이에 있던 마지막 사탕수수 농장이 문을 닫았고, 농장주들은 값싼 노동력을 찾아 농장과 공장을 남미나 아시아로 이전했다.

동급생들의 부모인 농장주들은 더 부자가 됐지만, 노동자들은 더 가난해졌다.

훌륭한 교사를 기리며

2018년 2월, 나는 5학년 동급생들의 60주년 동창회에 참석하기 위해 힐로를 방문했다. 열 살 때 만나 아직까지도 정기적으로 모임을 갖고 있는 것이다!

이번 동창회는 학생들이 아니라 5학년 때 담임이었던 해롤드 일리 선생님을 기리기 위한 것이었다. 그분은 우리가 만난 최고의 선생님이었다.

일리 선생님은 내가 계속해서 꿈과 목표를 추구하도록 영감을 준 분이다. 초등학교 때 일리 선생님을 만나지 않았다면, 나는 고등학교 때 두 번이나 영어 과목에서 낙제했을 때 자퇴를 했을지도 모른다. 그분이 어린 시절에 나를 격려하지 않았다면, 해양사관학교에 입학해 전세계를 누비지도 못했을 것이다. 내가 인류 역사에 길이 남은 위대한 탐험가들처럼 되고 싶다는 마음으로 — 콜럼버스와 마젤란, 코르테스, 쿡 선장처럼 — 해양사관학교에 가서 고된 훈련을 견뎌 낸 것도 5학년 때 만난 일리 선생님 덕분이었다. 내 꿈은 타히티까지 배로 항해하는 것이었는데, 실제로 사관학교 생도였던 1968년에 그 꿈을 현실로 이룰 수 있었다.

지금 나는 유명한 베스트셀러 작가가 되었으며, 위대한 탐험가들의 발자취를 따라 전 세계를 여행하고 있다. 이 모두가 어린 시절에 만난 훌륭한 교사의 가르침이 아니었다면 성취하지 못했을 일들이다. 일리 선생님이 우리에게 가르친 가장 중요한 교훈은 넘어지더라도 항상 다시 일어나야 하며, 넘어졌다 일어날수록 강해진다는 것이었다. 또 그분은 아무도 자신의 꿈을 훔쳐 가지 못하게 하라고 가르쳤다.

전자 복지|Electronic Welfare

2018년에 동창회에 참석하기 위해 하와이를 방문했을 때, 나는 잠시 짬을 내어 오랫동안 못했던 일을 할 수 있었다. 힐로 마을을 어슬렁거리며 돌아다녔던 것이다. 하와이에서 농장들이 사라진 이후 내가 힐로에 들른 것은 이번이 처음이었다.

상점의 커다란 유리창마다 "EBT 환영"이라는 표지가 붙어 있었다. EBT란 전자수당이체Electronic Benefits Transfer의 약자로, 정부에서 저소득층에 지급하는 푸드 스탬프를 전자 시스템으로 대체하는 복지 제도다. 복지수당 수혜자가 상점에서 물건을 사고 EBT 카드를 사용하면 연방정부에서 지급받은 계좌에서 돈이 빠져나간다. EBT 제도는 2004년부터 미국 50개 주에서 실시되고 있으며, 워싱턴 D.C.와 푸에르토리코,

버진아일랜드와 괌에서도 시행 중이다.

나는 작은 식료품 가게에 들어가 EBT 카드에 대해 물어보았다. 가게 주인은 "EBT가 없으면 생계를 유지할 수 없는 사람들이 많지만 대부분의 경우 EBT만으로는 가족이 한 달 동안 살기가 힘들다."고 말했다.

그는 매달 1일 자정에 EBT 카드에 돈이 충전된다고 설명했다. 복지수당 수혜자들은 미리 길게 줄을 서 있다가 밤 12시 1분이 되면 음식과 생필품을 사러 가게 안으로 몰려든다. 어떤 면에서 EBT는 오늘날의 세계와 미국의 상황을 반영하고 있는 셈이다.

다시 교육 문제로 돌아와 이런 질문을 던져 보자. 만일 이들이 학교로 돌아가 재교육을 받는다면 EBT에서 벗어날 수 있을까? 고등 교육을 받는다면 이들도 고소득 일자리를 구할 수 있을까?

수백만 달러의 학자금 부채

2018년 5월 25일 자《월스트리트 저널》에는 이런 기사가 실렸다.

유타주 드레이퍼시에 사는 치과 교정 전문의인 마이크 메루(37세)는 자신의 교육에 막대한 투자를 쏟아부었다. 이번 목요일을 기준으로 그가 짊어지고 있는 학자금 대출은 $1,060,945.42에 달한다.

메루는 매달 $1,589.97의 대출금을 갚고 있는데, 이는 이자를 충당하기도 부족한 수준이다. 메루가 서던 캘리포니아대학에서 보낸 7년 동안 그의 빚은 매일 $130씩 불어났다. 20년 후면 그가 갚아야 할 금액은 $2,000,000가 될 것이다.

메루와 부인 멜리사는 이 막대한 숫자에 무감각해진 나머지 두 딸을 키우는 데에만 집중하고 있다. "날마다 빚 생각만 하고 있으면 신경쇠약에 걸릴 테니까요." 메루 부인은 말한다.

여기서 질문. 만일 마이크 메루가 다시 학교로 돌아가 더 많은 고급교육을 받는다면 그가 짊어지고 있는 100만 달러짜리 문제를 해결할 수 있을까?

미 교육부에서는 다음과 같은 통계치를 발표한 바 있다.

- 미국에서 101명이 연방 학자금 대출에서 100만 달러 혹은 그 이상의 빚을 지고 있다.
- 학자금 대출 빚이 10만 달러 이상인 사람의 수가 약 250만 명까지 증가했다.
- 2018년 현재, 미 연방 정부의 최대 자산은 1조 5,000달러를 초과하고 있는 학자금 대출이다.

다시 말해서 미국의 수백만 젊은이들이 짊어지고 있는 가장 큰 부채가 바로 학자금 대출이라는 의미다.

하지만 생각해 보라. 과연 대학에서는 금융 교육을 제공하는가?

교육을 받으면 부자가 될 수 있을까?

2018년 5월 25일 자《뉴욕타임스》기사가 내 의견을 뒷받침해 주고
있다.

월마트 직원의 소득 중간값은 $19,177이고, 이 회사의 CEO인 더그 맥밀런
의 2017년 연봉인 $22,200,000를 벌기 위해서는 **1,000년** 이상이 걸린다.
콘서트 및 티켓 판매업체 라이브네이션 직원들의 중간 연봉은 $24,406이
며, 최고경영자인 마이클 라피노가 작년에 받은 $70,600,000를 벌기 위해
서는 **2,893년** 동안 꼬박 일해야 한다.
타임워너의 경우 상대적으로 높은 $75,217의 중간 연봉을 기록하고 있
으나, 이들 직원 역시 CEO인 제프리 뷰케스가 겨우 12개월 동안 가져간
$49,000,000를 벌기 위해서는 **651년**을 근무해야 한다.

스티븐 브릴은 본인의 저서에 다음과 같은 통계치를 인용한 바 있다.

2009~2010년 사이에 상위 1퍼센트 소득이 31.4퍼센트 증가한 반면, 하위
99퍼센트의 소득은 고작 0.4퍼센트 증가했다.

도표를 통해 확인해 보자.

| 세후 평균 가계소득

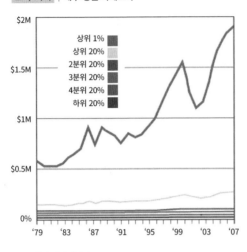

상위 1%
상위 20%
2분위 20%
3분위 20%
4분위 20%
하위 20%

출처: 의회 예산처

경제적 격차 | 1979년 대비 계층별 소득점유율 변화(세후 및 인플레이션 반영)

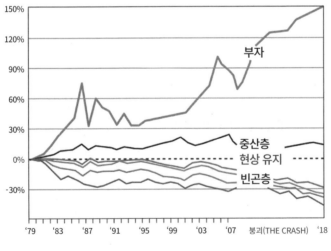

부자

중산층

현상 유지

빈곤층

출처: 의회 예산처

페이크

교육을 더 많이 받는다고 해서 이런 문제가 해결될까?

서브프라임(비우량) 교육

2008년, 서브프라임 부동산 모기지 때문에 세계 경제가 붕괴할 뻔했다. 또 그 결과 연방가족교육대출Federal Family Education Loan, FFEL 프로그램도 학생들에게 더 이상 학자금 대출을 해 줄 수 없게 되었다.

2010년, 버락 오바마 대통령은 FFEL 프로그램을 폐지하고 모든 학자금 대출이 '직접 대출' 형식을 띠게 될 것이라고 선언했다. 이에 사설 대출기관들이 정부 프로그램과 별도로 사설 학자금 대출을 지원하기 시작했다.

2012년, 학자금 대출액과 신용카드 부채가 나란히 1조 달러를 돌파했다. 2018년 현재 학자금 대출 부채는 미국 연방 정부의 가장 큰 자산이다.

내가 보기에 미국은 가난한 사람들을 서브프라임 모기지로 유혹한 것처럼 가난한 학생들을 서브프라임 교육의 세계로 끌어들이고 있다. 서브프라임 교육을 위한 학자금 대출은 '최악 중 최악'의 빚이다. 적어도 서브프라임 모기지는 개인파산 신청을 하면 구제될 수 있었다. 서브프라임 학자금 대출은 대부분 그런 구제조차 받을 수가 없다.

학교에서 언젠가 진짜 금융 지식을 가르치기는 할까? 진짜 금융 교육을 하지 않는다면 학교 교육은 늘 부실한 서브프라임(비우량) 등급에 머물게 될 것이다.

인플레이션 시대의 교육

1부에서 나는 인플레이션이 없다면 우리의 은행 체제와 맨드레이크 마법의 돈 공연, 그리고 그런치의 현금강탈이 유지될 수 없다고 설명한 바 있다.

몇 가지 상기하자면,

- 인플레이션이 발생하지 않으면, 맨드레이크는 이제까지 찍어 낸 돈을 갚을 수 없다.
- 인플레이션이 발생하면, 사람들은 물가가 상승할까 봐 더 신속하게 돈을 쓰게 된다.
- 디플레이션이 발생하면, 사람들은 물가가 하락하길 기다리며 돈을 쓰지 않는다.
- 은행 체제는 인플레이션을 필요로 한다. 인플레이션이 없다면 경제가 무너질 것이다.
- 인플레이션은 가난한 사람들과 중산층의 돈을 빼앗아 간다.
- 인플레이션을 가장 감당하기 힘든 사람들이 가장 값비싼 대가를 치른다. 그들의 삶을 대가로 치르는 것이다.

2018년 6월 30일, 《뉴욕타임스》에 다음과 같은 기사가 실렸다.

「샌프란시스코의 높은 생활비, 6자리 연봉도 '저소득층'」

캘리포니아 일부 지역에서 거주하려면 천문학적인 비용이 든다는 증거 중 하나로, 연방 정부는 현재 베이 에이리어 지역의 세 개 카운티에서 연 소득 $117,400 이상의 4인 가족을 저소득층으로 분류하고 있다.(…)

'저소득층'으로 분류되면 주택 및 다양한 정부 혜택을 지원받을 수 있다.(…)

(샌프란시스코 지역에서 주택) 지원금을 받는 일반 가구의 평균 소득은 $18,000에 불과하다. (…)

주택 가격의 중앙값은 1만 달러 이상으로 증가했고 (…)

(저소득층) 기준 소득이 두 번째로 높은 지역은 호놀룰루다. (…)

4인 가족이 평균 $83,450를 버는 뉴욕 지역의 저소득층 기준은 9위를 기록했다. (…)

다시 한번 묻겠다. 교육이 이 문제를 해결할 수 있을까?

왜 학교는 금융 교육을 하지 않는가

또 다른《뉴욕타임스》기사의 표제를 보자.

「민주당 예비선거의 교훈? 모두가 허덕이고 있다」

해당 기사는 바텐더이자 민주적 사회주의자인 28세의 알렉산드리아 오카시오 코르테즈의 이야기로 시작된다.

코르테즈는 민주당 예비선거에서 오랜 현역 의원인 조지프 크롤리를 누르고 결선에 진출했다. 기사는 미국에서 사회주의 물결이 급부상하고 있는 현상을 설명하고, 그 원인을 분석한 알리사 쿼트의 신간 『스퀴즈드Squeezed』에 대해 다루고 있다.

『스퀴즈드』는 계속해서 악화되고 있는 중산층의 경제적 현실에 대해 고찰한다. 학교 교사들은 생계를 유지하기 위해 부업으로 우버 운전을 한다. 젊은 비상근 교수들은 푸드 스탬프를 지급받는다. 직장을 잃은 50대 중년 세대는 암울한 미래를 마주하고 있다. 화려한 월스트리트와 멀찍이 떨어진 변호사들은 학자금 대출이라는 무거운 짐을 지고 끙끙대고 있으며, 그들의 일거리는 이미 자동화의 길을 가고 있다.

기사는 이렇게 계속된다.

박사 학위를 갖고도 평범한 사무실 직원 ― 지겨운 사무실 칸막이에서 밤늦게까지 야근하며 집에서 싸 온 도시락을 먹어야 하는 ― 과 다를 바 없는 생활을 할 수밖에 없다면, 주변에서 들은 것처럼 자신을 엘리트 특권층으로 여기기 힘들 것이며, 따라서 명백하게 억압받는 광범위한 계층과 더 가까운 동질감을 느끼고 그에 따라 투표하게 될 것이다.

오카시오 코르테즈는 무료 메디케어와 공립대학 및 직업학교 등록금 폐지 정책을 골자로 내세웠고, 그런 메시지를 통해 승리를 거뒀다.

여기서 다시 한번 묻는다. 등록금 없는 대학 교육이 우리가 처한 문제를 해결해 줄 수 있을까?

정부가 자격을 갖춘 사람들에게 100만 달러를 지원해 준다고 해서 과연 그들이 그 100만 달러로 부자가 될 수 있을까?

100만 달러로 부자가 될 수 있다면 어째서 NBA 선수들의 60퍼센트가 은퇴 후 5년 만에 빈털터리로 몰락한단 말인가? 어째서 그토록 많은 복권 당첨자들이 부유하고 안정적인 미래를 살지 못한단 말인가? 평생 놀고먹을 수 있는 금액에 당첨돼 놓고도 파산한 사람들에 대한 이야기를 들은 적이 있지 않은가?

한 단계 높이 올라가 보자. 역사상 가장 부유한 국가인 미국은 어쩌다 이런 어마어마한 빚 구덩이에 빠지게 되었는가?

내가 제일 좋아하는 질문은 이거다. 그런데도 우리의 학교는 왜 금융 교육을 하지 않는가?

수많은 이유와 대답, 다양한 변명과 해결책이 있겠지만 그 무엇도 쉽거나 간단하지는 않을 것이다. 우리는 이 심각한 문제를 계속해서 옆으로 밀치고 무시하면서 왜 소득 불균형이 점점 더 심각해지고 있는지 의아해한다.

2부 '가짜 교사'에서는 진짜 교사와 가짜 교사를 구분하는 법을 알려준다. 가난한 아빠의 말처럼 교사들은 대부분 돈에 대해서는 문외한이다. 그런 그들이 어떻게 돈에 대해 가르치겠는가?

하지만 돈에 대해 모르는 것은 비단 학교 교사들뿐만이 아니다. 많은 금융 전문가들도 돈에 대해 잘 알지 못한다. 대부분은 돈에 대해 공부를 한 적도 없다. 자신도 부자가 아니면서 전문 금융 교육인으로 활동하며 다른 사람들로부터 돈을 받는다. 평범한 사람들은 잘 알지 못하는 어려운 전문용어를 남발하면서 혼란과 당혹스러움을 야기한다. 그들은 진짜 교사가 아니다. 그들은 금융 사기꾼이다.

보이지 않는 것을 볼 수 있도록

더 이상 돈이 보이지 않게 된 1971년 이후로, 나는 진짜 금융 교육을 하며 돈이 눈에 보이도록 하는 데 최선을 다했다.

보이지 않는 돈을 '볼 수' 있게 될 때, 당신은 무엇이 진짜 금융 교육이고 무엇이 가짜인지 구분할 수 있을 것이다.

늘 그렇듯이 여기서도 최선을 다해 단순하고 간단하게 설명하겠지만, 솔직히 진짜 금융 교육은 아무리 단순해 보인다 한들 절대 쉬운 일이 아니다. 그렇게 쉬웠다면 지금쯤 누구나 부자가 됐을 거다.

부자 아빠는 말했다.

"물고기 잡는 법을 가르치는 것보다 물고기 한 마리를 주는 편이 훨씬 쉽다."

역사상 가장 부유한 국가인 미국에 사회주의 물결이 일고 있는 것도 바로 이런 이유에서다.

많은 사람들이 물고기를 거저 받고 싶어 한다. 물고기를 잡는 법을 배우는 것보다, 자신의 경제적 미래를 스스로 책임지는 것보다, 그쪽이 훨씬 쉽고 간편하기 때문이다.

진짜 교육을 받고 진짜 배움을 익히기 위해서는 단순히 정답을 외우는 것 이상이 필요하다. 현실 세상에서는 정답을 암기하는 것만으로는 아무 소용도 없다. 2부 '가짜 교사'에서는 학교가 사람들, 심지어 내 가난한 아빠와 같은 엘리트 학생들마저도 가난하게 만들고 있다는 사실을 설명할 것이다.

이 책은 물고기를 공짜로 얻고 싶은 사람들을 위한 책이 아니다. 하지만 물고기를 잡는 법을 알고 싶은 독자 여러분은 계속 책장을 넘겨보기 바란다.

Chapter 7

동방박사는
어떻게 현자가 되었을까
평생 학습의 소중함

나는 주일학교에서 한평생 길이 간직할 중요한 가르침을 얻었다. 바로 세 명의 동방박사가 가르쳐 준 교훈이다.

내가 다니던 주일학교 선생님은 매우 훌륭한 교사였다. 무엇보다 그분은 아이들을 가르치는 것을 무척 좋아했다. 한번은 그분이 수업 중에 이렇게 물은 적이 있다.

"동방박사들은 어떻게 현자가 되었을까?"

나는 당연히 이렇게 대답했다.

"그 사람들은 부자였잖아요. 예수님한테 귀한 선물도 바쳤고요. 부자이자 현명한 사람들이었어요."

짐작이 가겠지만 그건 선생님이 바라던 대답이 아니었다. 몇몇 학생들에게서 다른 대답을 들은 후, 그분은 미소를 지으며 말했다.

"동방박사들이 현자가 될 수 있었던 건 평생 동안 훌륭한 스승을 찾아다녔기 때문이란다."

주일학교 선생님은 잠시 말을 멈추고 열두 살 꼬마들에게 생각할 시간을 준 뒤에 다시 말했다.

"그들이 현명하고 부자가 될 수 있었던 건 평생 동안 배움을 멈추지 않았기 때문이야. 그들은 항상 새로운 지식을 얻기 위해 훌륭한 스승들을 찾아다녔지."

"그러면 그 사람들은 평생 동안 학생이었어요?"

반에서 제일 똑똑한 여자애가 물었다.

"으웩." 다른 남자애가 말했다. "난 학교가 싫어. 공부도 싫어."

젊은 여선생님은 조용히 아이들의 말을 들으며 고개를 끄덕이고는 미소 띤 얼굴로 이렇게 말했다. "그들이 어떻게 현자가 될 수 있었는지 동방박사의 교훈을 항상 명심하렴."

나는 그제야 가난한 아빠가 얼마나 현명한 분인지 이해할 수 있었다. 그분은 내게 또 다른 현자인 부자 아빠를 찾아가 지혜를 구하라고 조언했다. 그분은 정말 현명하게도 내가 가르침을 얻고 싶은 교사가 제도권 학교 밖에 있다는 사실을 알고 있었던 것이다.

사립학교: 불공평한 특권

《타임》지에 실린 「우리 세대가 미국을 파산시켰다」 기사에서 스티븐 브릴은 이렇게 쓰고 있다.

1964년에 나는 퀸스에 있는 노동계급 동네인 파 로커웨이에 살던 책벌레였다. 어느 날 나는 존 F. 케네디의 전기를 읽다가 그가 예비학교에 갔다는 대목을 발견했다. 내가 다니는 198 중학교의 교사들은 그게 무엇인지 몰랐지만, 나는 곧 그 예비학교라는 것이 대학과 비슷한 곳이라는 것을 알아차렸다. 교실에서 수업을 듣고 학교 안에서 사는데, 다만 대학보다 4년 일찍 가는 것뿐이다. 그건 꽤 괜찮은 생각 같았다. 학생들에게 금전적 지원을 하는 예비학교가 있다는 사실을 알고 나자 더더욱 괜찮아 보였다.

스티븐 브릴은 사립학교 세 곳을 견학한 뒤, 매사추세츠주 동부에 있는 디어필드 아카데미를 선택했다. 브릴은 그의 저서 『추락』에서 이렇게 설명하고 있다.

디어필드는 비록 다소 바뀌기는 했지만, 주로 다재다능한 부잣집 아이들을 위한 학교였다. 교장은 최근에서야 장학제도를 활용해 상류층이 아닌 다른 계급 학생들을 섞어 다양성을 가미하기로 결정했는데, 그중 몇 명은 나처럼 유대인이거나 심지어 아프리카계 미국인도 있었다.
내가 그 기저에 깔린 의미를 깨달은 것은 입학 첫 주에 같은 기숙사의 한 아이가 내게 어디에 사느냐고 물었을 때였다. 그 아이는 파크 애비뉴에 살았다. 내가 퀸스에 산다고 대답하자 그 아이는 퀸스가 어딘지 알지 못했고, 나는 케네디 공항이나 라구아디아 공항에 가 봤다면 퀸스에 가 본 적이 있는 것이라고 말해 주었다.(같은 반에 있는 그 아이의 친척은 퀸스가 어디에 있는지 알고 있었다. 그의 가문이 메츠 야구팀을 소유하고 있었기 때문이다.)

도널드 트럼프가 퀸스 출신이라는 것을 알고 있는가? 그는 종종 자신이 파크 애비뉴가 아니라 퀸스 출신인 까닭에 맨해튼에서 거래를 할 때면 자주 곤란을 겪는다고 투덜대곤 했다.

예비학교: 엘리트를 위한 도약대

하와이에서 나와 같이 학교를 다닌 네 명의 동급생이 예비학교에 갔다. 모두 부모님이 학비를 감당할 수 있는 부잣집 아이들이었다. 겨우 열두 살의 나이에 그들은 힐로에서 약 한 시간 정도 떨어진, 광활한 사유지에 있는 아름다운 사립학교인 하와이 예비 아카데미에 입학했다.

아버지에게 나도 그 학교에 가도 되냐고 묻자, 그분은 이렇게 대답했다.

"난 부자가 아니라서 너를 예비학교에 보낼 형편이 못 된다. 더구나 교육감의 아들이 사립학교에 가는 건 옳은 일이 아니야."

버락 오바마 대통령 역시 호놀룰루의 부잣집 아이들과 똑똑한 아이들을 위한 푸나호우 예비학교에 입학한 똑똑하고 가난한 학생이었다. 알다시피 오바마는 그 후에 컬럼비아대학과 하버드 법학대학원을 졸업했다. 스티븐 브릴이 예일대와 예일 법학대학원을 졸업한 것처럼, 그리고 그곳에서 잘 훈련받고 다듬어져서 오늘날 고학력 엘리트 리더가 된 다른 가난한 아이들처럼 말이다.

엘리트 피고용인 교육에 대한 풀러의 의견

버키 풀러는 교육과 교육의 불평등에 대해 자주 언급했다. 그는 사립 예비학교인 밀튼 아카데미와 하버드대학에 4대째 입학한 명문가 출신이었다. 비록 하버드에서 두 번이나 쫓겨나 졸업을 하지는 못했지만 말이다.

풀러는 미국의 수많은 명문 대학이 사업가들, 특히 존 D. 록펠러나 J. P. 모건, 코넬리어스 밴더빌트, 제임스 듀크, 릴랜드 스탠퍼드 같은 이른바 '노상강도 귀족'들에 의해 설립되었다는 사실을 지적했다. 그는 하버드를 "J. P. 모건의 회계학교"라고 불렀고 시카고대학은 "존 D. 록펠러의 경제학교"라고 불렀다. 듀크대학과 스탠퍼드, 밴더빌트대학도 모두 사업가인 설립자의 이름을 딴 것이다.

풀러는 사업가들의 자선활동과 고등 교육에 대한 지대한 관심 뒤에 숨은 목적, 또는 사명에 대해 의구심을 품었다. 그는 사업가들이 똑똑하고 영리한 영재들을 교육하려는 것이 아니라, 그들의 거대한 제국을 운영할 피고용인이 되도록 훈련시키는 것이라고 말했다.

엘리트 피고용인 교육에 대한 브릴의 의견

케네디와 부시, 트럼프와 롬니는 막대한 부를 상속받은 유서 깊은 가문 출신이다. 그들은 최고의 교육을 지원해 줄 수 있는 집안에서 태어났고, 예비학교와 개인 가정교사, 표준시험 준비 등 명문 대학에 들여보내 줄 온갖 종류의 도움을 받을 수 있었다.

브릴은 예비학교 시절에 예일대학의 입학처장인 R. 인슬리 클라크 주니어와의 만남에 대해 회상한다. 짧은 면담이 끝나자 클라크는 브릴에게 예일대에 합격할 것이라고 장담한다. 브릴은 다른 대학에 지원을 할 필요조차 없었다. 브릴은 이렇게 쓰고 있다.

내가 몰랐던 사실은 내가 '잉키'라고 불리는 클라크의 혁신적 정책의 수혜자였다는 사실이다. 나는 후에 '잉키의 아이들'이라고 불릴 집단 중 한 명이 될 터였다.

전도유망한 졸업반 학생들을 면담한 이 동문 집단은 "학업 성취도가 높은 샌님들보다 상대적으로 학문적 기대치는 낮으나 개인적으로 뛰어난 자질을 가진 학생들을 받아들이는 것을 망설이지 말라."는 강한 권고를 받았다.

한 예일 졸업생은 이 같은 방침에 격렬하게 반대했다. 그는 가난한 집안의 비백인 학생들이 명문대에 입학하는 데 대해 하고 싶은 말이 많았다.

간단히 핵심을 따져 보자. 당신들은 지금 우리와는 전혀 다른 이질적인 집단을 받아들이고 있는 것이다. (…) 유대인과 공립학교 출신들을 리더로 만들고 있는 것이다. 지금 앉아 있는 탁자 주변을 둘러보라. 이들이 바로 미국의 리더들이다. 유대인 따위는 없다. 공립학교 졸업생도 없다.

그러나 그는 논쟁에서 패배했고, 뒤이어 공립학교 출신의 비백인 학생들이 예일대를 비롯한 다른 명문 대학에 발을 들여놓기 시작했다.

그리고 그 가난하거나 중산층 출신의 극도로 똑똑하고 명민한 학생들이 작금의 세상을 운영하고 있다. 그들이 바로 버락 오바마와 빌 클린턴, 힐러리 클린턴, 벤 버냉키를 비롯한 수많은 사람들이다.

이들은 전통적으로 부유한 가문이 아니라 신흥 엘리트 계층이다. 명문가의 아이들과 달리, 일류 대학에 입학하여 지금과 같은 부를 쌓기 위해 끊임없이 노력하고 분투해야 했던 사람들이다.

브릴이 고뇌하는 지점도 바로 거기에 있다.

가장 유능하고 야심 찬 많은 미국인들이 아메리칸 드림을 쫓는 과정에서 미국을 위대하게 만든 것들 — 수정헌법 2조, 적법한 절차, 경제 및 법률적인 창의성, 자유시장과 자유무역, 실력주의, 그리고 민주주의 그 자체 — 을 활용했다. 그리고 승리를 거뒀다. 그러고는 역사상 전무한 방식으로 승리를 강화하고 견제가 될 수 있는 세력들을 압도하고 흡수했으며, 그 뒤에는 사다리를 끌어 올려 다른 이들이 성공을 나눠 갖거나 감히 그 지위에 도전하지 못하게 만들었다.

해석: 똑똑하고 성실하고 유능하고 야심 찬, 가난하거나 중산층 출신 아이들이 아메리칸 드림을 실현했다. 그런 다음 그들은 법률 및 금융 체제를 수정해 다른 이들이 그들의 성공을 모방하지 못하게 만들었

다. 이제 평범한 이들이 그들과 동등한 위치에 오를 수 있는 유일한 방법은 그들처럼 예비학교에서부터 시작하는 길뿐이다.

브릴은 민주주의의 종말에 대해 말한다.

이들의 열정과 노력, 자원(그리고 일정 수준의 특권. 왜냐하면 이들의 출신이 변변찮긴 하나 대부분 백인 남성이기 때문이다.)에 압도된 미국은 그들만의 가장 대범하고 자랑스러운 이상을 저버렸다. 결코 완벽할 수는 없으나 끊임없는 토론을 통해 추구해 온 균형, 즉 치열한 경쟁주의 경제가 낳은 활발한 불평등과 민주주의가 약속한 공동체 중심 평등 사이의 균형을 말이다. 반세기 동안 진행된 전투에서 승리를 거둔 것은 능력주의 성취가들이었다.

해석: "민주주의 따위 알 게 뭐야. 내 몫을 챙겼으면 됐지."

바로 이런 연유로 미국에서 사회주의가 부상하고 있는 것이다. 그래서 힐로 마을에 EBT 카드를 환영한다는 수많은 표지가 붙어 있는 것이며, 그래서 치과의사가 학자금 때문에 120만 달러의 빚을 짊어지고 평생 그것을 갚을 수 있을지 모를 불확실한 삶을 살고 있는 것이다. 그래서 미국 정부의 최대 자산인 학자금 대출이 1조 5,000억 달러를 넘어 계속 증가하고 있는 것이다. 바로 그런 이유로, 미국은 빚의 구렁텅이에 빠져 그 빚을 갚기 위해 끝없이 더 많은 돈을 찍어 내고 있다. 미국은 돈이 없어 신용카드를 돌려막고 있는 사람과 같다. 학교에서 금융 교육을 하지 않는 것도 이 때문이다.

사람들이 금융적으로 무지할수록 가짜 돈을 찍어 내는 사람들이 그들을 짭짤하게 등쳐 먹을 수 있기 때문이다.

진짜 교사의 도제식 교육

가난한 아빠가 나를 사립 예비학교에 보낼 돈이 없었다는 사실은 오히려 내게 행운으로 작용했다. 가난하지만 현명했던 아버지는 내게 동방박사들이 그랬던 것처럼 훌륭한 스승을 찾아가 보라고 충고했다.

그렇게 나는 아홉 살에 부자 아빠의 제자가 되었다. 도제식 교육은 인류의 역사에서 가장 오래된 교육 방식 중 하나다. 도제식 교육이 효과적인 이유는 진짜 교사에게서 직접 배울 수 있기 때문이다. 가령 중세시대에 대장장이가 되고 싶다면 대장장이 옆에서 실습을 하며 직접 일을 배우고 익혀야 했다.

일주일에 사나흘 정도, 나는 학교가 끝나면 부자 아빠의 사무실을 찾아가 공짜로 일을 했다. 그분의 아들인 마이크와 나는 쓰레기통을 버리거나 사무실을 청소하는 등 아홉 살짜리가 할 수 있는 자질구레한 일들을 했다. 그러면 한 시간쯤 뒤에 부자 아빠가 모노폴리 게임을 가져와 셋이서 함께 게임을 하며 놀았다. 우리는 단순히 주사위를 던지고 말을 움직이는 게 아니었다. 부자 아빠는 말을 움직이기 전에 우리에게 생각을 하도록 격려했고, 아홉 살짜리가 이해할 수 있는 방식으로 금융 전략을 설명해 주었다.

우리가 자라고 나이가 들수록 도제 수업은 점점 비즈니스나 투자와 관련된 일로 옮겨 갔지만, 그래도 우리는 공짜 노동에 대한 금융 교육의 일환으로 항상 모노폴리 게임으로 하루를 마쳤다.

부자 아빠는 정기적으로 나와 마이크를 데리고 소위 그분의 '초록색 집'을 보러 갔다. 우리는 부자 아빠 밑에서 도제로 일하고, 모노폴리 게임으로 금융 지식을 배우고, 부자 아빠의 진짜 '초록색 집'을 방문하며, 이론이 아닌 진짜를 체험하며 배움을 이어 나갔다. 열아홉 살이었던 1966년, 뉴욕에서 학교를 다니다 힐로에 들른 나는 부자 아빠의 커다란 '빨간색 호텔', 문자 그대로 진짜 호텔이 와이키키 해변 한가운데 우뚝 서 있는 것을 보았다.

사람들이 나더러 요즘 뭘 하며 사느냐고 물을 때마다 나는 "현실에서 모노폴리 게임을 하고 있지요."라고 대답한다. 내 아내 킴과 나는 현재 6,500개가 넘는 '초록색 집', 즉 임대용 주택과 '빨간색 호텔' 여러 채, 그리고 골프 연습장과 유정(油井)을 소유하고 있다.

나는 부잣집 친구들처럼 사립학교에 가지 않고 가난한 아빠의 조언에 따라 진짜 교사를 찾아 나섰다.

만약 내 가난한 아빠가 부자였다면, 나도 친구들과 함께 사립 예비학교에 입학하여 지금처럼 부자가 되는 방법을 배우지 못했을지도 모른다.

전 세계의 독자들이 묻고
로버트 기요사키가 답하다

Q 금융 체제가 의도적으로 조작되고 있다는 점에서는 나도 같은 의견이다. 그렇다면 '평범한' 사람이나 일반인이 그것을 활용해 이익을 얻으려면 어떻게 해야 할까? 게임의 방향을 우리에게 유리하게 만들 방법이 있을까?
— 글렌 B.(독일)

A 내가 자주 받는 질문 중에 이런 것이 있다. "평범한 일반 투자자에게 하실 말씀은 없나요?" 내 대답은 이렇다. "평범한 일반 투자자가 되지 마십시오."

Q 평상시나 위기가 닥쳤을 때나 은행 제도를 어떻게 믿거나…… 의지할 수 있을까?
— 제프리 T.(말레이시아)

A '믿음faith'과 '신뢰trust'는 다른 것이다. 나는 은행이 탐욕스럽고 그들의 이익만 중요시한다고 '믿는다.' 나는 은행이 경제 붕괴가 올 때든 그렇지 않을 때든 고객들을 돌봐 줄 거라고 '신뢰하지' 않는다.

Q 미국의 장기적 전망을 긍정적으로 보는가? 다른 대안 투자처로 추천하고 싶은 국가는 없는가?
— 웬델 M.(미국)

A 미국은 현대 역사상 가장 위대하고 부유한 국가다. 미국인으로 태어난 것은 내게 실로 엄청난 축복이었고, 그래서 베트남에서 조국을 위해 목숨을 걸고 싸운 것이기도 하다.
문제는 세상이 빠르게 변화하고 있는 반면, 우리의 리더와 교육 제도 그리고 대부분의 사람들은 그 변화를 따라잡지 못하고 있다는 데 있다.
그래서 나는 내 책을 읽고, 리치대드 라디오를 듣고, 우리 세미나에 참석하는 사람들에게 감사함을 느낀다. 내가 해답을 갖고 있다거나 무조건 내 말이 옳다는 게 아니다. 우리는 늘 촉각을 곤두세운 채 언제고 다가올 변화에 대비해야 한다.

Q 어째서 지금 사용하고 있는 가짜 돈보다 암호화폐가 더 안전하다고 생각하는가? 지금도 우리가 사용하고 있는 돈의 상당량이 종이에 인쇄되는 것이 아니라 전자적으로만 발행된다. 그렇다면 이건 전자화폐와 암호화폐의 대결인가?
—로베르타 N.(멕시코)

A 나는 암호화폐 전문가가 아니다. 다만 블록체인 기술이 진짜라는 사실만 알 뿐이다. 블록체인 기술은 인간보다 더 신뢰할 수 있다. 돈은 신뢰를 기반으로 작용하며, 나는 인간보다 블록체인 기술을 더 신뢰한다.

Q 나는 에티오피아에 살고 있다. 가짜 경제가 전 세계의 모든 경제에 영향을 끼치는가? 우리나라는 빠른 속도로 성장하고 있지만 금융 체제에 이상한 부분이 많다.
—세메느 T.(에티오피아)

A 에티오피아와 아프리카 대륙은 매우 부유한 곳이다. 그래서 유럽인들이 수 세기 전에 아프리카를 침략해 식민지로 삼았다. 문제는 유럽인들이 아프리카에 형편없는 교육 체제를 심었고, 그 결과 부자 대륙의 부유한 국가와 거기 사는 부유한 사람들이…… 경제적으로 곤란을 겪게 되었다는 점이다.

Q 왜 지폐에 "우리는 신을 신뢰한다."고 적혀 있는가? 금이 신의 돈이라는 진실을 심어 주는 동시에 우리를 속이기 위해 가짜 돈에 적어 놓은 것인가?
—베니 J.(인도)

A 나와 똑같은 의문을 품고 있는 사람이 있다니 정말 반갑다. 당신은 그 대답이 무엇일 것 같은가? 왜 정부가 돈에 "우리는 정부를 신뢰한다."가 아니라 "우리는 신을 신뢰한다."고 적어 놓은 것일까? 무엇보다 중요한 것은 당신이 누구 혹은 무엇을 신뢰하느냐다.

Chapter 8

다시 학교로 돌아가다
가짜와 싸우기

1973년 1월, 우리가 탄 비행기가 캘리포니아 노튼 공군기지에 착륙했다. 비행기의 탑승객은 베트남에서 귀환하는 200명의 병사들이었다. 나는 그중 해병대원 16명을 인솔하고 있었다.

가장 먼저 눈에 들어온 것은 우리를 기다리고 있는 반전 시위대였다. 짐 가방을 찾은 부하 병사들이 다시 한자리에 모였을 때, 나는 한 사람씩 악수를 나누며 무사히 돌아가라고 작별 인사를 했다. 우리는 지난 1년간 베트남에서 함께 복무한 사이였다.

전쟁터에서 돌아온 귀환병들이 게이트로 다가갈수록 시위대의 목소리가 점점 커졌다. 나도 내심 겁이 났다. 동료 병사들의 얼굴에도 팽팽한 긴장감이 서리고 있었다. 같은 미국인인 반전 시위대를 대면하는 것은 적군인 베트콩들과 맞닥뜨리는 것보다도 더욱더 두려운 일이었다.

적대감을 발산하고 있는 시위대를 뚫고 지나가기 전에 병사들에게 뭔가 격려의 말을 해 줘야 했다. 나는 게이트 바로 앞에서 발을 멈추고 그들에게 말했다.

"저들이 바로 우리가 수호하기 위해 싸운 것이라는 사실을 명심하기 바란다. 우리는 시위의 자유를 위해, 저들이 우리를 아동살해범, 강간범, 살인자라고 부를 권리를 지키기 위해 싸운 거야."

병사들은 고개를 끄덕였다. 우리는 경례를 주고받은 다음, 침을 뱉으며 고함을 지르는 군중을 헤치고 게이트를 나왔다. 그 뒤로 다시는 그 병사들을 만나지 못했다.

가난한 아빠의 조언

나는 운이 좋게도 오하후에 있는 아버지의 집과 한 시간 거리도 안 되는 하와이 카네오헤에 있는 해병대 항공기지에 배치되었다. 제대까지는 아직 1년 반이나 남아 있었다.

가난한 아빠는 나를 두 팔 벌려 반기고는 앞으로 무슨 일을 할 계획이냐고 물었다. 그분은 내가 해병대에 남을 것인지, 민간 항공사에 취직해 조종사가 될 것인지, 아니면 샌프란시스코에 있는 스탠더드오일사로 돌아가 삼등 항해사로 유조선을 몰 것인지 알고 싶어 했다. 나는 그분에게 미래에 대해 고민할 시간이 아직 1년 반이나 남았다고 말했다.

교육자인 아버지는 당신처럼 석사나 박사 학위를 따는 게 어떻겠냐고 제안했다. 몇 달 뒤에 나는 하와이대학 야간 MBA 과정에 등록했다.

부자 아빠의 조언

부자 아빠도 내가 무사히 돌아온 것을 보고는 기뻐했다.

내가 산 금화를 보여 주며 금을 사기 위해 적지로 들어간 이야기를 하자, 그분은 그저 "정신 나간 녀석."이라고 한마디를 던졌을 뿐이다.

군 복무를 마치고 나면 무엇을 해야 할지 상의했을 때, 부자 아빠는 "부동산 투자를 배우렴."이라고 말했다.

나는 부자 아빠와 닉슨 대통령과 금본위제 폐지에 대해 한참 동안 대화를 나눴다. 그분은 내가 베트남에 있을 때 편지에 적은 "조심하렴…… 세상이 바뀔 거다."라는 문구가 무슨 뜻인지 설명했다.

부자 아빠는 미국 달러가 앞으로 영원히 100퍼센트 부채가 될 것이라고 염려하고 있었다. 닉슨도 혹은 다른 어떤 지도자도 금본위제를 다시 부활시키지는 못할 것이다. 금이 뒷받침되는 금태환 달러는 80퍼센트의 부채와 20퍼센트의 금으로 구성되어 있었다.

"그게 무슨 의미죠?" 내가 물었다.

부자 아빠는 돈이 빚이라고 말했다.

"그건 돈이 만들어질 때마다 빚이 만들어진다는 의미다. 연방준비은행과 재무부가 모든 사람들에게 빚더미에 앉으라고 부추길 것이라는 의미지. 사람들이 빚을 지지 않으면 경제가 성장하지 않을 테니까 말이다."

부자 아빠는 달러가 금으로 뒷받침되던 시절에 빚을 이용해 부자가 되었다. 1973년에 그분은 달러가 100퍼센트 부채가 되었으니 자신이 앞으로 더 큰 부자가 될 것이라고 생각했다.

동시에 부자 아빠는 그 점을 우려하고 있었다.

"신용카드 갖고 있니?"

"네." 내가 대답했다. "기지에서 발급받았어요."

부자 아빠는 말없이 고개를 끄덕였다.

"너한테 신용카드를 발급해 줬어?"

"네. 장교라면 누구나 갖고 있어요. 부대 매점에서 물건을 살 때는 신용카드를 사용해야 하거든요."

"재미있구나." 부자 아빠가 씨익 웃으며 말했다.

"왜요?" 내가 물었다.

"그게 바로 돈을 만드는 방법이거든. 네 신용카드에는 돈이 들어 있지 않다. 은행에도 돈을 넣을 필요가 없지. 네가 신용카드를 긁는 순간 어디선가 돈이 뿅 하고 생겨난단다."

나는 잠시 동안 할 말을 잃었다. 이제야 무슨 일이 벌어지고 있는지 알 것 같았다.

"그래서…… 편지에 세상이 곧 바뀔 거라고 쓰신 건가요?"

부자 아빠가 고개를 끄덕이며 말했다.

"신용카드를 사용하는 수많은 사람들의 삶이 바뀔 거란다. 수백만 명이 빚을 이용해 집을 사고 자동차를 구입하겠지. 그렇지만 빚을 이용하는 법을 배운 적이 없으니 아무리 열심히 일해도 점점 더 가난해 질 거야."

나는 부자 아빠에게 물었다.

"그래서 저더러 부동산 투자를 배우라고 말씀하시는 건가요? 빚을 돈처럼 사용하는 법을 배울 수 있게요?"

부자 아빠는 잠시 생각에 잠겼다가 입을 열었다.

"부동산real estate은 모든 부의 근간이다. 금이나 은과 같아. 'real'이라는 단어는 스페인어로 '왕실의 소유royal'라는 뜻이지. 왕족들은 늘 토지와 금, 은을 가장 중요하게 여겼단다."

부자 아빠는 말을 이었다.

"빚을 돈처럼 사용하는 법을 배우고, 내가 그랬던 것처럼 빚을 이용해 부동산을 구입한다면 너는 부자가 되고 똑똑해질 수 있을 거다."

그러고는 이렇게 덧붙였다.

"하지만 빚으로 부채를 산다면, 다른 수백 수천만 명의 가난한 사람들과 중산층처럼, 평생 동안 은행을 소유한 '왕족'들을 위해 일하고, 빚을 갚기 위해 가짜 돈을 위해 일하게 될 거다."

나는 조용히 앉아 금을 소유하면 범죄자가 되는 법 규정을 생각하고 있었다. 빚으로 진짜 '왕실의' 자산을 사들일 방법에 대해 생각하고 있었다.

내가 물었다. "만일 제가 빚을 지지 않기로 선택하면요?"

부자 아빠가 빙그레 웃으며 말했다.

"대부분의 사람들에게는 그편이 현명할 게다. 빚을 돈처럼 이용하는 법을 배우고 싶지 않으면 최대한 빚을 지지 않는 것이 좋지. 빚은 아주 위험한 도구거든. 장전한 총과 같아서 너를 죽일 수도 있고 너를 보호할 수도 있다."

나는 부자 아빠가 아직 하고 싶은 말이 남아 있다는 사실을 알고 이렇게 물었다.

"제가 빚을 돈처럼 이용하는 법을 배우면요?"

부자 아빠가 웃으면서 대답했다.

"지금 우리가 앉아 있는 이 호텔 보이지? 너는 내가 한두 푼 돈을 모아서 100만 달러짜리 호텔을 샀다고 생각하니?"

나는 고개를 저었다.

"아뇨."

"나는 100만 달러도 들이지 않고 이 호텔을 손에 넣었다. 만약에 정부가 계속 돈을 찍어 낸다면 이 건물이 10년 안에 얼마로 오를 것 같으냐?"

"모르겠는데요."

"네가 열심히 일해서 세금을 내고 돈을 저축하면 10년 안에 이 호텔을 살 수 있을 것 같으냐?"

나는 그 질문에 무슨 말을 해야 할지, 아니면 뭐라고 대답해야 할지 정말로 알 수가 없었다.

"네 해병대 동료들이 민간 항공사에서 조종사로 일하면 10년 안에 이 호텔을 살 수 있을까?"

나는 이번에도 무슨 말을 해야 할지 알 수가 없었다.

부자 아빠는 계속 말했다.

"일본인 관광객들도 점점 더 많이 오고 있다. 그들은 돈이 많지. 와이키키와 하와이의 해변들을 사들이고 있어. 너는 그 일본인들을 위해 일하고 싶니? 네가 10년 안에 와이키키에 부동산을 마련할 수 있을까? 아니면 10년 안에 와이키키 해변에 있는 집을 살 수 있을 것 같으냐?"

조금씩 부자 아빠의 의도를 이해할 수 있을 것 같았다.

"저한테 부동산 투자를 가르쳐 주실래요?"

부자 아빠는 고개를 저으며 말했다.

"나는 부동산 투자를 하는 사람이지 가르치는 사람이 아니야. 더구나 나도 아직 학생이란다. 항상 수업을 듣지. 전문 투자자가 되고 싶다면 학생이 되어야 한다. 빚을 돈처럼 이용하는 건 아주 위험한 게임이거든. 평생 배울 각오가 되어 있지 않다면 빚으로 부동산을 살 생각은 꿈에도 하지 않는 게 좋다."

부자 아빠의 말을 들은 나는 잠시 생각을 해 봐야 했다. 나는 학교가 싫었다. 평생 동안 공부를 해야 한다니 그다지 내키는 일은 아니었다.

내 주저함을 느꼈는지 부자 아빠가 말했다.

"너는 조종사잖니. 항상 비행 훈련을 하지 않니?"

나는 고개를 끄덕였다.

"네. 벌써 5년째 헬기를 조종하고 있지만 계속해서 특훈을 받고 어려운 기술을 연습하지요."

"부동산 투자도 똑같아. 나도 항상 수업을 듣고 공부를 하는 학생이라다. 그래서 이 호텔을 살 수 있었던 거야."

그러고는 이렇게 덧붙였다.

"모노폴리 게임과 똑같단다. 너와 마이크가 어렸을 때, 나는 작은 초록색 집을 갖고 있었지만 지금은 빨간색 호텔을 갖고 있다. 내가 꾸준히 수업을 듣고 공부를 하지 않았다면 지금 이 자리에 있지 못했을 거야."

한참 뒤, 나는 입을 열었다.

"부동산 투자 강좌에 등록할게요."

부자 아빠가 빙그레 웃었다. 그날의 만남은 그렇게 끝났다.

MBA 과정

내게는 두 아빠가 있었다. 가난한 아빠는 내게 학위를 따라고 말했고, 부자 아빠는 부동산 투자 세미나를 들으라고 말했다.

MBA 과정에 등록하는 것은 어렵지 않았다. 해병대에는 고등 교육 담당 장교가 있었기에 그저 그의 사무실에 가서 서명만 하면 됐다.

그러나 부동산 투자 세미나는 해병대에서 지원하지 않았기 때문에 스스로 발품을 팔아 찾아봐야 했다. 해병대에는 주식 투자 강좌는 있었지만 부동산 투자를 가르치는 곳은 없었다. 빚을 돈처럼 사용하는 법을 배우고 싶었던 나는 부동산 강좌를 듣고 싶었다.

두 달 후 나는 하와이대학의 MBA 과정에 출석하기 시작했다. 나는 매주 두 번 저녁 시간에, 그리고 토요일에는 하루 종일 대학에서 시간을 보냈다.

나는 학교를 좋아하지 않았지만 비행학교는 진심으로 사랑했다. 비행학교에서는 진짜 조종사, 즉 진짜 교사한테서 배울 수 있었기 때문이다. 우리는 진짜 교사에게서 수업을 듣고 실제로 비행기를 조종했다. 학생들의 실력이 향상될수록 교관들의 실력도 향상됐다. 우리는 교관들과 함께 비행을 했기 때문에 그들이 가르치는 내용을 실천할 수 있음을 알고 있었다. 비행학교 교관들은 5학년 담임이었던 일리 선생님과 비슷했다. 그들은 학생들이 더 많은 것을 배우고 더 똑똑해지도록 독려했다.

첨단 무기 훈련은 그보다도 더 흥미로웠다. 무장헬기를 조종하는 것은 일반 헬기를 조종하는 것과 완전히 달랐다. 전투 조종사들이 익혀야 할 전략 전술도 기존에 알던 것과는 완전히 달랐다. 우리를 가르친 첨단무기 훈련 교관은 방금 베트남의 전장에서 돌아온 사람이었다.

여러 무기와 기관총, 로켓을 발사해야 할 때면 교관들이 먼저 시범을 보였다. 그들이 우리에게 요구하는 것을 몸소 실천할 수 있음을 보여 주기 위해서였다. 우리는 목표를 맞추는 데 실패해도 낙제하지 않았다. 교관들은 그저 "선회해서 다시 시도해 봐."라고 말할 뿐이었고, 그러면 우리는 그렇게 했다. 교관들처럼 날며 능숙하게 표적을 맞힐 수 있을 때까지 몇 번이고 반복해서 연습했다. 그래서 나는 비행학교를 사랑한다. 우리를 가르친 교관들은 진짜 교사였고, 진짜 전쟁에 대비해 우리를 훈련시켰다.

나는 교실에 가만히 앉아 강의를 듣기만 하는 MBA 과정을 좋아하지 않았다. 꼭 고등학교로 돌아간 것만 같았다. 그러던 어느 날, 마침내 나는 폭발하고야 말았다.

"당신 진짜 회계사이긴 합니까?" 나는 회계학 강사에게 물었다.

"네." 그가 대답했다. "회계학 학위를 갖고 있습니다."

"내가 말하는 건 그게 아니에요." 나는 그에게 쏘아붙였다. "학위가 있다는 건 압니다. 실제로 회계사로 일해 본 적이 있냐는 말입니다."

강사는 잠깐 머뭇거리다가 대답했다.

"아니요. 난 대학원 조교예요. 회계학 석사인데 지금 박사 과정에 있지요."

"그럴 줄 알았습니다." 내가 말했다.

"회계사신가요?" 강사가 되물었다.

"아니요."

"그러면 왜 나한테 진짜 회계사냐고 물은 거죠?"

"왜냐하면 당신이 무슨 소리를 하는지도 모르고 있는 게 빤히 보여서요. 현실하고는 동떨어진 교과서 이론만 가르치고 있잖아요."

나는 부자 아빠 밑에서 도제 생활을 하면서 실질적인 회계 수업을 받았다. 회계사는 아니지만 수년 동안 부자 아빠의 진짜 회계사와 일하며 경험을 쌓았기 때문에, MBA 강사가 실제가 아닌 이론만 가르치고 있다는 것을 금세 알 수 있었다.

미국은 여전히 전쟁 중이었고, 대학 캠퍼스에서 해병대원은 그리 인기 있는 사람이 아니었다. 강의 시간에 강사를 곤란하게 만드는 것도 내 평판에는 별로 도움이 되지 않을 터였다.

"회계사가 될 생각인가요?" 강사가 물었다.

"아뇨." 나는 대답했다. "사업가가 되어서 회계사를 고용할 생각입니다. 그러기 위해서라도 회계사한테 적절한 질문을 던질 줄 알아야겠지요."

"나한테 무엇을 물어보고 싶습니까?"

"방금 물어봤잖습니까. 진짜 회계사냐고요. 실제로 회계사 일을 해본 경험이 있나요?"

강사는 갑자기 눈부신 헤드라이트를 마주친 사슴처럼 아무 말 없이 멍하니 서 있었다.

그때 종이 울렸고, 수업은 끝났다.

마케팅 수업

나는 MBA 과정 중에서 마케팅 수업을 손꼽아 기다리고 있었다. 수업 계획표에 따르면 뛰어난 마케팅 귀재가 그 강의를 맡을 예정이었다. 나는 드디어 전문가에게서 배울 기회가 왔다는 기대감에 부풀어 앉아 있었다.

그렇지만 수업은 어김없이 실망스러웠다. 나는 이번에도 똑같은 질문을 던졌다.

"실제 마케팅 경험이 얼마나 되나요?"

마케팅 귀재는 자전거 점포를 운영하고 있는데, 자신의 가게에 오면 필요한 지식을 물려받을 수 있을 것이라고 말했다.

그가 운영하는 자전거 점포는 넓이가 150제곱미터도 되지 않는 아주 조그만 가게였다. 두 번의 토요일 동안 우리는 그의 자전거 점포를 '연구'했다.

강사는 우리에게 마케팅을 가르치는 게 아니라 '판촉 기술'을 가르쳤다. 자전거를 어떻게 세워 전시할 것인가, 선반에 어떤 부대용품을 놓고 받침대에는 어떤 의류를 배치할 것인가 등등.

판촉에 대해서라면 나는 부자 아빠의 호텔 선물가게와 레스토랑에서 도제로 일하며 이보다 훨씬 유익한 것들을 많이 배웠다.

그가 우리에게 마케팅을 가르치지 않은 것은 상점을 겨우 하나밖에 운영하지 않았기 때문이다. 그는 마케팅이 아니라 지역신문과 잡지에 광고를 내는 법을 가르쳤다.

나는 강사의 점포에서 자전거를 한 대 샀다. 마케팅 과정의 일환으로 그는 수업 중에도 '영업'을 할 수 있었기 때문이다. 그는 우리 반 학생들에게 특별 할인을 해 주겠다고 했고, 많은 학생들이 새 자전거를 구입했다.

부자 아빠에게 새로 산 자전거와 허접한 마케팅 강사와 그의 작은 가게에 대해 말하자, 그분은 웃으면서 말했다.

"너희 마케팅 강사는 아주 똑똑한 사람이구나. 자신을 마케팅의 귀재로 대접해 주는 학교에서 강좌를 가르치고, 학생들과 직원들에게 자기 가게를 방문하고 또 연구하게 만들고 있잖니. 그리고 가장 중요한 점이 뭐지? 너와 다른 학생들이 거기서 자전거를 샀다는 거란다. 그 사람은 정말 실력 있는 마케터야."

어쨌든 그건 좋은 자전거였다. 나는 거의 날마다 그 자전거를 타고 항공 기지의 비행 대기선을 돌아다녔다. 그 마케팅 강사는 진정한 마케팅의 귀재였다.

부동산 세미나

나는 어느 날 TV를 보다가 "투자금 없이" 집을 사는 방법을 가르쳐 주겠다는 광고를 발견했다.

며칠 뒤, 나는 300명의 사람들과 함께 아름다운 와이키키 호텔의 대연회장에서 열리는 '공짜 세미나'에 앉아 있었다. 이 세미나의 '상품'은 부동산 투자 강좌였고, 나는 385달러를 내고 3일짜리 주말 세미나에 등록했다.

두 달 후 캘리포니아에서 강사가 도착해 사흘간의 강좌가 시작되었다. 그것은 내가 학교나 강의실을 벗어나 처음으로 참석한 세미나였다.

가난한 아빠는 학교 교육을 신뢰했다. 그분은 세미나에 참석하지 않았고 그런 것들은 모두 사기라고 생각했다. 실제로도 일부 세미나는 그렇다. 하지만 그것은 학교도 마찬가지다.

부자 아빠는 오직 세미나에만 참석했다. 그분은 세미나가 "기간이 짧고 구체적"이기 때문에 좋아한다고 말했다. 그분은 특정한 주제에 관심이 생겨 그에 대해 배우고 싶을 때면 세미나에 참석했다. 학위를

따려는 것도 아니고 알아보기 힘든 약어가 박힌 수료증을 얻으려는 것
도 아니었다. 정부나 기업에 고용된 많은 사람들이 그런 직함들을 —
이학석사, 박사, 법무박사, 의학박사, 공인재무설계사 등등 — 영광의
배지처럼 달고 다닌다.

워런 버핏은 대학을 졸업했는데, 그게 별로 비밀도 아니지만 사무실
에 대학 졸업장을 걸어 두지 않는다. 반면에 그는 자신의 책상 뒤쪽에
데일 카네기 대중연설 강좌 수료증을 자랑스럽게 걸어 두고 있다. 수
십억 달러의 투자금을 조성해야 하는 버핏에게 있어 사람들 앞에서 무
릎을 달달거리지 않고 자신 있는 목소리로 말하는 기술은 가치를 매길
수 없을 정도로 중요한 능력이기 때문이다.

'진짜' 부동산 교사

공짜 세미나에 참석했던 300명 중에서 3일짜리 강좌에 등록한 사람
은 30명가량이었다. 강사는 아주 인상적인 인물이었다. 가볍고 격식
없는 차림새를 하고 있었지만 깔끔하고 보기 좋았다. 넥타이는 매지
않았어도 몸에 걸친 캐주얼한 코트와 바지, 구두는 무척 비싸 보였다.
그는 진짜 부동산 투자자처럼 보였다.

군 복무를 한 사람에게 깔끔하고 단정한 외모와 옷매무새가 얼마나
중요한지 한번 물어보라. 대부분의 군인들은 주름 하나 없는 군복을
자랑스럽게 입고, 항상 구두를 반짝반짝하게 닦는다.

MBA 과정을 가르치는 강사들은 평범한 선생님 같았다. 돈을 잘 버

는 것 같지도 않았고 초라하고 꾀죄죄하고 촌스러워 보였다. 마치 옷을 잘 입은 히피들처럼 말이다. 아마 실제로도 상당수가 진짜 히피였을 것이다.

부동산 세미나를 가르치는 이 진짜 강사는 실제로 그가 투자했던 부동산과 재정 기록을 슬라이드로 보여 주었다. 그는 자신이 얼마나 많은 돈을 벌었고 재무상태가 어떠한지, 그리고 어떤 도전과 장애물을 극복했는지 말해 주었다.

또 그가 돈을 잃은 투자에 대해서도 거리낌 없이 말했다. 어떤 실수를 저질렀고, 무슨 교훈을 배웠으며, 그 실수가 어떻게 그를 더 똑똑하게 만들고 부자로 만들어 주었는지 설명했다.

그는 진짜배기였다. 그는 부동산을 팔기 위해 거기 있는 게 아니었다. 우리에게 자전거를 파는 법을 가르치는 것도 아니었다.

무엇보다 그 강사는 도덕적으로도 투명했고, 자신의 공인 재무제표도 보여 주었다. 우리를 자기편으로 끌어들이려고 하지도 않았다. 세미나를 하는 대가로 강의료를 받긴 했지만 굳이 돈이 필요한 것 같지도 않았다. 그는 진정으로 우리를 가르치기 위해 그 자리에 있었다.

우리는 사흘 동안 그가 '진짜' 부동산 투자자로서 24년 동안 경험한 진짜 부동산 거래와 문제점, 진짜 장애물과 사기꾼들에 대해 배웠다.

그는 우리에게 대부분의 아마추어 부동산 투자자들은 보지 못하는 것을 보는 법을 가르쳤다. 매도자와 은행, 투자자들에게 각각 돈에 대해 어떻게 말해야 하는지 가르쳤다.

그리고 마지막 날, 그는 자기 돈은 한 푼도 쓰지 않는 '투자금 없는' 거래를 협상하는 법을 가르쳤다.

세미나가 거의 끝나 갈 즈음, 학생들은 들뜨고 흥분해 있었다. 방 안 가득 뜨거운 열기가 넘쳐흘렀다. 나는 왜 부자 아빠가 종종 이렇게 말했는지 이해할 수 있었다. "부자가 되기 위해 돈이 있어야 하는 것은 아니다."

마지막 두 시간은 이제껏 배운 내용에 대한 검토와 질의응답으로 마무리되었다. 세미나를 마치기 직전, 강사가 말했다.

"이제 여러분들의 학습이 시작되었습니다."

세미나가 끝났다고 생각한 학생들은 강사가 왜 그런 말을 하는지 어리둥절해졌다. 강사가 말을 이었다

"여러분의 학습은 현실 세계로 나갈 때 시작됩니다. 지금부터 여러분이 할 일은 90일 동안 투자할 가치가 있는 부동산을 탐색하는 것입니다. 100개의 부동산을 선별해서 각각 짧은 분석 보고서를 작성한 다음, 그중에서 가장 투자할 만한 최고의 부동산을 선택하십시오. 진짜로 부동산을 구입할 필요는 없어요. 하지만 정말로 마음에 쏙 드는 물건을 발견하면 돈이 없더라도 그걸 구입하고 싶은 열정과 에너지가 샘솟게 될 겁니다."

30명의 학생들은 몇 명씩 그룹을 지어 90일 안에 반드시 이 과제를 완수하자고 다짐했다.

하지만 짐작하다시피, 부자가 되는 데 가장 방해가 되는 것 중 하나

는 바로 '현실의 삶'이다. 아마 실제로 그 과제를 끝까지 완수한 사람은 30명 중에 3명 정도에 불과할 것이다. 이는 또한 인간의 본성에 대해서도 중요한 교훈을 가르쳐 준다. 부자가 되려면 지독한 노력과 단련이 필요하다.

90일이 끝나 갈 무렵, 나는 100개의 부동산 중에서 잠재력이 가장 큰 부동산을 파악할 수 있었다. 마우이섬 해안가에 위치한, 침실과 욕실이 각각 하나씩 있는 작은 아파트였다. 부동산 개발업자가 파산한 까닭에 은행이 물건을 최대한 빨리 헐값에 처분하고 있었고, 아파트의 가격은 겨우 1만 8,000달러였다. 내게 필요한 것은 10퍼센트의 계약금뿐이었다. 나머지는 은행이 알아서 융자를 해 줄 것이었다.

나는 곧장 신용카드를 이용해 1,800달러를 마련했다.

그것은 '투자금 없는' 부동산 거래였다. 나는 100퍼센트 빚으로 부동산을 구입했고, 그 자산은 한 달에 25달러의 현금흐름을 창출해 주었다.

그것은 또한 '무한수익'을 가져다주는 투자였다. 왜냐하면 내 돈은 한 푼도 들이지 않고 100퍼센트 빚으로 매월 25달러의 순 현금흐름을 얻을 수 있었기 때문이다.

며칠 뒤에 나는 MBA 과정에서 자퇴했다.

"여기서는 그렇게 할 수 없어요."

전 세계 어딜 가나 사람들은 이렇게 말한다.

"여기서는 그렇게 할 수 없어요."

그 말이 맞다. '그들'은 무한수익을 얻을 수 없다. 그렇지만 다른 사람들은 할 수 있다.

'사람들이 그렇게 할 수 없는' 가장 큰 이유는 그들이나 그들의 부모님이 학교에 다녔기 때문이다.

교사의 단계에 대한 다음 도표를 보면 학교가 사람들을 어떻게 가난하게 만드는지 알 수 있을 것이다.

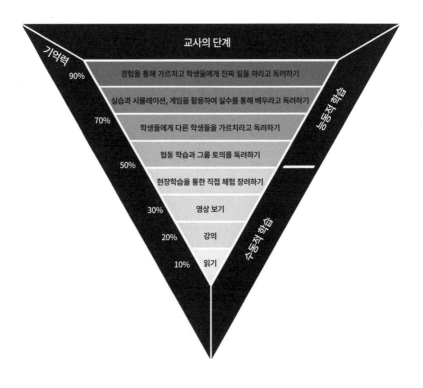

진짜 교사와 가짜 교사를 어떻게 구분하는가

가짜 교사는 책과 강의를 통해 가르친다. 하지만 세상이야말로 진짜 교실이다.

진짜 교사는 자신이 실제로 겪은 경험과 실수를 통해 가르치며, 학생들에게도 똑같이 하라고 독려한다.

개인 연습 활동

지금까지 만난 가짜 교사 세 사람과 그들이 가르친 분야를 적는다.

	이름	분야
1.		
2.		
3.		

지금까지 만난 진짜 교사 세 사람과 그들이 가르친 분야를 적는다.

	이름	분야
1.		
2.		
3.		

진짜 교사에게서 어떤 교훈을 배웠는가?

1. _____

2. _____

3. _____

페이크

전 세계의 독자들이 묻고
로버트 기요사키가 답하다

Q 해병대에서 배운 중요한 가치를 한 단어나 한 문장으로 표현한다면?

—마르코 C.(이탈리아)

A 아주 좋은 질문이다. 나는 학창시절에 말썽꾸러기 학생이었다. 서핑을 좋아했고 걸핏하면 수업을 빼먹었다. 게을러빠진 데다 늘 실없는 농담을 늘어놓곤 했다. 나는 어른이 되어 "좋은 학교에 가서 직장을 얻고 열심히 일해서……." 등등이 되고 싶지 않았다.

고등학교 때 나는 자유롭게 살고 싶었다.

서퍼가 되거나 자유로운 삶을 선택한 많은 친구들이 감옥에 들어가거나, 마약중독자가 되거나, 젊은 나이에 일찍 죽었다. 한 명은 스스로 목숨을 끊었고, 한 명은 오토바이 사고로 죽었으며, 두 사람은 음주운전을 하다가 자동차 사고로 죽었다.

그래서 조금 이상하게 들릴지는 모르겠지만, 나는 자유롭게 살기 위해 사관학교에 가서 해병대가 되기로 선택했다…….

주일학교에서 "말씀이 곧 육신이 되었으니"라는 성경 구절을 배운 적이 있다. 사관학교와 해병대는 몇몇 단어들이 정말로 내 "육신이 되게" 만들어 주었다. 임무와 의무, 명예, 용기, 존중, 기강, 규율 등.

대부분의 사람들에게, 특히 기업 세계에서 이런 단어들은 그저 단어일 뿐이다. 결코 진짜배기가, 육신이 되지 못하는 립 서비스나 기업 용어, 펀치라인일 뿐이다. 이런 단어들이 진짜가 되지 못하면 '직업 안정성'과 '급여', '은퇴' 같은 단어가 진짜 자유보다 더 중요해진다.

그래서 나는 사관학교와 해병대에게 무한한 감사를 느낀다. 해병대 덕분에 그러한 단어들이 진짜가, 내 육신이, 그리고 나 자신이 되었고…… 나아가 영적인 힘이 되어 주었다. 영적인 힘은 진정한 경제적 자유와 개인적 자유를 얻는 데 필수적인 요소다.

부자 아빠가 말했듯이 "경제적 자유를 이뤄야 진짜 자유를 얻을 수 있다."

Q 부자 아빠는 그런 불확실한 시대에 어떻게 미래를 예측할 수 있었을까?
—아도니스 K.(그리스)

A 부자 아빠는 "사업가는 언제나 미래에 관심을 기울여야 한다……. 사업가의 경쟁 상대는 바로 미래이기 때문이다."라고 말했다.

인텔의 창립자인 앤디 그로브는 비즈니스의 미래에 대해 "오직 편집광만이 살아남는다."고 말했다.

Chapter 9

물고기를 많이 낚으려면
보이지 않는 것을 보는 법

부자 아빠는 종종 이렇게 말했다. "맑은 물에서는 물고기를 잡을 수 없다." 또 이런 말도 했다. "물고기는 흙탕물에서만 잡을 수 있지." 이 책의 앞부분에서 나는 "물고기 잡는 법을 가르치는 것보다 물고기 한 마리를 주는 편이 훨씬 쉽다."고 썼다.

그 이유가 뭐냐고? 왜냐하면 물고기를 잡는 법을 배우기는 어렵기 때문이다.

무언가를 진짜로 배우는 것은 어렵다. 가령 골프를 생각해 보라. 이론적으로는 골프는 대단히 간단하고 쉬운 운동이다. 야구처럼 공이 이리저리 움직이지도 않고 가만히 놓여 있다. 그런데도 골프는 가장 어려운 스포츠 중 하나이고 완전히 통달하기는 더더욱 어렵다. 타이거 우즈나 로리 매킬로이, 필 미컬슨이 되려면 거의 초인적인 노력과 헌신, 희생이 필요하다. 재능만으로는 충분하지 않은 것이다.

돈이라는 게임도 마찬가지다.

부유함과 번영은 사람들을 무르고 나약하고 게으르게 만든다. 미국에만 해당되는 이야기가 아니다. 전 세계를 돌아보라. 정부, 재계, 스포츠와 정치, 심지어 종교계에 이르기까지 온갖 분야를 막론하고 부패가 만연해 있다. 요즘에는 모든 아이들이 상을 받고 모든 사람들이 특별한 직함을 받는다. 학생들은 너무 도전적이거나 위협적이거나 민감한 문제로부터 달아나 스스로를 가둘 수 있는 공간을 원한다. 부자와 다른 사람들과의 경제적 격차는 나날이 극심해지고 있으며 — 게다가 모두가 부자가 되고 싶어 한다. — 실제로 많은 사람들이 자신이 부자가 될 권리가 있다고 생각한다. 그건 이해할 수 있는 일이다. 부자 아빠는 말했다.

"돈은 마약이다. 금융 교육을 받지 않으면 돈에 중독된다. 돈은 사람들을 행복하게 만들고 문제를 해결해 준다. 고통을 어루만지고 치유해 준다. 오늘날 수십억의 사람들이 돈의 '일시적 희열', 즉 '즉효적인 해결책'에 중독되어 있다. 문제는 그러한 '희열감'이 언제 '우울감'으로 돌변할지 모른다는 것이며, 중독자들은 그 기분을 다시 맛보기 위해서라면 언제든 중독 상태로 돌아간다는 것이다. 중독자들은 그들의 욕구를 충족시키기 위해서라면 무슨 짓이든 한다."

1971년에 닉슨 대통령이 금본위제를 폐지했을 때, 통화의 타락이 마치 마약처럼 전 세계로 번져 나갔다. 부자 아빠가 경고했듯이 "돈의 타락은 사람들을 타락시킨다."

타락한 파라다이스

정치는 지저분한 게임이다. 가난한 아빠는 정직한 분이었다. 정부 부처에서 성공을 위해 승진의 사다리를 타고 오르는 것은 그분에게 힘겹고도 혼란스러운 일이었다. 하와이주 교육부의 정상에 도달했을 때, 아버지는 더 이상 내부에 만연한 부정부패를 참고 견딜 수가 없었다.

그래서 1970년에 아버지는 민주당 소속이었던 그분의 상관인 주지사에게 대항하여 공화당 후보로 선거에 출마했다.

내가 플로리다 펜서콜라에 있는 비행학교에 다니고 있던 때였다. 어느 날 아버지가 전화를 걸어 공화당 소속으로 부지사 선거에 출마할 계획이라고 말씀하셨다.

"선거에서 이길 수 있을지는 모르겠지만 이 상태로는 내가 더 이상 못 견딜 것 같다."

아버지는 이렇게 말씀하시고 어머니에게 수화기를 건네주었고, 어머니는 내게 향후에 대한 걱정과 두려움을 털어놓았다. 어머니는 아버지가 직장과 모아 놓은 돈을 잃을까 봐 걱정이었다.

"공화당에서 아빠에게 캘리포니아에 있는 일자리를 구해 줄 거라고는 하는데, 어쩌면 스탠퍼드대학의 교수로 가게 될지도 몰라."

당시에 아버지는 50대 초반이었고, 어머니는 40대 후반이었다. 두 분 다 아직 창창한 나이였다. 나는 다 잘될 거라고 두 분을 안심시킨 뒤, 정치판이라는 더러운 세계에 발을 들여놓게 되었으니 마음의 각오를 단단히 하는 게 좋을 거라고 말씀드렸다. 주지사는 전직 경찰관이었고, 역시 전직 경찰관인 그의 친구들이 하와이의 조직범죄 세계를 장악하고 있다는 것은 공공연한 비밀이었다.

예상했던 대로 아버지는 선거에서 패배했다. 주지사는 그에 대한 보복으로 아버지에게 다시는 하와이주 정부 내에서 직책을 얻지 못할 것이라고 못 박았다.

어머니와 아버지는 엄청나게 낙담했다. 정치 게임은 두 분이 상상했던 것보다 훨씬 더 추잡하고 더러웠다. 두 분이 친구로 여겼던 사람들이 등을 돌렸고, 선거 기간 내내 두 분에 대한 유언비어를 퍼트리며 아버지가 부패한 공무원이라고 비난했다.

어머니는 너무 상심한 나머지 선거가 끝나고 두 달 뒤에 돌아가셨다. 겨우 마흔여덟의 나이였다. 대충 짐작이 가겠지만, 선거 전에 공화당에서 약속한 캘리포니아의 교수직은 결코 실현되지 못했다. 아버지는 조기 퇴직을 하고 퇴직금으로 작은 아이스크림 가맹점을 인수했지만, 1년도 안 돼 문을 닫아야 했다. 아버지는 사업가가 아니었다. 가난한 아빠는 선거에 패배하고 21년 뒤인 1991년에 빈털터리인 상태로 돌아가셨다.

부정부패가 일상화된 세상

2015년, 하와이 지방지인 《호놀룰루 어드버타이저》의 취재기자였던 제임스 둘리가 『맑은 하늘, 그늘 속의 인물들Sunny Skies, Shady Characters』이라는 책을 펴냈다. 그 책은 가수 돈 호Don Ho에서 시작해 하와이의 부패한 경찰과 정치가, 살인범들의 이름을 적나라하게 공개하고 있었다. 주지사들의 이름과, 세계에서 가장 등록금이 비싼 학교인 카메하메하 학교 이사들의 이름도 있었다. 제임스 둘리는 하와이 법조계와 정치가, 노동계 지도자들, 「하와이 파이브 오」나 「매그넘 P.I.」 같은 TV 프로그램, 그리고 일본계, 하와이계, 중국계와 이탈리아 마피아들의 관계에 대해 썼다. 심지어 얕은 구덩이에서 발굴된 몇 개의 시신에 대해서도 언급했다.

제임스 둘리는 내 아버지가 선거에 출마한 계기가 된 부패 사건에 대해서도 썼다. 심지어 내 동급생들 몇 명과 아버지의 옛 친구들의 이름도 발견할 수 있었다.

나는 하와이에서 둘리를 만나 그 책을 써 주어서 감사하다고 전했다. 아버지가 아직 살아 계셔서 그의 책을 읽을 수 있었다면 정말 좋았을 것이라고도 덧붙였다.

그렇게 많은 사람들의 본명을 폭로하고도 어떻게 아직 무사한지 묻자, 둘리가 웃으면서 대답했다.

"워낙 부패가 심각해서 하도 평범한 일이 되다 보니 이젠 아무도 신경조차 안 쓰거든요."

존 F. 케네디 대통령은 영국의 정치가이자 사상가인 에드먼드 버크 (1729~1797)의 말을 인용한 적이 있다. "악이 승리하는 데 필요한 유일한 조건은 선량한 사람들이 아무것도 하지 않는 것이다." 오늘날 많은 선량한 사람들이 거의 아무것도 하지 않고 있다는 데는 아마도 많은 이들이 동의하리라.

버키 풀러는 내가 참석한 세 번의 세미나에서 마피아가 미국 정계에서 필수 불가결한 존재라고 말하곤 했다. 케네디 대통령의 동생이자 법무부 장관이었던 로버트 케네디는 지미 호파와 전미화물운송노조가 마피아와 결탁해 있다고 강력하게 비난했고, 1968년 캘리포니아주 민주당 대통령 경선에서 승리한 후 암살당했다. 지미 호파는 실종되었고, 그의 시신은 지금까지도 발견되지 않았다.

많은 사람들이 "다 같이 힘을 모아 세상을 바꿔 보자."고 말한다.

원론적으로야 좋은 말이지만 현실적인 이야기는 아니다. 오늘날 세상에는 가짜 뉴스가 너무 많다. 뉴스마저 대중을 교육시키기보다는 자극하고 격앙시킨다. 사람들을 통합하는 것이 아니라 양분하기 위한 목적으로 만들어진다. 오늘날 학교도 마찬가지다.

현대 세계는 갈가리 찢어지고 분열되어 있다. 증오가 너무 많다. 갈등과 반목도 너무 많다. 잔인한 폭력이 난무하고, 전 세계에서 수백만 명의 사람들이 경제적 이유 때문이 아니라 범죄와 살인, 강간으로부터 도망치기 위해 다른 나라로 떠난다.

하와이가 그렇듯이 부패는 이미 삶의 일부분이 되었다. 전 세계에서

법과 질서가 무너지고 있다. 미국의 몇몇 도시에서는 마치 이라크와 아프가니스탄처럼 준군사 조직의 병사들이 무장차량을 몰고 순찰을 한다. 미국도 곧 전쟁터가 되는 것일까? 위대한 미합중국이 이렇게 끝나는 걸까?

세상을 바꾸느니 차라리 당신이 바뀌는 게 낫다

우리가 사는 세상이 부패하고 타락하게 된 수많은 이유 중 하나는 우리의 돈이 타락했기 때문이다. 학교에서 진짜 금융 교육을 하지 않는 한 대중은 풀러가 말한 현금강탈이 어떻게 이뤄지고 있는지 보지 못할 것이며, 그들이 열심히 일해 벌고자 하는 바로 그 돈 때문에 그들의 삶과 돈이 도둑맞고 있다는 사실을 깨닫지 못할 것이다.

부자 아빠는 말했다.

"맑은 물에서는 물고기를 잡을 수 없다. 물고기는 흙탕물에서만 잡을 수 있다."

부자와 다른 계층의 빈부격차가 극심해지는 이유는 진짜 금융 교육을 받지 않으면 물고기가 — 사람들이 — 흙탕물에 살게 되기 때문이다. 그래서 우리의 법체계와 은행, 월스트리트를 운영하는 고학력 엘리트들이 그 흙탕물에서 물고기를 많이 잡을 수 있게 되는 것이다.

1997년에 출간된 『부자 아빠 가난한 아빠』에는 우리가 흐린 흙탕물에서도 잘 볼 수 있도록 부자 아빠가 고안한 몇 가지 그림들이 나온다. 그 책을 읽었다면 기억하고 있을지도 모르겠다.

내 두 번째 책인 『부자 아빠 가난한 아빠 2』를 읽은 사람이라면 이 현금흐름 사분면 그림을 기억할 것이다.

고등학교도 나오지 않은 부자 아빠는 우리에게 새로운 개념을 가르칠 때면 단순한 그림을 사용했다. 그분은 "한 장의 그림이 천 마디 말보다 낫다."고 믿었다.

앞으로 2부 '가짜 교사'와 3부 '가짜 자산'에서는 부자 아빠가 우리에게 더러운 흙탕물 속을 들여다볼 수 있도록 해 주려고 활용한 몇 가지 그림을 소개하도록 하겠다.

자산에도 '명사'와 '동사'가 있다

부자 아빠는 고등 교육을 받지는 않았지만 명사와 동사의 차이점에 대해 잘 알고 계셨다.

그분은 돈의 세계에서는 '명사'가 자산인지, 아니면 '동사' 없는 부채인지 알 수 없다고 가르쳤다.

예를 들어 집은 '자산'일 수도 있고 '부채'일 수도 있다. 나고 드는 현금흐름cash flow을 확인해 보지 않으면 집이 '자산'인지 아니면 '흐름flow'이라는 동사가 없는 '부채'인지 알 수 없다.

킴과 내가 보드게임에 '캐시플로CASHFLOW' — 이것은 두 단어가 아니라 한 단어다. — 라는 이름을 붙인 것은 그 두 단어를 하나로 통합하기 위해서였다.

부자 아빠는 또 이렇게 말했다.

"학자들은 돈에 대해 잘 모르기 때문에 동사 없는 명사에 대해서도…… 별 차이를 구분하지 못하지."

그러나 사업가에게 '현금흐름'이라는 단어는 인생 그 자체라고 할 수 있다. 현금흐름은 인간의 몸에 흐르는 '혈액의 흐름'만큼이나 중요하다. 의사가 상처에서 피를 콸콸 흘리는 환자를 보면서 "그래, 저게 피지……."라고 중얼거리며 아무 조치도 취하지 않고 멍하니 바라보고 있는 모습을 상상할 수 있겠는가?

그런데도 그것이 바로 오늘날 고학력 엘리트들이 정부와 국민들에게 하고 있는 일이다. '일반 대중'과 국가는 어마어마한 피를 쏟고 있는데, 고학력 엘리트들은 교육 체제를 통해 점점 더 부자가 되고 있고…… 평범한 이들과 정부가 계속 피를 흘리게 내버려 두고 있는 것이다.

금융 지능은 돈으로 측정된다

부자 아빠는 "지능은 문제를 해결하는 능력을 측정하는 것이다."라고 말했다. 학계에서는 지능을 수학과 작문, 과학 문제를 해결하는 능력으로 측정한다. 자동차 정비 세계에서 자동차 지능은 차량을 고치는 능력으로 측정된다.

부자 아빠는 "금융 지능은 돈과 관련된 문제를 해결하는 능력이다. 금융 지능은 돈으로 측정된다."고 말했다.

나는 사흘간 부동산 투자 세미나를 들은 뒤에 돈 한 푼 없이 1만 8,000달러짜리 문제를 해결할 수 있었다. 그러므로 부자 아빠의 말에 따르면 내 금융 지능은 1만 8,000달러다.

금융 지능은 연습을 통해 발전하고 상승한다. 오늘날 내 금융 지능은 약 1억 달러다. 1억 달러짜리 문제를 해결하려면 내 금융 지능을 한계까지 발휘해야 할 것이다.

2016년 5월 25일, 《워싱턴 포스트》에 실린 다음 기사를 보라.

연방지불준비제도가 5,000명 이상을 대상으로 재정 상황에 대한 설문 조사를 실시했다. 그 결과…… 약 46퍼센트의 미국인이 비상시에 400달러 이상의 추가 비용을 감당할 여유가 없다고 대답했다.

해석: 미국인의 46퍼센트가 400달러 이하의 금융 지능을 갖고 있다.

진짜 금융 교육은 단순하다

부자 아빠는 뭐든 간단하고 단순하게 만드는 것을 좋아했다. 그분이 설명한 진짜 금융 교육의 여섯 가지 기본 용어는 다음과 같다.

1. 수입income

2. 지출expense

3. 자산asset

4. 부채liability

5. 현금cash

6. 흐름flow

『부자 아빠 가난한 아빠』를 읽었거나 캐시플로 게임을 한 적이 있다면 수입과 지출, 자산과 부채가 재무제표를 작성할 때 사용하는 용어라는 사실을 눈치챘을 것이다.

수입과 지출은 P&L, 즉 이익과 손실을 뜻한다. 자산과 부채는 대차대조표에 기록되며 현금흐름은 현금흐름표에 명시된다.

부자 아빠는 종종 이렇게 말하곤 했다. "내가 거래하는 은행가들은 내게 성적표 따위를 보여 달라고 한 적이 없다. 내가 어떤 학교를 졸업했는지, 성적이 얼마나 좋았는지도 묻지 않는다."

그분은 이렇게 강조했다. "은행가들은 내 재무제표를 보고 싶어 한다. 재무제표는 현실 세계의 성적표와도 같다."

학계에서조차 혼동하는 개념

사전에 명시된 '자산'과 '부채'의 정의는 다음과 같다.

- **자산**: 유용하거나 가치 있는 물건이나 사람, 혹은 특성
- **부채**: 뭔가에 대해 (특히 법률적으로) 책임을 져야 하는 상태

여기서 몇 가지 교훈을 되새겨 보자.

- '현금흐름'에 동사인 '흐름'이 없다면 물은 진흙탕이 된다.
- 2008년에 집이 자산이라고 믿은 수백만 명의 사람들이 집을 잃었다.
- 고학력 엘리트들이 주택저당증권이라고 부르는 MBS와 신용부도스왑, 즉 가짜 자산을 창조한 결과 무수한 사람들이 집을 잃었다.
- 금융 교육을 받았다면 법조계와 은행, 경제 체제, 교육 기관을 운영하는 고학력 엘리트들의 범죄에 걸려들지 않고 피할 수 있었을 것이다.
- 당신의 집이 현금흐름을 창출하여 주머니에 돈을 넣어 준다면 당신의 집은 자산이다.
- 당신의 집이 주머니에서 돈을 빼 간다면 당신의 집은 부채다.
- 2008년, 수백만 명의 사람들이 집이 부채라는 사실을 깨달았다.

그러나 오늘날, 학교 교사들은 학생들에게 이렇게 말하곤 한다. "교육은 너희들의 자산이다. 열심히 공부해서 많은 돈을 받는 직업을 얻

으렴."

오늘날, 부동산 중개인들은 처음 집을 사는 사람들에게 이렇게 말하곤 한다. "집은 당신의 자산이다."

오늘날, 자산관리사들은 그들의 고객에게 이렇게 말하곤 한다. "401(k) 연금은 당신의 자산이다."

그러나 흙탕물을 가라앉혀 물을 맑게 만들면, 그리고 현금흐름을 살펴보면 진실을 알 수 있다.

돈의 흐름을 따라가라

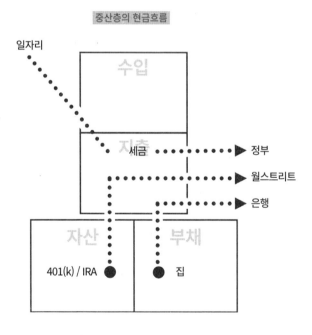

중산층의 현금흐름

앞의 그림에서 보듯이 중산층은 정부와 월스트리트, 은행의 자산이
다. 중산층의 현금흐름을 아래의 부자의 현금흐름과 비교해 보라.

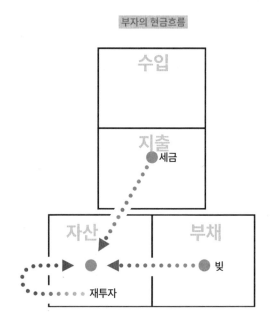

부자의 자산 기둥에는 끊임없이 현금이 흘러 들어가고 있다.
우리가 여기서 배울 수 있는 교훈은 이렇다.

• 진짜 금융 교육은 부자의 자산 기둥에 현금이 흘러 들어가게 만든다.
• 가짜 금융 교육은 가난한 사람과 중산층의 주머니에서 현금을 빼내어 가
  짜 돈을 찍어 내는 고학력 엘리트들의 주머니로 흘러 들어가게 만든다.
• 가짜 금융 교육은 물을 혼탁하게 만든다.

현금흐름 그림을 봐도 잘 이해가 가지 않는다면 몇몇 친구들과 함께 현금흐름 패턴에 대해 토의해 보기 바란다. 여러 사람과 머리를 맞대고 논의하는 것은 효과적인 학습 방법이다. 앞서 얘기한 3일에 걸친 부동산 세미나는 내가 다음과 같이 할 수 있게 가르쳐 주었다.

월 25달러의 현금흐름은 큰돈은 아니지만 돈에 대한 내 사고방식을 완전히 뒤바꿔 놓았다. 100퍼센트 빚을 이용해 매달 25달러를 손에 쥘 수 있게 되자 나는 자유로워졌다. 훈련과 실습을 꾸준히 이어 간다면 앞으로는 돈이 전혀 필요하지 않게 될 것이다. 나는 앞으로 다시는 "그럴 형편이 못 돼요."라는 말을 할 필요가 없을 터였다.

무한수익 이해하기

100퍼센트 빚으로 매달 25달러를 버는 것은 무한수익이다. 내 돈은 한 푼도 투자하지 않고 오직 금융 지식만으로 돈을 만들어 냈기 때문이다. 이는 우리가 돈을 찍어 내는 한 가지 방법이기도 하다. 무한수익은 반드시 부동산일 필요는 없으며, 어떤 투자로도 가능하다.

1. 주식

가령, 내가 주당 1달러짜리 주식 100주를 매수했다고 하자. 그렇다면 나는 100달러를 투자한 셈이다.

주가가 주당 10달러로 오르면 내가 갖고 있는 100주의 가치는 1,000달러가 된다. 나는 그중 10주를 주당 10달러에 매도하고 처음 투자한 100달러를 회수한다. 최초 투자금을 회수하고 나면 나머지 90주는 완전한 자유가 된다.

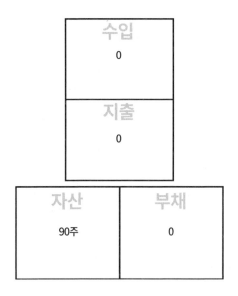

이제부터 90주의 배당금은 순수한 수입이 된다. 무한수익이 달성된 것이다.

2. 책

다른 예로, 내가 1년간 책을 썼다고 하자. 책을 편집하고 인쇄하고 출간하는 데 약 5만 달러의 비용이 들었다.

그런 다음 가령 30개 국가의 출판사와 각각 1만 달러의 판권 계약을 맺었다. 국제 판권에서만 30만 달러의 수입이 생겼고, 여기서 5만 달러의 초기 비용을 회수하고 나면 25만 달러의 순수입이 생긴 셈이다. 책이 팔릴 때마다 얻을 수 있는 인세는 덤이다.

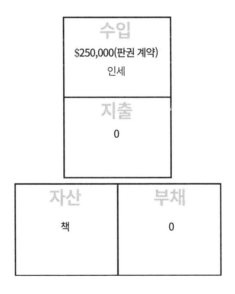

내 책(자산)은 인세로 무한수익을 창출한다.

3. 사업체

리치대드 컴퍼니는 1997년에 25만 달러의 투자액으로 설립되었고, 2001년에 투자자들은 75만 달러를 돌려받았다. 그 시점 이후에 창출되는 이익은 모두 무한수익이다.

학교 교육의 맹점

무한수익의 힘을 이해하고 나면 거의 모든 것이 자산이 될 수 있다. 가능성은 무한하다. 물은 맑다.

내가 간단한 그림으로 금융 교육을 할 때마다 항상 누군가가 이렇게 묻는다.

"이렇게 쉬운 거라면 왜 모두가 부자가 되지 못하는 거죠?"

내가 제시하는 그림들은 실제 과정을 극도로 단순화한 것이다. 그것을 실천하기는 결코 쉽지 않을 테지만, 훈련과 실습을 거듭하면 점점 쉬워질 것이다.

그럼 왜 사람들은 애초에 이러한 것들을 알지 못하고 부자가 되지 못하는 걸까? 내가 생각하기엔, 대부분의 사람들이 부자가 되지 못하는 가장 큰 이유는 그들이 학교에 갔기 때문이다.

1. 학교에서는 학생들에게 실수를 저지르면 멍청해진다고 가르친다

그러나 현실 세계에서는 실수를 저질러야 더 부자가 될 수 있다.

신은 인간이 실수를 통해 배우도록 설계했다.

2. 학교에서는 도움을 요청하는 것을 부정행위라고 부른다

학교에서 학생들은 혼자서 시험을 치러야 하며, 옆 사람에게 도움을 청하는 것은 부정행위로 간주된다.

그러나 현실 세계에서 사업과 투자는 팀 스포츠다.

부자는 아래 그림처럼 여러 사람들을 모아 팀을 운영한다.

평범한 사람은 팀이 없다. 재무상담사나 주식 중개인, 혹은 부동산 중개인으로부터 조언을 들을 뿐이다. 대개는 그 '조언'마저 진정한 금융 교육이 아니라 영업 활동에 불과한 경우가 허다하다.

3. 학교에서는 좋은 성적을 받는 것이 똑똑하다는 의미다

그러나 현실 세계에서 은행가는 성적표를 보여 달라고 묻지 않는다.

그들은 내가 어떤 학교를 졸업했고 내 학점이 어땠는지도 궁금해하지 않는다.

현실에서 은행가가 보고 싶어 하는 것은 내 재무제표다.

다음 그림을 보라.

이 재무제표는 현금흐름표다. 우리가 개발한 캐시플로 게임에서는 이러한 현금흐름표를 사용한다. 사람들은 그 게임을 통해 현금흐름을 통제하고 금융 지능을 높이는 법을 배운다.

그런데 대부분의 고등학생과 대학생들은 재무제표를 사용하기는커녕 그게 뭔지도 모를 확률이 높고, 따라서 대출을 얻고 투자를 하는 것을 어려워한다.

1996년에 킴과 나는 사람들이 돈의 언어를 배울 수 있게 캐시플로 게임을 개발했다. 이 게임의 위력은 사람들이 학교에 가지 않고도 서로를 가르칠 수 있다는 데 있다.

4. 학교에서는 빚에서 벗어나라고 말한다

그러나 현실 세계에서 빚은 부자를 더 큰 부자로 만든다.

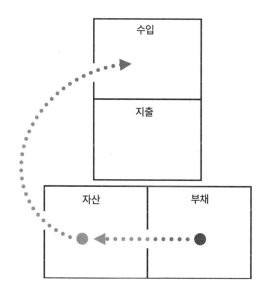

앞서 얘기했다시피, 1971년에 돈은 빚이 되었다.

은행은 채무자들이 자신들을 더 부자로 만들어 주기 때문에 그들을 좋아한다.

세계 최고의 부자들은 빚을 이용해 돈을 만드는 법을 알고 있다.

우리도 캐시플로 게임을 통해 빚을 돈처럼 사용해 부자가 되는 법을 배울 수 있다.

5. 학교에서는 세금을 납부하는 것이 곧 애국이라고 가르친다

미국의 독립운동은 납세자들이 세금 징수에 반발하여 일으킨 보스턴 차 사건을 계기로 시작되었다.

사실 현실 세계에서 부자들은 세금을 내지 않는다.

각각의 사분면에서 납부하는 세율

E: 봉급생활자(employee)
S: 자영업자 또는 전문직 종사자(self-employed)
B: 사업가(big business, 직원 500명 이상)
I: 투자가(investor)

세금에 대해 더 자세히 알고 싶다면 리치대드 컴퍼니에서 투자 자문으로 일하는 톰 휠라이트의 『면세가 되는 자산*Tex-Free Wealth*』을 읽어보라.

세법은 세계 어딜 가나 비슷하다. 부자들, 즉 사분면의 오른쪽에 있는 B와 I는 합법적으로 세금을 적게 낸다.

톰 윌라이트가 그의 책에서도 설명했듯이, 세법은 정부가 사람들에게 제공하는 혜택이다. 정부에서 원하는 일을 한다면 세금 혜택을 받을 수 있다.

예를 들어 내가 나 자신을 위해 집을 임대하면 세금 우대 조치를 받

을 수 없지만, 다른 사람들을 위해 임대 주택을 제공한다면 정부는 내게 여러 가지 세금 혜택을 줄 것이다. 내가 정부가 원하는 일을 하고 있기 때문이다. E 사분면에서 일할 때에는 세금 우대 조치를 받지 못하지만, 아마존처럼 많은 일자리를 제공하고 있다면 아마존을 자기 도시에 유치하기를 바라는 시 정부로부터 커다란 혜택을 받을 수 있다.

다시 말해 B와 I 사분면에 있는 사람들은 정부가 원하는 일을 하고 세금 혜택을 받는다. E와 S 사분면에 있는 사람들은 정부가 원하는 일을 하지 않기 때문에 세금 우대 혜택을 받지 못한다.

진짜 금융 교육은 흙탕물을 가라앉힌다

진짜 금융 교육은 전혀 어려울 필요가 없다. 실은 아주 간단하고, 아마 어린애라도 익힐 수 있을 것이다. 내가 그랬으니까.

간단하다고 해서 쉽다는 의미는 아니다. 그렇지만 부자 아빠가 보여준 간단한 그림들은 내게 밤하늘에 뜬 밝은 별처럼 길잡이가 되어 주었다.

많은 사람들이 학교에서 진짜 금융 교육을 받지 못해 엘리트들이 쳐놓은 거짓말의 그물에 갇힌 물고기가 되었다. 진짜 금융 교육을 받지 않은 사람들은 학교에 가고 직업을 얻고 세금을 내고 돈을 저축하고 집을 사고 주식 시장에 투자한다.

우리의 교육 체제는 실수를 저지른 학생들에게 벌을 주고 시험을 혼자서 치르게 함으로써 호수를 흙탕물로 만든다. 현재의 교육 제도는 학생들을 E와 S 사분면에 적합하게 훈련시키는 데에는 안성맞춤이지만 B와 I 사분면에서 활동할 사업가에게는 어울리지 않는다. 사업가들은 그들이 실수를 통해 배워야 하며, 비즈니스가 팀 스포츠라는 사실을 알고 있다.

세계 경제라는 무대에서 경쟁하기 위해서는 스티브 잡스나 빌 게이츠, 마크 저커버그, 마이클 델, 리처드 브랜슨, 헨리 포드, 월트 디즈니나 토머스 에디슨 같은 비전을 가진 사업가가 더 많이 필요하다. 학교 교육을 받지 않은 똑똑하고 영리한 젊은이들 말이다.

이제 다음 장에서는 진짜 교사에 대해 배워 보자.

전 세계의 독자들이 묻고
로버트 기요사키가 답하다

Q 그런치는 어떻게 아직까지 들키지 않고 유지될 수 있었던 것인가?
— 마리 J.(캐나다)

A 매우 훌륭한 질문이다. 왜냐하면 그런치는 규모가 방대하고 어디에서나 일어나고 있기 때문이다. 그런치는 우리가 숨 쉬는 공기와도 같다. 그런치는 당신이 사용하는 은행이고 당신의 자산설계사이고 당신이 받는 교육이며, 신용카드, 세금, 직장, 주택융자, 정치가와 경찰, 군대, 식료품, 의료보험이다. 우리가 그런치를 볼 수 없는 것은 그런치가 돈이기 때문이다. 돈은 우리 주변 어디에나, 무엇에나 존재하며, 역시 눈에 보이지 않는다.

이 책이 전달하고자 하는 핵심은 누차 얘기했듯이 "맑은 물에서는 물고기를 잡을 수 없다."이다.

비즈니스나 투자 세계에서 이 말은 '투명성'에 대한 비유로 사용된다. 진짜 돈의 세계에서 투명성은 무엇보다 가장 중요하다.

'금융 이해력financial literacy'을 쌓는 목적은 눈으로 볼 수 없는 것을 언어를 통해 볼 수 있게 하기 위해서다. '금융 교육financial education'의 목적은 더러운 흙탕물 안을 들여다볼 수 있는 능력을 기르는 것, 다시 말해 투명성을 확보하는 것이다. 최근에 심각하고 거대한 시장 붕괴가 발생한 이유는 투명성이 부족했기 때문이다.

리치대드 컴퍼니는 사람들이 더러운 흙탕물 속을 들여다볼 수 있게 돕는 데 전념하고 있다. 학교에서 금융 교육을 받지 못한 학생들은 아무것도 모른 채 막막한 상태로 세상에 나가게 되기 때문이다.

Q 다음에 찾아올 시장 붕괴는 얼마나 심각하고 거대할까?
—스티븐 B.(영국)

A 내 생각에 다음번 붕괴는 2008년의 시장 붕괴가 거의 사소해 보이는 수준일 것이다. 2008년 이래 금융 및 파생상품 시장이 기하급수적으로 증가하고 있다. 2008년에 파생상품 시장의 규모는 700조 달러였지만 지금은 부외거래off-balance로 이뤄지는 파생상품의 규모가 1200조 달러에 달한다. 이는 보통 사람들은 볼 수 없다는 뜻이다. '부외거래'는 곧 '흙탕물'이다. 투명성이 부족하다는 의미다.

'다크 풀Dark Pool'과 '다크 머니Dark Money'에 대해서는 3부 가짜 자산에서 이야기하도록 하자.

Q 2008년 이후로 물이 더 더러워졌다는 말인가?
—아서 N.(에스토니아)

A 그렇다. 게다가 더 깊고 위험해졌다.

리치대드 컴퍼니 라디오에 출연한 노미 프린스는 '다크 머니'와 '뉴노멀new normal'에 대해 설명하며 '정치가'가 아니라 중앙은행이 우리가 사는 세상을 운영하고 있다고 말한다. 프린의 설명을 들으면 소수만이 볼 수 있는 더럽고 어두운 진흙투성이 세상을 '볼 수' 있을 것이다.

Q 정부의 부패를 해결하려면 어떻게 해야 할까? 초대형 은행이나 금융 기관들을 끝장내는 게 가능하기는 한가?
— 사이먼 J.(태국)

A 부자 아빠는 이렇게 말하곤 했다. "자라고 성장해야 한다. 세상은 언제나 부패하고 탐욕스럽고 무능력한 자들로 가득하다. 현실 세상에서 스스로를 보호하는 가장 효과적인 방법은 훌륭한 금융 교육을 받고 너를 도와줄 똑똑한 사람들을 모아 팀을 이루는 것이다."

부자 아빠는 또 이렇게 말했다. "탐욕스러운 자들은 정부 관료들보다 더 똑똑하고 명석하다. 그러므로 똑똑한 사기꾼과 무능력한 공무원들에게서 너 자신을 보호해야 한다. 경제적으로 생존하려면 금융 교육이 필수적이다."

Q 우리 세대가 살아 있는 동안에 학교에서 돈에 대해 가르치게 될까?
— 라파엘 R.(페루)

A 솔직히 그럴 것 같지는 않다. 불행한 일이지만 학교에서 뛰어난 성취를 이룬 사람들은 대부분 관료주의 세상에 포섭된다. 학교에서 금융 교육을 시작

할 즈음에는 그 똑똑하고 탐욕스런 사람들이 또다시 새로운 금융 상품을 개발할 것이다. 그 전 세대가 1980년대에 파생상품을 고안한 것처럼 말이다.

교육계는 진짜 돈의 세상에 대해 아무것도 모른다. 그들은 결코 바뀌지 않을 것이다.

그나마 다행인 것은 바로 그렇기 때문에 진짜 돈의 세계에서 진짜 교사를 찾고 진짜 지식을 읽고 배우는 당신 같은 이들이 유리하다는 점이다.

브라이언 카플란이 쓴 『교육에 대한 반론*The Case against Education: Why the Education System Is a Waste of Time and Money*』이라는 책이 있다. 카플란은 진짜 대학교수의 입장에서 이 책을 서술한다. 그는 교육의 일차적 기능이 학생들의 실력과 역량을 향상시키는 것이 아니라 그들의 지적 능력을 입증하고 윤리적으로 일하고 순응하게 만드는 데 있다고 지적한다. 다시 말해 유능한 피고용인이 될 자질을 육성하는 것이다.

매우 훌륭한 책이니 특히 대학 교육이라는 제단을 숭배하는 부모들에게 일독을 권한다.

어쨌든 지금 현재로서는 대부분의 학생들이 학교에서 금융 교육을 받지 못하고 무작정 세상에 나와, 막막한 상태로 무거운 빚더미를 진 채 더러운 진흙탕에서 일자리를 찾아다니게 될 것으로 보인다.

Chapter 10

실수야말로 최고의 교사
실수를 이용해 더 똑똑해지기

부자가 되는 것이 정말 쉬운 일이라고 말할 수 있으면 좋겠다. 내가 '천재 소년'이고, 타고난 사업가라고 말할 수 있으면 좋겠다. 내가 항상 밝고 쾌활하며 주변에 있는 모든 사람들과 잘 지낸다고 말할 수 있으면 좋겠다.

이제껏 나와 함께 비즈니스를 도모했던 모든 사람들이 훌륭하고 똑똑하고 너그럽고 정직하고 준법정신이 철저하고 도덕적이고 윤리적이었다고 말할 수 있다면 정말 좋겠다.

하지만 그럴 수가 없어 유감이다.

가난을 벗어나 부자가 되고, 봉급생활자에서 사업가로 변모하는 여정에는 최악의 순간과 최고의 순간이 함께한다. 훌륭하고 친절한 사람들과 끔찍한 사람들을 함께 만나는 과정이다. 게다가 그게 같은 사람일 때도 많다. 어떤 면에서 또는 어떤 상황에서는 정말로 좋았던 사람이 다음 순간 갑자기 끔찍한 인간으로 돌변하는 것이다. 조금 전까지 정직했던 사람이 계약서에 서명을 한 순간 당신의 등을 찌르고, 등쳐 먹고, 거짓말을 하고, 돈을 강탈해 간다.

물론 어떤 상황에서든 언제나 변함없이 좋은 사람들도 많다.

나 자신에 대해서도 그렇게 말할 수 있다면 좋겠다.

인간은 인간이다

내가 완벽하다거나 훌륭한 사람이라고는 말 못 하겠다. 나는 성자와는 거리가 먼 사람이니까. 어쨌든 내가 하고 싶은 말은 우리 중 누구도 신이 아니라는 것이다. 우리는 모두 그저 평범한 인간이며…… '인간적'이다. 누구나 강점과 약점이 있고 장점과 단점을 지니고 있다. 우리는 완벽하지 않다. 우리는 모든 '정답'을 알지도 못하고 따라서 항상 '옳지도' 않다.

무엇보다 가장 중요한 점은, 우리가 인간이기 때문에 실수를 저지른다는 것이다.

아기는 넘어지면서 걸음마를 배운다. 아이들은 넘어지면서 자전거 타는 법을 배운다.

하지만 그러다가 학교에 가면 "실수를 저지르는 것은 멍청한 짓"이라고 배우는 것이다. 이 얼마나 정신 나간 일인가.

'내가 옳다'는 데서 오는 광기

나 자신의 생애는 물론 인류의 역사를 돌아보면 대부분의 문제들이 '내가 옳아야 한다.'는 강박관념에서 시작된다는 것을 알 수 있다. 전쟁과 폭력, 갈등과 살인, 그리고 증오는 모두 '내가 옳아야 한다.'는 사고 방식에서 비롯된다.

'내가 옳다.'의 이면에는 '틀리는' 데 대한 두려움이 자리하고 있다. 우리 사회에서 실수를 인정하는 것은 나약함의 증거로 통한다. 실수를 저질렀다는 것은 당신이 멍청하다는 뜻이다. 옳아야 한다는 강박관념이 우리를 죽이고 있다. 실수를 저지르는 데 대한 두려움, 다른 사람에게 멍청하다는 인상을 주는 데 대한 두려움이 '옳아야 한다.'는 광기를 증폭시킨다.

지구의 평화를 위해서라도 우리 인간은 한 발짝 뒤로 물러나 심호흡을 하고, '옳다right'와 '틀리다wrong'로 이뤄진 '이원적인 정신증'에 대해 고찰해 봐야 한다.

내가 '이원적(二元的)'이라는 단어를 사용하는 이유는 '옳다'와 '틀리다'는 서로가 없이는 존재할 수 없기 때문이다. '옳다'와 '틀리다'는 샴쌍둥이와도 같다. 누군가 혹은 무언가가 '옳다'고 말하는 것은 자동적으로 다른 무언가가 '틀렸다'고 말하는 것이다.

동전의 세 가지 면을 기억하라

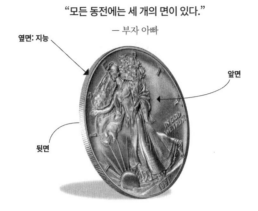

"모든 동전에는 세 개의 면이 있다."

— 부자 아빠

옆면: 지능

앞면

뒷면

"최고의 지성은 두 개의 상반된 생각을 품고도
정상적으로 사고할 수 있는 능력을 보유하는 것이다."

— F. 스콧 피츠제럴드

　나는 진짜 지능에 대해 설명할 때 동전의 세 가지 면에 비유한다. 내가 '진짜 지능'이라고 말하는 이유는 '옳다/틀리다'의 프리즘을 통해 세상을 바라보면 덜 똑똑해질 수밖에 없기 때문이다.

　버키 풀러의 일반 원리 중 하나는 "통합은 최소 둘 이상이 합쳐진 복수형이다."라는 것이다. 이는 어떤 경우에도 예외 없는 진실이다.

　다시 말해 '하나'의 개념은 존재할 수 없다. 우리가 살고 있는 이 현실 세계에서 최소의 개념은 하나가 아니라 둘이다. 이를테면 '위'라는 개념은 '아래'가 무엇인지 모른다면 존재할 수 없다. '밖'을 이해하지 못하면 '안'은 존재할 수 없다. '똑똑함'은 '멍청함' 없이 존재할 수 없고, '왼쪽'은 '오른쪽' 없이는 존재할 수 없으며, '부자'는 '가난한 사람'이 없다면 존재하지 않는다. '남자'도 '여자'가 없다면 존재할 수 없다.

나는 F. 스콧 피츠제럴드의 말을 즐겨 인용하곤 한다.

"최고의 지성은 두 개의 상반된 생각을 품고도 정상적으로 사고할 수 있는 능력을 보유하는 것이다."

해석: '옳다/틀리다'라는 양분된 개념으로 사고하는 순간, 당신의 지능은 절반이 된다. 동전의 옆면에 서서 — 한쪽을 선택하는 것이 아니라 양쪽 면을 모두 볼 수 있게 — 본다면 지능을 높일 수 있다.

실수를 통해 배우기

우리 시대의 가장 위대한 지성 중 한 명인 버키 풀러는 『실수의 신비*Mistake Mystique*』에서 현대의 교육과 종교, 그리고 부모들이 학생들의 배움을 가로막고 있다고 말한다. 이를 간단히 요약하자면,

풀러: 인간은 실수를 통해서만 배운다.
해석: 실수를 하지 않으면 배울 수 없다.

풀러: 실수는 그것을 인정하지 않을 때만 죄악이다.
해석: 신은 인간이 실수를 통해 배우도록 설계했으며, 따라서 그 가르침을

무시하면 '죄인'이 된다.

풀러: 이미 조건형성이 되어 있는 대중은 타인의 실수를 목격하면 반사적으로 생각한다. "왜 저렇게 바보 같은 실수를 하지?"

해석: 현대 사회에서는 실수를 저지르는 사람을 멍청하다고 생각한다.

풀러: 사고하지 않는 집단이 인류에게 저지른 기만은 너무나도 효과적이라, 그들은 이제 이렇게 말한다. "우리는 항상 정답을 알고 있었다."

해석: 우리는 똑똑하다. 우리는 정답을 알고 있다. 실수를 저지르지 마라. 당신이 할 일은 우리가 주는 정답을 암기하는 것뿐이며, 그렇게 하면 우리만큼 똑똑해질 수 있을 것이다.

풀러: 이는 '내부'의 움직임이나 군중 심리에 생각 없이 굴복하면 안 된다는 의미다.

해석: 너 자신을 생각하라.

풀러: 아이들에 대한 사랑과 염려 때문에 부모들은 자식들이 미래에 — 즉 그들이 더 이상 세상에 없을 때 — 사회적 불이익을 겪지 않도록 실수하지 말라고 교육한다.

해석: 부모들은 자신이 죽은 뒤에도 아이들이 평탄하게 살아갈 수 있기를 빌며 사회적으로 인정받으려면 실수를 저지르면 안 된다고 가르친다.

풀러: 실수를 저질렀음을 인정하는 순간 인간은 비로소 우주를 관장하는 신비로운 온전함에 가장 가까워진다.

해석: 실수를 저질렀음을 인정할 때 인간은 신에게 가까워진다. 신은 그들을 가르치는 진짜 교사다.

풀러: 신은 우리들 각자에게 직접 말씀하신다. 신은 오로지 진실에 대한 인식과 사랑과 연민이라는 가장 자연스러운 감정을 통해 말한다.

해석: 신은 인간이 실수를 저질렀다는 이유로 벌하지 않는다. 그것은 인간이 하는 일이다.

실수를 했을 때, 신은 우리들 각자에게 사랑과 연민을 통해 말씀하신다. 실수를 저질렀다면, 진실을 추구하고 스스로를 사랑하고 너그러워져라. 다른 사람이 실수를 저질렀다면, 신이 우리를 대하듯 그들도 사랑과 연민으로 대하라. 그러면 그들도 실수를 통해 신의 가르침을 배울 수 있을 것이다.

여기서 풀러가 말하는 신은 특정 종교의 신이나 인간이 만든 신이 아니라 "우주를 관장하는 신비로운 온전함"이다.

당신은 실패할 거예요

나는 누군가의 밑에서 일하는 봉급생활자의 삶을 때려치우고 사업가가 된 날을 마치 어제처럼 생생하게 기억하고 있다.

그날부터 내 통장에는 급여가 들어오지 않았고 나는 홀로서기를 해야 했다. 안정적인 직업도, 복지 혜택도, 유급 휴가도, 의료 보험도, 연금 저축도 더 이상은 없었다.

그날부터 나는 안정적인 직장과 꾸준한 봉급, 의료 보험과 치과 보험, 유급 휴가와 연금 저축이 필요한 세 명의 직원을 거느리게 되었다. 실제로 그들은 나보다 더 많이 벌었다.

그날 나는 호놀룰루 시내에 있던 제록스사에서 일하고 있었다. 마지막 날 회사를 그만두고 호놀룰루 시내에 새로 마련한 내 사무실로 가기 위해 건물 문을 향해 걸어가는 순간, 로비에서 일하는 접수안내원 일레인이 미소를 지으며 말했다.

"실패해서 금방 돌아올걸요."

일레인은 수많은 세일즈맨이 나처럼 야심만만하게 회사를 떠났다가 실패하고 결국 제록스로 돌아오는 모습을 무수히 목격했다.

나는 웃으며 일레인에게 말했다.

"실패할지도 모르죠. 그렇지만 여기로 돌아오진 않을 겁니다."

최초의 커다란 실수

부자 아빠의 중요한 충고 하나. "너는 네가 뭘 모르는지 모른다." 해석하자면, '항상 신경을 곤두세우고 자기가 무슨 실수를 저지르고 있는지 파악해라.'다.

부자 아빠는 또 이렇게 말했다. "화가 난다는 것은 네가 뭘 알아야 하는지 모르고 있다는 첫 번째 신호다."

나일론과 벨크로를 이용해 서퍼용 지갑을 만드는 내 첫 번째 사업은 그리 나쁘지 않았다. 문제는 대부분의 스타트업 기업처럼 돈이 나가긴 하는데 들어오는 것은 없었다는 것이다. 문제들이 끊임없이 쏟아졌다. 상품 생산과 관련된 문제, 법률 문제, 직원 문제, 그리고 끝없는 현금흐름 문제까지. 대부분의 직원들은 존재하는지도 모르는 문제들이었다.

나는 부자 아빠에게 10만 달러를 빌려 보려 했지만 그분은 나를 문밖으로 쫓아내고는 내 사업 파트너들을 "광대들"이라고 불렀다.

나는 가난한 아빠에게 나일론 지갑 사업의 전망이 좋다고 설득했다. 가난한 아빠는 집을 담보로 2차 담보대출을 받아 내게 10만 달러를 빌려주었다. 당신이 죽은 뒤보다 살아 있을 때 돈을 주는 게 나을 거라고도 말씀하셨다. 그건 아버지의 전 재산이었다. 선거에서 패배한 후에 아버지는 아직도 일자리를 구하지 못하고 있었다.

나는 다행스럽게도 시간을 벌었다는 생각에 수표를 세 명의 직원 중한 명이자 우리 회사의 CFO인 스탠리에게 가져다주었다. 그리곤 이렇게 물었다.

"이 돈으로 문제가 해결될까?"

그는 웃으며 고개를 끄덕였다. 사흘 뒤에 스탠리는 책상을 정리하고 사라져 버렸다. 10만 달러와 함께 말이다.

내가 구한 10만 달러는 스탠리의 문제를 해결해 주었다. 그는 자신이 회사에 빌려줬던 돈을 챙겨서 떠나 버렸다.

우리 회사는 성공적인 제품을 몇 개 출시한 뒤에 — 어떤 제품은 1978년에 스포츠제품 시장에서 1위를 기록하기도 했다. — 끝내 문을 닫았다. 그리고 나는 10만 달러에 달하는 아버지의 대출금을 갚아야 했다.

접수안내원인 일레인은 말했다.

"실패해서 금방 돌아올걸요."

나는 실패했다. 그러나 제록스로 돌아가지는 않았다. 당시에 10만 달러는 내 인생에서 가장 크고 심각한 문제였다. 그 10만 달러가 내 인생에서 가장 큰 실수였다고 말하고 싶지만 불행히도 그 뒤에도 더 크고 더 값비싼 실수들이 수없이 기다리고 있었다.

풀러가 말했듯이, "실수는 좋은 것이다. 나는 실수를 저지를수록 더 똑똑해진다."

스탠리는 사기꾼이었지만 내가 부자가 될 수 있었던 데는 그의 도움도 컸다.

동전의 세 가지 면을 떠올리다

나는 동전의 옆면에 서서 내려다보았다. 동전의 한쪽 면에는 스탠리와 10만 달러의 손실이 있었다. 그것은 고통스럽고도 가슴 아픈 경험이었다. 스탠리가 훔쳐 간 돈을 전부 갚는 데 거의 10년이라는 세월이 걸렸다.

동전의 다른 쪽 면에는 신이 가르쳐 준 교훈이 있었다. 그것은 또한 축복이기도 했다. 아버지의 집이 걸려 있었기 때문에 나는 절대로 포기할 수 없었다. 개인파산을 신청할 수도 없었다. 내가 계속 전진할 수밖에 없었던 이유, 그만두지 않은 이유는 아버지의 집을 잃을 수가 없었기 때문이다. 나는 포기해서는 안 된다는 것을 알고 있었다.

다행히도 내가 얼마나 '일을 망쳐 버렸는지' 알게 된 동생 존이 새 파트너로 뛰어들어 우리는 사업을 재건할 수 있었다. 비즈니스를 되살리는 과정은 우리 모두를 더욱 똑똑하고 뛰어나고 현명한 사업가로 만들어 주었다. 신이 내 동생의 사랑과 연민을 통해 내가 배워야 하는 것들을 가르쳐 주었던 것이다.

실수야말로 나를 가르친 진정한 교사였다.

실수는 각자의 것

내가 평생 동안 저지른 모든 실수들을 엮어 책으로 낸다면 아마도 내 인생 최고의 명작이자 가장 유익한 책이 될 거라고 생각하곤 한다. 한 권도 아니고 어마무시하게 두꺼운 몇 권짜리 시리즈가 될 것이다. 그렇지만 내가 저지른 실수는 오롯이 내 것이다. 당신이 저지른 실수는 당신의 것이다. 나의 실수는 내게 맞춰져 있고, 당신의 실수는 당신에게 맞춰져 있다.

내가 할 수 있는 일은 당신이 당신만의 실수를 저지르고 그것을 통해 배우도록 독려하는 것뿐이다.

안타깝게도 우리가 사는 사회에서는 실수를 하면 지탄을 받는다. 세상은 우리가 '똑똑한 사람들'의 말을 듣고 그들이 제시한 '정답'을 외우고 실수를 저지르지 않기를 바란다. 그리고 실수를 저지르면 벌을 받게 된다.

그러나 나는 풀러의 말처럼 실수를 통해 배우기 위해서는 자신의 실수를 인정하는 것부터 시작해야 한다고 믿는다. 그런 다음 사랑과 연민을 통해 당신을 위한 신의 교훈을 배우게 될 것이다. 그러면 그 실수로 인해 더 똑똑해질 수 있다.

실수를 인정하지 않을 때 일어나는 일들

어렸을 때 주일학교에서 "우리를 시험에 들지 말게 하소서."라는 구절을 배운 적이 있다. 기능장애를 겪고 있는 현대 사회에서 그러한 시험은 다음과 같은 것들일 것이다.

1. **결코 실수하지 않는 '척'하기**: 사람들은 완벽한 척하는 것을 좋아한다. 실수를 한 뒤에도 마치 고양이가 화장실에서 볼일을 본 뒤 그 위에 모래를 덮듯이 아무 일도 없었던 것처럼 시치미를 뗀다.

2. **거짓말**: 과거에 빌 클린턴 대통령이 "나는 그녀와 성적인 관계를 가진 적이 없다."라고 말한 것을 기억하는가? 물론 다른 사람과 성적 관계를 맺는 것은 범죄가 아니지만, 클린턴은 1998년 위증죄로 탄핵 위기에 처했다.

3. **변명:** 변명은 방향제와도 같다. 화장실에 뿌리면 좋은 냄새가 나게 할 수는 있을지 몰라도 거짓말의 냄새는 여전히 그 아래 남아 있기 마련이다.

4. **비난:** 비난blame은 'be'와 'lame(형편없는)' 두 단어로 이뤄져 있다. 남들을 비난하는 이들은 책임감을 갖고 새로운 것을 배우려는 것이 아니라 겁쟁이에 불과하다.

5. **고소:** 거짓말을 들켜 놓고 반대로 그 사실을 들킨 사람을 고소하고 그 뒤로도 계속 거짓말을 고수한다. 사실 이는 내가 살면서 두 번이나 겪은 일이기도 하다. 내가 신뢰하던 사람들이 나를 속이고 거짓말을 하고 횡령을 하고 있다는 사실을 알게 되었을 때, 그들은 나를 고소했다.

6. **모 아니면 도:** 사람들은 빠르게 손절하기보다는 손실을 메울 수 있다고 생각하며 더 세게 몰아붙이거나 '올인'을 하는 경향이 있다.

나는 많은 다단계 금융 사기인 '폰지 사기'가 그런 식으로 발생했을 거라고 생각한다. 한 번의 거짓말이 계속 거짓말로 이어져 자금을 모으고, 누군가의 돈으로 다른 사람의 손실을 메우고, 실수를 덮다가 점점 더 눈덩이처럼 불어나는 것이다. 650억 달러에 달하는 미국 최대의 폰지 사기의 주범인 버니 메이도프도 아마 그런 경우였을 것이다. 차마 투자자의 돈을 잃었다고 시인하지 못해 거짓말을 이어 나가다가 계속 돈을 잃고 만 것이다.

버니 메이도프는 차라리 미국 정부를 이끌어야 했다. 미국 정부야말로 역사상 가장 거대한 폰지 사기를 벌이고 있기 때문이다.

교훈: 우리를 시험에 들지 말게 하소서.

스스로에게 사랑과 연민을 베풀고 실수를 저질렀음을 시인하는 편이 자기 자신과 남들을 벌하는 것보다 훨씬 낫다. 설사 그 교훈의 내용이 마음에 안 든다 할지라도 신이 원하는 가르침을 배우게 될지도 모르기 때문이다. 송사에 휘말리기보다는 사과의 말 한마디를 건네는 편이 간단하고 비용도 적게 든다.

만일 더 많은 사람들이 실수를 사랑과 연민으로 대한다면, 우리는 더 평화롭고 번영하고 지적인 세상에서 살 수 있을 것이다.

실수는 성공의 열쇠

토머스 에디슨의 실수는 세상을 바꿨다. 그는 3,000번이나 실수를 저지른 뒤에야 전구를 발명했다. 헨리 포드는 포드사를 설립하기 전에 파산을 경험했고, 제프 베조스의 아마존 지숍zShop은 형편없이 실패했다. 오라클의 설립자인 래리 엘리슨은 수년간 파산 위기에서 허덕이며 전 재산을 저당 잡혀야 했다. 프레드 스미스는 경영대학원에서 낙제했지만 그의 사업 계획은 오늘날의 페덱스가 되었다. 샌더스 대령은 몇 번이고 사업에 실패하고 파산을 겪었지만 65세의 나이에 KFC를 성공시켰다.

진짜 교사는 실습을 독려한다

앞서 보았던 교사들의 등급표를 다시 살펴보면, 진짜 교사와 가짜 교사의 차이점을 알 수 있다.

가짜 교사가 표의 아래쪽에서 가르친다면 진짜 교사는 위쪽에서 가르친다. 진짜 교사와 가짜 교사의 가장 큰 차이점은 두 번째 줄에 있다. 시뮬레이션, 즉 '실제 경험을 모방하기'다. 현실에서 이는 '실습 practice'이라고 불린다.

실습은 실전에 들어가기 전에 실수를 저지르며 배우는 것이다.

부자 아빠는 나와 그분의 아들인 마이크에게 모노폴리 게임으로 '실습'을 시켰다. 그런 다음에는 그분이 갖고 있는 진짜 초록색 집을 보여주었다. 그것은 언젠가 커다란 빨간색 호텔이 될 것이었다.

킴과 내가 캐시플로 게임을 개발한 것은 사람들이 돈으로 게임을 하면서 미리 실수를 저지르고 배울 수 있게 하기 위해서였다.

현실 세계에서 주식 중개인이나 금융 설계사, 혹은 부동산 중개인에게서 배울 때는 진짜 돈을 사용해 '진짜' 일을 하는 것이다.

실습의 위력

타이거 우즈가 세계 최고의 골프 선수가 될 수 있었던 것은 무한한 연습을 하고 무수한 실수를 하면서 수백만 개의 골프공을 쳤기 때문이다.

조지 클루니가 유명 배우가 될 수 있었던 것은 그가 끊임없이 연습에 매진하며 영화를 찍고 작은 역할을 따기 위해 오디션을 봤기 때문이다.

말콤 글래드웰은 『아웃라이어』에서 비틀스만큼 열심히 연습을 한 밴드도 없었다고 말한다. 글래드웰은 또한 재능만으로는 성공을 보장할 수 없다고 썼다. 중요한 것은 성공을 거두기 위해 연습을 얼마나 많이 했느냐다. 그는 베를린 음악학교의 바이올린 연주자들을 대상으로 한 연구 결과를 인용한다. 음악 교사가 된 바이올린 연주자들은 평생 평균 4,000시간을 연습했다. 한편 뛰어난 연주자들은 약 8,000시간을 연습했고, 세계적인 수준의 엘리트 연주자들은 처음 바이올린을 손에 쥔 이래 1만 시간 이상을 연습했다.

하루에 네 시간씩 연습을 한다면 세계 최고가 되기까지 거의 7년이 걸린다는 얘기다.

비틀스는 수년 동안 하루에 여덟 시간씩 연주에 매달렸다.

의사와 변호사, 치과의사들은 그들의 사업을 비즈니스가 아니라 '프랙티스practice'라고 부른다. 그들은 환자를 대상으로 실습을 한다.

해석: 진짜 교사는 그들이 가르치는 것을 실제로 연습한다. 가짜 교사는 그렇지 않다.

그래서 내게 처음 부동산 투자를 가르친 강사가 90일 동안 100개의 부동산을 검토하고 그중 하나를 구입해 보라고 격려했던 것이다. 그는 진짜 교사였다.

반면에 MBA의 회계 강사는 진짜 회계사가 아니었다. 그는 현실 세상에 대한 경험이 없었다. 그는 우리에게 강의를 듣고, 그가 제시한 정답을 외우고, 시험을 치르고, 실수를 하지 말라고 말했다. 그는 가짜 교사였다.

실수는 그것을 인정하지 않을 때만 잘못이다

요즘 세상에서는 실수를 저지르면 직장에서 해고되기가 일쑤다.

리치대드 컴퍼니에서는 모두가 팀으로 일하며, 자기만의 사업을 하고, 무엇보다 실수를 하도록 독려받는다.

우리 회사에서 해고되는 경우는 오로지 실수를 저지르고는 그에 대해 거짓말을 했을 때뿐이다.

풀러의 말처럼 "실수는 그것을 인정하지 않을 때만 죄악이다."

서로를 가르치며 배우기

킴과 내가 캐시플로 게임을 개발한 것은 사람들이 서로를 가르치게 하기 위해서였다. 캐시플로 게임에 사례로 사용된 상당수의 거래가 실제로 킴과 내가 시도했던 것이고, 그중 많은 수가 실패한 것들이다.

누군가 내게 "당신 게임을 해 본 적이 있는데 재미있었어요."라고 말할 때마다 나는 좌절감을 느낀다. 캐시플로 게임을 통해 제대로 배움을 얻으려면 적어도 10번 이상은 플레이 해 봐야 하고, 그런 다음 10명 이상을 가르쳐 봐야 한다. '주어라, 그러면 받을 것이다.' 아니, 그보다는 '가르쳐라, 그러면 배울 것이다.' 쪽이 적절할지도 모르겠다.

전 세계에 있는 많은 캐시플로 클럽이 정기적인 모임을 갖고 게임을 하고 강좌를 열고 진짜 거래와 진짜 투자를 비교하고 서로 협력하고 가르치고 배움을 얻는다.

다만 여기에는 규칙이 있다. 회원들에게 '투자나 거래를 홍보하지 말 것' 그리고 데이트를 하지 말 것이다. 알다시피 돈과 섹스는 배움에 방해가 되기 때문이다.

배우고 익히는 것은 재미있고, 규칙과 도덕, 윤리와 법률이 수반된다면 금전적인 이득을 얻을 수도 있다.

캐시플로 클럽의 장점은 돈을 버는 데 있는 것이 아니다. 글래드웰이 지적한 것처럼 중요한 것은 연습 시간이다. 캐시플로 클럽에 가입하면 실습을 하고, 그 과정에서 배우고 가르치고, 다른 사람이 배울 수 있게 도와줄 수 있다. 반드시 보장하지는 못하겠지만 배우고 가르치는 데 전념하면 그 결과는 확고한 ROI^Return On Investment(투자수익률)로 돌아올 것이다.

배우고 연습하고 실수하라

당신이 가질 수 있는 가장 중요한 자산 중 하나는 좋은 사람들임을 기억하라.

정직하고, 법을 준수하고, 도덕적으로나 윤리적으로 올바르며, 지식과 경험 그리고 지혜를 너그럽게 베풀 줄 아는 사람들 말이다. 이들은 배우고, 연습하고, 진짜배기 일을 하고, 실수를 통해 배우는 것을 좋아하는 사람들이다.

글래드웰의 말처럼 진정으로 배우고 익히기 위해서는 수천 시간의 연습이 필요하다. 한시라도 빨리 부자가 되려고 서두르기보다 꾸준히 배우고 연습하고 자신과 타인의 실수를 통해 배운다면 진정한 경제적 성공을 거둘 수 있을 것이다.

교훈: 실수는 진정한 성공의 열쇠다.

패배자들이 계속 패배하는 이유

부자 아빠는 말했다.

"돈을 잃을지도 모른다는 두려움이 더 많은 패배자를 만든다."

경제학자들이 만든 경제학 이론이 들어맞지 않는 이유는 사람들이 돈에 대해 합리적이고 이성적인 판단을 내릴 것이라고 가정하기 때문이다. 하지만 그게 사실이 아니라는 건 누구나 알지 않는가. 사람들은 돈에 대해 이성적일 수가 '없다.'

그런데도 고학력 엘리트 경제학자들, 예를 들어 전 연준의장 벤 버냉키 같은 이들은 그 사실을 이해하지 못한다. 그들은 사람들이 정말로 열심히 일하고, 세금을 내고, 허리띠를 졸라매고, 청구서를 지불하고, 돈을 저축하고, 빚을 지지 않으려고 한다고 생각한다.

어쩌면 세계에서 가장 영향력 있는 은행가인 버냉키가 2013년에 겨우 19만 9,700달러밖에 벌지 못한 것도 그런 이유 때문인지도 모른다. 그는 세상 모든 사람들이 자기처럼 생각할 것이라고 여기지만, 대부분의 사업가는 고작 그 정도 돈을 벌기 위해 일하지 않는다. 그것이 바로 사업가와 봉급생활자의 다른 점이다.

돈은 비이성적인 주제다. 사람들은 돈을 위해서라면 어떤 정신 나간 짓이라도 할 수 있다. 심지어는 사랑하는 사람을 죽이거나, 마약상이 되거나, 신체의 일부를 팔거나, 결혼을 하거나, 싫어하는 직업을 가질 수도 있는 것이다.

페이크

리스크에 대한 고찰

노벨상 수상자들은 사람과 돈에 대해 몇 가지 흥미로운 발견을 한 바 있는데, 내가 특히 흥미롭게 생각하는 것은 리스크와 관련된 내용이다.

"사람은 금전적 리스크를 피할수록 더 큰 위험을 감수하게 된다."

위험회피 성향을 지닌 사람은 주로 네 가지 범주로 분류된다.

1. 일꾼: 위험회피 성향을 지닌 사람은 대개 여러 개의 저임금 노동을 한다.

그래서 그토록 많은 사람들이 직장에 다니면서 우버 운전을 하고 주말에는 또 다른 일을 하는 것이다. E와 S 사분면에서 더 많은 소득을 올린다는 것은 과세 등급이 상승한다는 의미이며, 사랑하는 가족들과 보낼 시간을 희생해야 한다는 뜻이다.

2. 도박꾼: 위험회피 경향을 지닌 사람들은 복권을 사고, 경마나 스포츠 게임에 돈을 걸거나 라스베이거스에 가서 큰손인 척한다.

위험을 회피하고 안전을 중시하는 많은 사람들이 이런 '도박'에서 이길 확률이 희박하다는 사실을 알면서도 '행운'에 대한 환상을 품는다.

3. 학생: 미국 정부의 가장 큰 자산이 학자금 대출인 이유는 좋은 교육을 받으면 힘겹고 잔인한 이 세상에서 구원받을 수 있다는 거의 종교에 가까운 믿음이 만연해 있기 때문이다.

내가 "학교에서 돈에 대해 뭘 배웠습니까?"라고 물을 때마다 사람들은 나를 멍한 표정으로 쳐다본다. 가끔은 "경제학을 배웠습니다."라고 대답할 때도 있다.

나쁜 소식을 전해 주겠다. 경제학은 돈이 아니다. 경제학은 인간이 돈에 대해 이성적이고 합리적으로 사고하고 행동한다는 잘못된 믿음을 기반으로 하는 학문이다. 게다가 경제학은 엄중한 진짜 과학도 아니고 정치적 조작, 탐욕과 공포를 다루는 소프트 사이언스다.

4. 범죄자: 실제로 많은 수의 정직한 안전제일주의자들이 보잘것없는 경범죄자가 된다. 이들은 현금만 받기 때문에 세금을 내지 않는다. 부업으로 가벼운 마약을 팔 수도 있고 데이터베이스를 해킹하거나 신분절도나 위조, 온라인 섹스로 몇 달러를 벌기도 한다.

위험회피 성향을 지닌 이들에게 투자 세미나를 들으라고 권할 때마다 그들은 이렇게 말한다. "투자는 위험해요."

경제학자 대니얼 카너먼과 아모스 트버스키의 연구에 대해 이렇게 설명하는 것을 들은 적이 있다.

가족을 먹여 살리기 위해 사냥을 나온 사람이 있다. 그가 선택할 수 있는 길은 두 가지다. 한쪽 길에는 사냥감이 많지만, 사냥감이 많기 때문에 사자가 있다. 두 번째 길에는 사냥감은 없지만 그렇기 때문에 사자도 없다. 위험회피 경향을 지닌 사람은 두 번째 길을 선택한다.

실수라는 학교

우리 사회에서 학생들은 대부분 두 번째 길을 선택한 교사에게서 배운다. 풀러의 책 『직관Intuition』에서 발췌한 문장들을 읽어 보자.

아이들에 대한 사랑과 염려 때문에 부모들은 자식들이 미래에 ― 그들이 더 이상 세상에 없을 때 ― 사회적 불이익을 겪지 않도록 실수하지 말라고 교육한다.

실수는 그것을 인정하지 않았을 때만 죄악이다.

신은 우리들 각자에게 직접 말씀하신다. 신은 오로지 진실에 대한 인식과 사랑과 연민이라는 가장 자연스러운 감정을 통해 말한다.

다음에 당신이나 다른 누군가가 실수를 저지른다면 그 사람을 책망하거나 벌하지 마라. 신이 그러하듯이 당신도 그를 사랑과 연민으로 대하라.

아기들은 넘어지면서 걷는 법을 배운다. 라이트 형제 같은 수많은 발명가들이 추락할 위험을 기꺼이 무릅쓰지 않았다면 인류는 비행기를 발명하지 못했을 것이다.

내가 제록스사를 그만뒀을 때 "실패해서 금방 돌아올걸요."라는 일레인의 말을 따랐다면 지금 같은 부자가 되지 못했을 것이다. 나는 실패했고, 그래서 더 멍청해졌고, 가난한 아버지한테서 10만 달러를 빌려 그 돈을 스탠리에게 주었고, 그는 그 돈을 갖고 행방을 감춰 버렸다.

만약 내가 그렇게 바보 같은 실수를 수없이 저지르지 않았다면 — 10만 달러보다 더 크고 엄청난 실수들 — 그리고 그 실수들을 통해 배우지 못했다면, 나는 부자가 되지 못했을 것이다. 배움의 열쇠는 항상 "내가 다 망쳐 버렸어."라고 겸손하게 시인하는 법을 배우는 데 있다. 그런 다음 현명한 사람들을 찾아 그들에게서 배우라. 그것이 진정한 배움이다.

진짜 교육은 재능을 이끌어 내는 것

'education(교육)'은 '끌어낸다'는 의미인 라틴어 'educre'에서 파생된 단어다.

그러나 불행히도 우리의 교육 제도는 학생들의 재능을 이끌어 내지 못한다. 반대로 밀어 넣는다고 해야 할 것이다. 학생들의 머릿속에 가짜 교사들이 가르치는 가짜 대답들을 밀어 넣는다. 가짜 교사들은 그들이 만든 가짜 지능 시험에서 가짜 대답을 하지 못한다는 이유로 학생들에게 벌을 주고, (억압과 강요로) "실수는 바보로 만든다."는 정신 나간 생각을 주입시킨다.

오늘날 돈에 대해서는 문외한인 상태로 대학 문을 빠져나온 수백만 학생들이 무거운 빚더미에 허덕이며 점점 빠르게 사라지고 있는 고임금 일자리를 찾아다닌다. 언제 실수를 저지를지 몰라 겁에 질리고, 실패할지도 모른다는 두려움과 분노 속에서 벌벌 떨면서 말이다.

그뿐인가? 그들의 부모와 조부모들 역시 한배를 타고 있다.

실수는 실패가 아니다

실패에 대한 두려움은 인간이 지닌 매우 강력한 감정이다. 실패에 대한 두려움은 앞면과 뒷면, 옆면, 세 개의 면을 가진 동전이다.

가짜 교육은 오직 동전의 한쪽 면에만 존재하지만, 진짜 교육은 동전을 옆면으로 세워 양쪽 면을 모두 볼 수 있게 해 준다.

동전의 한쪽 면에는……

대부분의 사람들은 경제적 실패에 대한 두려움 때문에 마비되어 초라하고 가난하고 순종적으로 변한다. 그들은 종종 영혼을 갉아먹는 직장에서 일하며, 날마다 출근을 하며 조금씩 죽어 간다. 어떤 이들은 살기 위해 범죄와 폭력의 세계로 빠지기도 한다.

가짜 교육은 사람들에게 실패하는 데 대한 두려움을 심어 준다. 실패에 대한 두려움은 많은 사람들을 오만하고 우쭐하고 탐욕스럽게 만들기도 한다. 많은 이들이 자신이 남들보다 낫고 똑똑하고 부자라고 생각하며 자기만큼 똑똑하거나 매력적이거나 부자가 아니라고 생각하는 사람을 무시하거나 업신여기는 경향이 있다.

동전의 반대쪽 면에는……

어떤 이들에게 경제적 실패에 대한 두려움은 더 많은 것을 배우고, 진짜 교사를 찾아다니는 진짜 학생이 되도록 고무시키기도 한다.

실수는 실패가 아니다. 어떤 이들에게 실패는 진실한 배움의 경험이다. 고통스럽기는 할지언정 모든 실수는 겸손한 교훈을 수반하며, 사람은 오로지 진정한 겸손함을 통해서만 배울 수 있다.

가짜 교육은 "내가 옳아. 나는 절대로 실수하지 않아."라는 고정된 사고로 사람을 오만하고 건방지게 만든다.

그러나 동전의 반대쪽에 있는 진짜 교육은 사람들이 실수를 저지르고 겸손해질 수 있도록, 그리고 실수를 통해 배울 수 있도록 독려한다. 이런 이들에게 실수는 그들을 더욱 현명하고 부유하고 너그럽게 만들고, 나아가 더욱 '인간적인' 인간이 되게 해 준다.

진짜 교육은 다른 사람들과 이 세계, 그리고 나 자신에게 사랑과 너그러움, 연민을 나누도록 북돋는다. 진짜 교육은 사랑과 연민을 퍼트리고 장려한다. 왜냐하면 진짜 교육은 진정으로 우리를 가르치기 때문이다. 우리는 모두 인간이다. 인간은 실수를 저지르게 되어 있다.

진짜 교사는 실수를 한다. 가짜 교사는 실수를 하지 않는 척한다.

교훈: 실수야말로 신의 진짜 교사다.

전 세계의 독자들이 묻고
로버트 기요사키가 답하다

Q 금이나 은을 구입할 때 신뢰할 만한 거래상을 어떻게 찾을 수 있는가?
—캐머론 R.(미국)

A 금은을 실물로 사는 때만큼 '매입자위험부담원칙'이라는 말이 어울리는 경우도 없을 것이다. 최근에 가짜 금 또는 '합금'을 판매하는 사건들이 꽤나 많이 발생했다. '합금'이란 금괴에 니켈이나 주석 같은 저렴한 금속을 섞은 것을 가리킨다. 로마 제국이 무너진 계기가 된 것도 그런 식으로 금의 가치를 저하시켰기 때문이다.

얼마 전 중국에서, 미국에서 선적된 대량의 금괴를 불순물이 섞인 가짜 금괴라는 이유로 거부한 적이 있는데, 불행히도 그 금괴들은 아직도 미국 내에서 유통되고 있다.

내가 '신뢰할 수 있는 거래상'을 구분하는 방법은 대화 중에 다음과 같은 질문들을 가볍게 섞는 것이다.

1. 이 일을 얼마나 오래 하셨나요?
2. 어째서 이 일을 하시나요?
3. 당신 고객들과 얘기를 나눠 봐도 될까요?
4. 초보자에게 수집용 주화를 추천하시나요?
5. 내가 가진 금화를 어디에 보관해야 할까요?
6. 999금과 9999금의 차이는 무엇인가요?

이런 일반적인 질문을 던져 보면 금 거래상의 지혜와 경험, 그리고 그의 영혼
에 대해 약간의 통찰력을 얻을 수 있다.
다시 한번 강조하지만, 뭔가를 구매할 때는 반드시 '매입자위험부담원칙'을
명심해야 한다.

Q 훌륭하고 믿음직한 파트너를 찾는 사람에게 해 줄 수 있는 최고의 조언은
무엇인가? 당신은 직원이나 투자상담사, 또는 동업자를 고를 때 어떤 점을
가장 중요하게 여기는가?
— 마셜 B.(아르헨티나)

A 백만 달러짜리 질문이다! 비즈니스 파트너를 고르는 것은 결혼을 하는 것
과 비슷하다. 올바른 파트너를 만나면 인생이 천국 같지만 잘못된 파트너를
만나면 지옥이 될 수도 있다.
좋은 소식이 있다면 내가 만난 모든 나쁜 파트너들이 결국 최고의 파트너들
을 만나게 해 주었다는 것이다. 예를 들어 내가 지금 함께 일하는 훌륭한 재
무상담사들을 만날 수 있었던 것은 하나같이 그 전에 같이 일했던 나쁜 상담
사 덕분이었다.

파트너를 물색할 때 던져야 할 가장 중요한 두 가지 질문은 다음과 같다.

1. 나는 좋은 파트너인가?
2. 내가 지금보다 더 좋은 파트너가 되려면 어떻게 해야 할까?

Q 빚이 아니라 자기자본으로 부동산을 사는 것이 왜 나쁜가? 나는 은행이 자산이 아니라 빚을 안겨 준다는 것을 안다. 자기자본을 활용할 때의 장점과 단점에 대해서도 설명해 주기 바란다.
— 스탠리 P.(폴란드)

A 굉장히 중요한 질문이다. 다섯 가지 항목으로 대답해 보겠다.

1. 빚으로 부동산을 사는 것은 나에게 있어 일종의 도전이다.
1개의 부동산을 100퍼센트 현금으로 사는 것은 쉽다.
100개의 부동산을 100퍼센트 빚으로 사는 것은 어렵다.

2. 빚은 위험하다.
현금을 이용해 부동산을 구매하는 것은 그다지 위험하지 않지만, 빚을 사용할 때는 많은 위험이 수반된다. 빚을 이용해 투자를 하고 싶다면 먼저 진짜 투자 세미나에 참석해 보기 바란다.

3. 1971년 이후 미국 달러는 빚이 되었다.
대부분의 사람들은 달러(현금/자기자본)를 위해 일하면 일할수록 더 가난해진다. 우리가 할 일은 자산을 획득하고 소득을 늘리고 세금을 줄이고 빚을 이용해 더 부자가 되는 것이다.

4. 나는 현금흐름 사분면의 B와 I(사업가와 투자가) 사분면에 살고 싶다.

E(봉급생활자)와 S(전문직 또는 자영업자) 사분면은 빚을 사용하여 더 가난해진다.
B(사업가)와 I(투자가) 사분면에 있는 사람들은 빚을 이용해 더 부자가 된다.
나는 1972년에 처음으로 부동산 투자 세미나에 참석했고, 빚을 자기자본으
로 바꾸는 법을 배웠다. 금융 교육을 받지 않은 사람들은 대부분 자기자본을
빚으로 바꾸게 된다.

5. 무한수익
B와 I 사분면의 목표는 모든 투자에서 '무한수익'을 거두는 것이다.
'무한수익'은 자신의 돈은 한 푼도 사용하지 않고 돈을 만드는 능력이다. '무
한수익'은 높은 금융 IQ를 지녔다는 증거다.
금융 IQ는 돈과 관련된 문제를 해결할 수 있는 능력을 가리키며, 돈의 단위로
측정된다. 예를 들어 설문 조사에 따르면, 평균적인 미국인은 비상시에 400달
러 이상의 금전 문제는 해결할 수가 없는데, 이는 그들의 금융 IQ가 400달러
이하라는 의미다.

페이크

'빚'을 '자기자본'으로 바꾸는 법을 알면 커다란 재정 문제를 해결할 수 있다. 반대로 '자기자본'을 '빚'으로 바꾸는 사람은 심각한 재정 문제를 야기할 수 있다.

Chapter 11

학교는 사람을
가난하게 만든다
시대에 뒤처진 제도에 저항하기

"여기서는 그렇게 할 수 없어요."

내가 수없이 들은 말이다.

돈과 빚, 세금에 대해 부자 아빠의 교훈을 설명할 때마다, 그리고 내가 한 일을 설명할 때마다, 사람들은 늘 이렇게 말한다.

"여기서는 그렇게 할 수 없어요."

그리고 그들의 말이 맞다. '그 사람들'은 내가 한 일을 할 수 없다. 하지만 나는 할 수 있고, 실제로도 그렇게 한다. 전 세계 어디서나 그렇게 할 수 있다. 그것이 바로 진짜 교육의 힘이다.

'진짜 교육'은 사람들에게 힘과 능력을 부여한다. 다른 사람들은 할 수 없는 일을 할 수 있게 해 주고, 나아가 그들은 생각지도 못한 일들을 할 수 있게 해 준다.

'가짜 교육'은 사람들을 가난하고 초라하게 만들고, 좁고 한정된 생각에 갇혀 삶을 간신히 유지하게 만든다.

"나는 할 수 없어"

사람이 할 수 있는 말 가운데 가장 파괴적이고 비생산적인 것을 꼽으라면 "나는 할 수 없어."일 것이다. 특히 돈에 대해 "나는 그럴 형편이 못 돼."라는 말은 더욱 그렇다.

무엇이 가난을 야기할까? 재정적 빈곤의 원인에 대해서 말하자면, 사람을 가난하게 만드는 것은 단순한 몇 개의 단어, "나는 그럴 형편이 못 돼."다. 그 말은 사람들을 초라하게 만든다.

이 말을 "어떻게 해야 그럴 형편이 될 수 있을까?"라는 질문으로 바꿀 수 없다면 얼마나 많은 돈을 벌든 재정적인 빈곤에서 벗어날 수 없을 것이다.

"나도 그럴 수 있으면 좋겠네요"

어느 날, 한 친구의 부인이 내게 물었다.

"올해는 어디에 가실 건가요?"

나는 대답했다.

"호주와 일본, 아프리카와 유럽에 갈 겁니다."

"부럽네요. 나도 그럴 수 있으면 좋겠는데, 그럴 형편이 못 돼요."

그 말을 듣자 이 장의 첫머리에서 언급한 상황이 떠올랐다.

익히 알겠지만, 손가락 하나로 앞을 가리키면 세 개의 손가락이 자기 자신을 가리키게 된다. "여기서는 그렇게 할 수 없다."는 말은 — 도전이든 비난이든 간에 — 나를 향한 말인 한편, 그 말을 하는 자기 자신에 대한 이야기이기도 하다.

학교에 간다는 것은 이래서 문제다. 진짜 금융 교육을 받지 않으면 대부분의 사람들이 다음과 같은 말을 입에 달고 살며 허송세월하게 된다.

"나는 그럴 형편이 못 돼요."

"여기서는 그렇게 할 수 없어요."

"나도 그렇게 할 수 있으면 좋겠네요."

낡은 교육이 가난한 아빠를 만든다

『부자 아빠 가난한 아빠』는 사실 내 가난한 아빠에 관한 책이었다. 가난한 아빠는 학생들에게 진짜 현실 세계에 대비시키지 못하는 현대 교육의 부적절함과 시대에 뒤처진 진부함, 그리고 잘못된 망상에 대한 비유다.

나는 수많은 사람들에게 수도 없이 물어보았다.

"학교에서 돈에 대해 무엇을 배웠나요?"

반응은 늘 똑같았다. 무슨 말인지 모르겠다는 멍한 표정이나 아니면 "경제학을 배웠지요."나 "수표장을 쓰는 법을 배웠어요." 같은 대답이었다.

미안하지만 경제학이나 수표장의 잔고를 맞추는 일은 돈에 대해 배우는 것과는 다르다. 학교에서 돈에 대해 무엇을 배웠는지 질문을 던질 때마다, 나는 현대 교육의 심장과 영혼에 정곡의 칼날을 찔러 넣고 있는 것이다.

나는 주일학교에서 호세아서 4장 6절을 배운 적이 있다.

"내 백성이 지식이 없으므로 망하는도다. 나도 너를 버렸으니 내 제사장이 되지 못하게 할 것이오, 네가 네 하나님의 율법을 잊었으니 나도 네 자녀들을 잊어버리리라."

종교 이야기를 하려는 게 아니다. 옛 선인들의 지혜에 대해 말하려는 거다.

현대의 교육 시스템을 운영하는 사람들은 거울을 바라보며 이렇게 자문해 봐야 한다.

우리는 어떤 지식을 거부하고 있는가?

우리는 어떤 과목을 가르치지 않고 있는가?

어째서 그토록 많은 이들이 학교가 시간 낭비라고 말하는가?

학교에서는 왜 돈에 대해 가르치지 않는가?

교육계의 사제들, 즉 교사는 왜 낮은 임금을 받는가?

어째서 많은 학생들이 무거운 학자금 대출에 짓눌려 학교를 졸업하는가?

이 모든 질문에는 내 가난한 아빠가 반영되어 있다. 공공교육에 평생을 바친 위대한 분이지만, 불행히도 그 교육 제도 때문에 패배한 분 말이다.

"여기서는 그렇게 할 수 없어요."

몇 달 전에 나는 한 교회에서 강연을 해 달라는 초청을 받았다. 나는 언제나처럼 빚과 세금, 그리고 부자들이 점점 더 부자가 되는 이유에 대해 설명했다. 강의가 끝나고 질의응답 시간이 되자, 한 성난 교구 주민 하나가 손을 들고 말했다.

"여기서는 그렇게 할 수 없어요."

나는 그에게 내가 이 교회에서 8킬로미터도 떨어지지 않은 곳에 살고 있으며, 지금까지 한 말을 몸소 계속 실천하고 있음을 다시 한번 강조했다. 그러고는 전 세계 곳곳의 부자들 역시 나와 똑같은 일을 하고 있다고 말했다. 부자들이 점점 더 부자가 되는 것은 바로 그런 이유 때문이다.

처음에 불만을 토로했던 신도가 자리에서 일어나 말했다.

"난 의사입니다. 유능한 자산관리사들의 도움을 받고 있지요. 난 당신이 말하는 일들을 할 수 없다는 걸 알아요."

이런 일을 이미 수도 없이 겪어 본 나는 물었다.

"어디에 무슨 투자를 하고 계시나요?"

"난 개업의입니다. IRA가 있고, 예금도 수백만 달러는 되죠. 내 집을 갖고 있고, 공짜로 사용할 수 있는 리조트 맨션도 있습니다."

"그게 답니까?"

그는 고개를 끄덕이며 내 대답을 기다렸다.

"당신 말이 맞아요. 당신은 나처럼 할 수 없습니다. 하지만 난 할 수 있지요."

그 의사는 분명 많은 교육을 받은 지적인 사람이었다. 개업의이므로 자영업자와 전문직 종사자의 S 사분면에 위치하고 있고, 또한 S 사분면에 투자하고, S 사분면에서 세금을 냈다. S 사분면은 세금을 가장 많이 내는 곳이다.

그 사람의 말이 옳다. 그는 나처럼 하지 못한다.

사분면 바꾸기

1973년에 나는 MBA 과정에 등록해 대학원에 다니면서 E 사분면에서 봉급생활자로의 일자리를 찾고 있었다.

그리고 동시에 부동산 세미나에 등록해 I 사분면에서 전문 투자자가 되는 법을 배웠다.

대부분의 사람들이 나처럼 하지 못하는 이유는 그들이 학교에서 E나 S 사분면이 되는 법을 배우고 전문 투자자가 아니라 수동적인 투자자가 되는 데 그치기 때문이다.

내게 질문을 던진 의사는 실질적으로 내게 이렇게 말하고 있었다.

"내가 하늘을 날지 못하니 당신도 날 수 없어요."

하지만 나는 5년간 비행학교에 다녔고, 비행기를 조종했으며, 베트남전에 참전해 헬기를 조종했다.

내가 지금까지 이야기한 내용을 실천할 수 있었던 이유는 내가 B와 I 사분면에서 학교를 다녔기 때문이다. 각각의 사분면에서는 각각 다른 교육을 받는다.

진짜 교육의 힘

진짜 교육은 당신이 원하는 일을 실현할 수 있게 도와준다.

의사가 되고 싶다면 의대에 가고, 비행기 조종사가 되고 싶다면 비행학교에 가라. 그렇다면 부자가 되고 싶다면 어디에 가야 할까? 이것이 바로 진짜 교육의 힘이다.

문제는 대부분의 사람들이 아무 힘도 기르지 못한 채 학교를 졸업한다는 사실이다.

학교를 경험한 많은 이들이 학교를 경멸하거나 싫어한다. 그들은 자신이 할 수 없는 것에 맞닥뜨리면 "나는 할 수 없어."라고 말한다. 좁고 제한된 사고에 갇혀 "나는 그럴 형편이 못 돼."나 "당신은 그럴 수 없어요."라고 말한다. 그들은 진짜 교사나 진짜 교육을 찾아 나서기보다는 마음을 닫고 선택의 여지가 있는 무수한 길들을 포기한다.

강탈에 앞장서는 가짜 교육

2부 '가짜 교사'야말로 이 책에서 가장 중요한 부분이다. 왜냐하면 세상에서 교육보다 더 중요한 것은 없기 때문이다.

우리의 교육 체제에 아무 문제도 없었다면 1부 '가짜 돈'은 설명할 필요도 없었을 것이다. 우리의 교육이 진짜 교육이라면 3부 '가짜 자산'도 쓸 필요가 없었을 것이다.

우리의 교육 제도가 진짜 금융 교육과 진짜 영성 교육을 제공한다면 국가의 리더들은 가짜 돈을 찍어 내거나 가짜 자산을 판매할 수 없을 것이다.

바로 그렇기 때문에 2부가 이 책에서 가장 중요한 것이다.

진짜 교육보다 더 중요한 것은 없다. 학문, 직업, 영성, 그리고 금융 교육에 이르기까지, 오늘날에 절실한 것은 진짜 교육이다.

사람들이 "당신은 그렇게 할 수 없어요."라고 말하는 이유는 우리의 교육 제도가 사람들을 무력하게 만들기 위해 설계되었기 때문이다.

앞서 설명한 것처럼, 대다수의 명문 대학은 존 D. 록펠러나 코넬리어스 밴더필트, 릴랜드 스탠퍼드, 세실 로데스 같은 노상강도 귀족들에 의해 설립되었다.

버키 풀러가 지적한 것처럼 노상강도 귀족들이 미국에 명문 대학들을 설립한 이유는 똑똑하고 영리한 학생들을 찾아 그들에게 E(고용경영인)나 S(변호사나 회계사 같은 전문직 종사자)가 되어 부자를 위해 일하도록 가르치되, B나 I 사분면의 부자가 '되지'는 못하도록 만들기 위해서였다.

그래서 빌 게이츠나 스티브 잡스, 마이클 델, 마크 저커버그 같은 거물 사업가들이 명문 대학에 입학하고도 졸업하지 못하고 중도에서 포기했던 것이다. 대학에서는 B와 I 사분면에 필요한 교육을 하지 않기 때문이다.

가짜 교육이 우리를 가둔다

오늘날 무수한 사람들이 좋아하지 않거나 충분한 보수를 받지 못하거나 또는 양쪽 모두인 직장에 매여 있다. 그들은 바뀌어야 한다는 것을 알면서도 변화를 두려워한다. 그리고 어떻게 바뀌어야 하는지도 알지 못한다. 이제까지 받은 교육, 또는 진짜 교육의 부재 때문에 실패와 변화에 대한 두려움에 옭매여 있기 때문이다.

각 사분면의 차이점에 대해 설명하다 보면 많은 사람들이 변화를 갈망한다는 사실을 알 수 있다. 문제는 E와 S 사분면에서 B와 I 사분면으로 옮겨 가려면 진정한 영성 교육과 금융 교육이 필요하다는 것이다.

그래서 대부분의 사람들이 내 가난한 아빠처럼 이도 저도 못 하고 마비된다. 가난한 아빠는 선거에서 패배한 후 재기하지 못했다. 그것은 아버지의 인생에서 최초로 경험한 실패였다. 교육이 그분을 E 사분면에 가둬 놓은 까닭에 가난한 아빠는 일자리를 잃은 뒤에도 자신이 속한 사분면을 바꾸지 못했다. 가난한 아빠는 아이스크림 가맹점을 인수해 S 사분면으로 이동하려 시도했지만 그마저 실패했다. 그분은 사업가가 아니었다. 그분은 평생 E 사분면의 교육과 사고방식에서 탈피하지 못했고, 끝내 변화할 수 없었다.

학교에서 빈곤을 가르친다

학교에서는 사람들이 '보이지 않는 빈곤'에 빠지도록 가르친다.

학교는 다음과 같이 가르침으로써 '보이지 않는 빈곤'을 더욱 강화한다.

1. 학생이 실수를 저지르면 벌을 준다.

2. 실수를 하면 멍청해진다고 가르친다.

3. 실수를 경험하며 배우기보다 정답을 암기하도록 강요한다.

4. 교사가 제시한 오직 한 개의 정답만이 존재할 뿐이라고 가르친다.

5. 동전에는 세 개의 면이 있는 것이 아니라 앞과 뒤, 즉 옳거나 틀린 것만 있다고 설명한다.

6. 진짜 금융 교육을 하지 않는다.

7. 협력을 부정행위로 간주한다.

8. 시험을 혼자 힘으로 치르게 한다.

9. 타인에게 도움을 요청하는 것은 용납하지 않는다.

10. 어떤 일이 있어도 "모르겠다."고 시인하지 않는다.

11. 다른 사람을 돕지 않는다.

12. 똑똑한 사람과 멍청한 사람이라는 기준만이 존재하는 종형 곡선에 따라 점수와 등급을 매긴다.

왜 교육만은 변하지 않는가

미래학자인 버키 풀러는 1982년에 펴낸 『중대 경로*Critical Path*』에서 이렇게 쓰고 있다.

세계 권력 구조의 황혼기

인류는 전례를 찾아볼 수 없는 위기 속으로 점점 더 깊이 빠져들고 있다.

그는 1981년에 발생한 위기에 대해 말하고 있는 것이 아니다. 오늘날의 우리가 처해 있는 위기, 1981년의 베이비붐 세대가 21세기에 맞닥뜨린 위기에 대해 경고하는 것이다.

풀러는 그가 "가속화의 가속화"라고 부르는 현상에 대해 경고한다. 가속화의 가속화는 인류가 산업화 시대에서 정보화 시대로 이동하면서 발생한다.

풀러는 1983년에 숨을 거두었지만, 80년대가 끝나기 전에 세상을 근본적으로 변혁할 새로운 발명이 탄생하리라고 예측했다.

그로부터 거의 10여년 전인 1969년에 인터넷의 시초인 아르파넷 ARPANET이 등장했다. 고등연구국 프로젝트 네트워크Advanced Research Projects Agency Network의 약자인 아르파넷은 미국 국방부 산하 부서로, 해당 프로젝트의 목적은 펜타곤이 자금을 지원하는 연구기관들의 컴퓨터를 전화선으로 연결하는 것이었다.

그리고 마침내 1989년에 팀 버너스 리 경이 월드와이드웹을 발명하면서 세계는 산업화 시대에서 정보화 시대로 돌입하게 되었고, 가속화의 가속화가 시작되었다.

그러나 교육 부문만은 변화하지 않았다. 교육은 언제나 과거에 머물러 있었다.

주일학교의 교훈을 되새겨 보자. "내 백성이 지식이 없으므로 망하는도다. 나도 너를 버렸으니 내 제사장이 되지 못하게 할 것이오, 네가 네 하나님의 율법을 잊었으니 나도 네 자녀들을 잊어버리리라."

21세기가 되자, 새로운 지식을 따라잡지 못한 수십억 명이 버려졌다. 풀러가 말했듯이 "인류는 전례를 찾아볼 수 없는 위기 속으로 점점 더 깊이 빠져들고 있다."

1981년에 내가 참석한 세미나에서 풀러는 전 세계의 수십억 인구가 어째서 난감한 처지에 처하게 되었는지 설명한 바 있다. "정보화 시대로의 변화는 눈에 보이지 않습니다. 눈에 보이지 않으면 다가오는 것을 피할 수도 없지요."

부자 아빠도 그와 비슷한 말을 한 적이 있다. 1971년에 닉슨 대통령이 금본위제를 폐지했을 때, 그분은 "돈이 보이지 않게 되었다."고 말했다.

『중대 경로』에서 풀러는 이렇게 썼다.

우리 중 누군가가 과감하게 나서서, 지금 당장 그리고 앞으로도 계속 항상 진실만을, 오직 진실만을 말하지 않는다면 전 인류가 멸망의 위기에 처할 것이라고 확신한다.

부모들에게 전하는 말

풀러 박사가 세상을 떠난 뒤에 나는 자녀를 둔 부모들에게 교육이 아이들을 진짜 현실 세상에 대비하게 하는 데 실패했으며 "보이지 않는 빈곤"을 강화하고 있다고 경고했다.

다시 정리하자면 학교는,

1. 학생이 실수를 저지르면 벌을 준다.
2. 협력을 부정행위로 간주한다.
3. 시험을 혼자 힘으로 치르게 한다.
4. 타인에게 도움을 요청하지 못하게 한다.
5. 종형 곡선에 따라 점수와 등급을 매긴다.

하지만 그럴 때마다 부모들은 거의 예외 없이 이렇게 반응했다.

"우리 교육 체제에 문제가 있다는 건 압니다. 하지만 내 아이가 다니는 학교는 그렇지 않아요. 그 학교에서는 잘 가르치고 있어요. 아이들도 학교 다니는 것을 좋아하고 서로서로 돕고, 또 선생님을 좋아해요."

혹은 이렇게 말하기도 한다.

"우리 애들은 몹시 똑똑해요. 한 아이는 법학대학원에 갔고 다른 아이는 박사 과정에 있지요. 두 사람 다 연봉이 높은 좋은 직장에 취직할 겁니다."

그러나 풀러가 경고한 것처럼 "눈에 보이지 않으면 다가오는 것을 피할 수도 없다."

간신히 떠다니고 있는

「간신히 떠다니고 있는」. 이는 2018년 7월 15일 일요일판《뉴욕타임스》서평란의 제목이다. 다음은 1993년부터 1997년까지 미국 노동부 장관을 지낸 로버트 라이시의 글에서 발췌한 대목으로, 라이시는 고용 시장의 변화에 대해 이렇게 우려했다.

나는 똑똑한 로봇이 우리 인간의 문명을 정복하는 것이 아니라, 우리의 일 자리를 대신한다는 보다 실질적이고 임박한 가능성에 대해 말하는 것이다. 그러한 가능성은 이미 현재 진행형이다. 로봇이나 그와 관련된 인공지능 은 아직 남아 있는 공장 노동자와 콜센터 직원, 사무직원들의 자리를 빠른 속도로 대체하고 있다. 아마존을 비롯한 온라인 플랫폼들은 소매업자들을 쫓아내고 있으며, 머지않아 우리는 트럭 운전사와 창고 직원은 물론 약사와 회계사, 변호사, 의사, 번역가, 재무상담사에 이르기까지 복제 가능한 업무를 담당하고 있는 모든 전문직 종사자들에게 작별인사를 고하게 될 것이다. 암의 진찰 및 검사에 있어서도 기계는 곧 인간 의사들의 솜씨를 능가하게 될 것이다.

일부 종말론자가 주장하는 것처럼 미래에 일자리가 사라진다는 얘기는 아니다. 그러나 로봇은 로봇이 인간이 아니기 때문에 할 수 없는 직업(아동 돌보기, 노인 간호, 가정 의료, 개인 코치, 영업 등)에서도 임금을 인하시킬 것이다. 이미 많은 첨단기술이 인간 노동자들의 자리를 대체한 지금, 실질적으로 일자리 위기는 없다. (…) 그보다 우리는 '좋은 일자리'의 위기를 맞이하고 있다. (…) 오늘날 미국 노동자의 연평균 소득은 약 4만 4,500달러인데, 이는 1979년의 평균 소득과 크게 차이 나지 않는 액수다. 미국 성인의 약 80퍼센트가 다달이 벌어 생계를 유지하고 있으며, 많은 수가 다음 달 수입이 얼마가 될지 알지 못한다.

나는 부모들에게 정보화 시대에는 돈과 변화가 눈에 보이지 않기 때문에 진짜 금융 교육을 받지 않으면 학교가 아이들에게 무엇을 가르쳤는지(혹은 가르치지 않았는지) 알 수 없다고 경고했다.

대부분의 부모들은 자신들이 학교에서 무엇을 배웠는지 알고 있지만, 무엇을 배우지 않았는지는 알지 못한다. 그래서 대부분의 부모들이 "우리 애들은 학교에서 잘하고 있어요."라고 말하는 것이다.

진짜 교육을 받지 않는다면 아이들이 학교생활을 얼마나 잘하든 부자와 다른 계층 간의 격차는 점차 심화될 것이다. 부자와 가난한 사람들 사이의 격차가 지나치게 심화되면 사회적 불화와 혁명이 발발할 가능성 또한 증가한다.

사람은 자산인가 부채인가

마이크와 내가 나이가 들자, 부자 아빠는 단순한 금전적인 단계를 넘어 '인적' 자산과 부채에 대해 가르치기 시작했다.

부자 아빠가 그린 그림은 다음과 같다.

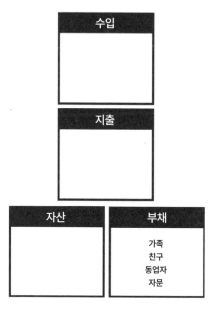

부자 아빠는 말했다. "너희가 가질 수 있는 최선의 자산은 사람이다. 그러니 사람이야말로 가장 큰 부채다."

부모들이 내게 "우리 교육 체제에 문제가 있다는 건 압니다. 하지만 내 아이가 다니는 학교는 그렇지 않아요."라고 말할 때마다 나는 인적 자산과 부채에 대한 그림을 그려 보여 준다.

일단 사람들이 재무제표의 작동 방식 ― 특히 자산은 주머니에 돈을 넣어 주는 것이며 부채는 주머니에서 돈을 빼 가는 것 ― 을 이해하고 나면, 나는 부자 아빠가 가르쳐 준 사람의 대차대조표를 보여 주고, 그들의 삶과 미래에서 누가 자산이고 부채일지 토론해 보라고 권한다.

처음에는 모두가 머뭇거리기 마련이다. 누구도 사람에게 부채라는 딱지를 붙이고 싶지는 않기 때문이다.

그러나 시간이 지나면 점차 진실이 수면 위로 드러나기 시작하고, 진실이 드러날수록 사람들은 이렇게 말한다.

- "우리 아들이 학교를 그만둬서 남은 학자금 대출금을 내가 내줘야 해요. 그 애는 아직도 일자리를 못 구했어요."
- "내 딸의 남편이 마약중독자예요. 딸은 다섯이나 되는 자식들을 데리고 우리 집에 같이 살고 있고요. 대학도 졸업했지만 애들 셋이 아직도 열두 살이 안 돼서 일을 구할 수도 없어요."
- "우리 아버지는 고위급 임원이었는데 일하던 회사가 문을 닫아서 실업자가 됐어요. 401(k) 연금을 전부 써 버려서 지금은 우리와 함께 살지

페이크

요. 일을 하고 싶어 하시지만 만족할 만한 연봉을 제시하는 직장을 찾을
수가 없더군요."

- "내 자산상담사는 아무 도움도 안 됐어요. 퇴직할 때까지 6년 남았는데
  그 뒤엔 어떻게 해야 하나 걱정이에요."

- "내 사업 동업자가 많이 아파서 내가 그 사람과 그 사람 가족을 책임져
  야 해요."

- "세금이 너무 밀려서 국세청에서 월급을 차압하겠다고 연락이 왔어요.
  하지만 내가 세금을 못 낸 건 세금을 내면 먹고살기가 힘들기 때문이에
  요. 심지어 근근이 살기도 힘들어서 아내와 내 약값도 내지 못할 지경입
  니다."

토론이 끝나면 나는 이렇게 묻는다. "아직도 교육이 현실 세상에 나
갈 수 있게 대비시켜 준다고 생각하십니까?"

이는 거듭 강조할 가치가 있는 경고다. 정보화 시대에는 돈과 변화
가 눈에 보이지 않기 때문에 진짜 금융 교육을 받지 않으면 학교가 아
이들에게 무엇을 가르쳤는지 혹은 가르치지 않았는지 알 수 없다.

풀러가 『중대 경로』를 쓴 이유 중 하나는 다음과 같다.

우리 중 누군가가 과감하게 나서서, 지금 당장 그리고 앞으로도 계속 항상
진실만을, 오직 진실만을 말하지 않는다면 전 인류가 멸망의 위기에 처할
것이라고 확신한다.

해석: 인류가 생존하려면 우리 모두 진실을 말하기 시작해야 한다. 삶에 존재하는 인적 부채에 대해 털어놓기 시작한다면 자신과 자식들이 받은 부적절한 교육의 진실에 대해 깨닫게 될 것이다.

간단히 말해 교육은 사람들이 보이지 않는 돈과 보이지 않는 변화로 가득한, 가속화가 가속화되고 있는 세상에 대비하게 하는 데 실패했다.

진짜 영성 교육을 받지 않으면 사람들은 무력해진다. 왜냐하면 이제껏 가짜 교사들이 실수를 해서는 안 되고 남들에게 도움을 요청하는 것은 부정행위라고 가르쳤기 때문이다.

진짜 금융 교육을 받지 않으면 아무것도 볼 수가 없다. 왜냐하면 고학력 엘리트들이 사람들이 손에 넣기 위해 열심히 일하는 바로 그 돈을 이용해서 부를 더 쉽게 훔쳐 갈 수 있기 때문이다.

진짜 영성 교육과 금융 교육을 받지 못한다면, 당신의 말이 맞다. "당신은 나처럼 하지 못할 것이다."

이건 별로 새로운 사실도 아니다. 이미 성경에서도 말하고 있다고 하지 않는가. "내 백성이 지식이 없으므로 망하는도다."

그렇지만 좋은 소식도 있으니 너무 걱정 말기 바란다. 다음 장에서는 시대에 뒤처진 교육 제도 밖에서 필요한 일을 하고 있는 교육계의 사업가들에 대해 알아볼 테니까.

페이크

전 세계의 독자들이 묻고
로버트 기요사키가 답하다

Q 학문적인 지식 외에도 대학 교육은 받을 만한 가치가 있지 않는가?
― 게리 B.(싱가포르)

A 물론이다. 많은 사람들에게 있어 대학은 생애 처음으로 자신과 다른 다양한 관점을 접할 수 있는 기회가 된다. 이제까지 알던 세상에서 벗어나 날개를 활짝 펴고 한계를 시험할 수 있는 좋은 기회다. 새로운 것과 환경을 경험하고, 대부분 자신과는 다른 출신 배경과 사고방식, 의견을 가진 새로운 사람들을 만날 수 있다. 교육은 다양한 형태를 띠며, 대학 시절의 경험 또한 그중 하나다.

다만 투자수익률을 반드시 고려해야 한다. 즉 전통적인 대학 교육의 투자수익률과 학자금 대출이라는 무거운 짐을 비교해 보라. 모든 사람에게 일괄적으로 적용되는 공식이란 없으니, 각자 자신의 미래에 대한 목표와 비전과 거기 필요한 비용을 저울질해 보아야 한다.

Q 당신이 보기에 전통적인 교육 제도에서 가장 마음에 들지 않는 부분은 무엇인가?

—애덤 C.(체코공화국)

A 사실 하나만 꼽기는 힘들다. 그리고 그런 문제점들은 전부 연결되어 있다. 어쨌든 핵심은 전통적인 교육이 사람들에게 현실 사회에 대비하는 법을 가르치지 않는다는 것이다.

우리는 울타리 안에 갇혀 고립되어 있는 게 아니라 서로 협력하고 협조해야 한다. 나는 진짜 지능이란 열린 마음으로 타인의 관점을, 사물이나 상황을 보는 다른 방식을 이해하고 높이 평가할 수 있는 능력이라고 생각한다. 학교에서는 대부분 '정답'이 존재하지만 현실 세계에서 '정답'은 개인의 상황이나 조건에 따라 달라지기 마련이다.

Q "난 할 수 없어요."나 "그럴 형편이 못 돼요."라는 말은 마음을 닫는다고 했는데, 그게 무슨 뜻인가?

— 시실리아 J.(영국)

A 그런 말들은 다른 가능성을 떠올리지 못하게 가로막는다. 그건 매우 편협한 사고방식이다. 하지만 당신은 크게, 적어도 그보다는 '더 크게' 생각해야 한다.

"어떻게 해야 그럴 형편이 될 수 있을까?"라고 자문한다면, 당신의 뇌는 참신한 아이디어와 해결책, 그리고 기회에 대해 생각하게 된다.

Q 보다 저렴한 비용으로 대학 교육을 받고 이후 더 나은 것으로 옮겨 간다면 괜찮을까?
— 아짐 B.(에스토니아)

A 각자에게 알맞은 방법을 찾아야 한다. 특정한 '학교'가 됐든 대학이 됐든, 교육의 가치는 대개 학생이 만들어 내는 것이다.

Q 도대체 진짜 교육이란 '무엇'인가?
— 빌리 K.(남아프리카 공화국)

A 진짜 교육은 당신이 원하는 일을 할 수 있게 해 준다. 진짜 교육은 진짜 교사로부터 — 당신이 하고 싶은 일을 실제로 경험한 사람 — 나오며, 배우는 사람 또한 학습 과정에 적극적으로 참여해야 한다.

Q 지나치게 많은 정보가 넘치고 모든 것이 빠르게 변화하는 "가속화의 가속화" 시대에 누구를 신뢰해야 할지 어떻게 알 수 있는가?
— 알렉시 C.(터키)

A 끝내주는 질문이다. 우리 삶에 존재하는 다른 수많은 것들과 마찬가지로, 그 대답은 교육에서부터 시작된다. 무엇보다 먼저 '당신'이 똑똑해져서 거짓과 진실을 구분하고 가짜와 진짜를 구분할 수 있어야 하기 때문이다.

Q 돈의 언어를 배우려면 어떻게 해야 할까?

— 앤젤라 S.(뉴질랜드)

A 돈과 금융, 경제와 관련된 어휘력을 늘리는 데서부터 시작하는 게 좋겠다. 어휘력은 곧 힘이다. 날마다 새 어휘를 배우면 머지않아 텔레비전과 라디오에서 익숙한 단어들을 알아차리게 되고, 뉴스 기사나 인터넷에서도 포착하게 될 것이다. 시간을 투자해 읽고 들은 것들을 확실히 이해하고, 이해할 수 없는 것을 만나면 그것을 설명해 주거나 함께 토론할 동료들을 찾아라.

Q 나는 항상 아이들의 교육을 최종적으로 책임져야 할 사람은 부모님이라고 생각했다. 당신의 의견은 어떤가?

— 저스틴 J.(미국)

A 글쎄⋯⋯ 나에게 가장 큰 영향을 준 스승이었던 '부자 아빠'를 생각하면 그 대답은 분명하다고 생각한다. 부모님은 아이들이 만나는 생애 최초의, 그리고 많은 경우 생애 최고의 교사다. 특히 호기심이 많고, 탐구력이 왕성하며, 항상 질문을 던지고, 하나의 '정답'보다 더 많은 것을 받아들일 준비가 되어 있는 아이라면 더욱 그렇다.

무엇보다 중요한 것은 아이가 실수를 받아들이는 방식에 부모의 사고방식이 대단히 큰 영향을 끼친다는 것이다. 우리는 실수를 통해 배우고, 우리가 저지르는 모든 실수에는 언제나 배울 수 있는 교훈이 있다. 실수는 배움의 기회이며, 우리의 학습 곡선에 긍정적인 경험을 보태 준다.

Chapter 12

교육계의 사업가들
미래가 보이는가

2018년 7월, 도널드 트럼프 대통령이 노동자들의 재교육 및 재훈련을 추진하는 행동명령에 서명했다. 이 프로그램의 뒤편에는 많은 대기업들이 포진해 있었다.

이것은 커다란 가짜 뉴스다. 트럼프 대통령의 행정명령은 얼핏 듣기에는 매우 유용한 정책처럼 들릴 뿐만 아니라 노동계에서 더 많은 표를 얻기에 안성맞춤의 타이밍에 이루어졌다.

진짜 뉴스는 이미 미국이 노동인구의 재교육에 매년 10억 달러 이상을 지출하고 있다는 사실이다.

진짜 뉴스는 이러한 재교육 및 훈련 프로그램이 실은 아무 효과도 없다는 것이다.

재교육이 쓸모없는 이유

노동자 재교육은 매우 훌륭한 의도를 지니고 있지만, 문제는 이 프로그램이 효과가 없다는 데 있다. 이 정책이 아무런 효과를 발휘하지 못하는 이유는 우리의 교육 방식이 잘못되어 있기 때문이다.

미국의 정책 입안자들은 교사들의 단계를 그린 표를 살펴보고 우리의 교육 방식이 시대에 뒤처져 있고 비효과적이며 따분하다는 사실을 깨달아야 한다.

앞에서 설명했듯이, 현대 교육의 가장 심각한 문제점 중 하나는 학생들이 학교를 싫어하게 만든다는 것이다. 학교를 싫어하게 된 학생들 중 얼마나 많은 수가 학교를 졸업한 후에 재정적인 곤란을 겪게 되었을까? 얼마나 많은 수가 감옥에 갔을까? 얼마나 많은 사람들이 학교가 싫다는 이유로…… 결국 자신이 싫어하는 직장에 매이게 되었을까?

전통적인 교육은 인구의 약 25퍼센트가량에게는 적합할지 몰라도 나머지 75퍼센트에게는 혼돈을 불러일으킨다.

나는 학창시절에 늘 아슬아슬하게 낙제를 면하는 수준이었는데, 그건 내가 학교를 싫어했기 때문이었다. 나는 내가 멍청하지 않다는 것을 알고 있었고 적성 테스트에서도 높은 점수를 받았다. 나는 그저 전통적인 학교의 체제와 선생님들, 특히 그 따분한 교과 과정이 싫었을 뿐이다.

그런데도 내가 학교를 그만두지 않은 이유는 다음 여덟 가지 경험을 했기 때문이었다.

1. 부자 아빠의 도제가 되어 진짜 비즈니스를 경험한 것

2. 부자 아빠가 모노폴리 게임을 사용해 가르친 것(덕분에 나는 배운다는 것이 즐겁다는 것을 깨달았다.)

3. 5학년 때 정답을 외우지 않고 다른 방식으로 배우도록 격려한 해롤드 일리 선생님처럼 훌륭한 교사를 만난 것

4. 평범한 대학이 아니라 사관학교에 입학한 것

5. 학위를 따기 위해 전통적인 학교로 돌아가지 않고 세미나에 정기적으로 참석한 것

6. 성경에 나오는 동방박사처럼 일반적인 교육 제도 밖에서 끊임없이 훌륭한 스승을 찾아다닌 것

7. 두 아버지에게서 동전에는 세 개의 면이 있다는 사실을 배운 것

8. 현실 세계에는 하나의 정답만 있는 게 아니라는 사실을 배운 것

케네디 대통령과 재교육

트럼프 대통령은 해직자들을 재교육시켜야 한다고 처음으로 주장한 대통령이 아니었다.

스티븐 브릴이 『추락』에서 말했듯이, 1962년에 존 F. 케네디 대통령은 미국의 관세율 및 수입제한의 벽을 낮춰 해외 교역을 확대하자고 제안했다. 냉전 당시 공화당과 민주당은 — 비록 공화당 쪽이 더 강력한 보호정책을 옹호하긴 했지만 — 양당 모두 무역자유화에 대해 꺼려하는 경향이 있었다.

케네디는 교역 장벽을 낮춘다면 미국의 일자리가 유출될지도 모른다는 사실을 익히 알고 있었다. 따라서 그는 연방 프로그램인 무역조정지원제도Trade Adjustment Assistance, TAA를 실시하여 무직 노동자들을 재교육할 것을 제안했다.

수백만 미국인이 국가적인 이득을 취하는 대가로 소규모 노동자 집단이 일자리를 잃는 것은 대통령도 원하지 않는 일이었기 때문이다.

케네디는 이렇게 말했다.

"국가 정책을 고려하여 높은 관세를 피하는 것이 바람직할 경우, (해외와의) 경쟁으로 피해를 입을 사람들이 그 충격을 고스란히 떠맡아야 할 이유는 없다. 경제적 조정으로 인한 부담은 부분적으로 연방 정부가 부담해야한다."

해석: 관세 인하는 미국과 미국인에게 이득이 될 것이나 일부 노동자들의 일자리를 잃게 할 수도 있다. 일자리를 잃은 노동자들의 재교육은 연방 정부가 부담해야 한다.

케네디의 TAA 프로그램은 직장을 잃은 노동자들에게 기존에 받던 평균 급여의 60퍼센트를 52주일 동안 지급하는 한편(60세 이상 노동자의 경우에는 65주), 노동자들은 교육 및 훈련 프로그램에 등록해 '새로운 고급 기술'을 익혀야 했다. 또한 새 직장을 얻기 위해 거주지를 옮겨야 할 경우에는 가족들에게도 보조금을 지원했다.

실용적이지 못한 재교육 시스템

이 프로그램은 공화당의 거센 반발에 부딪혔다. 그중 가장 큰 목소리를 낸 것은 프레스콧 부시 의원으로, 후에 대통령이 될 조지 H. W. 부시의 부친이자 조지 W. 부시의 조부였다. 그러나 그런 강력한 반대에도 불구하고 케네디는 TAA 법안을 통과시키는 데 성공한다.

TAA는 상반된 평가를 받았다. 처음 프로그램이 시행되고 6년간 — 비록 10억 달러라는 예산이 들었음에도 불구하고 — 국가로부터 도움을 받은 노동자는 단 한 사람도 없었다. 직장을 잃은 대부분의 사람들에게 TAA는 일자리 재교육이 아니라 그저 실업보험의 연장선에 불과했다.

노동자들이 재훈련 프로그램을 활용하지 못한 이유 중 하나는 TAA의 지원을 받으려면 필수 요건을 충족해야 했기 때문이다.

그들은 고등학교 졸업장과 동등한 자격 요건을 갖춰야 했고, TAA 보조금을 받으려면 해당 지역의 커뮤니티 컬리지나 직업학교에 등록해야 했다. 대부분의 무직 노동자들이 어떻게든 최대한 빨리 금전적 소득이 필요하다는 점에서 이는 굉장히 실용적이지 못했다. 수입이 절실한 상황에서는 학교 등록금을 마련할 수가 없었기 때문이다.

EBT vs. 교육

앞서, 1994년에 하와이 힐로에서 마지막 사탕수수 농장이 문을 닫고 한때 고임금을 받던 많은 노동자들이 일자리를 잃었다고 말한 부분이 기억나는가? 사탕수수 농장의 노동자들은 대부분 고등학교를 졸업하지 못했다. 농장에서 일을 하는 데 졸업장은 필요하지 않았기 때문이다. 오늘날 그들은 직업 교육을 받기보다 EBT 카드를 받는다.

그들은 자본주의 체제 안에서 다시금 납세자 집단에 편입할 직업 재교육을 받기보다는 사회주의 체제에 속하는 사회복지 혜택을 받는다. 미국 내에서 사회주의에 대한 지지율이 상승하고 있는 것도 이 때문이다.

2001년에 브릴이 『추락』에서 지적했듯이, 미국 회계감사원Government Accountability Office, GAO이 버지니아주 마틴스 빌과 헨리 카운티 등에서 실시한 조사 결과, 10년간 6,000개의 일자리가 상실되었으며, TAA 자격을 지닌 노동자들 가운데 실제로 재교육 프로그램에 등록한 사람들은 20퍼센트 이하에 불과했다. 프로그램에 등록한 20퍼센트 중에서도 상당수가 중도에 포기했는데, 강좌를 수료하고 직업 훈련을 마치기 전에 지원금이 중단되었기 때문이다. 또 다른 GAO 연구조사에 따르면 TAA 자격을 갖춘 노동자 중 4분의 3이 TAA에 참가하지 않았다. 다른 조사에서는 프로그램을 마친 소수의 사람들도 "기존의 일자리와 조금이라도 대등한" 직업은 얻지 못했다고 보고했다.

우리의 교육은 지루하고 한심하다

교육이 문제다. 학교에서 가르치는 내용, 가르치는 방식, 가르치는 사람이 문제다.

다시 말하지만, 효과적인 학습에는 단계가 있다.

1. 몸은 교실에 앉아 있지만 정신은 다른 곳에 가 있는 때가 얼마나 많은가?
2. 교실에서 교사의 수업을 듣기보다 시계를 쳐다보는 경우가 얼마나 많은가?
3. 지식을 배우기 위해서가 아니라, 오로지 시험을 잘 보기 위해 얼마나 자주 벼락치기 공부를 했는가?

내가 교사 단계표를 좋아하는 이유는 부자 아빠와 가난한 아빠를 극명히 비교해 주기 때문이다. 진짜 교육은 재미있고, 신이 나고, 도전적이고, 절대로 지루하지 않다.

심지어 부자 아빠에게서 배우는 게 어찌나 재미있었는지 집에 너무 늦게 돌아가 종종 야단을 맞는 경우도 있었다. 부자 아빠와 있을 때면 항상 더 많이 배우고 싶었다. 배움에 푹 빠져 집에 늦게 들어갔을 때 부모님이 하시는 말씀이라곤 "숙제는 했니? 좋은 점수를 못 받으면 좋은 직장에 못 들어간다."뿐이었다.

교육계의 사업가 되기

1983년 버키 풀러가 세상을 떠난 뒤 나는 『자이언트 그런치』를 읽고 듀란듀란이나 밴 헤일런, 주다스 프리스트, 보이 조지 같은 록밴드의 상품을 생산하는 것만으로는 큰돈을 벌 수 없다는 사실을 깨달았다.

내 안의 무언가가 음악 산업이 아니라 교육 산업계의 사업가가 되어야 한다고 속삭였다. 어떻게 해야 할지 그 방법은 몰라도, 지금까지 하던 일을 계속할 수는 없었다.

1983년에 나는 나처럼 삶의 목표를 찾고 있던 킴을 만났다. 1984년에 우리는 손을 맞잡고 신념의 도약을 감행하여 아름다운 하와이를 떠나 캘리포니아에 정착했다. 얼마 안 가 가진 돈이 떨어졌지만 우리는 포기하지 않았다. 빈털터리가 되어 일주일 동안 샌디에이고 해변에 낡은 갈색 도요타에서 잠을 자기도 했지만, 결국에는 우리를 받아 준 친구의 지하실에 살게 되었다.

그것은 우리의 믿음에 대한 시험이었다.

다윗과 골리앗

1983년에 킴과 나는 우리가 고학력 엘리트와 교육계의 '그런치' 시스템과 싸우고 있다는 사실을 깨달았다. 골리앗에 맞서 싸우는 다윗이 된 기분이었다. 우리가 하던 일을 포기하지 않고 계속할 수 있었던 것은 가족과 친구들이 기꺼이 격려해 주었을 뿐만 아니라 나아가 경제적으로 도와주겠다고까지 나섰기 때문이다. 물론 우리는 그들의 도움을 사양했다. 우리는 진짜로 신이 있는지 확인하는 과정에 있었고, 만일 그들의 원조를 받는다면 돈은 우리의 신념을 희석시킬 터였다.

대신에 우리는 버키 풀러와 같은 사람들의 지혜와 현명함을 초석으로 삼았다. 오랜 세월 동안 우리처럼 신념을 시험하는 시련 속에서도 절대 돈을 위해 일하지 않고 오직 신이 그들에게 원하는 일만을 수행하며 끊임없이 '내가 뭘 할 수 있지? 난 그저 하찮고 평범한 사람일 뿐인데.'라고 자문하던 사람들 말이다.

킴과 내가 재정적 자유를 찾는 데에는 딱 10년이 걸렸다. 우리 부부는 1994년에 은퇴하여 완전한 자유를 만끽하게 되었다. 그때 킴은 서른일곱 살이었고 나는 마흔일곱이었다.

1996년, 킴과 나는 캐시플로 보드게임을 개발했다. 1997년에는 『부자 아빠 가난한 아빠』를 자비로 출판했는데, 내가 연락한 모든 출판사가 그 책의 내용을 받아들일 수 없다고 거절했기 때문이다. 2000년에 우리는 오프라 윈프리에게서 전화를 받았다. 그다음에 일어난 이야기는 다들 아는 대로다. 2002년에 나는 미국과 호주에서 수천 명의 열렬한 관중들 앞에서 강연을 했고, 무대 뒤에서 도널드 트럼프를 만났다. 그 뒤로 우리는 두 권의 책을 공동집필했고, 진짜 금융 교육을 퍼트리는 파트너가 되었다.

2008년에 나는 CNN의 울프 블리처와의 인터뷰에서 금융 붕괴와 리먼브라더스의 파산을 예측했다. 6개월 뒤에 리먼브라더스가 파산하면서 경기 대침체가 시작되었다. 부자와 중산층, 가난한 사람들의 경제적 격차가 극심한 수준으로 벌어지기 시작했다. 도널드 트럼프와 내가 우리의 책에서 예견한 그대로였다.

풀러가 『중대 경로』의 서문에서 이렇게 썼다고 앞서 이야기 한 바 있다.

세계 권력 구조의 황혼기

인류는 전례를 찾아볼 수 없는 위기 속으로 점점 더 깊이 빠져들고 있다.

해석: 1982년에 풀러는 정보화 시대가 다가오고 있다고 말했다. 정보화 시대가 오면 그런치는 과거의 힘을 잃을 것이다. 그런치가 기존의 권력을 빼앗기지 않으려고 발버둥 칠수록 경제 위기는 더욱 극심해질 것이다.

사람들은 절박한 상황에 처하면 절박한 행동을 한다.

풀러는 정보화 시대가 온전함의 시대를 가져올 것이라고 말했다. 그런치의 실태가 폭로될 것이고, 그런치가 과거의 권력을 유지하기 위해 안간힘을 쓸수록 위기는 더욱 가속화될 것이다.

비트코인 같은 대중의 돈이 중앙은행의 권위에 도전장을 내밀면서, 당신도 그런치가 마지막 생명줄을 간절하게 붙들고 있다는 사실을 실감하고 있으리라.

그런치가 활용하는 또 다른 도구는 진짜 교육이 부재한, 타락한 교육 체제다.

그래서 킴과 나는 교육계의 사업가가 되기로 결심했다. 캐시플로 보드게임은 현대의 교육 제도를 우회해 사람들이 서로를 가르침으로써 세상에 진짜 교육을 돌려주기 위한 것이다.

캐시플로 게임은 사람들에게 암기를 위한 정답을 주는 것이 아니라, 더 많이 배우고 보다 부유한 삶을 살 수 있는 가능성을 조금이나마 열어 준다. 캐시플로 게임을 할 때면 자기 자신과 가족들을 위해 어떻게 더 나은 미래를 만들 수 있는지 엿볼 수 있다.

앞 장에서 부모들에게 경고한 것처럼, 정보화 시대에는 돈과 변화가 눈에 보이지 않기 때문에 진짜 금융 교육을 받지 않으면 학교가 아이들에게 무엇을 가르쳤는지 혹은 가르치지 않았는지 알 수가 없다. 정보화 시대에 우리는 교육에 대한 통제권을 정부로부터 빼앗아 우리의 손으로 다시 가져와야 한다.

무역 적자의 부작용

1962년, 존 F. 케네디 대통령이 세계화를 선언하며 무역조정지원제도를 도입했다.

1972년, 닉슨 대통령이 중국에 문호를 개방했다.

1999년, 빌 클린턴 대통령이 중국에 세계무역기구, 즉 WTO 가입을 촉구했다. 클린턴은 중국과의 교역이 확대되면 미국의 일자리가 늘고 무역 적자가 해소될 수 있으리라 예상했다. 그는 또한 이렇게 말했다. "이득밖에 없는 협약이다."

2001년, 중국이 WTO에 가입했다.

알다시피 클린턴은 진실을 말하는 데 문제가 있는 사람이다. 그 협상은 결국 미국이 아니라 중국에 유리한 것으로 밝혀졌다.

브릴은 『추락』에서 이렇게 지적한다.

2000년부터 2009년 사이, 미국의 대중 무역 적자는 830억 달러에서 2,270억 달러로 거의 세 배로 급증했다. (⋯) 같은 기간 동안 미국은 컴퓨터와 전자제품 부문에서 62만 7,000개의 일자리를 비롯해 총 560만 개의 제조업일자리를 상실했다. (⋯) 2016년이 되자 대중 무역 적자는 3,470억 달러로 늘었다.

한쪽으로 편중된 무역 적자는 노동자들의 일자리만 빼앗아 간 것이 아니라 성실하게 저축하던 사람들과 주택 보유자들, 그리고 투자자에게도 치명적인 피해를 입혔다. 뿐만 아니라 무역 적자는 2008년 금융 붕괴에도 커다란 영향을 끼쳤다.

브릴의 글을 읽어 보자.

중국은 막대한 현금을 축적하고 있었고 이를 투자할 안전한 장소가 필요했기에 미국 재무부 채권에 대한 수요가 급격히 증가했다. 이로써 미국 금리가 전례 없는 수준으로 하락하면서 가장 위험한 형태의 모기지인 서브프라임 모기지와 주택저당증권 및 그 파생상품에 손쉽게 자금을 조달할 수 있게 되었다.

2008년, 주식 시장과 부동산 시장이 무너졌고 금리는 더욱 추락했다.

2018년에도 금융 위기는 아직 끝나지 않았다. 도리어 더욱 심각해지고 있다. 풀러가 1981년에 지적했듯이 "인류는 전례를 찾아볼 수 없는 위기 속으로 점점 더 깊이 빠져들고 있다." 그나마 좋은 소식이 있다면, 사업가들이 현 사태를 해결하기 위해 달려오고 있다는 것이다.

교육계의 사업가들

교육 산업계에서 가장 눈에 띄는 곳은 칸 아카데미Khan Academy다. 칸 아카데미는 전 세계 수백만 학생들에게 학업 교육을 제공하며, 학생들은 학자금 대출을 받지 않아도 필요한 학문적 지식을 배울 수 있다.

브릴은 『추락』에서 이라크전에 참전한 미 육군 대위인 주케이 수가 설립한 교육 기관 C4QCoalition for Queens를 조명한다. 수는 대만에서 출생한 이민자 출신으로 하버드대 졸업생이기도 하다. 수는 브릴에게 "살면서 내가 만난 가장 똑똑하고 성실한 사람들은 대학에 가 본 적이 없는 군인이었습니다."라고 말했다. C4Q는 컴퓨터 전문가가 아닌 이들에게 코드 개발을 가르친다.

그와 비슷한 수많은 학교와 교육 프로그램 중에서도 C4Q가 특별한 이유는 그들이 가르치는 방식 때문이다.

1. 설립자인 주케이 수는 프로그래머가 아니다. 그는 컴퓨터를 공부한 적도 없고 경험도 없다.
2. 주케이 수는 학계에서 일하는 가짜 교사가 아니라 실제로 해당 분야에서 일하고 있는 진짜 교사를 고용한다.
3. C4Q는 사관학교처럼 운영된다. 교육 과정은 팀워크를 기반으로 진행되

며 교사와 학생들은 경쟁이 아니라 협력을 통해 학습한다.

4. 2013년에 처음으로 C4Q에 등록한 학생 21명의 평균 소득은 연 1만 8,000달러로 대부분은 고등 교육을 받지 못한 서비스업 종사자였다. C4Q 수료생의 52퍼센트가 여성이며, 60퍼센트가 아프리카계 미국인이다. 그리고 55퍼센트가 대학 졸업장을 갖고 있지 않다.

5. 2016년 9월에 프로그램에 참여하여 2017년 6월에 수료를 마친 88명의 학생들이 받는 연봉은 평균 8만 5,000달러다. 그들은 우버와 블루 에이프런Blue Apron, 핀터레스트, 구글, 버즈피드, J. P. 모건체이스 등의 회사에 취직했다.

6. 졸업생들은 취직 후 2년 동안 소득의 12퍼센트를 C4Q에 지불하기로 약속한다.

7. 이는 학교를 마치지 못하거나 고소득 직장에 취직하지 못할 경우 학생들에게 끔찍한 빚을 지우는 학자금 대출과는 다르다.

8. 그들이 지불하는 12퍼센트는 기부자들을 성공한 학생들의 수익을 공유하는 투자자가 되도록 고무시켜 단순히 '인기 있는 자선사업' 이상의 것으로 인식하게 만든다. 비영리단체인 C4Q에 영리 수익이라는 요소를 추가하여 사회주의적인 제도에는 부재한 재정적 안정성이라는 경제적 요소를 보완한다.

브릴은 『추락』에서 2000년에 설립된 또 다른 비영리 교육 재단인 이어업Year Up에 대해서도 설명하고 있다. 이어업은 보다 폭넓은 직업 교육 및 훈련을 제공한다.

이어업은 현재 미국 전역에 20개 지점을 운영하고 있으며, 1만 8,000명 이상에게 자동차 수리나 지원센터 운영과 같은 기술 관련 직업 교육을 비롯해 고용주들이 입문 또는 중간 수준의 기술 업종에서 요구하는 의사소통 기술 훈련을 제공한다.

이어업의 학생들은 교육 참여도 및 행실에 있어 엄격한 규율을 준수하겠다는 계약서에 서명해야 한다. 모든 학생들은 처음 프로그램을 시작할 때 각자 200점의 점수를 부여받는데, 지각을 하거나 무례하게 행동하거나 과제를 제시간에 제출하지 못하는 등 잘못을 저지를 때마다 벌점을 받아 점수가 깎인다. 매년 평균 25퍼센트 정도가 200점을 모두 실점하여 프로그램에서 퇴출된다.

정말로 사관학교에 가까운 시스템이다. 이어업을 졸업하려면 똑똑한 머리와 점수만으로는 충분하지 않은 것이다. 내가 다녔던 해양사관학교처럼 이어업의 학생들은 '명예율'을 준수해야 하며, 신사나 장교처럼 행동하지 않으면 아무리 성적이 뛰어나더라도 '벌점'을 받는다.

이어업은 C4Q처럼 안정적이고 고임금 일자리를 보장해 주지는 못하지만, 학생들에게 빈곤에서 탈출해 중산층의 반열에 오를 수 있게 해 준다.

혼자 하면 작은 성공을 이룰 뿐

또 한 명의 고학력 엘리트가 스티븐 브릴의 뒤를 이어 침묵을 깨트렸다. 하버드 졸업생이자 교육계의 사업가인 숀 아처는 2008년에 발간된 저서 『빅 포텐셜』에서 이렇게 말한다.

3년 전 인간의 잠재력과 성공 사이의 숨은 연결고리를 조사하고 있을 때, 나는 거대한 돌파구를 만나게 되었다. 아버지가 된 것이다.

내 아들 레오는 처음 이 세상에 나왔을 때 문자 그대로 무력한 존재였다. 혼자서는 몸을 뒤집지도 못했으니까. 그렇지만 나이가 들수록 아이는 점점 더 많은 능력을 얻게 되었다. 그리고 레오가 새 기술을 배울 때마다, 긍정심리학자라면 누구나 그렇겠지만 나는 "레오, 그걸 너 혼자 했어? 정말 대견하구나."라고 칭찬해 주었다. 조금 시간이 지나자 레오는 부드럽고도 자랑스러운 목소리로 응수하게 되었다. "나 혼자 했어요."

그때 나는 깨달았다. 어린아이일 때, 그리고 나중에 성인이 되어 일을 하게 될 때, 우리는 혼자서 하는 일에 지나치게 큰 가치를 부여한다. 그때부터 나는 그런 식의 칭찬을 그만두었다. 어쩌면 내 아들은 개별적이고 독립적인 성취를 궁극적인 시험이자 기개 어린 행동으로 여길지도 모른다. 그러나 실제로는 그렇지 않다. 그것은 완전히 다른 것이다.

이러한 순환은 어린 나이에서부터 시작된다. 학교에서 아이들은 다른 아이들보다 더 좋은 시험 점수를 받을 수 있게 열심히, 그리고 혼자서 공부하도록 훈련받는다. 다른 학생들에게 도움을 구한다면 부정행위를 한 것으로 간주되어 처벌을 받을 것이다. 아이들은 밤중에 몇 시간이고 숙제를 해야 하고, 혼자서 공부할 시간을 늘리기 위해 시간과 다른 것을 교환하도록 강요받는다.

내 아내 킴은 산타바바라에 있는 캘리포니아대학에 다녔다. 그녀는 이렇게 말했다. "어떤 애들은 자기 혼자 더 나은 점수를 받으려고 다른 학생들 공부를 방해하곤 했지." 또 이런 말을 하기도 했다. "도서관에 가서 다른 학생들이 봐야 하는 책을 몰래 찢어 놓는 애들도 있었어."

킴은 캘리포니아대학을 졸업하지 않았다. 그저 빨리 학위를 따서 학교에서 벗어나기 위해 하와이대학을 졸업했다.

나는 고등 교육을 받고 싶지도 않았고, 학위를 원하지도 않았다.

우울증을 기르는 교육

숀 아처의 『빅 포텐셜』은 우리 시대에 대한 위대한 책이다. 이 책의 핵심을 몇 가지 소개하자면 다음과 같다.

공식은 간단하다. 남들보다 더 낫고 똑똑하고 창의적이 되어라, 그러면 성공하리라. 그러나 이 공식은 잘못되었다.

성공은 창의성이나 영리함, 열정이 아니라 주변 사람들과 얼마나 밀접한 관계를 맺고 그들에게 베풀고 또한 도움을 받느냐에 달려 있다. 명문 대학을 졸업하거나 좋은 직장에 취직하는 것이 아니라 그 안에서 얼마나 잘 어울리느냐에 달려 있다. 중요한 것은 점수가 아니라 팀 내의 기술을 보완하고 완성하는 능력이다.

우리는 낡아 버린 성공의 법칙에 매달려 있는 나머지, 방대한 잠재력을 놓치고 있다. 나는 하버드에서 보낸 12년 동안 수많은 학생들이 극심한 경쟁의 모래톱 위로 떠밀려 와 자기 회의와 스트레스 위에서 허우적대는 모습을 보고 이 사실을 깨달았다. (…) 하버드 재학생의 80퍼센트가 우울증을 겪은 경험이 있다고 보고했다.

아처는 대학을 떠나 교육계의 사업가가 되었고, 전 세계의 학교와 비즈니스계에 협력의 힘에 대해 피력하고 있다.

나는 그동안 전 세계를 돌아다니며 이러한 '우울증'이 단순히 아이비리그 학생들의 문제가 아님을 깨달았다. 1978년에 우울증 진단을 받는 환자들의 평균 연령은 29세였다. 2009년에 평균 연령은 14.5세로 떨어졌다.

근래에 학교에서 발생하고 있는 총기 난사 사건의 원인이 우울증이나 외로움, 고립감에 있는 것은 아닐까? 어째서 스티브 스칼리스 미국 하원의원은 야구 시합 중에 공화당 의원이라는 이유로 총에 맞았을까? 개비 기포드 의원은 왜 단지 민주당 의원이라는 이유만으로 주민들 앞에서 피격 당했을까?

미국 주요 도시에서 총기 범죄가 증가하는 이유는 무엇일까?

상호 간의 예의와 존중은 어째서 점점 더 자취를 감추고 있는가?

학교에서 학생 간의 따돌림이 점점 더 심각해지고 있는 이유는 무엇일까?

학교에서 테러리즘과 폭력이 시작되는 건 아닐까?

타인을 도움으로써 자신의 잠재력 끌어내기

이러한 문제들에 대해 아처가 제시하는 해결책 중 하나는 그가 "선순환"이라고 부르는 것이다.

이 긍정적인 피드백 고리는 다른 사람에게 더 많은 자원과 에너지, 경험을 제공하고, 이는 다시 당신을 향상시켜 계속 이어지는 순환 시스템을 형성한다. 따라서 다른 사람을 돕는 것은 당신 자신의 성공을 한 단계 끌어올리는 것이다.

스몰 포텐셜은 개인이 혼자서 성취할 수 있는 제한된 성공이다.

빅 포텐셜은 다른 사람과 선순환을 이뤄야만 얻을 수 있는 성공이다.

학교에서는 다른 학생들과 협력이 아니라 경쟁을 부추김으로써 스몰 포텐셜을 강화한다. 그러나 아처는 학교에서 배운 것들에게서 벗어나 서로 협력하고 다른 사람의 성공을 도움으로써 자신의 빅 포텐셜을 성취하는 방법에 대해 가르치고 있다.

부자 아빠도 매달 한 번씩 그러한 선순환을 실천하고 있었다. 부자 아빠와 그분의 팀은 서로를 가르치고 배움으로써 더 똑똑해지고 부자가 될 수 있었다. 그들은 학교로 돌아가지 않고도 함께 협력하고 문제를 해결할 수 있게 서로 돕는 진짜 교사들이었다.

> 새로운 '부자 아빠' 시리즈 중 각광받은 책 하나는 『돈보다 더 중요한 것More Important Than Money』이었다. 이 책에는 진짜 교사인 부자 아빠의 투자 자문들이 쓴 챕터가 포함되어 있다. 부정행위로 치부하는 학교에 돌아가지 않고도 서로를 더욱 똑똑하고 부유하게, 나아가 성공할 수 있게 돕고 뒷받침하는 방법에 관한 책이다.

스몰 포텐셜과 빅 포텐셜, 그림으로 이해하기

백문이 불여일견, 다음 사진은 민간 비행학교와 군사 비행학교의 차이점에 대해 말해 준다.

민간 비행학교

목표: 혼자 비행하기 → 스몰 포텐셜

군사 비행학교

목표: 팀으로 비행하기 → 빅 포텐셜

강력한 팀워크를 형성하려면 강력한 영성 교육이 필요하다.

그들은 이를 부정행위라고 부른다.

군 비행조종사가 되려면 무엇이 필요할까?

영성 교육에는 최고가 되기 위한 훈련과 함께 임무에 대한 헌신과 나와 팀원들에 대한 존중심, 그리고 엄격한 정신적, 감정적, 신체적, 영적 단련이 필요하다.

비행학교 첫날 모든 학생들은 이런 강력하고 긴밀한 영적 팀워크를 형성한다. 세계 최고의 엘리트 비행중대는 아니더라도 모든 조종사들은 모든 임무에서 이런 강렬한 팀워크를 발휘한다.

바로 이런 영적 팀워크 덕분에 기존의 교육은 TAA처럼 천문학적 단위의 비용을 소모해도 실패하는 반면, 교육계의 사업가들은 유의미한 변화를 일구고 있는 것이다.

다음 장에서는 최고의 교사에 대해 배워 보겠다.

전 세계의 독자들이 묻고
로버트 기요사키가 답하다

Q 당신이 '엘리트'라고 부르는 이들은 정확하게 누구인가?
― 알렉스 P.(독일)

A 엘리트 계층은 일반적으로 대학 교육을 받은 고소득층을 가리킨다. 엘리트는 대부분 부자가 아니다. 상당수가 중간 관리직이나 고용경영인, 또는 전문직에 종사하고, 노동계급보다는 더 많은 돈을 번다. 엘리트 계층과 상류층인 척하는 이른바 '스노브snob'는 다르다. 세상에는 많은 스노브들이 있지만 그중 많은 수가 엘리트도 아니고 부자도 아니다.

Q 이 '엘리트' 계층은 어디에서 찾을 수 있고, 수는 얼마나 많은가?
― 피파 M.(루마니아)

A 엘리트 계층은 대개 거주 지역이나 조직, 또는 클럽에 끼리끼리 모이는 경향이 있다. 하지만 그것은 부자나 가난한 사람들, 노동계급도 마찬가지다. 사람들은 유사한 가치관과 이해관계를 공유하고 교육 수준이나 경제적 지위를 중심으로 단결한다.

Q '엘리트'는 나쁜 건가?
— 폴 G.(아일랜드)

A 아니다. 전혀 그런 게 아니다. '엘리트'는 나쁜 사람들이 아니다. 대부분 훌륭한 사람들이고 우리 사회에도 많은 기여를 한다. 엘리트 계층은 사회·경제·교육적으로 노동계급과 대조적인 집단으로 구분될 뿐이다.

사회의 소수 집단은 고등 교육을 통해 '엘리트' 계층에 합류한다. 그런 이유로 우리 집을 비롯해 사회적으로 소수 집단에 속하는 가정일수록 교육에 대한 압박이 심한 경향이 있다. 내 조상들은 4세대 전에 하와이에 노동자로서 이민을 왔고, 대학에 간다는 것은 농장과 노동계급에서 벗어나 고학력 엘리트 계급에 합류할 수 있는 열쇠나 마찬가지였다.

알겠지만 나는 고학력 엘리트가 되어 내 가난한 아빠처럼 공무원이 되고 싶지는 않았다. 나는 부자가 되고 싶었고, 그래서 부자 아빠처럼 사업가가 되었다.

Q 가끔은 진짜와 가짜를 구분하기가 너무나도 어렵다. '당신'이 진짜인지 가짜인지 우리가 어떻게 아는가?
— 제임스 V.(남아프리카 공화국)

페이크

A 미안한 말이지만 당신은 알 수 없다. 내가 거래하는 은행가나 회계사들만이 내가 진짜인지 가짜인지 판단할 수 있다. 현대 사회처럼 가짜 소셜 미디어가 판치는 세상에서 나는 무엇이든, 누구든 될 수 있다. 이미 예전에 수많은 사람들에게 '가짜'라고 매도당한 경험도 있다. 그렇지만 내 재무제표가 그 대답이 될 수 있을 것이다.

Q 금이 시대에 뒤처졌다고 말하는 사람에게 당신이 해 줄 말은 무엇인가?
— 피터 C.(미국)

A 나라면 이렇게 대꾸할 것이다. "20년 후에 똑같은 질문을 던진다면 해답을 알 수 있을 겁니다. 그때까지는 나는 금을 믿습니다."

Chapter 13

신의 학생
교사를 신중하게 선택하라

"메이데이! 메이데이! 메이데이!"

"양키 탱고 96!"

"엔진 작동 불능!"

"추락한다!"

우리가 탄 무장헬기는 항공모함에서 약 1.5킬로미터 떨어진 곳에서 선회하던 중이었다. 450미터 상공에서…… 갑자기 엔진이 작동을 멈췄다. 이 작은 단발 헬기는 아주 아주 무거웠다. 병사 다섯 명과 여섯 대의 기관총, 탄약상자 그리고 각각 18개의 로켓탄이 탑재되어 있는 두 개의 로켓 포드 때문이었다.

'엔진 작동이 멈춘 헬기가 얼마나 오랫동안 날 수 있는지' 묻는다면, 내 대답은 "바윗덩이와 같다."이다.

페이크

지난 수년간 비행을 시작할 때마다 연습한 비상상황 대처 훈련에 따라, 나는 반사적으로 헬기를 바다를 향해 꺾어 하강시키기 시작했다. 머릿속에서는 비명이 뒤죽박죽 터져 나오고 있었다.

'잡아당겨! 위로 올라가라고! 동력을 추가해! 더 세게 돌려!'

만약에 내가 사이클릭(기어)이라고 불리는 조종간을 잡아당기고 동력을 추가하고 콜렉티브(가속페달)을 밀어 올린다면 우리는 여기서 죽을 수도 있었다.

헬리콥터는 비행기처럼 활공하지 않는다. 헬기는 엔진이 고장 나면 활공할 시간도 없고 무엇을 해야 할지 '생각할' 여유도 없다. 헬리콥터 승무원들에게는 낙하산도 없다. 엔진이 멈추면 우리는 추락한다. 그렇기 때문에 우리는 비행을 나갈 때마다 엔진 고장 상황에 대비하여 파워를 끄고 모의 훈련을 한다. 솔직히 그건 언제든 엔진을 켤 수 있다는 사실을 알면서도 어마어마하게 겁이 나는 일이다.

추락 연습 시에 우리는 헬기의 모든 동력을 끄고, 죽음의 눈을 직시하며 기수를 하강시켰다.

헬리콥터 조종사들이 늘 주문처럼 외는 말이 있다.

"밀어 올리면(죽음을 피하려면) 죽고
잡아당기면(죽음과 대면하면) 산다."

교사 단계표에서도 설명했듯이, 우리는 수년 동안 엔진 고장 상황을

'실습'하며 대비했다. 그리고 오늘, 우리는 드디어 '실전'에 들어갈 예정이었다.

엔진이 작동을 멈추자마자 두 명의 사격수와 정비반장 역시 철저하게 훈련받은 대로 행동했다. 헬기에 실려 있는 기관총과 로켓탄, 그리고 탄약상자를 즉시 바닷속으로 내던진 것이다. 우리는 매우 잘 훈련된 팀이었다.

당황할 시간도 없었다. 우리는 마치 슬로우 모션처럼 아래로 추락했다. 죽은 듯한 고요가 우리 모두를 감싸 안았고, 항공기 밖에서 울리던 시끄러운 소음과 혼란도 우리의 의식 속에서 금세 자취를 감췄다.

이탈

꼼짝없이 멈춰 버린 항공기의 조종간을 잡고 있던 바로 그 순간, 나는 완전히 새로운 차원 속으로 들어섰다. 나중에야 나는 그것이 '유체 이탈'이나 몇몇 종교에서 '관찰자 되기'라고 부르는 상태라는 것을 알았다.

그 '영원의 시간' 동안, 나는 우리가 '시간'이라고 부르는 것의 자그마한 틈새에 있었다. 그곳에는 과거도 미래도 없이 오직 현재만이 존재한다. 오로지 '지금'만 존재할 뿐이다. 나는 지금 이 순간 나 자신과 다른 병사들을 다른 차원에서 '관찰'하고 있었다. 내 헬멧과 부조종사의 헬멧, 그리고 헬기 뒤편에서 다른 병사들이 체계적으로 비상조치를 시행해 나가는 모습을 '볼' 수 있었다. 우리 아래 저 드넓은 바다 위 어딘가를 떠다니고 있는 다른 항공기와 함대를 볼 수 있었다. '영원의 시간' 동안, 나는 시간의 바깥에 있었다. 나는 두려움이 아니라 나 자신과 동료 병사들에 대한 애정과 연민, 평온함에 감싸였고, 그 순간 헬기는 수면과, 어쩌면 우리의 죽음을 향해 빙글빙글 돌며 조용히 추락하고 있었다.

모든 게 너무 비현실적이었다……. 실제로 일어나는 일이 아닌 것만 같았다.

사람들의 말처럼, 추락의 마지막 단계는 교과서나 다름없었다. 공포심도 당혹감도 느껴지지 않고 그저 시간 밖에 있는, 지금 이 순간에 있다는 평온함뿐이었다. 기체가 수면과 부딪치기 직전, 나는 마침내 조종간을 잡아당겼다. 헬기가 조용히 수면 위를 '미끄러졌다.' 압축된 공기를 타고 기수가 하늘을 향해 치솟으면서 회전날개가 돌아가는 커다란 '휩휩휩' 소리가 정적을 깨트렸다. 나는 잠시 기다렸다가 기수를 흔들어 평형 상태로 만든 뒤, 헬기가 수면에 닿기 직전 (헬기의 상승과 하강을 조종하는) 콜렉티브를 부드럽게 당겼고, 그러자 날개에 저장되어 있던 원심력이 살아나면서 기체가 '붕 떠올라' 수면 위에 부드럽게 착지했다.

헬기는 수면에 닿자마자 오른쪽으로 기울기 시작했다. 날개가 물속으로 가라앉고 엔진과 전동장치가 부서지면서 조종석이 파괴되었다. 헬기는 우리가 공중에서 추락했을 때처럼 순식간에 침몰하기 시작했다.

우리 다섯 명은 네 시간 뒤에 해군 발동기선에 구조되었다. 상어들이 포진하고 있는 바다에 네 시간 동안 둥둥 떠다니는 것은 상공에서 2분 동안 추락했을 때보다도 더 무서웠다.

원인 조사 및 검토 기간 동안 나는 동료들이나 검사관에게도 내 '유체이탈' 경험에 대해서는 입도 뻥긋하지 않았다. 그것은 내가 이제껏 한 번도 경험해 보지 못한 것이었고, 따라서 그 일에 대해 조리 있게 설명하는 것 자체가 불가능했기 때문이다.

진짜 교사를 찾아서

앞에서 말했듯이, 나는 1973년 1월에 베트남에서 귀환해 하와이에서 군 생활의 마지막 1년 반을 보냈다. 하늘을 누비던 시기는 지나갔고 나는 동방박사처럼 다음번 교사를 찾고 있었다. 가난한 아빠의 뜻에 따라 하와이대학의 MBA 과정에 등록했지만, 그곳 교사와 수업에는 큰 관심을 갖지 못하고 결국 6개월 뒤에 중도 하차하고 말았다.

나는 부자 아빠의 조언에 따라 3일간의 부동산 투자 세미나에 참가했다. 나는 빚을 이용해서, 또는 내 돈은 들이지 않고 돈을 만드는 법을 배우고 싶었다. 나는 그 세미나와 부동산 교사가 마음에 들었다.

부동산 세미나를 마친 뒤 나는 90일 동안 100개의 부동산을 분석 평가한 다음, 생애 최초로 소득을 가져다주는 부동산을 손에 넣을 수 있었다. 100퍼센트 빚으로 구입한 그 아파트는 매달 경비를 제하고 내 주머니에 25달러를 넣어 주었고, 무한수익과 내 삶을 송두리째 바꾼 경험을 가져다주었다.

"

득도Satori

불교에서 말하는 득도는 도(道)나 이치를 깨닫는 경험이다. 아무것도 없는 무(無)에서 25달러의 소득을 만드는 것은, 고작 25달러에 불과했지만, 내게는 경건한 깨달음의 순간이었다. 25달러라도 무한수익은 무한수익이다. 나는 그 부동산을 사는 데 내 돈은 한 푼도 들이지 않았다. 순수한 금융 교육으로 매달 25달러의 수입을 올리게 된 것이다. 그 깨달음의 순간에 나는 앞으로 다시는 대부분의 사람들처럼 급여를 쫓아 돈을 위해 일하고, 허리띠를 졸라매고, 언젠가 안전하게 은퇴할 수 있길 바라며 주식 시장에 투자하면서 살지 않겠노라고 맹세했다.

"

　나는 부동산 강사에게 전화를 걸어 고맙다는 인사를 전했다. 그 뒤로 거의 매년 나는 안정적인 직업이 아니라 보다 큰 경제적 깨달음을 얻기 위해 투자 세미나에 참석했다.

　또 나는 부자 아빠의 제안에 따라 영업교육 프로그램이 있는 회사에 지원서를 넣고 면접을 보러 다녔다. 부자 아빠는 말했다.

　"사업가에게 가장 중요한 능력은 뭔가를 판매하는 능력이다."

　그분은 또 이렇게 말했다.

　"판매는 곧 수입이다. 사람들이 재정적인 곤란을 겪는 이유는 그들이 아무것도 팔지 못하기 때문이다.

　나는 전문적인 영업교육을 홍보하는 회사 중 하나인 '뉴욕 라이프'에 전화를 걸어 입사 면접을 신청했다. 해병대 군복을 갖춰 입고 회사가 있는 호놀룰루 시내를 찾아갔는데, 당시만 해도 그것은 많은 면에서 위험한 행동이었다.

인사 담당자는 아주 멋진 사람이었다. 그는 뉴욕 라이프의 영업교육 프로그램이 얼마나 훌륭한지, 그리고 내가 얼마나 많은 돈을 벌 수 있을지 늘어놓았다. 그러고는 면접 도중 내가 한 번도 들은 적이 없는 질문을 던졌다. 마치 내가 바라는 경력이나 금전적인 포부보다도 영적 목표에 대해 궁금해하는 것 같았다. 내가 그게 무슨 이야기인지 이해하지 못하고 있다는 것을 깨닫자, 그는 서랍 속에서 '공짜' 세미나 티켓을 꺼내 건네주었다.

그래서 나는 그 공짜 세미나에 참석하러 와이키키에 있는 힐튼 호텔의 코랄 연회장에 발을 디뎠다. 군복을 입지는 않았지만 아마 내 머리 스타일 때문에 군인이라는 것을 감출 수는 없었을 것이다. 나는 연회장으로 가는 내내 함박웃음을 띤 사람들이 내게 반갑게 인사를 건네는 것을 보고는 다소 놀랐다. 나를 노려보거나 침을 뱉는 사람은 없었다. 심지어 여자들도 내게 친절하게 굴었는데, 그건 정말 드문 일이었다. 그 당시 여성들은 군복을 입은 남자들을 좋아하지 않았기 때문이다. 나는 이들이 사기꾼이나 이상한 컬트 종교 집단이나 히피들이 아닐까 의심스러워지기 시작했다.

세미나에는 약 300명의 사람들이 모여 있었다. 술은 아무 데서도 보이지 않았지만 나는 마실 것이 필요했다. 나는 뒷문에서 가장 가까운 자리에 앉았다. 마침내 얼굴 가득 미소를 띤 사람들의 박수갈채를 받으며 마샤 마틴이라는 여성이 무대 위로 올라왔다. 흰옷을 입은 그녀는 넋이 나갈 정도로 아름다웠다. 그녀는 인사를 하고는 오늘의 강연자를 소개했다. 강연자인 워너 에어하드는 풍채가 좋고 잘 생기고, 역시 흰색으로 근사하게 차려입은 남자였다. 그는 외모보다도 더 훌륭한 언변을 지니고 있었다. 선창을 하거나 동기부여 어쩌고 하는 사기꾼도 아니었다. 그렇지만 나는 그들이 무슨 이야기를 하는지 도무지 이해할 수가 없었다.

얼마 지나지 않아 나는 여기서 도망칠 준비가 되어 있었다. 이상한 종교 집단 모임에 와 있는 게 분명했지만, 왠지 몰라도 쉬는 시간이 될 때까지는 그냥 앉아 있기로 했다. 쉬는 시간이 되었을 때조차도 나는 이들이 무슨 이야기를 하는지 이해할 수가 없었다. '이해하는 것'에 대한 말을 수도 없이 들었지만 뭘 '이해'해야 하는지도 알 수가 없었다.

쉬는 시간이 되자 본격적인 압박이 시작되었다. 함박웃음을 띤 사람들이 주위를 돌아다니며 손님들에게 열심히 뭔가를 판매하고 있었다. 뉴욕 라이프에서 만난 인사 담당관의 모습이 슬쩍 보였지만 일부러 그를 피해 다녔다. 다른 사람들의 접근은 사양하거나 떨쳐 버리기가 별로 어렵지 않았다. 하지만 상냥하고 아름다운 여자들에게는 싫다는 말을 도저히 할 수가 없었다.

동료 조종사의 여자친구가 거기 있었다. 이름은 린다였는데, 아름답게 웃음 짓고 있었기 때문에 부담 없이 단도직입적으로 물어볼 수 있었다. 내 첫 번째 질문은 "저 에어하드라는 사람을 위해 일하는 데 얼마를 받았나요?"였다. 그녀는 "우린 돈을 받고 일하지 않아요."라고 대답했다.

내 두 번째 질문은 "왜 이런 일을 하는 거죠?"였다. 그녀의 대답은 내 이성적이고 합리적인 사고를 충족시키지 못했고, 나는 그만 단념했다. 이제 이곳에서 빠져나갈 때였다.

막 연회장을 떠나려는데 린다가 다가와 물었다.

"EST 세미나에 참가하실 건가요?"

"아뇨." 내가 대답했다. "뭔진 몰라도 나한테는 필요 없을 것 같군요."

그녀가 다시 물었고 나는 다시 대답했다.

"난 이런 거 필요 없어요."

그러자 린다가 말했다.

"여기 있는 사람들 중에 당신한테 제일 필요할걸요. 내가 당신 친구인 짐을 사랑하는 거 알죠? 그이는 나와 결혼하고 싶어 해요. 하지만 난 그 사람이랑 결혼할 수가 없어요. 그이는 심지어 오늘 밤 당신처럼 만큼도 하지 못할 테니까요. 새로운 장소에 가서 새로운 종류의 교육에 귀를 기울이는 것 말이에요. 그이한테도 당신만큼이나 이 2주일 과정의 교육이 필요해요. 당신네 해병대원들은 자기밖에 모르는, 세상에서 제일 비대한 자아를 지닌 마초들이거든요. 허세로 똘똘 뭉쳐 있죠. 좋은 사람들이지만 꼭 기계처럼, 로봇처럼 군다고요. 당신네들이 겉으로 번지르르한 잘난 척 속에 실은 뭐가 있는지 돌아볼 배짱이라도 있으면 좋겠네요. 용감한 해병대 가면 뒤에 숨어 있는 진짜 자신이 누군지 알아볼 용기라도 있으면 좋겠어요."

나는 그녀의 말에 화가 치밀었다. 그렇지만 다른 한편으로는 뉴욕 라

페이크

이프의 인사담당자와 에어하드, 그리고 린다가 무슨 이야기를 하는지 마침내 알 것 같다는 생각이 들었다. 드디어 나도 '이해'하게 된 것이다.

그래서 나는 35달러를 내고 다음 2주일간 주말에 열리는 EST, 즉 에어하드 세미나 교육 프로그램Erhard Seminar Training에 등록한 다음 그 자리를 떴다.

한 달 뒤, 나는 와이키키에 있는 다른 호텔 연회장에서 EST 세미나에 참석하고 있었다. EST에는 아주 훌륭한 교사들이 있었다. 나는 이제껏 해병대 군인들이 정말 터프한 사람들이라고 생각했지만 이 사람들은 해병대 못지않게, 아니 어쩌면 그보다도 더 터프했다. 하버드 졸업생이자 강사인 랜든 카터가 세미나의 시작을 알리면서 이렇게 말했다.

"당신의 삶은 제대로 작동하고 있지 않습니다."

나는 그 말에 동의하지 않을 수가 없었다. 나는 내 삶이 다른 사람들의 눈에는 괜찮아 보일지 몰라도 사실 그 안을 들여다보면 엉망이라는 것을 알고 있었다. 세미나는 장장 11시간 동안 휴식 시간도 없이 진행됐다. 심지어 화장실에 가는 사람도 없었다. 우리 300명은 그 자리에 앉아 계속해서, 끊임없이, 제대로 돌아가지 않는 우리의 삶을 검토하고 또 되돌아봤다.

두 번의 주말이 끝날 무렵, 나는 드디어 돌파구를 맞이했다. 나는 헬기가 추락한 날, 내가 유체이탈을 경험하고 관찰자를 만난 날, "메이데이! 메이데이!"를 외친 날, 무엇을 경험한 것인지 완전히 새로운 차원에서 이해하게 되었다.

정신이 문제다

내가 그날 있었던 일에 대해 털어놓지 못한 것은 내 정신 때문이었다. 내 이성적이고 합리적인 정신이 문제였다.

뉴욕 라이프의 인사담당자가 무슨 이야기를 하는지 이해할 수 없었던 것도 내 지적인 정신 때문이었다. 나의 정신이 그의 메시지를 받아들이지 못하게 방해했던 것이다.

내가 마틴이나 에어하드가 말하는 내용을 이해하지 못한 것도 내 정신이 훼방을 놓았기 때문이었다. 나와 짐이 린다의 이야기를 이해할 수 없었던 것도 나와 그의 정신 때문이었다.

린다가 내 자존심을 모욕하고 우리 둘을 지독한 마초주의자라고 불렀을 때 내 단단한 갑옷에 금이 갔고, 나는 그녀의 간절한 호소를 들을 수 있었다.

2주간의 길고도 고통스러운 EST 교육을 받은 후에야 내 마초적 행동과 사고방식에 금이 가고 내면에 빛이 비쳐 들어오기 시작했다.

세미나를 마치고 월요일에 부대로 돌아갔을 때, 동료들은 내가 사이비 종교에 빠져 대마를 피우는 히피가 되었거나 아니면 커밍아웃을 했다고 생각했다. 어느 것도 사실이 아니었다. 나는 그저 더 행복해졌고, 해병대라는 허세 넘치는 남성 우월적인 껍질 뒤에 있는 진정한 나 자신을 보다 잘 포용하게 되었을 뿐이다. 심지어 나는 그런 겉모습에 대해서도 전보다 더 만족감을 느꼈다. 다른 점이 있다면 이제 나는 그것이 진짜 내가 아니라 겉껍질에 불과하다는 사실을 알게 되었다는 것이다.

페이크

EST 세미나를 경험한 후, 나는 이른바 세미나광이 되었다. 시내에서 '뉴에이지' 세미나가 열린다는 소식이 들리면 빠짐없이 달려가 참석했다. 이상하고 낯설고 특이할수록 좋았다. 나는 이제껏 좁은 곳에 갇혀 있던 내 정신과 에고에서 벗어나 현실을 시험해 보고 싶었다. 영화배우 셜리 맥클레인이 하와이를 방문해 그녀의 인생에 관한 이야기를 했을 때도 나는 청중석에 앉아 열린 마음으로 삶에 대한 인식을 넓히기 위해 노력하고 있었다.

동료들은 내가 더 깊고 심오한 곳으로 떨어지고 있다는 것을 알고 있었다. 나는 MBA 과정을 포기하고 내 돈은 한 푼도 들이지 않은 채 100퍼센트 빚으로 '무한수익'을 낳는 부동산을 샀다. 나는 이제 덜 마초처럼 굴었고, 무엇보다 나 자신에 대해 만족하고 있었다. 나는 또 세미나에서 만난 아름다운 여인과 사귀고 있었다. 동료들이 나를 '뉴에이지 히피'나 다른 모욕적인 별명으로 불러 대도 그저 미소를 띤 채 아름다운 연인을 소개하며 장교클럽에서 여자를 꼬시는 '운'은 어떻게 되어 가냐고 되물을 뿐이었다.

지성이 적이다

인간은 지난 수백 년 동안 교육과 지성에 대한 자부심을 키워 왔고, 지금까지도 그렇다. 그래서 그토록 많은 사람들이 교육의 제단을 숭배하고 많은 부모들이 자식에게 "학교에 가야 한다."고 말하는 것이다. 우리는 성인이 된 후에도 "다시 학교로 돌아가야 해."라고 말하며 그런 도전을 통해 재정적인 구원을 얻을 수 있길 기대한다.

인류는 정신적인 능력이야말로 동물과 인간을 구분해 주는 것임을 깨달았다. 인간의 뛰어난 정신은 거의 기적에 가까운 일들을 실현하기도 했다. 달에 우주선을 쏘아 보내고, 수많은 목숨을 구하는 약품을 개발하고, 훌륭한 미술작품과 고차원적인 삶의 기준을 마련했다.

문제는 인간의 정신이 이원적이며, 대개 에고의 지배를 받는다는 사실이다. 우리의 정신은 분할된 TV 화면과 비슷하다. 우리의 정신은 세상을 옳고 그름, 좋고 나쁨, 위와 아래, 안과 밖, 미와 흉이라는 양분된 렌즈를 통해 바라본다. 그래서 모든 인간이 좋은 점과 나쁜 점을 지니고 있는 것이다.

인간이 경험하는 수많은 신기하고 마법적인 순간들이 이러한 이원적인 정신에서 비롯된다. 전쟁과 갈등, 싸움과 이혼, 범죄, 불행, 중독, 우울증과 살인과 자살 등도 이원적인 정신에서 비롯된다.

우리의 교육 제도 역시 이처럼 분할된 정신을 교육한다. 학생들을 똑똑한 사람과 멍청한 사람으로 나누지 않는다면 학교 제도는 무너질 것이다.

성인과 죄인의 구분이 없다면 종교는 무너질 것이다. 어째서 종교가 다른 종교를 대상으로 성전을 벌이겠는가?

스포츠도 분할된 정신을 위한 것이다. 모든 시합에는 이긴 팀과 패배한 팀이 있고, 만일 승자와 패자가 없다면 수십억 달러에 달하는 스포츠 산업도 무너질 것이다.

상상 속의 적이든 실존하는 적이든, 적이 존재하지 않는다면 거대한 군수복합 산업도 파산할 것이다.

왜 학생들이 총으로 다른 동급생들을 쏘아 죽이는 걸까?

왜 외모를 아름답게 가꿔야 한다고 부추기는 광고가 난무하고, 학생들의 우울증은 더욱 심각해질까?

소셜 미디어는 어째서 그토록 반사회적일까?

민주당과 공화당, 진보가 보수가 없다면 우리의 정부도 합리적으로 기능하게 될 것이다.

문제는 어떻게 우리 자신을 파괴하지 않고도 양분된 에고 중심적인 정신에서 벗어날 수 있느냐 하는 것이다.

진화할 것인가 소멸할 것인가

첨단기술은 끊임없이 진화하고 있다. 새 천년이 시작된 이래 무슨 일이 있었는지 생각해 보라. 몇 년 전만 해도 아이폰은 존재하지도 않았는데, 이제 우리는 우주 관광과 무인 자동차를 개발하고 있다.

미국은 여전히 군사 무기에 수십억 달러를 들이고 있지만 단 한 명의 해커가 랩탑 한 대로 그보다 더 큰 피해를 입힐 수 있다.

내가 어렸을 적에는 아무도 현관문을 잠그지 않았다. 요즘에는 아무리 많은 자물쇠를 걸어도 도둑과 강도, 변태들을 피할 수 없다. 세계 곳곳에서 보이지 않는 방법으로 우리의 삶에 침투하기 때문이다.

오늘날 수많은 억만장자들이 1980년대 출신이지만 동시에 미국뿐만 아니라 전 세계에서 젊은 빈곤 세대가 늘어나고 있다.

인간의 정신은 결점투성이다.

문제는 기술은 나날이 진화할망정 인간은 그렇지 않다는 사실이다. 인류는 지난 500~1000년 동안 거의 변화하지 않았다.

역사적으로 인류는 항상 다른 인간을 대상으로 첨단기술을 사용했다. 소셜 미디어가 다른 사람들을 괴롭히는 데 사용되고 있는 것을 보라. 이것이 바로 이원적으로 분할되어 시비(是非)와 상하, 선악으로 나뉜 정신이 결코 입을 다물지 않는 데 따르는 문제점이다. 사실 우리 인간들은 서로 별반 다르지 않은 존재다. 우리는 항상 남들에게 말을 걸고, 대화를 하고, 비판하고, 딱지를 붙이고, 모든 것에 훈수를 둔다. 다른 사람에게 정신을 어디다 팔고 다니느냐고 핀잔을 준 적이 얼마나 많은가? 정신은 항상 사람들에게 말을 건다. 당신 또한 언제나 경험하지 않는가?

인류가 진화하려면 다음 세대의 교육은 생각의 스위치를 끄고, 입을 다물고, 우리 자신이 아니라 신의 말에 귀를 기울이라고 가르쳐야 한다.

종교적인 신을 말하는 게 아니다. 나는 종교의 자유를 지지한다. 그러나 현존하는 종교는 아직도 수많은 대답을 해야 한다. 많은 교인들이 선과 악의 정원에서 번창하고 있다는 사실을 모두들 잘 알고 있을 것이다.

인간이 이원적이고 분할된 정신을 끄는 법을 배우지 못한다면, 우리는 우리 자신이 만들어 낸 첨단기술로 인해 멸망할 것이다.

모두가 천사다

내가 참가했던 뉴에이지 세미나 중 하나에서 이런 이야기를 들은 적이 있다.

별로 오래되지 않은 어느 시절, 우리 모두는 행복한 작은 천사들이었고 천국의 주위를 떠다니고 있었습니다.

어느 날 신(세상만사를 관장하는 자)이 이렇게 선언했지요.

"지상에 내려가 낙원을 창조할 지원자가 몇 명 필요하단다."

수많은 작은 천사들이 손을 들었답니다.

"저요! 저요! 제가 갈게요! 세상을 구원하고 싶어요!"

지상으로 내려가게 된 천사들은 각자 출생 배경과 부모, 내려갈 국가를 정한 다음 서로에게 '행운'을 빌었습니다.

신과 다른 천사들에게 작별 인사를 고하기 전에, 새로 인간이 될 천사 하나가 물었습니다.

"이 일이 뭐가 그리 어려울까요? 지상의 인간들도 우리와 똑같은 것을 바랄 텐데요. 그들도 지상의 낙원을 원하지 않나요?"

"그래, 그렇단다." 신은 미소 지었습니다. "명심하렴. 그들도 모두 천사들이란다."

"그렇다면 지상에 낙원을 세우는 게 왜 어려운 거죠?"

"왜냐하면 내가 인간들에게 정신을 부여해 주었기 때문이지."

"정신을 가지는 게 왜 나쁜데요?"

"정신을 가진 자들은 거기에 너무 몰입한 나머지 낙원을 잊어버리기 때문이란다. 지상에 내려가면 너희 부모님은 너희들도 그들처럼 생각하도록 교육시킨 다음, 교회에 보내 옳은 신과 잘못된 신에 대해 가르치고, 그 후에는 학교에 보내 똑똑한 사람과 멍청한 사람이 있다고 가르칠 거야."

"그렇다면 지상에 내려가 우리가 할 일은 정신을 극복하고, 우리가 천사라는 사실을 기억하고 지상에 낙원을 설립하는 건가요?"

"그렇단다." 신이 미소를 지으며 말했습니다. "인간들이 가장 많이 사용하는 말은 '나'라는 단어지. '나'는 에고와 정신에서 비롯된다. '나'는 환상을 의미한다. '나'는 통합이 아니라 분리를 야기하지. '나'라는 단어를 배우는 순간 낙원과의 연결고리가 사라질 거다."

천사들은 '나'라는 단어에 대한 신의 경고를 귀 기울여 들었습니다. 다른 천사가 물었어요.

"우리가 천사라는 걸 잊어버리고 지상에 낙원을 건설하는 데 실패하면 어떻게 되나요?"

"죽어서 다시 태어나겠지. 네가 천사라는 사실을 기억할 때까지 계속해서 죽고 또다시 태어날 거란다……."

작은 천사들은 서로 얼굴을 마주 보았다가 다시 신을 바라보았습니다.

"지금 이 대화가 끝나고 나면 나는 다시는 너희들에게 말을 걸지 않을 거야." 신이 말했습니다. "이제부터 너희들 머릿속에는 낙원이 사라지고, 너희는 정신을 얻게 될 거다."

"하지만 그러면 어떻게 당신과 이야기를 나누지요?" 천사 하나가 물었습니다.

"지상에 내려가면 기도를 배우게 될 거야. 기도를 할 때 너희는 나에게 말을 거는 것이지. 하지만 나는 너희들에게 말을 걸지 않을 거다."

"그럼 우리한테 어떻게 말씀을 전하실 건데요?"

"너희는 다시는 내 목소리를 듣지 못한다." 신이 미소를 지었습니다. "나는 고요함을 통해 너희와 대화할 거야."

"침묵 말씀이신가요?"

"아니다. 고요는 침묵을 초월하는 평온함이다. 아침 일찍 잔잔한 호수를 바라볼 때 고요를 느낄 수 있지. 고요함은 너희가 낙원을 바라볼 때 느낄 수 있는 마음의 평화란다."

"그게 당신께서 저희에게 말씀하시는 거라는 걸 어떻게 알 수 있나요?"

"너희의 정신이 고요해질 때, 네 존재가 고요해질 때, 내가 너희와 함께하고 있다는 것을 알게 될 거야. 너희의 정신이 말을 하는 동안에는 내 말을 듣지 못하겠지. 정신은 오만하단다. 네 정신은 나를 이해할 수 있다고, 나보다 더 영리하다고 생각할 거야. 네 정신은 오만하지만 실은 아무것도 모를 거다."

"우리가 무엇을 알 수 있는데요?" 천사가 물었습니다.

"아름다운 황혼과 하나가 될 때, 별들과, 나무와, 꽃과, 졸졸 흐르는 시냇물과 하나가 될 때, 내가 함께함을 알 수 있을 거야. 내가 너의 외부와 하나가 될 때, 내가 사함을 느낄 수 있을 거야. 너희의 정신이 고요하고 네 존재가 고요할 때, 네 영혼이 꽃과 시냇물과 다른 인간과 연결되어 있을 때, 나는 그 순간에, 그 본질 속에 너희와 함께할 거야."

"우리가 하나가 되면 당신과 함께 있을 수 있나요?" 한 천사가 물었습니다.

"그래. 정신을 부여받는 순간 너희는 둘이 된다. 너희는 내 모든 피조물과 분리되고, 너희의 정신은 비판하고, 단정하고, 판단하고, 마치 신인 척하게 될 거야."

"어떻게 당신과 다시 하나가 될 수 있지요?"

"내 다른 피조물과 연결된 고요함을 통해서 하나가 될 수 있지. 또 명상을 할 수도 있어. 너희 내면에 있는 아름다움과 외부에 있는 아름다움을 고요와 명상을 통해 연결한다면, 나는 항상 너희와 함께 있을 거야."

"우리가 기도를 하면 당신께 말을 거는 것이라 하셨지요. 그렇다면 우리가 정신을 닫고, 마음의 고요를 찾고, 명상을 하는 연습을 하면, 우리에게 말을 걸어 주실 건가요?"

"그래, 그렇지만 너희는 내 말을 듣지 못할 거야."

"우리가 고요와 명상과 본질적 가치를 연습한다면요?"

"나와 함께 하는 시간이 점점 많아지겠지. 너희는 어느 날 꽃을 보고 정신이 아니라 영혼을 통해 이렇게 말할 거야. '오, 신이시여.' 그건 내가 꽃을 통해 너희에게 말을 거는 것이지. 어느 날 네가 어린아이의 순수함을 보고 영혼에서부터 '오, 신이시여.'라고 감탄한다면, 그 순간에 내가 어린아이를 통해 너희에게 말을 걸고 있는 거야. 너희의 영혼이 '오, 신이시여.'라고 외칠 때마다 나는 너희와 함께한단다."

"그게 당신이 우리한테 말을 거시는 거라고요?" 한 천사가 물었습니다.

신은 고개를 끄덕였습니다.

"이제 가렴. 너희는 오늘 나눈 대화를 기억하지 못할 테지만, 나날이 영혼 깊숙이 평화와 '오, 신이시여'의 경이로움을 느낀다면 너희는 나와 함께 있게 될 거야. 왜냐하면 그럴 때마다 네가 작은 천사라는 사실을, 나와 함께 지상낙원을 건설하기 위해 노력하고 있다는 것을 조금씩 깨닫게 될 테니까."

"그러면 우리는 매 순간을 '오, 신이시여'의 마음으로 살아가겠군요."

신은 고개를 끄덕였습니다.

"하지만 지상에서는 작은 천사가 될 필요가 없는 거지요?" 한 천사가 물었습니다.

"그래." 신이 빙긋 웃었습니다. "그래서 너희는 분열되고 에고로 가득한 정신을 갖게 될 거야. 인간이 되면 너희는 그중에서 원하는 것을 선택할 수 있는 자유를 갖게 되겠지. 하지만 이 점을 명심하렴. 지상에 있는 모든 것은 이원적이라는 걸. 너는 두 개의 눈과 두 개의 손을 갖게 될 거야. 항상 옳고 그른 것, 위와 아래로 생각하게 되겠지. 인간이 되고 나면 모든 것과 연결되어 '삶과 하나가 된' 상태로 돌아가는 것이야말로 너희의 가장 큰 과제가 될 거다."

이제 가야 할 시간이 되었습니다. 신은 작은 천사들에게 아름답게 포장된 선물을 하나씩 건네주었습니다.

"여기 네 정신을 갖고 가렴. 인간의 모든 정신은 독특하단다. 그러니 너희는 모두 인간이 되더라도 각자 다른 독특한 존재가 될 거야. 다른 사람들

과 하나가 되어 영혼을 연결하고, 각자의 차이점에도 불구하고 서로 사랑
하는 법을 배우는 것이야말로 너희가 할 일이란다."

천사들이 한 명도 빠짐없이 아름답게 포장된 선물을 받아들고 나자, 신이
말했습니다.

"이제 가렴."

천사들이 정신이라는 선물을 받은 순간, 낙원에 대한 기억이 사라졌습니다.

1972년에 나는 나 자신뿐만 아니라 다섯 명의 동료 병사들을 위해
"메이데이!"를 외쳤다. 전쟁 중에도 우리는 이곳 지상에서 낙원을 건설
하기 위해 최선을 다하고 있었다. 전쟁과 평화는 같은 동전의 서로 다
른 면이다.

열혈 신도는 아니지만

우리 어머니는 열렬한 기독교 신자였다. 나는 「새터데이 나이트 라
이브」에서 다나 카비가 연기하는 '처치 레이디church lady' 캐릭터를 볼 때
마다 웃음을 터트리지 않을 수가 없는데, 우리 어머니는 그 정도까지
심각하지 않았지만 어머니의 친구분 중에는 정말로 그에 못지않게 '교
회에 열심인' 분이 있었기 때문이다.

아버지는 교회를 별로 좋아하지 않았다. 그분에게 일요일은 집에서
커피를 마시며 신문을 읽는 날이었다.

어머니는 우리 네 남매를 교회와 주일학교에 끌고 가시곤 했다. 결

국 막내는 교회에 가지 않겠다고 반항을 선언했고, 나도 거기 동조했다. 두 여동생은 교회를 좋아했다. 훗날 내 여동생은 불교 승려가 되었다. 그 아이는 달라이 라마가 임명한 두 명의 여승려 중 한 명이다.

나는 어머니와 휴전 협상을 맺었다. 열두 살 때까지는 교회에 가겠지만 어떤 교회에 갈지는 내가 선택하겠다는 것이었다. 나는 어머니가 다니는 교회에 가지 않았다. 목사가 마음에 들지 않았기 때문이다. 그분은 사랑과 평화가 아니라 지옥과 죄악과 저주를 가르쳤다.

나는 약 2년간 친구들이 다니는 교회를 돌아다녔고 다양한 종파의 미사와 예배에 참석하면서 많은 것을 배웠다. 내가 가장 좋아했던 종파는 오순절교회였는데, 그곳에서는 예배를 볼 때 노래를 부르고 박수를 치고 탬버린을 흔들었다. 그럴 때면 신의 존재가 느껴지는 것 같았다.

그러고는 열두 살 생일을 맞은 날, 나는 교회에 발길을 끊고 서핑을 하러 다니기 시작했다.

참호 속에는 무신론자가 없다

베트남에서 복무할 때, 나는 임무 전날이면 혼자 항공모함의 뱃머리에 자리를 잡고 조용히 앉아 시간을 보내곤 했다. 한 시간쯤 이물이 파도를 가르는 소리를 들으며 평화를 만끽했다. 바닷물의 움직임에 맞춰 오르내리는 뱃전 위에서 고독을 곱씹는 시간은 참으로 평화로웠다. 나는 신의 영혼이 되어 고요히 명상을 하고, 마지막에는 기도를 올렸다. 살아서 돌아올 수 있게 해 달라는 기도가 아니었다. 내가 아니라 동료들을 위해서 용감해질 수 있기를 빌었다. 우리가 죽을 운명이라면 그렇게 하시되, 마지막 순간까지 용기를 낼 수 있게 해 달라고 기도했다. '용기^{courage}'는 옛 프랑스어로 'corage', 즉 '심장^{heart}'에서 파생된 단어다. 우리가 전투에 나갈 수 있는 것은 서로에 대한 사랑 덕분이었다.

"참호 속에는 무신론자가 없다."는 말이 있다. 뱃전에 홀로 앉아 있을 때면 어렸을 때 어머니가 교회에 가라고 말씀하시던 때가 생각났다. 나는 그제야 어머니에게 교회가 왜 그렇게 중요했는지 알 것 같았다.

어느 날, 우리 팀에 의무후송 임무가 떨어졌다. 지뢰를 밟은 한 어린 해병대원을 야전병원으로 후송하는 임무였다. 병사의 다리 한쪽이 사라지고 없었다. 부상의 출혈은 심각했고, 그는 몸에서 생명이 빠져나가는 내내 어머니를 부르짖었다. 병원에 도착할 즈음 그는 더 이상 어머니를 외치지 않았다. 의무병이 그의 생명 없는 몸뚱이를 헬기에서 운반해 나갈 때, 우리는 모두 울고 있었다.

나는 머리를 식히려 산책을 나갔다가 한적한 장소에서 발을 멈추고 어머니에게 감사기도를 드렸다. 그분은 2년 전, 내가 플로리다의 비행학교에 다닐 때 돌아가셨다. 나는 임무 수행 전날 뱃머리에 앉아 기도를 올릴 때마다 어머니를 떠올렸고, 다음 날 아침에는 그분의 영혼을 마음속 깊이 품은 채 임무를 떠났다.

한 달쯤 뒤에 들판에 헬기를 세워 두고 있을 때의 일이다. 나는 어린 소년들이 우리 헬기에 가방 폭탄을 심는 것을 발견했다. 나는 즉시 그 아이들이 베트콩이라고 판단했다. 그들은 더 이상 어린 소년들이 아니었다. 적군이었다. 나는 즉시 한 아이를 붙들고 머리에 권총을 들이대며 다른 아이들에게 헬기에서 떨어지라고 말했다. 내가 붙들고 있는 소년이 발버둥 치며 나를 발로 차고 팔을 깨물었다. 나는 공이치기를 잡아당긴 다음, 방아쇠를 당길 준비를 했다.

그 순간, 나는 귓가에서 어머니의 목소리를 들었다.

"얘야, 제발. 그 애를 죽이지 말렴. 나는 다른 어머니의 자식을 죽이라고 너를 낳은 게 아니란다."

내 영혼을 다치게 하는 일을 하기 전에 어머니의 말씀에 귀를 기울여야 한다는 사실을 깨달은 나는 공이치기를 되돌렸다. 한 손으로는 여전히 소년을 붙든 채 다른 한 손으로 축구공을 집어 든 다음, 아이들에게 같이 축구나 하자고 손짓을 보냈다. 다소 시간이 걸리긴 했지만 우리는 다시 하나가 되었고, 서로를 죽이는 것이 아니라 함께 공놀이를 했다.

그날 항공모함으로 복귀하면서 나는 해병대로서의 내 삶이 끝났다는 사실을 깨달았다.

성공의 비밀

사람들은 내게 자주 이렇게 묻는다. "성공의 비결이 뭔가요?" "어떻게 그 분야 최고의 책을 쓸 수 있었죠?" "어떻게 「오프라 윈프리 쇼」에 출연하게 됐나요?" "어떻게 도널드 트럼프와 같이 책을 썼죠? 그 사람은 이제 미국 대통령이잖아요." "어떻게 그런 힘든 우여곡절과 커다란 실수와 실패, 친구와 동업자들의 배신과 수백만 달러의 손실을 입고도 버틸 수 있었나요?"

거기에 논리적인 대답이란 있을 수 없다. 내가 할 수 있는 유일한 대답이라면, 내가 성공할 수 있었던 비결은 정식 교육이나 학교에서 배운 제도권 교육과는 아무 관련도 없다는 것이다. 내가 성공을 거둘 수 있었던 비결은 영적 스승들에게서 가르침을 얻었기 때문이다. 어머니와, 내가 에고를 버리게 도와준 린다 같은 진짜 교사들, 뉴에이지 세미나, 그리고 늘 고요하고 평정한 마음을 유지하고 신의 제자가 되라고 말해 준 영적 대가들이 쓴 서적들 덕분이었다.

1950년대와 60년대에 동양철학이 미국의 해변 지역을 강타했다. 마약을 찾아 전 세계를 돌아다니던 히피들이 고향으로 돌아와 초월명상 Transcendental Meditation, TM이나 초월론적 분석Transcendental Analysis, TA을 가르치기 시작했다. 비틀스는 인도로 날아가 구루들과 대화를 나눴고, 머지 않아 그들의 음악에도 동양 사상의 영향이 섞이기 시작했다.

서구 세계로 넘어온 명상 등 고대 동양문화의 종교의식들은 현대화를 통해 빠른 속도와 효율성을 가미하고 재포장을 거쳐 서구인들에게 더욱 쉽게 전파되었다. 서구인들은 깨우침을 얻기 위해 20년간 하루에 16시간씩 명상을 할 시간도, 인내심도 없었다. 그들은 빠르고 쉬운 것을 원했다. 그것이 바로 EST와 셜리 맥클레인, 티모시 리어리와 LSD가 시작된 곳이자, 토니 로빈스 같은 뉴에이지 세미나의 기원이다.

반가운 소식은 도움을 요청하는 사람들이 늘어나고 있다는 것이다.

올림픽 최다 금메달리스트인 수영 선수 마이클 펠프스는 온라인 테라피 기관과 함께 일하고 있다. 영국의 해리 왕자는 어머니 다이애나 왕세자비를 잃고 수심에 잠겨 있었을 때 영적인 도움이 필요하다는 사실을 깨달았다.

도움을 요청하는 것은 고통을 치유하는 첫 번째 단계다.

분열은 쉽고 통합은 어렵기 때문에, 나와 함께 일하는 핵심 팀원들도 나와 동일한 영성 연습을 한다. 영성을 통해 더욱 강인하고 터프하고 생산적인 팀이 되기 위해서다.

우리는 할 엘로드의 『미라클 모닝』에서 제시하는 과정을 따르고 있다.

1. 고대의 동양식 명상법과 1977년 노벨 화학상 수상자 일리야 프리고진이 개발한 서양식 명상법을 결합한 '홀로싱크Holosync' 명상하기. 고도의 집중력과 학습능력을 자극하는 게오르기 로자노프의 '초학습법 superlearning' 수행하기.

2. 우리는 1년에 두 번씩, 사흘간 책 읽기 스터디를 하는데, 각각 비즈니스와 영성 분야의 책을 읽는다. 우리가 읽고 공부하는 영성 분야의 책들은 다음과 같다.

『기사의 편지』, 에단 호크 지음

『깨어나십시오』, 앤소니 드 멜로 신부 지음

『상처받지 않는 영혼』, 마이클 싱어 지음

『지금 이 순간을 살아라』, 에크하르트 톨레 지음

이 작가들에게 작은 천사 우화에 관한 통찰력을 제시해 준 데 대해 감사한다.

매년 두 번씩 짬을 내어 동일한 영성 연습을 하다 보면, 교육 체제를 비롯해 모든 것이 분열된 세상에서도 하나로 통합될 수 있다.

우리 중엔 항상 유다가 있다

중학교 때 한 친구의 아버지가 동전을 보여 주며 유다가 예수를 배신한 대가로 받은 은전 30개 중 하나라고 한 적이 있다. 나는 그 동전과 유다의 배신 이야기에 홀딱 빠지고 말았다.

1972년, 나는 베트남 전투함대에 파견되기 전에 일본 오키나와섬에 집결했다.

그때 만난 부대 지휘관은 내가 가장 좋아하는 상관이다. 그는 이른바 '무스탕', 즉 해병대 사병으로 군 경력을 시작한 인물이었다.

2차 세계대전 때 소총수였던 그는 한국 전쟁에 참전했을 때는 장교로 승진해 A-1 스카이레이더 폭격기를 조종했다. A-1의 별명은 '날아다니는 덤프트럭'이었다. 어마어마한 양의 군수품을 실을 수 있는 데다 대기 시간이 몹시 길었기 때문이다.

지휘관은 베트남전 때 소령으로 진급했고, 그의 임무는 나 같은 신참 조종사를 전쟁터에 내보내기 전에 다듬고 조이는 것이었다.

어느 날, 조종사 조회 시간에 지휘관이 말했다.

"너희들 중 한 명은 유다다."

예수님과 마지막 만찬의 이야기처럼, 우리 여덟 명의 조종사들은 어리둥절해하며 너나없이 묻기 시작했다.

"내 이야기인가?"

"내가 유다인가?"

지휘관은 당황해서 수군거리는 우리들을 잠자코 지켜볼 뿐이었다.

마침내 소위 하나가 손을 들고 물었다.

"어째서 우리 중에 유다가 있다고 생각하시는 겁니까?"

지휘관은 드디어 누군가 질문을 던져 줘서 기쁘다는 듯이 씨익 웃고는 대답했다.

"왜냐하면 우리 중에는 항상 유다가 있으니까."

신참 조종사들은 묵묵히 다음 말을 기다렸다.

지휘관이 천천히 입을 열었다.

"비행중대에 배치되고 나서 환대를 받을 거라고는 기대하지 마라. 대원들은 너희가 어떤 사람인지 모르니 신뢰하지 않을 거다. 새로 온 조종사는 대부분 30일 안에 죽기 때문에 가까이 지내려 하지도 않을 거다. 그들은 비행기를 조종하는 사람이 해병대원인지 유다인지 모른다. 전장에서 진짜 시험에 들기 전까지는 너희를 신뢰할 수 있을지 없을지 알지 못한다. 너희는 염병할 신참, 언제든 자기 자신과 동료 대원들을 배신할지 모르는 유다다."

나와 동료 대원들이 탄 헬기가 추락하고 바다에서 구조된 후에야 나는 '염병할 신참'에서 '조종사'로 승격될 수 있었다.

명상과 영성의 힘

앞서 얘기했다시피 요즘 내가 하는 일 중에 가장 중요한 것은 『미라클 모닝』을 따르는 것이다. 영적 분야의 대가들을 공부하고 명상을 하는 것은 마법과도 같은 경험이다. 그러면 내 안에 존재하는 유다를 더 잘 통제할 수 있게 된다.

세계에서 가장 부유한 헤지펀드 중 하나인 브리지워터 어소시에이츠의 창립자 레이 달리오는 《맥심》지 기사에서 명상에 대해 이렇게 말했다.

달리오는 유능한 헤지펀드 매니저답게 투자전략의 비결에 대해 함부로 누설하지 않는다. 그러나 그는 대학 시절 비틀스의 노래를 들은 후 시작한 초월명상이 "어떤 형태로든 성공을 거둘 수 있었던 가장 크고 중요한 이유"라고 말한다.

레이 달리오는 명상기술을 널리 전파하는 데이비드 린치 재단(영화감독인 마틴 스콜세지와 배우인 제리 사인필드 또한 이 재단에 지원하고 있다.)에 수백만 달러를 기부했으며, 이에 참여하고자 하는 모든 브리지워터 직원들에게 수업료를 지원한다.

명상과 영성 교육, 그리고 유다에 대한 내 의견에 대해서는 독자 여러분의 판단에 맡기기로 하겠다.

유다는 가짜 교사다. 자신의 내면에 존재하는 유다가 다른 사람의 등을 — 혹은 자기 자신의 등을 — 찌르게 내버려 두는 사람들은 신의 제자가 아니라 신인 척하는 오만한 이들이다.

명상과 영성 교육의 진정한 목적은 우리 내면의 유다에게 '우리는 모두 작은 천사'라는 사실을 일깨워 주는 것이다.

현명한 사람들을 찾아서: 리치대드 라디오쇼

내가 주일학교를 다니면서 배운 거룩한 비밀은, 세 명의 동방박사가 현자가 될 수 있었던 이유가 언제나 위대한 스승을 찾아다녔기 때문이라는 것이다. 나는 아홉 살 때 진짜 교사를 찾아 나섰고, 부자 아빠를 만났다. 그리고 그날 이후 나는 계속해서 위대한 스승을 찾아다니고 있다.

요즈음 사람들은 늘 몸에 좋은 음식을 먹기 위해 애쓰고 자신의 머릿속에 넣을 '정보'를 신중하게 고른다. 정크 푸드 산업과 판매자가 있는 것처럼 '정크 정보' 산업과 판매자들도 있는 법이다.

하지만 얼마나 많은 사람들이 돈에 대해 가르쳐 줄 교사를 고를 때 그만큼의 신중을 기하는가? 얼마나 많은 사람들이 현명한 교사를 찾아 책을 읽고 세미나에 참가하는가? 얼마나 많은 이들이 말은 그렇게 하면서도 "그럴 시간이 없다."고 변명하는가? 리치대드 라디오는 그런 사람들을 위해 시작되었다.

내가 가장 좋아하는 일 세 가지는 다음과 같다.

1. 일터에 가서 비즈니스 파트너와 자문가들로부터 배운다. 단순한 이론이나 교과서를 배우는 것이 아니라 하루하루가 실생활에서 직접 체험하는 학습이다.

2. 전 세계 곳곳에서 열리는 세미나나 강연에 초청되어 새로운 것을 배울 수 있는 다른 강연가들을 만난다.

3. 리치대드 라디오를 통해 진짜 교사와 진짜 현인들을 만난다. 나는 다른 세미나에서 만난 훌륭한 교사들을 리치대드 라디오에 초청해 대화를 나누곤 한다.

다시 말해 나는 대부분의 시간을 일을 하거나 다른 현명한 이들로부터 배우는 데 할애한다.

이제부터 여러분을 리치대드 라디오에 매주 초대하고자 한다. 우리는 매주 한 시간 동안 세계에서 가장 탁월한 사상가나 리더들을 초청해 현존하는 중요한 주제에 관해 대화를 나눈다. 단 한 시간만 투자하면 일주일간 일터에서 배우는 것보다도 더 많은 것을 배울 수 있다. 리치대드 라디오는 진짜 교사들의 말을 듣고 배울 수 있는 귀중한 기회를 제공하는 팟캐스트다.

또 리치대드 라디오는 언제든 원하는 시간에 찾아 들을 수 있다. 가족과 친구, 또는 회사 동료들과 함께 들으며 배운 것을 토의할 수도 있다. 리치대드 라디오는 세상에 대한 이해를 향상시켜 당신 안에 숨어 있는 금융 천재를 일깨울 것이다.

쉼 없이 변화하는 세상을 따라잡으려면

돈의 세계가 변화하고 있다. 그것도 엄청나게 빠른 속도로 말이다. 경제 발전은 더뎌지고 있을지 몰라도 돈의 세계는 속도를 더해 가고 있다. 버키 풀러는 인류가 "가속화의 가속화" 시대에 들어서고 있다고 말했다. 그러나 불행히도 시대에 뒤처진 구식 교육 체제 때문에 무수한 사람들이 재정적인 곤란을 겪고 있을 뿐만 아니라 계속해서 뒤처지고 있다.

리치대드 라디오에서 찾아볼 수 있는 몇 가지 중요한 인터뷰를 소개한다. 진짜 돈의 세상 깊숙한 곳에서 일하고 있는 현명한 사람들의 이야기를 들어 보라. 세상이 변화하는 속도를 따라잡고 싶다면 리치대드 방송을 듣고 빠른 속도로 변화하고 있는 돈의 세계에서 앞질러 나가길 바란다.

G. 에드워드 그리핀

에드워드 그리핀은 세계에서 가장 강력하고 비밀스러운 연방준비은행에 대해 전 세계 사람들의 눈을 번쩍 뜨이게 해 주었다. 에드는 연구자다. 진실을 파헤치는 사람이다. 나는 절대로 에드워드 그리핀의 이야기를 들을 기회를 놓치지 않는다.

리처드 던컨

리처드 던컨은 국제통화기금IMF과 세계은행에서 일했던 경제학자로, 세계 최대 은행들의 관점에서 통찰력을 제시한다. 현재 태국에 거주하고 있으며, 부자들과 사모펀드에 자문을 제공하고 있다.

나는 거시적인 돈의 세계에서 무슨 일이 일어나고 있는지 알고 싶을 때면 리처드에게 연락을 취한다. 리처드는 홈페이지에서 매크로와치Macro-Watch라는 구독서비스를 제공하고 있는데, 이 서비스의 독특한 장점은 리처드가 직접 개발한 도표를 받아 볼수 있다는 것이다. 복잡한 숫자를 변환한 간단한 그래프를 통해 지금세계에서 무슨 일이 일어나고 있는지 눈으로 직접 '볼' 수 있다.

노미 프린스

노미 프린스는 월스트리트의 깊숙한 곳까지 구석구석 통달하고 있는 업계인이다. 골드만삭스와 베어스턴스 임원 출신으로, 2008년 금융 붕괴 이후 전 세계를 돌아다니며 '현실 세상'에서 일어나는 일들을 직접 보고 경험했다. 그녀의 저서 『공모Collusion: How Central Bankers Rigged the World』는 그렇게 알게 된 사실들을 밝힌 책이다.

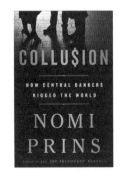

버트 도먼

주식 시장에 투자하고 있다면 웰링턴 레터 Wellington Letter를 구독해 보는 게 어떨까. 주식 시장의 성쇠와 온갖 굽이와 곡절을 예측하는 버

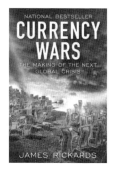

트 도먼의 능력은 그저 천재적이라고 말할 수밖에 없다. 그는 40년 넘게 쌓은 경험을 토대로 세계 시장에서 벌어지는 사건들과 그 이유에 대해 설명하고, 사람들을 재빨리 시장에 진입시키고 탈출시킨다. 버트는 시장 내부에서 무슨 일이 발생하고 있는지 볼 수 있는 신비한 능력을 지녔다.

나는 주식투자를 하지는 않지만 웰링턴 레터를 받아 보는 것은 좋아한다. 버트는 진짜 교사이고 가까운 친구이며, 리치대드 라디오의 고정 게스트다.

제임스 리카즈

제임스는 변호사이자 투자은행가다. 헤지펀드 분야의 베테랑으로 노벨상 수상 경제학자들이 설립한 헤지펀드 LTCM에서 일한 바 있다. LTCM은 1998년 러시아 루블이 폭락했을 당시 하마터면 세계 경제를 무너뜨릴 뻔했다.

LTCM의 파산은 제임스에게 세계 경제가 얼마나 취약한 상태에 있는지 일깨웠고, 그는 이

경험을 활용해 미 국방부와 CIA 자문위원으로 일했다. 제임스의 저서와 설명, 그리고 리치대드 라디오 인터뷰는 짜릿할 정도의 명쾌함을 선사한다.

리치대드 라디오에서는 그 외에도 많은 유익한 인터뷰를 찾아볼 수 있다.

- 도널드 트럼프: 리치대드 라디오에서 대통령 출마를 고려하고 있다고 선언한 바 있다.
- 데이비드 스톡맨: 데이비드는 로널드 레이건 대통령 시절 예산관리국 국장이었다.
- 켄 랭곤: 홈 디포의 설립자
- 모하메드 엘 에리안: 채권운용회사 PIMCO의 전 CEO

리치대드 라디오는 리치대드 컴퍼니에서 무료로 제공하는 팟캐스트로, 투자와 관련해 어떤 권고나 판매도 하지 않는다. 그저 진짜 교사를 통해 금융 교육을 하는 것뿐이다. RichDad.com을 방문하면 더 자세한 정보를 얻을 수 있다.

전 세계의 독자들이 묻고
로버트 기요사키가 답하다

Q 지금 함께 일하는 팀원들도 베트남에서 함께 복무한 팀원들과 비슷한 성격을 지니고 있는가?
— 알레한드로 B.(콜롬비아)

A 그렇기도 하고 아니기도 하다. 해병대와 민간인의 가장 큰 차이는 해병대에서는 극단적인 수준의 통합 과정을 경험한다는 데 있다. 대부분의 민간인들도 신병 훈련소나 네이비 실 훈련, 또는 유격 훈련을 통해 알고 있을 것이다. 우리는 비행 임무에 나서기 전부터 모두 같은 해병대다.
이런 극한적인 경험은 해병대를 하나의 팀으로서 더욱 긴밀하게 뭉치게 만든다. 우리는 같은 '문화'를 지닌 '가족'이자 '동족'이다.
헬리콥터에 탑승하는 팀원들은 각자 다른 훈련을 받은 병사들이다. 예를 들어 두 명은 조종사, 두 명은 무기 전문가이며, 나머지 한 명은 항공기 정비 전문가다. 그러나 그런 차이점에도 불구하고 우리는 모두 같은 해병대다.

민간인 세상의 사람들은 서로 다른 문화와 경험을 지닌 집단의 출신이며, 군대에서처럼 극한 수준의 하나 되는 경험을 해 본 적이 없다.

내가 사관학교와 해병대를 거쳐 제록스사에 입사했을 때, 제록스에서는 직원들의 '공동체 정신'을 기르고, '유대감'을 증진하고, '기업 문화'를 조성하기 위해 엄청난 시간과 돈을 들였다. 그들은 군대처럼 '전우애 문화'를 만들기 위해 팀빌딩 훈련을 하고, 수련회와 수상식을 개최했다.

나는 기업체의 팀빌딩 활동이나 행사가 유용하고 흥미롭다고 생각하지만, 군대에 비하면 그런 것들은 정말 아무것도 아니다. 1에서 10으로 표시해 본다면, 제록스 직원들의 결속감이 1이라면 해병대는 100이다. 또 기업체의 팀빌딩 활동이 결코 이룩하지 못할 한 가지가 있다. 임무를 떠나기 전, 대원들 사이에는 암묵적인 규칙이 있는데, 신이나 국가, 나아가 해병대에 대한 충성을 넘어 서로를 위해 목숨을 바치겠다는 맹세, '전우애'의 약속이 그것이다.

어느 날, 우리 정비반장이 고향 집에서 연락을 받았다. 그가 아버지가 되었다는 소식이었다. 같은 날 우리는 전장으로 떠나야 했다. 조종사인 내가 할 일은 동료들이 전장에서 용감히 싸우고 필요하다면 죽을 각오를 하도록 격려하는 것이었다.

나는 정비반장에게 말했다. "자네 아들이 아버지 없이 자라더라도 괜찮겠나?" 그는 일말의 주저함도 없이 고개를 끄덕이고는 웃으면서 대답했다. "예, 그렇습니다." 다행히도 그는 반년 뒤에 무사히 집으로 귀환해 그의 첫 아이를 안아 볼 수 있었다.

해병대의 모토인 "셈퍼 피델리스semper fidelis"는 "항상 충실하게"라는 뜻이다. "불명예보다는 죽음을"에 대한 의미는 굳이 설명할 필요도 없으리라.

요약하자면, 해병대는 동료들을 위해 자기 목숨이라도 바칠 각오가 되어 있다. 나는 민간인 세상에서 그와 상응하는 '의지와 각오'를 본 적이 없다.

페이크

Q 당신의 '유체이탈' 경험이 상황에 따라 관찰자에게는 시간이 상대적으로 다르게 흐른다는 아인슈타인의 상대성이론과도 비슷하다고 말할 수 있을까?
─브라이언 R.(미국)

A 그건 나도 잘 모르겠다. 아마 아인슈타인에게 물어봐야 하지 않을까?

개인적으로 유체이탈은 그렇게 복잡한 경험이 아니다. 그저 자신의 생각을 외부에서 객관적으로 인식하는 것일 뿐이다. 예를 들어 나는 어제 옷가게에 갔는데, 머릿속에서 이렇게 속삭이는 소리를 들을 수 있었다. "이 옷을 입으면 진짜 근사해 보일 거야. 이걸 입고 클럽에 가면 다들 널 쳐다보면서 감탄할걸."

내가 별로 필요하지도 않은 그 옷을 샀을까? 실은 그렇다. 그것이 바로 내 삶을 영혼이 아닌 에고, 즉 정신이 좌우하고 있다는 증거다.

내가 '유체이탈' 경험에 대해 언급한 이유는 학교 제도의 목적이 우리의 영혼spirit이 아니라 정신mind을 개발하는 데만 맞춰져 있기 때문이다. 사관학교와 해병대는 내 정신이 아니라 영혼을 단련시켜 주었다. 그것이 바로 '임무와 명예, 규율, 기강, 존중'이 군대의 핵심 단어인 이유다.

대부분의 사람들은 이렇게 말한다. "나한테 이득이 되는 게 뭐지?" 그것은 탐욕스러운 사람들의 핵심 단어다.

진정한 건강과 부, 행복을 누리는 열쇠는 우리의 에고와 정신에 끌려다니지 '않는' 것이다.

정신은 "내가 돈을 얼마나 벌 수 있을까?"를 알고 싶어 한다. 영혼은 "내가 얼마나 많은 사람들에게 봉사할 수 있을까?"라고 묻는다. 스스로에게 두 번째 질문을 묻는다면, 당신도 에고에서 '이탈'할 수 있을 것이다.

Q '좋은' 세미나와 사기꾼들이 등쳐 먹으려는 세미나를 어떻게 구분할 수 있을까?
— 마크 K.(미국)

A 나는 '좋다'와 '나쁘다'라는 표현을 최대한 피하려고 애쓰는 편이다.
정신에서 해방되어 마음에 충실하게 살수록 '선 안에 악'이 있고 '악 안에 선'이 있다는 것을 깨닫게 되기 때문이다.
2018년 12월에 나는 공개적으로 "시장 붕괴가 오길 바란다."고 말했다가 집중포화를 얻어맞은 적이 있다.
진짜 투자자라면 시장 붕괴의 장점과 단점을 골고루 볼 수 있어야 한다. 가짜 투자자는 판타지 세상에 살면서 주식 시장 붕괴가 나쁜 것이라고 믿는다.(혹은 자신이 그렇게 믿는다고 믿는다.) 그러나 현실 세계에서 투자에 가장 적절한 시기는 시장이 붕괴한 직후다. 가짜 투자의 세상에서 시장은 상승할 뿐이고 절대로 붕괴하지 않지만, 그것은 헛된 망상일 뿐이다.
다시 한번 반복하지만,
부자 아빠는 이렇게 가르쳤다. "좋은 것과 나쁜 것은 동전의 양면이다."
스콧 F. 피츠제럴드는 말했다. "최고의 지성은 두 개의 상반된 생각을 품고도 정상적으로 사고할 수 있는 능력을 보유하는 것이다."
나는 학생들에게 이렇게 가르친다. "평화롭고 풍요로운 삶을 살고 싶다면 한 동전의 양면을 동시에 볼 수 있도록 훈련해야 한다."

Q 인터넷이나 스마트폰, 다른 첨단기술들이 엘리트 계층이 이제까지 우리에게 해 온 짓을 폭로할 수 있을까?
— 주앙 B.(브라질)

A 흥미로운 질문이지만, 내 대답은 '그렇기도 하고 아니기도 하다.'이다.

풀러는 인류가 온전함의 시대로 향하고 있다고 예견했다. 첨단기술은 인류가 이제껏 보지 못한 것을 '볼' 수 있게 돕고, 결함투성이인 그런치의 실체를 폭로할 것이다.

그러나 또한 온전함의 시대는 더 큰 혼란과 분열을 가져올 것이다. 많은 사람과 집단들이, 첨단기술이 무지와 부패와 나태와 비효율성을 씻어 내는 과정에서 그들 역시 함께 쓸려 나가지 않으려고 발버둥 칠 것이다.

나는 스스로 안주하고 있다는 생각이 들 때마다 코닥사를 떠올린다. 한때 코닥 필름은 온 세상을 장악했지만 눈 깜짝할 사이에 디지털 사진 기술이 이 대기업을 무너뜨리고 말았다.

첨단기술의 가속화가 가속화되는 세상에서는 우리 중 누구도 안심할 수 없다. 앤디 그로브의 말처럼 "오직 편집광만이 살아남는다."

그래서 나는 영성 교육을 권고한다. 당신의 정신은 편집광이고, 당신의 영혼은 그보다 더 강인하기 때문이다.

FAKE
MONEY
TEACHERS
ASSETS

3부
가짜 자산

나와 함께 일하는 은행가는 언제나 이렇게 말했다.
"당신의 집은 자산입니다."

그러나 누구의 자산이란 말인가?

가난한 사람과 중산층은 왜 점점 더 가난해지는가?
가짜 자산을 진짜 자산으로 착각하기 때문이다.

Intro

가짜 자산

"부자는 돈을 위해 일하지 않는다."

"저축을 하는 사람들은 패배자다."

"당신의 집은 자산이 아니다."

1997년 출간된 『부자 아빠 가난한 아빠』에서 나는 이렇게 주장했다.

이는 당시에 굉장히 파격적인 주장이었고, 킴과 내가 접촉한 출판사들은 하나같이 이 책의 출간을 거절했다. 몇몇 출판사는 "지금 본인이 무슨 소리를 하는지도 모르고 있군요."라고 반응하기도 했다.

그게 20여 년 전의 일이다.

2018년이 된 지금도 많은 고학력 엘리트들이 내가 헛소리를 한다고 말한다. "당신의 집은 자산이 아니다."라든가 "저축을 하는 사람들은 패배자"라는 말은 세련된 교육을 받은 똑똑한 뇌세포를 불쾌하게 자극한다. 그들은 집은 자산이며 미래를 위해 돈을 저축하는 것이야말로 현명한 처사라고 믿고 싶어 한다.

문제는 당신의 집이 실은 가짜 자산이라는 것이다. 은행에 저축해 둔 예금과 은퇴 자금도 마찬가지다.

이 책의 3부에서는 대부분의 사람들이 실은 가짜 자산에 투자하고 있으며, 은퇴 후 노후 생활마저 그런 가짜 자산에 의존하고 있다는 사실을 배우게 될 것이다.

3부 '가짜 자산'은 세상 사람들이 진짜 자산이 아니라 부채에 투자하고 있음을 폭로한다.

그러나 동시에 기쁜 소식도 있다. 사람들이 '왜' 가짜 자산에 투자하는지 파악하고 진짜 자산에 투자하는 법을 배울 것이기 때문이다.

Chapter 14

젊어서 은퇴하는 법
위기가 다가오고 있다

1974년에 나는 제대 서류에 서명을 하고, 하와이에 있는 해군 기지와 작별인사를 했다. 나는 입구를 지키고 서 있는 해병대 경비병에게 마지막으로 경례를 붙인 뒤, 자유의 몸이 되어 와이키키 해변에 미리 마련해 놓은 새집으로 향했다. 1965년에 킹스포인트에 있는 미국 해양사관학교에 입학한 이래 처음으로 군인의 신분에서 벗어난 것이다.

내가 지낼 새집은 침실 하나에 욕실이 딸린 콘도로, 와이키키 해변에 위치한 호화로운 일리카이 호텔이었다. 일리카이 호텔을 선택한 이유는 여차하면 콘도를 호텔 방으로 대여하여 수입을 창출하는 자산으로 바꿀 수 있었기 때문이다. 게다가 수영장과 체육관, 식당, 나이트클럽에 룸서비스까지 호텔에 딸린 모든 편의시설을 사용할 수 있다는 장점도 갖추고 있었다. 가격도 적당했다. 55제곱미터 넓이의 이 작은 콘도의 가격은 3만 2,000달러였고, 갓 군대를 제대한 27세 독신 남성에게 와이키키 번화가 중심에 위치한 55제곱미터의 방은 살기에 충분하고도 남았다.

나는 다음 주 월요일부터 호놀룰루 시내에 위치한 제록스사로 출근하기로 되어 있었다. 주택융자를 갚아야 했기 때문에 잠시라도 쉴 여유를 부릴 수가 없었다.

20년 일하고 연금을 받으라고?

가난한 아빠는 내가 제대하는 것을 탐탁지 않게 여겼다. 그분은 내가 해병대에서 20년 복무 기간을 꽉 채운 뒤에 은퇴하길 바랐다.

친가든 외가든, 우리 집안은 실제로 하는 일이나 직업보다 퇴직 연금을 더 중요하게 여겼다. 어머니 집안의 경우, 내 외삼촌 두 분은 모두 하와이 카운티 소속의 소방관이었다. 두 분은 20년 장기근속을 한 뒤에 남은 평생 공무원 연금을 받으며 살았다. 두 분은 40세에 퇴직을 하고 난 후에는 더 이상 일을 할 필요가 없었다. 은퇴 후 남은 시간을 낚시를 하거나 골프를 치며 보냈고, 매년 미국 본토에 순례를 하러 가는 기분으로 라스베이거스로 휴가를 떠났다. 그들은 정말 행복한 퇴직 생활을 만끽했다.

아버지 쪽도 사정은 비슷했다. 몇몇 친척들은 공무원 연금을 두 개(혹은 하나, 어떤 경우에는 세 개)나 받았는데, 사회복지연금과 메디케어 혜택은 덤이었다. 군에서 20년 복무를 마치고 연방 정부에서 5년간 근무한 다음 지금은 하와이주 정부에서 일하고 있는 삼촌은 연금을 세 개나 탈 수 있었다. 아버지는 그런 삼촌을 무척 부러워했는데, 내게 해병대에서 20년 복무 기간을 채우라고 권한 것도 그 때문이었다.

연금의 함정

1971년 닉슨 대통령이 금본위제를 폐지하자 그동안 노동자들이 쌓아 올렸던 엄청난 부가 고학력 및 금융계 엘리트들의 손에 흘러 들어가기 시작했다. 스티븐 브릴이 『추락』에서 설명한 바로 그 엘리트 계층 말이다.

앞부분에서 설명한 것처럼, 브릴은 명문대 출신의 고학력 엘리트들이 CDO나 MBS 같은 금융 상품을 이용해 노동계급을 등쳐 먹고 자신들의 배를 불린 반면, 경제적으로는 아무 생산적 가치도 창출하지 못했음을 지적했다.

내가 군에서 제대한 1974년은 근로자퇴직소득보장법, 즉 피고용인의 기업연금을 보장하는 에리사 법이 시행된 해이기도 하다. 그로부터 4년 뒤, 401(k) 제도가 도입되었다.

그러자 문제가 발생했다. 이제까지 금융 교육이라고는 한 톨도 받은 적 없는 사람들이 갑자기 개인 투자자가 되어야 했던 것이다. 이른바 '대마불사 은행'들과 연방 정부, 그리고 월스트리트가 손잡은 거대한 금융 사기극의 시작이었다.

1971년과 1974년은 치명적인 역사적 전환점이었다. 지금으로부터

50년이나 100년 후면 학자들은 그때를 돌아보며 미국의 고학력 및 금융계 엘리트들이 정부의 승인 아래 수조 달러 규모의 현금강탈, 즉 연금계획을 이용해 순진하게 속아 넘어간 수백만 베이비붐 세대의 부를 훔쳐 간 시기로 기억할 것이다……

1972년은 닉슨 대통령이 중국과 수교를 맺은 해이기도 하다.

예견된 재앙, 연금 제도의 파산

오늘날 세계는 환경오염과 국제 부채, 사이버테러 등 무수한 재앙에 직면해 있다. 그러나 많은 사람들이 간과하고 있는 것이 있다. 그들은 머지않아 내 가난한 아빠가 1970년대에 맞닥뜨린 것을 마주하게 될 것이다. 바로 노후자금 없이 직장에서 퇴직하는 것 말이다.

다음 기사들을 읽어 보라.

2018년 4월 16일

《인베스터스 비즈니스 데일리》

연금 위기: 언론들이 연방 정부의 막대한 부채에 잇달아 초점을 맞추고 있는 가운데, 새로운 보고서에 따르면 주 정부 역시 언제 터질지 모르는 시한폭탄을 직면하고 있다. 지금까지 아낌없이 지급해 온 주 및 지방 공무원 연금에 대한 부담이 점차 고조되고 있는 것이다. 연금 개혁은 쉽지 않은 일이지만 이제는 선택의 여지가 없다.

2018년 6월 22일

사이먼 블랙의《소버린 맨Sovereign Man》

현재 샌디에이고시가 현직 및 퇴직 공무원에게 지급해야 할 연금의 적자 수준은 62억 5,000만 달러에 이른다. 뉴저지주의 연금 부채는 900억 달러를 기록하고 있다. 뿐만 아니라 사회보장제도와 메디케어의 부채는 자그마치 수조 달러에 이른다.

유럽의 상황도 그다지 다르지 않다.

스페인의 사회보장준비기금은 지난 수년간 스페인 국채에 집중적으로 투자했는데, 현재 **스페인 국채의 평균 수익률은 -0.19퍼센트**다. 그렇다. 잘못 읽은 게 아니다. 당연하겠지만 스페인의 연금 기금은 거의 완전히 고갈된 상태이고, 영국의 공적 연금 적자는 수조 파운드에 달한다.

보수적인 스위스 정부조차 공적 연금의 재원확보율이 69퍼센트에 불과한데, 이는 전체적으로 암울한 현실에 비하면 거의 환상적인 수치다. 지난해 스위스 정부는 여성의 정년퇴직 연령을 1년 늦추고(기존의 64세에서 남성과 동일한 65세로) VAT를 0.3퍼센트 인상하는 연금 제도 개혁안을 발표했다. 그러나 개혁안은 국민투표에서 무산되었다. 지난 20년 사이 벌써 세 번째나 반복된 일이다.

바로 이 점이 문제다. 전 세계의 연금계획이 무너지고 있다.

각국 정치가들은 으레 목전에 다가온 문제를 무시하고 골칫거리를 다음 정권에 물려줄 궁리만 하며, 때로는 상황을 개선하기 위해 노력하기도 하지만 그때마다 유권자들이 이를 거부하고 있다. 또는 노동조합이 고소를 하거나, 아니면 훨씬 시급한 이 개혁 정책을 뒤로 늦추는 다른 사건이 발생한다. 이 같은 상황은 결국 필연적인 결과를 앞당길 뿐이다. 연금 기금의 붕괴 말이다.

2018년 3월 4일

마틴 암스트롱의 《암스트롱 이코노믹스Armstrong Economics》

미국 최대의 공적 연금은 캘리포니아주 공무원 연금인 캘퍼스다. 캘리포니아주는 이미 심각한 지급불능 상태에 이르렀으며, 혹시 이에 투자 중인 고객들이 있다면 너무 늦기 전에 신속하게 탈출하라고 권고하는 바다. 나는 일찍부터 캘퍼스가 파산 위기에 처해 있고, 401(k) 사설 연금을 인수해 관리 운용할 수 있도록 의회에 비밀리에 로비 활동을 벌이고 있다고 경고했었다. 공적 기금과 사적 기금을 섞어서 운용하면 당분간 파산을 뒤로 늦출 수 있기 때문이다. 하지만 이제껏 자체 기금조차 제대로 운용하지 못했는데 외부의 사적 기금을 손에 넣는다고 해서 과연 결과가 달라질 수 있을까? 실제로는 시민들의 돈을 훔쳐 주 공무원과 정치가들에게 연금을 지급하는 데 그칠 것이다.

캘퍼스는 경제적인 측면을 고려하기보다 환경이나 정치적으로 올바른 프로젝트에 투자해 왔다. 또한 대중에게 **이 같은 사실을 숨기고** 투명한 공개를 거부하는 데만 급급하다. 지난해에 과평가된 주식을 매입하여 이번에는 **채권으로 옮겨 갔는데**, 이는 채권 거품 속으로 직진한 셈이다. 캘리포니아 경제는 **극에 달했으며**, 주민들의 꾸준한 탈주가 이어지고 있다.

2018년 6월 30일

사라 크라우스의 《월스트리트 저널》 기사

신용평가회사 무디스에 따르면, 미국의 주 및 지방 정부 연금의 부채 수준은 약 4조 달러에 이르며, 이는 세계 4위인 독일의 경제 규모와 맞먹는다.

2018년 10월 11일

《AFP 통신》의 「미국의 순 자산 수조 달러가 불황에 취약: IMF」

가장 큰 위험은 주 정부 및 지방 정부의 퇴직 연금으로, 월스트리트가 무너지면 전부 증발하고 말 것이다. 다시 말해 지방 정부의 예산으로 이를 메꿔야 할 것이라는 의미다.

그런 사태가 발생할 경우, 지방 정부는 다른 부문에 대한 지출을 크게 줄이게 되고, 이는 경제 침체로 이어질 것이다. 전국적으로 확산된 이런 연금기금 적자가 이미 미국 GDP의 8퍼센트를 차지하고 있다.

계속 읽어 보라. 더욱 충격적인 사실이 기다리고 있다.

짐바브웨

2008년, 짐바브웨의 로버트 무가베 대통령이 공무원 연금을 지급하고 전쟁 부채를 갚기 위해 수조, 수십조에 달하는 가짜 돈을 찍어 내자 짐바브웨 통화는 세계 최악의 조롱거리로 전락했다. 그러나 서구의 많은 부유국들 역시 짐바브웨의 찍고 또 찍어 내는 통화 정책을 모방하는 중이다.

니카라과

2018년에 공무원 연금이 지급불능 상태에 이르자 반정부 시위가 확산되기 시작했다.

부유한 도시들

2018년 현재 뉴욕과 샌프란시스코, 시애틀, 호놀룰루 같은 부유한 대도시의 수백만 가정이 집도 없이 길거리에 살고 있다.

이탈리아

2018년 10월 13일,《이코노미스트》에는 이런 기사가 실렸다. "특히 이탈리아는 시한폭탄이나 다름없다. (…) 통제 불능의 새로운 위기가 촉발되기까지는 오래 걸리지 않을 것이다. 이탈리아 금융 시장이 무너지면 전 세계의 성장 및 투자시장이 찬물을 맞을 수도 있다."

2018년 7월 19일,《월스트리트 저널》

- **부유한 주(공무원 연금 기금 확보율이 가장 높은 세 개 주)**

1. 사우스다코타 100%

2. 위스콘신 99.9%

3. 워싱턴 98.7%

- **가난한 주(공무원 연금 기금 확보율이 가장 낮은 세 개 주)**

48. 코네티컷 51.9%

49. 켄터키 48.9%

50. 일리노이 47.1%

2018년 7월 27일, 《로이터 통신》

마크 밀러의 「오하이오 노동자 연금 기금은 국가적 문제의 상징」

지난 46년 동안 사탕 산업에 종사해 온 로버타 델은 자신의 일을 무척 사랑한다. 그러나 그는 은퇴 후의 삶이 자신이 포장하는 덤덤 롤리팝처럼 달콤하지는 않을 것이라 우려하고 있다.

델은 오하이오주 브라이언에 위치한 스팽글러 캔디 회사에서 근무하고 있다. 전 직원 550명의 이 가족 사업체는 꽤 오랜 역사를 자랑한다. 스팽글러는 1950년에 전미화물운송노조에 가입했고, 1972년에는 미국중부기업연합연금계획에 가입했다.

그러나 로버타가 연금을 받을 수 있을지 여부는 전망이 불투명하다. 중부연금기금Central States Pension Fund이 10년 안에 지급불능에 이를 가능성이 높기 때문이다. 40만 명 이상의 현직 및 퇴직 노동자의 연금을 책임지고 있는 중부연금기금은 ― 여러 기업들이 연합하여 제공하는 전통적인 확정급여형 연금 ― 잘못된 결과로 이어질 수 있는 요인들의 총집합체다. 이 연합 연금은 건설, 트럭운수, 채굴, 식품소매 등 개별적으로는 연금계획을 지원할 수 없는 소규모 사업체들로 구성돼 있다.

델은 인터뷰에서 이렇게 말했다. "퇴직만 하면 당연히 연금을 탈 수 있을 거라고 생각했어요. 내가 미래를 위해 저축한 돈이라고 생각했으니까요."

전미화물운송노조 스팽글러 지부 조합장을 맡고 있는 델은 이달 초 오하이오주 콜럼버스에서 그와 비슷한 처지에 있는 노동자들을 위한 대책을 논의하기 위해 열린 미 의회 특별위원회 청문회에 참석해 증언을 했다.

전국에서 1,000만 명 이상의 퇴직 노동자가 1,400개에 달하는 기업연합 연금계획에 가입해 있다. 그러나 2001년과 2008~2009년 주식 시장 붕괴 및 고용률 감소, 기업 합병으로 이어진 관련 산업의 쇠퇴로 인해 현재 200곳 이상이 심각한 자금 부족에 시달리는 중이다.

이 같은 문제는 노동자들의 연금을 위협할 뿐만 아니라, 나아가 연금보험 공사PBGC의 기업연합 보험 프로그램마저 10년 안에 파산시킬지도 모른다. 연금보험공사는 연금계획에 문제가 발생할 경우 이를 지원하여 노동자들의 연금을 보호하는 국가 기관이다.(참고: 현재 연금보험공사에 대해 알고 있는 노동자들은 별로 많지 않을 테지만 머지않아 보험공사가 파산해 수령 연금이 줄게 되면 어쩔 수 없이 그 이름을 듣게 될 것이다.)

(…) 델은 65세이며, 홀로 거주하고 있다. 함께 스팽글러에서 근무했던 남편은 2015년에 세상을 떠났다. 델은 몇 년 더 일을 하다 퇴직 후에 매달 약 1,200달러의 퇴직 연금을 받을 수 있길 기대하고 있다. 매달 사회보장연금으로 1,400달러도 받을 수 있을 테지만, 현 상황을 고려할 때 2025년이면 사회보장연금도 축소될 것으로 보인다.

가난한 아빠들이 가짜 자산에 투자한다

2018년이 되면 수백만 노동자들이 1974년에 내 아버지가 맞닥뜨렸던 상황에 처하게 될 것이다. 바로 연금도 받지 못하고 직장에서 퇴직하는 것이다. 수백만 베이비붐 세대가 꿈꾸던 행복한 노후 생활은 거대한 경제 붕괴로 인해 지금까지 모은 저축과 나아가 연금보험공사까지 날아가고 나면 전부 무위로 돌아갈 것이다.

그런 일이 일어나는 이유는 사람들이 평생 힘들게 모은 은퇴 자금을 가짜 자산에 투자하거나 아니면 주식이나 채권, 뮤추얼 펀드, ETF, 보험과 현금 같은 가짜 자산에 투자하는 가짜 펀드 매니저에게 맡기기 때문이다.

다음 도표는 미국이 어떻게 빈곤을 향해 추락하고 있는지 보여 준다.

경제적 격차

1979년 대비 계층별 소득점유율 변화(세후 및 인플레이션 반영)

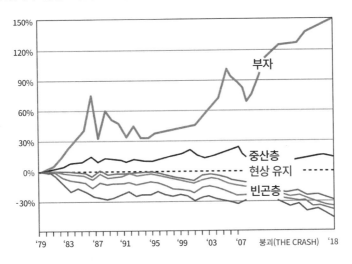

출처: 의회 예산처

2018년 뉴스쿨대학의 경제정책분석슈워츠센터Schwartz Center for Economic Policy Analysis의 연구에 따르면, 미국 중산층의 40퍼센트가 은퇴 후에 빈곤층으로 전락할 것이라 예측한다.

미래의 빈곤층은 지금은 직장을 갖고 있지만…… 아무리 시간이 지나도 일을 그만둘 수 없을 것이다.

젊어서 은퇴하기

1974년에 나는 젊은 나이에 일찍 은퇴하겠다고 맹세했다. 일을 하기 싫어서가 아니다. 스스로에게 젊어서 은퇴한다는 '도전 과제'를 부여하고 싶었기 때문이다. 만일 젊어서 은퇴한다는 목표를 이루지 못하더라도 그때까지 열심히 노력했으니, 충분히 빨리 은퇴할 수 있을 것이었다. 무엇보다도 65세에 은퇴를 했는데 시장 붕괴 때문에 노후생활이 엉망이 되거나 여생을 가난하게 살고 싶지는 않았다.

여러 번 말했지만, 나는 살면서 수많은 실패를 겪었다. 나는 47세가 되어서야 내게 맞는 공식을 찾아내고, 직장도 연금도 필요 없이 은퇴할 수 있었다. 사업가가 되는 법을 배우고, 결과적으로 남은 평생 동안 직장도 봉급도 연금도 필요 없는 사람이 될 수 있었던 것은 내가 기꺼이 실패하고 또 실패를 통해 배우고자 했기 때문이다.

내가 일을 완전히 그만두고 은퇴하기까지는 약 20년이 걸렸다. 가난한 아빠가 원했던 것처럼 군대에 남아 "20년 복무 기간을 채웠더라면" 나는 부자가 되거나 지금처럼 똑똑해지지 못했을 것이다.

부자로 은퇴하기

내가 실패를 통해 배우고자 했던 또 다른 중요한 이유는 부자로 은퇴하고 싶었기 때문이다. 1970년대는 퇴직 후에 매달 500달러면 충분히 괜찮은 삶을 영위할 수 있었다. 오늘날에는 월 소득 500달러면 빈곤층에 속한다.

1974년에 내 목표는 연간 12만 달러의 '수동적 소득passive income'을 얻는 것이었다. 그러면 나는 '젊어서' 은퇴할 수 있었다.

킴과 나는 1994년에 이 목표를 달성했다. 킴의 나이는 서른일곱, 나는 마흔일곱이었다. 나는 여기 도달하기까지 20년이 걸렸고, 킴은 10년이 걸렸다.

연 12만 달러의 수입을 확보한 후 우리의 다음 목표는 연간 120만 달러의 소득을 올리는 것이었다. 이 목표를 성취하고 나면 다음 목표는 연 소득 1,200만 달러가 될 것이다.

그것이 우리의 개인적인 도전 과제였다. 첫 번째로 젊어서 은퇴하기, 그런 다음 부자로 은퇴하기. 계산은 별로 어렵지 않다. 처음에는 월 소득 1만 달러, 그다음에는 10만 달러, 그다음은 100만 달러였다.

만일 내가 해병대에서 20년 동안 복무했다면 매달 5,000달러를 받는 데 그쳤을 것이다.

1990년에 한 여자가 나와 킴에게 한 말이 생각난다. "1년에 12만 달러밖에 못 벌어요?" 그녀는 그 12만 달러가 우리가 일을 하지 않아도 저절로 들어오는 돈이라는 것을 알지 못했다. 그녀의 변호사 남편은 1년에

50만 달러를 벌었지만, 일을 하지 않으면 돈을 벌 수가 없었다.

오늘날 킴과 나는 손가락 하나 까딱하지 않고 그녀의 변호사 남편이 1년 동안 열심히 일해야 벌 수 있는 돈을 겨우 2주일마다 벌고 있다.

사회에 환원하기

킴과 나는 은퇴 이후에 매년 1,000만 달러 또는 그 이상 액수를 기부한다는 목표를 갖고 있다. 우리의 계획은 돈을 많이 번 다음 재산을 사회에 환원하는 것이다.

우리 부부는 우리에게 알맞은 은퇴 공식을 발견한 뒤 젊은 나이에 은퇴할 수 있었고, 부자가 되었다.

공식의 첫 번째 열쇠는 우리가 좋아하는 대상에 투자하는 것이다. 우리는 재무설계사가 추천하는 대상에 투자하지 않았다.

어쩌면 내 글을 읽으면서 '대체 얼마나 벌어야 충분하다는 거지?'라고 생각할지도 모르겠다. 하지만 재정적 자유를 성취하고 부자가 된다는 우리의 목표는 '충분함'과는 상관이 없다. 그 단계는 이미 오래전에 지났다.

왜 그렇게 돈을 버는 데 혈안이 되어 있느냐고? 나는 혈안이 되어 있는 게 아니다. 내게 B와 I 사분면에서 돈을 버는 것은 일종의 게임과도 같다. 어떤 사람은 골프장에 가서 작고 하얀 공을 쫓아다니는 것을 인생의 낙으로 여긴다. 어떤 사람은 누군가의 눈에 띄길 바라며 평생 무대에서 노래를 부르거나, 유명 배우가 되길 바라거나, 스포츠 스타가 되길 원한다. 그건 그들의 게임이다.

여기서 진짜 중요한 질문은 자신의 활동 분야에 대해 얼마나 큰 열정을 지니고 있느냐다.

이는 많은 의미가 담긴 질문이다. 열정적인 사람들은 자기가 원하는 일을 한다. 열정은 대개 이기적이다. 하지만 적어도 자신이 싫어하는 일을 하기보다는 열정을 가진 일을 하는 편이 낫다. 연구에 따르면 미국인의 70퍼센트가 자신이 하는 일을 좋아하지 않는다고 한다. 몇 년 전에 이 수치는 62퍼센트였다.

사람들은 내게 부자가 되는 것이 인생의 목표냐는 질문을 꽤 자주 던진다. 내 대답은 '아니다'이다. 많은 사람들이 목표 의식을 갖고 일한다. 가족을 부양하고 아이들을 대학에 보내거나 중요하고 뜻깊은 일을 하기 등등.

내가 1983년에 풀러 박사의 세미나에 참석했을 때, 그는 이렇게 말했다. "나는 신이 내게 원하는 일을 한다." 나는 그 말을 듣고 곰곰이 생각에 빠졌다. '신은 내가 무엇을 하길 원할까?' 나는 자주 다른 사람들에게도 이 질문을 진지하게 생각해 보라고 권한다.

당시에 나는 음악 및 엔터테인먼트 분야에서 일하고 있었다. 일은 재미있었고, 폴리스나 반 헤일런 같은 유명 밴드들과 어울려 다니며 즐거운 시간을 보내기도 했다. 하지만 나는 돈은 많이 벌지언정 록그룹 상품을 제작하는 것이 과연 신이 내게 원하는 일인지는 확신할 수 없었다.

그러므로 이 자리에서 묻겠다. 신은 무엇을 원할 것 같은가?

잘은 모르지만 내 생각에 신은 사람들이 가난하게 살기를 바랄 것 같지는 않다. 그래서 나는 부자 아빠가 내게 가르친 것을 다른 사람들에게 가르치기 시작했고, 신도 그것을 바라는 것 같았다.

그런 이유로 나는 계속 가르쳤다. 그리고 많은 돈을 벌었다. 나 자신은 가난한데 사람들에게 부자가 되는 법을 가르친다면 나는 가짜 교사일 것이다.

자, 이제 몇 가지 질문을 던질 테니 잘 생각해 보라.

신은 당신이 무엇을 하길 원할까?

신이 원하는 일을 할 의향이 있는가?

만일 당신이 암을 치료할 능력이 있다면 그렇게 하겠는가?

세상에서 기아를 없앨 수 있다면 그렇게 하겠는가?

지구 온난화 문제를 해결할 수 있다면 해결할 것인가?

아니면 그저 돈을 충분히 벌고 싶은가?

1974년에 나는 이미 고소득 직업을 두 개나 갖고 있었다. 하나는 스탠더드오일사의 유조선 승무원이었고, 다른 하나는 민간 항공사의 비행기 조종사였다. 두 경력 모두 E 사분면에서 높은 봉급을 받을 수 있었다. 하지만 나는 내가 B와 I 사분면에서 성공할 수 있을지 알고 싶었다.

지옥 길을 가고 있다면

윈스턴 처칠은 "지옥 길을 가고 있다면 계속해서 걸어라."라는 말을 했다.

B와 I 사분면으로 이동하는 것은 어렵고도 힘든 일이다. 지난 장에서 말했듯이, 나도 영성 교육과 영적 교사가 없었다면 결코 해내지 못했을 것이다. 지옥 길을 지나고 이겨 낸 덕분에 킴과 나는 더 똑똑하고 강인해졌고, 신이 원하는 일을 할 수 있게 단련할 수 있었다.

부자 아빠는 말했다.

"경제적 천국에는 많은 문이 있다. 경제적 지옥에는 그보다도 더 많은 문이 있다."

알다시피 사업가라면 대개 B와 I 사분면에서 성공을 쟁취하기 전에 지옥 길을 지나야 한다. 스티브 잡스는 자신이 설립한 애플사에서 쫓겨났다. 빌 게이츠는 마이크로소프트가 시장을 독점하고 있다는 소송에 휘말렸다. 마크 저커버그는 페이스북 아이디어를 훔쳤다는 이유로 윙클보스 쌍둥이에게 고소당했고, 심지어 제프 베조스마저 아마존을 창립할 때 여러 난관을 극복해야 했다.

부자 아빠는 경고했다.

"많은 사람들이 경제적 지옥의 문을 열고 들어가 다시는 돌아오지 못한다."

많은 사람들이 영혼을 팔아서라도 부자가 되고 싶어 한다. 수많은 사람들이 다른 이들을 무수히 속이고 등쳐 먹으며, 어떤 이들은 골드만삭스나 연방준비제도, 미국 재무부처럼 아직도 금융 제도의 꼭대기에서 권력을 휘두르고 있다.

빌 클린턴, 로버트 루빈, 래리 서머즈, 앨런 그린스펀, 제이콥 루, 팀 가이트너, 행크 폴슨, 벤 버냉키, 워런 버핏, 필 그램 등의 이름은 여러분도 익히 잘 알고 있을 것이다. 그들은 경제를 살려 냈다고 주장하지만 실은 부자들만을 구제한 것이다. 언젠가는 그것이 독이 되어 돌아오리라.

머지않아 또 다른 금융 재앙이 닥쳐온다면 수백만이 넘는 성실하고 죄 없는 소시민들이 이들 영혼 없는 리더들에 의해 경제 지옥에 내팽개쳐질 것이다. 내가 금융 지식을 가르치지도 않고, 실수를 저지르면 벌을 주고, 협력을 부정행위로 간주하는 교육 제도를 비판하는 것도 그런 이유에서다.

우리의 교육 체제에는…… 영혼이 없다. 세상 사람들은 누구나 날마다 돈을 사용하며 살아간다. 그런데 왜 학교에서는 돈에 대해 가르치지 않는단 말인가?

사업가가 되는 법 배우기

1974년에 나는 제록스에 영업사원으로 입사했다. 나는 천성적으로 세일즈맨에 적합한 성격이 아니었기 때문에 심한 고충을 겪어야 했다. 생판 모르는 사람 집의 현관문을 두드리고 면대면으로 대놓고 퇴짜를 맞는 일은 정말 끔찍했다. 근무시간이 끝난 뒤에도 사무실에 남아 잠재고객을 유치할 제안서를 썼다. 목표량을 채우지 못하면 밥을 먹지도 못하고 주택융자를 지불하지도 못할 터이기 때문이다. 판매하는 법을 배우지 못하면 B와 I 사분면에서 사업가가 될 수도 없었다. 나는 2년 동안 실패를 거듭한 끝에 마침내 호놀룰루 제록스 지점에서 최고의 영업사원으로 등극했다.

1974년부터 1976년까지는 공인재무설계사CFP 강좌를 들었다. 매우 훌륭한 강좌였다. 어려웠고, 엄격했다. 그리고 덕분에 나는 전문 재무설계에 대해 많은 것을 배울 수 있었다.

공인재무설계사와 한 달이면 자격증을 딸 수 있는 단순한 자산관리사 사이에는 커다란 차이가 있다. 심지어 마사지 치료사도 제대로 된 자격증을 따려면 2년이 넘는 시간이 필요하다.

대다수의 자산관리사는 투자에 대해 아무것도 모른다. 그들은 그저 주식과 파생상품을 사고팔 수 있는 매매자격증을 갖고 있을 뿐이다. 소위 '한 달 만의 기적' 자산관리사와 CFP와의 차이는 경리와 CPA(공인회계사)의 차이와도 같다.

'한 달 만의 기적' 자산관리사는 자격증을 따고 나면 곧장 고객들을 찾아 나선다. 그들의 주요 타깃은 현재의 재정설계에 만족하지 못한 이들이다.

자산관리사는 이 불만스러운 고객들에게 401(k)나 IRA로 된 '자산'을 자신에게 넘겨주면 마법을 부려 주겠다고 말한다. 그러나 대개 마법은 일어나지 않는다. 어떻게 그게 가능하겠는가? 모든 자산관리사는 실질적으로 똑같은 상품을 판매한다. 주식, 채권, 뮤추얼 펀드와 ETF, 예금과 보험 말이다.

게임의 이름

마법이 일어나지 않는 이유는 자산관리 회사가 플레이하는 게임의 이름이 '고객들을 부자로 만들기'가 아니기 때문이다. 그들이 플레이하는 게임은 바로 '관리운용 자산Assets Under Management', 즉 AUM이다. CNBC에서 경제 프로그램을 보거나 《머니》지 같은 경제지를 읽다 보면 "빅 매직 펀드, 총 관리운용 자산 규모 1,000억 달러" 같은 광고를 볼 수 있을 것이다. 보통 사람들이라면 "관리운용 자산 규모 1,000억 달러" 같은 말이 굉장하게 느껴지겠지만, 사실 일반 투자자에게 그 숫자는 아무런 의미도 없다. '한 달만의 기적' 자산관리사의 최우선 목표는 회사의 AUM을 늘리는 것뿐, 고객들의 안정적인 미래를 확보하는 것이 아니다.

내가 CFP 과정을 들은 이유는 공인재무설계사가 되기 위해서가 아니라, 최대한 젊어서 은퇴하려면 어떻게 해야 할지 알고 싶었기 때문이다. 나는 그 강좌에서 많은 것을 배웠다. 가령 이런 것들이다.

1. 자산관리사에는 두 가지 부류가 있다. 시간당 수당을 받는 사람과 고객의 자산을 팔아 수수료를 받는 사람이다.
2. 대부분의 자산관리사는 종이 자산과 주식, 채권, 뮤추얼 펀드, EFT, 예

금, 그리고 보험에 대해서만 알 뿐 사업가나 부동산 투자자, 또는 금이나 유정 투자자가 되는 것에 대해서는 거의 알지 못하며, 무엇보다 빚과 세금을 이용해 돈을 버는 방법에 대해서도 모른다.

3. 자산관리사와 CFP는 전문 투자자가 아니다. 그들 중 대부분은 다달이 봉급이나 보수, 수수료, 보너스를 받는 자영업자나 피고용인이다.

4. 나는 CFP를 공부할 때 젊어서 은퇴하거나 부자로 은퇴하는 법을 배우지 못했다.

5. 대신 그 과정에서 보험에 대해 많은 것을 배웠다. 보험은 수수료율이 높기 때문에 특히 CFP들이 집중적으로 판매하는 상품이다.

부자 아빠의 네 가지 자산

부자 아빠는 네 가지 기본 자산이 있다고 가르쳤다.

1. 사업체

2. 부동산

3. 종이 자산(주식, 채권, 뮤추얼 펀드, EFT, 예금)

4. 상품(원자재인 금, 은, 석유, 식량, 물)

그러나 대부분의 자산관리사와 CFP는 수수료를 위해 종이 자산과 보험만을 판매한다.

좋아하는 것에 투자하라

우리는 아이들에게 "좋아하는 일을 해라."라고 가르친다. 부자 아빠는 마이크와 나에게 "좋아하는 것에 투자해라."라고 가르쳤다.

CFP 과정을 수료하고 나자, 나는 앞으로 무엇에 투자해야 할지 알 수 있었다.

1. 나는 사업가가 되는 법을 배워 S가 아닌 B 사분면에서 사업을 운영하고 싶었다. B 사분면의 사업가가 되어 500명 이상의 직원을 고용하는 것이 내 개인적인 도전 과제였다.

2. 나는 부동산을 좋아했다. 생전 처음 내 돈은 한 푼도 들이지 않고 한 달에 25달러의 수입을 얻게 된 뒤부터 나는 부동산에 완전히 매료되었다. 게다가 합법적으로 세금도 낼 필요가 없었다. 나는 돈 없이 돈을 버는 무한수익이라는 예술에 푹 빠져 있었다.

3. 나는 종이 자산에는 관심이 없었다. 특히 CFP 과정을 듣고 나니 더더욱 흥미가 떨어졌다. 종이 자산은 가짜 자산이었다. 또한 종이 자산은 진짜 금융 교육을 받지 않은 E 사분면과 S 사분면의 평범한 사람들에게 가장 적합했다.

4. 나는 옛날부터 상품을 좋아했다. 특히 금을 좋아했기 때문에 1973년에는 홍콩에서 진짜 금화를 구입하기도 했다. 또 유조선 승무원 훈련을 받았기 때문에 원유에도 관심이 있었다.

다시 말하지만, 종이 자산은 금융 교육을 많이 받지 않은 일반 투자자에게 가장 적합한 투자 대상이다.

유동 자산

종이 자산이 일반 투자자에게 가장 적합한 일차적 이유는 '유동' 자산이기 때문이다. 즉 언제든 신속한 거래와 매매가 가능하며, 실수를 저지르더라도 거의 즉시 매각할 수 있다.

이 점은 금화와 은화도 마찬가지다. 주화는 종이 자산만큼이나 탁월한 유동성을 지니고 있다.

한편 종이 자산의 약점은 장점과 동일하다. 유동성이 높기 때문에 공황이나 시장 붕괴, 대규모 매도가 발생하면 순식간에 포트폴리오가 무너질 수 있다. 초단타매매HFT를 이용하면 종이 자산은 1초에 1만 단위의 거래도 가능하기 때문에, 장기적으로 투자하는 일반 투자자는 점심시간이 지나기도 전에 파산할 것이다.

다크 풀

앞서 나는 오늘날 돈의 세계가 거의 보이지 않게 되었다고 말했다. 현대의 돈은 이제 종이에 인쇄되는 것이 아니라 사이버 공간에 존재하기 때문이다. 심지어 종이 자산도 마찬가지다. '다크 풀Dark Pool'은 은행이나 헤지펀드 같은 기관 투자자와 워런 버핏 같은 거물 전문 투자자들이 비밀리에 주식을 거래하는 공간으로, 오늘날 모든 종이 자산 거래의 약 40퍼센트가 다크 풀에서 발생한다. 평범한 투자자들은 무슨 일이 벌어지고 있는지 까맣게 모르는 사이에 말이다.

다음번 시장 붕괴가 발생하면 그들은 눈 깜짝할 사이에 노후자금을 잃게 될 것이다.

앨런 그린스펀은 2008년 금융 붕괴에 대해 이렇게 말했다. "그런 일이 일어날지는 아무도 몰랐지요." 과연 그의 말은 진실일까?

그린스펀은 I 사분면의 경제 전문가다. I는 또한 '내부자Insider'를 가리키는 용어이기도 하다. 그린스펀은 그가 속한 업계의 내부자이며, 나도 내 투자 분야의 '내부자'다. 자산관리사의 충고를 따르는 평범한 일반 투자자는 '외부자'다.

리먼브라더스가 파산하기 6개월 전인 2008년 초반, 나는 CNN에 출연해 시장이 하락하고 있다고 말했다. 내가 그것을 볼 수 있었을 정도니 그린스펀은 틀림없이 알고 있었을 것이다. I 사분면의 '내부자'는 무슨 일이 일어나고 있는지 진작 알고 있었을 것이다.

시장 붕괴 예측하기

내가 리먼브라더스의 파산과 2008년 금융 붕괴에 대해 예측한 CNN 영상을 찾아보라.

Q 금융 붕괴가 다가오고 있다는 것을 어떻게 알았는가?

A 왜냐하면 나는 I 사분면의 투자자이며 내부자이기 때문이다. 나는 수년

전부터 TV와 라디오에 출연해 부동산 시장이 붕괴할 것이라고 경고했다.

Q 다른 사람들이 모르는 것을 어떻게 알았는가?

A 시장의 추세를 읽었다. 2005년부터 2008년 사이에 내가 운영하는 임대 아파트에 세입자가 줄기 시작했다. 월세 500달러를 간신히 감당하는 사람들이 30만 달러나 50만 달러짜리 주택을 구입하기 시작한 것이다.

Q 그들이 어떻게 그런 비싼 집을 구입할 수 있었던 걸까?

A 일명 닌자No Income, No Job or Asset, NINJA 융자를 받았기 때문이다. 그들은 신용 등급이 낮았기 때문에 당연히 서브프라임 모기지를 얻을 수밖에 없었다.

Q 워런 버핏이 그런 사실을 알고 있었다는 것을 어떻게 아는가?

A 왜냐하면 워런 버핏의 회사인 버크셔 헤서웨이가 그런 '서브프라임(비우량)' 융자를 '프라임(우량)'으로 평가한 무디스의 지분을 보유하고 있었기 때문이다. '프라임' 등급으로 분류된 모기지는 주택저당증권과 부채담보부채권(파생상품)으로 변해 연금 펀드와 정부 펀드, 헤지펀드와 사모펀드를 비롯해 전 세계 큰손들에게 판매되었다.

휘발유는 원유의 파생상품이다. 제트원료는 휘발유의 파생상품이다. 파생상품은 그 근원에서 멀어질수록 불안정해진다.

2008년, 서프브라임 대출자들이 융자금을 갚지 못하자 파생상품 시장이 터졌고, 결국 전 세계 시장이 붕괴할 뻔했다.

수백만 명이 집과 직장, 이제껏 모은 연금을 잃었지만 '거물'들은 기소되지 않았다. 유일하게 뉴욕 차이나타운에 있는 작은 동네 은행이 — 중국계 미국인이 운영하는 — 재판에 넘겨졌지만 후에 결백하다는 사실이 밝혀졌을 뿐이다.

나중에 PBS에서 이 은행에 대한 다큐멘터리를 제작했는데, 이 다큐 「아바쿠스: 감옥에 가기엔 너무 사소한」에서 정부는 진짜 범죄자가 아니라 이 작은 은행에 거대한 범죄의 책임을 떠넘긴다.

하지만 모두가 알다시피 금융 붕괴를 초래한 것은 골드만삭스나 웰스파고, 시티뱅크 같은 이른바 '대마불사 은행'이고, 이들은 수십억 달러를 벌고도 기소되지 않았다. 가짜 자산을 이용해 거액을 번 은행가들은 금융 시장이 붕괴한 뒤에도 추가로 수십억 달러의 보너스까지 챙겨 갔다. 내가 보기엔 이게 바로 진짜 범죄다.

그러므로 내가 서브프라임 융자가 범죄이며 부동산 붕괴가 머지않았음을 알고 있었다면, 버핏도 당연히 알고 있었을 것이다. 그는 무디스가 서브프라임 융자를 프라임으로 평가하는 것이 사기라는 것을 당연히 알고 있었을 것이다. 어쨌든 파생상품을 "금융계의 대량살상무기"라고 부른 것은 버핏 본인이었으니 말이다.

그것이 바로 진짜 금융 교육을 받고 I 사분면에서 '내부 투자자'가 되면 얻을 수 있는 이점이다.

2008년 시장이 붕괴했을 때, 킴과 나는 수백만 달러를 벌었다.

내가 주식이나 채권, 뮤추얼 펀드 같은 종이 자산에 투자하지 않는 것도 그런 이유 때문이다. 나는 외부자가 되고 싶지 않다. 또 모든 종이 자산은 일종의 파생상품이며, 진짜 자산이 아니라 가짜 자산이다.

그러나 앞서 얘기했다시피 종이 자산은 금융 교육을 받지 않은 '평범한' 일반 투자자에게는 최선의 선택이기도 하다. 유동자산이기 때문에 재빨리 들어갔다가 신속하게 빠져나올 수 있기 때문이다.

사업체와 부동산

사업체와 부동산의 문제는 유동성이 낮다는 것이다. 자칫 실수라도 저질렀다간 단번에 타이타닉호의 선장이 된다. 나도 사업가로서 수없이 침몰하는 배의 선장이 되어 보았기 때문에 그 점에 대해서는 사무치도록 잘 알고 있다.

반면에 나는 부동산 투자로는 돈을 잃은 적이 없다. 그러니 부동산에 투자하기 전에는 반드시 부동산 강좌나 세미나를 듣고 작게 시작하되, 좋은 교사가 되는 단계를 따르며 늘 실습, 실습, 실습에 매진하기 바란다.

다시 한번 강조하지만 사업체와 부동산은 유동성이 낮다. 간단히 말해 일반 투자자보다 훨씬 똑똑해야 살아남을 수 있다는 얘기다. 사업체를 경영하거나 부동산 투자를 하는 것은 내부자가 되는 길이다.

나의 투자 공식

사람들이 투자 공식에 대해 물을 때마다 내 대답은 늘 두 가지다.

첫 번째 대답: 나의 금융 교육은 부자 아빠에게서 모노폴리를 배우

면서 시작되었다. 오늘날 나와 킴은 현실 세계에서 모노폴리 게임을 한다. 우리는 파생상품이 아니라 부동산에 투자하는 것을 좋아하고, 외부자가 아니라 내부자가 되는 것을 선호한다.

두 번째 대답: 킴과 나는 맥도널드 공식을 따라 부를 쌓는다. 『부자 아빠 가난한 아빠』에서 나는 맥도널드 창립자인 레이 크록이 텍사스대학 MBA 학생들한테 한 말을 인용한 바 있다. 강의 도중 크록이 물었다.

"맥도널드가 무슨 사업을 하는지 압니까?"

한 학생이 당연하다는 듯이 "햄버거"라고 대답했다.

그러자 크록이 말했다.

"아닙니다. 맥도널드는 부동산 사업을 합니다."

나도 맥도널드의 공식을 따른다. 나도 부동산 사업을 한다.

맥도널드의 공식은 다음과 같다.

이 공식에 대해서는 나중에 더 자세히 설명하도록 하자.

언어의 힘

누군가 부자가 된 비결이 무엇이냐고 물을 때마다, 나는 이렇게 대답한다.

"'비결'은 많습니다. 그중 하나는 바로 언어의 힘입니다. 부자가 되고 싶다면 생각하고 말하는 언어를 바꿔야 합니다. 사람들은 대부분 스스로를 가난하게 만들고 가난을 지속하게 하는 언어로 말하고 생각하는 경향이 있지요."

부자 아빠는 내게 이렇게 가르쳤다.

가난한 사람은 "나는 그럴 형편이 못 돼."라고 말하고
부자는 "어떻게 하면 그럴 형편이 될 수 있을까?"라고 묻는다.
가난한 사람은 "나는 돈에 관심이 없어."라고 말하고
부자는 "당신이 돈에 관심이 없다면 돈도 당신에게 관심이 없다."고 말한다.
가난한 사람은 "나는 절대로 부자가 되지 못할 거야."라고 말하고,
부자는 "나는 부자가 될 거야."라고 말한다.

교훈: 가난한 사람의 언어로 생각하고 말하는 사람들은 자산관리사를 고용해 종이 자산에 투자해야 한다. 가난한 사람의 언어로 생각하고 말하는 이들은 주식이나 채권, 뮤추얼 펀드, ETF, 예금만으로도 충분하다. 어쨌든 아무것도 안 하는 것보다는 '나을' 것이다.

자산 vs. 부채

부자 아빠는 자산이란 "내 주머니에 돈을 넣어 주는 것"이고, 부채란 "내 주머니에서 돈을 빼 가는 것"이라고 정의했다.

2부에서 얘기했듯이, 명사에는 반드시 동사가 수반되어야 한다는 점을 명심하라. 진짜 자산, 혹은 진짜 부채가 되려면 반드시 명사와 동사가 함께 있어야 한다. 예를 들어 '자산'은 명사다. '흐름'은 동사다. 동사가 없다면 우리는 자산과 부채를 구분할 수 없다. 가령 집은 현금 흐름의 방향에 따라 자산이 될 수도 있고, 부채가 될 수도 있다.

2008년 부동산 시장이 붕괴했을 때, 수백만 명의 봉급생활자가 일자리와 집을 잃고 난 후에야 그들의 집이 실은 자산이 아니라 부채라는 사실을 깨달았다.

가짜 자산은 진짜 부채다

그런데도 많은 사람들이 여전히 가짜 자산에 투자한다.

401(k)는 가짜 자산이다. 오랜 시간 동안 당신의 주머니에서 돈을 빼 가기 때문이다. IRA, 즉 개인퇴직연금적금 역시 당신의 주머니에서 오랫동안 돈을 빼 가기 때문에 가짜 자산이다.

정부가 제공하는 국민연금도 가짜 자산이다. 역시 오랜 시간에 걸쳐 당신의 주머니에서 돈을 빼 가기 때문이다.

뮤추얼 펀드, 주식, 채권, ETF와 예금도 마찬가지다. 이들은 모두 파생상품이다. 뮤추얼 펀드에는 어마어마한 수수료가 붙고 이런 수수료는 부자들을 더 부자들로 만들어 준다. 반면에 당신은 더 가난해질 것이다.

내부자라면 뮤추얼 펀드 투자자가 투자금도 리스크도 100퍼센트 전부 부담하지만 이익은 전체의 20퍼센트밖에 가져가지 않는다는 사실을 잘 알고 있을 것이다.

다시 말하지만, 뮤추얼 펀드와 ETF는 파생상품이고 가짜 자산이나, 금융 교육을 받지 않은 평범한 투자자나 소극적 투자자에게는 최선의 수단이다.

문제는 만일 또다시 시장이 붕괴할 경우 2008년에 그랬던 것처럼 이들의 돈이 허공으로 사라져 버릴 것이라는 점이다.

명심하라.

자산은 당신의 주머니에 돈을 넣어 준다.
부채는 당신의 주머니에서 돈을 빼 간다.

다음 장에서는 시장이 붕괴할 경우 기존의 돈들이 어디로 흘러가는지 알아볼 것이다.

전 세계의 독자들이 묻고
로버트 기요사키가 답하다

Q "신이 원하는 일"을 한다고 했는데, 어떤 징조를 보고 당신이 올바른 일을 하고 있다고 깨달았는가?

— 브루노 T.(프랑스)

A 신이 내게 무슨 말씀을 내리거나 했다는 게 아니다. 게다가 감히 "신이 나를 선택하셨다."고 믿고 싶지도 않다. 신의 뜻을 안다고 주장하는 사람이 있다면 극도로 오만하거나 망상에 사로잡힌 사람일 것이다. 나는 인간이 신과 동등한 수준으로 사고하거나 깨우침을 얻을 수는 없다고 생각한다. 물론 정말로 신이 있다면 말이다.

나는 버키 풀러의 말 덕분에 내가 대부분의 사람들이 꿈꾸는 일을 하고 있음을 깨달았다. 바로 좋아하는 일을 하는 것이다. 내가 좋아하는 일은 돈을 버는 것이었다.

나는 좋아하는 일을 한다. 나는 사업가다. 회사를 운영해 봤고, 세계 최고의 록밴드와 함께 일해 봤다. 백스테이지에 들어갈 수 있는 출입증도 갖고 있었고, 그런 게 정말 좋았다. 내 에고도 그런 걸 좋아했다. 신나는 일이었다. 나는 와이키키 해변에 있는 비싼 고급 아파트에 살았고, 한국과 대만에는 제조 공장을, 미국에는 사무실을 갖고 있었다. 할리 데이비슨과 메르세데스를 몰았으며, 아름다운 여인들과 데이트도 했다. 나는 그야말로 근사한 삶을 누리고 있었다.

그렇지만 나는 마음속 깊이 내가 만드는 상품들이 세상에 큰 도움을 주지 못한다는 것을 알고 있었다. 신이 굳이 내게 말해 줄 필요도 없었다. 나 자신이 이미 잘 알고 있었기 때문이다. 내가 생산하는 상품들은 풀러가 "불쾌한 것 obnoxico"이라고 부르는 것이었다. 불쾌한 회사가 만드는 불쾌한 물건들이었다. 나는 풀러의 조언에 따라 신이 내가 무엇을 하길 바라는지 자문해 보았다. 미래학자인 풀러는 진화의 진화 과정을 들여다보며 "신이 인류를 위해, 이 지구를 위해, 미래를 위해 무엇을 원할까?"라고 자문했다.

풀러는 인간이 신의 "수백만 년에 걸친 실험"이며, 인류가 "이해할 수 있는지" 알아보기 위한 것이라고 믿었다. 그는 신이 인류가 정신적으로 "지상에 낙원을 건설할지 아니면 지옥을 건설할지" 알고 싶어 한다고 믿었다.

또한 풀러는 인류가 "마지막 시험"을 치르고 있다고 믿었다. 인류가 끝내 "이해하지" 못한다면 우리 스스로 인류와 이 작은 행성을 파괴하리라 믿었다. 풀러는 인류와 지구가 멸망하고 나면 신의 뜻에 따라 세상이 다시 치유되고, 지구에 생명이 나타나고 또 다른 영장류가 등장해 수백만 년에 걸친 실험이 다시 시작되리라고 믿었다.

풀러가 수백만 년에 걸친 장기적인 관점으로 인류를 바라본 반면, 보통의 인간은 겨우 수십 년을 생각할 뿐이다. 그래서 풀러의 미래에 대한 예측이 그토록 정확한 것이다. 그는 인간이 아니라 신과 같은 관점으로 미래를 본다.

나는 풀러와 일주일을 같이 보낸 뒤, "나는 무엇을 하길 원하는가?"가 아니라

"신은 내가 무엇을 하길 원하는가?"라는 질문을 던지기 시작했다.

나는 가난이 싫었기 때문에 신도 사람들이 가난해지는 것은 바라지 않으리라 생각했다. 나는 가난이라는 문제에 대해 금융 교육이 해결책이 될 수 있다고 생각했고, 그래서 부자 아빠가 나를 가르친 것처럼 다른 사람들을 가르치기 시작했다. 그것이 내가 경험한 신뢰의 도약이다.

풀러도 그와 비슷한 과정을 겪었다. 그는 스스로 이렇게 자문했다. "내가 뭘 할 수 있지? 난 그저 평범하고 하찮은 사람일 뿐인데." 그리곤 돈을 위해 일하는 것을 그만두고, 신이 그에게 무엇을 원하는지, 자신이 무엇을 할 수 있을지 고민하기 시작했다.

나는 신이 정말로 '빈곤'보다 '풍요'를 원하는지 알지 못한다. 그렇지만 나는 그렇게 믿기 때문에 리치대드 컴퍼니를 설립했다. 우리는 사람들에게 공짜로 물고기를 주기보다는 물고기를 잡는 법을 가르친다.

Q 만일 현재와 같은 상황이 지속된다면 또다시 세계 전쟁이 발발할지도 모른다고 생각하는가?
— 멜린다 G.(호주)

A 그렇다. 실제로 우리는 벌써 전쟁 중이다. 전 세계 곳곳에서 다양한 수준의 전쟁을 치르고 있다. 현대의 전쟁은 통화 전쟁, 무역 전쟁, 테러리즘과 기술 전쟁, 군사 전쟁, 그리고 소셜 미디어 전쟁이다.

프랑스의 정치학자이자 역사가인 알렉시스 드 토크빌의 말을 빌자면, "민주 국가에서 자유를 파괴하고자 하는 이들은 전쟁이야말로 가장 확실한 지름길임을 알아야 한다."

나는 내 조국이, 아메리칸 드림이 그런 것처럼 사라져 버릴까 두렵다.

나는 우리가 이미 탐욕과 무지, 증오와 소셜 미디어로 부추김당한 군중과 전쟁 중이라고 생각한다.

나는 소설가이자 철학자인 아인 랜드가 『아틀라스』에서 묘사한, 사회주의자와 일루미나티, 즉 파시스트 관료층이 세상을 장악하여 진짜 자본주의자와 진짜 부의 생산자들이 모습을 감추고 숨어야 하는 사회가 정말로 바짝 다가와 있는 게 아닐까 두렵다.

실제로 많은 면에서 나는 이미 그들처럼 세상으로부터 숨고 있기 때문이다.

Q 미국 달러의 평가절하와 초인플레이션이 마침내 엘리트 계층의 정체를 폭로하고 그들이 나머지 99퍼센트 인구를 지배하는 현실을 끝장낼 수 있을까?
— 윌리엄 J.(스웨덴)

A 그건 아닐 것이다. 다른 사람의 자유를 빼앗고 탄압하고 지배하고 싶은 사람은 항상 있기 마련이니까.

오만하고 탐욕스럽고 억압적인 인간의 속성에 대해서는 풀러가 인류가 "이해하지 못하고 있으며" 왜 "마지막 시험"에 처해 있는지 이미 설명한 바 있다. 풀러가 말하는 인류가 "이해한다"는 것은, 오직 자기 자신을 위해 일하던 나와 당신이, 세상을 위해, 다른 모든 사람들을 위해 — 단순히 고등 교육을 받고 부를 지닌 사람들을 위해서가 아니라 — 일하도록 진화하는 것이다.

다시 토크빌의 말을 인용하자면, "미국의 위대함은 다른 국가보다 더 계몽된 것이 아니라 스스로의 잘못을 바로잡는 역량에 있다."

연방준비제도가 1998년과 2008년, 그리고 지금 수조 달러를 찍어 내 세상을 등쳐 먹었을 때, 미국은 위대함을 잃었다. 미국은 어마어마한 양의 돈을 찍어 내 부자들을 보호하고, 중산층을 무너뜨리고, 고등 교육을 받은 노동 빈곤층

계급을 만들어 냄으로써 윤리적 나침반을 잃었다.

우리의 교육 체제는 부자와 고학력 엘리트층이 가짜 돈을 만든다는 명목으로, 가난한 사람들과 중산층의 부를 강탈하고 환경을 파괴하게 돕는 공범이나 다름없다.

Chapter 15

누가 내 돈을 가져갔지?
은퇴, 연금, 가짜 자산이 중산층과
가난한 사람들을 더 가난하게 만드는 방법

2008년 이후, 거대한 중앙은행들이 세계 경제를 구한다는 명목으로 9조 달러 이상의 돈을 찍어 냈다.

그런데 그 돈은 다 어디로 갔을까?

누가 그 돈을 갖고 있을까?

당신이 그 돈을 갖고 있는가?

그렇다면 왜 그토록 많은 연금 제도가 파산한 것일까?

세계 경제의 위험 요소

내가 이 책을 쓰고 있는 2018년 후반, 세계 경제를 위협하는 네 가지 요소가 있다.

1. 금리 인상

2008년 이후 세계 중앙은행들은 금리를 역사상 최하 수준으로 인하했다. 사람들이 돈을 빌리게끔 만들어야 했기 때문이다. 저렴한 빚은 거대한 자산 거품을 만들었고, 주식과 채권, 부동산과 사업체는 뜨거운 열기구처럼 크게 부풀어 올랐다. 이 같은 열기구는 금리를 인상하면 곧장 추락할 것이다.

2. 중국

현재 중국은 곤경에 빠져 있다. 중국은 세계 주요 국가 중 GDP 대비 가계 부채 비율이 가장 심각한 국가다. 중국은 세계 어떤 나라보다도 더 많은 돈을 빌리고 융자를 받았다. 중국이 무너지면 전 세계가 무너질 것이다. 특히 중국에 원자재를 수출하는 호주나 브라질 같은 국가들은 중국의 상황이 악화되면 함께 어려움을 겪게 될 것이다.

3. 달러의 강세

트럼프 대통령이 세율을 인하했을 때, 특히 B 사분면의 법인세를 낮췄을 때 미국은 조세 피난지가 되었다. 미국 경제에 수십억 달러가 쏟아져 들어왔고 미 달러화는 더욱 강력해졌다.

달러가 강해지는 것은 노동자들에게 그리 좋은 소식이 아니다. 내수 상품 가격이 오르고 따라서 미국 제품에 대한 수요가 줄면 일자리도 사라지기 때문이다.

미국 달러화의 강세는 미국 달러를 빌린 신흥국가들에도 별로 좋은 소식이 아니다. 이는 그들의 통화가 약해진다는 의미이며, 작은 국가나 회사들이 달러화로 빚을 갚기가 더 어려워진다는 의미이기 때문이다.

4. 연금

지난 장에서도 언급했듯이, 세계 전역의 노동자 연금이 파산하고 있다.

미국의 경우 수백만에 달하는 베이비붐 세대가 퇴직하고 복지혜택에 의존하게 되면서 사회보장제도와 메디케어가 호흡기를 달고 간신히 생을 연명하는 중이다.

한 가지 지적하자면, 미국에서 개인 파산의 주범은 바로 과중한 의료비다.

베이비붐 세대가 '슈퍼 시니어(85세 이상)'가 되는 2030년이 되면 가장 돈이 절실한 바로 그 시기에 연금 제도가 범세계적으로 붕괴할 것이다.

지난 장에서 살펴본 연금 위기에 대해 다시금 되새겨 보자.

IMF는 경고했다. "가장 큰 위험은 주 정부 및 지방 정부의 퇴직 연금이다."

사이먼 블랙은 경고했다. "스페인의 연금 기금은 거의 완전히 고갈된 상태다." "영국의 공적 연금 적자는 수조 파운드에 달한다." "보수적인 스위스 정부조차 공적 연금 재원확보율이 69퍼센트에 불과한데, 이는 전체적으로 암울한 현실에 비하면 거의 환상적인 수치다."

마틴 암스트롱은 경고했다. "미국 최대의 공적 연금은 캘리포니아주 공무원 연금인 캘퍼스다. 캘리포니아주는 이미 심각한 지급불능 상태에 이르렀으며, 혹시 이에 투자 중인 고객들이 있다면 너무 늦기 전에 신속하게 탈출하라고 권고하는 바다."

로이터는 경고했다. "나아가 연금보험공사의 기업연합 보험 프로그램마저 10년 안에 파산시킬지도 모른다. 연금보험공사는 연금계획에 문제가 발생할 경우 이를 지원하여 노동자들의 연금을 보호하는 국가기관이다."

수백만 명의 노동자들이 연금 기금에 수조 달러를 예금했는데 왜 파산하는 것인가? 그 많은 돈은 다 어디로 갔는가?

그보다는 이렇게 묻는 게 나을 것이다. 부자들은 왜 더 부자가 되는가?

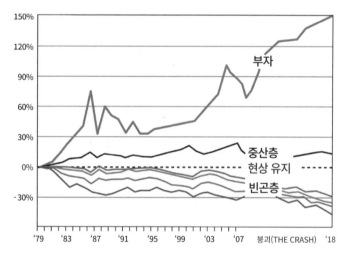

경제적 격차

1979년 대비 계층별 소득점유율 변화(세후 및 인플레이션 반영)

출처: 의회 예산처

A 말로 길게 설명하는 것보다 한 장의 그림을 보는 편이 낫다. 앞의 그래프는 중산층과 가난한 사람들이 축적한 연금 자금이 부자들에게 흘러갔다는 사실을 보여 준다.

Q 잠깐만, 우리들의 연금 자금이 중산층과 가난한 사람들이 아니라 부자들의 손에 들어갔다고?

A 그렇다. 진짜 금융 교육을 받지 않은 중산층과 가난한 사람들은 중간에서 표류하고 있다. 그들은 부자들이 자신의 돈과 부를 돈과 세금, 집, 저축, 연금저축계좌를 통해 훔쳐 가고 있다는 사실을 까맣게 모른다.

중산층과 가난한 사람의 부를 훔쳐 가는 다섯 가지 방법

나는 1983년에 버키 풀러가 쓴 『자이언트 그런치』를 읽었다. 기억할지 모르겠지만 '그런치'는 '보편적 총 현금강탈'이라는 뜻이다. 그때 나는 생애 처음으로 진정한 학생이 되었고, 그런치가 어떻게 우리의 부를 훔쳐 가는지 알고 싶어졌다.

그런치는 정부와 교육 제도, 돈, 종교, 은행, 월스트리트를 통해 부를 강탈해 간다.

지금부터 그런치가 우리의 돈과 저축, 투자를 통해 우리의 부를 훔쳐 가는 다섯 가지 방법에 관해 설명해 보겠다.

첫 번째 방법: 도박꾼이 운영하는 카지노

1950년대와 60년대만 해도 주식 시장에 투자하는 이들은 전부 도박꾼이나 투기꾼이었다. 재무상담사가 고객에게 주식 투자를 추천하는 것은 심지어 비도덕적인 일로 여겨졌다.

2차 세계대전 세대의 기억 속에는 1929년에 발생한 주가 붕괴에 대한 두려움과 그 뒤로 수십 년간 이어진 불경기에 대한 경험이 생생하게 남아 있었고, 1950년대의 60년대에 현명한 투자자들은 국채를 구입하거나 돈을 저축했다.

1950~60년대에는 부자 아빠와 가난한 아빠도 저축을 하는 사람들이었다. 돈을 모으는 것이 주식 시장에 투자하는 것보다 더 안전했다. 1944년 브래튼 우즈 협약 덕분에 미국 달러화는 금태환이 가능했기 때문이다. 미국 달러화는 전 세계의 지불준비통화였고, '금과 맞먹는' 것이었다.

그러나 1971년, 닉슨 대통령이 금본위제를 폐지했다.

이제 미국 달러와 정부가 찍어 내는 모든 돈은 빚이 되었다. 도박꾼들이 정부라는 카지노를 장악했다. 채무자는 승자가 되었고, 저축을 하는 사람들은 패자가 되었다.

우리의 교육 제도는 세계 경제의 판도가 바뀐 이 중대한 사건을 가르치지 않는다.

가난한 아빠는 계속 저축을 했다. 그분은 변화하지 않았다. 가난한 아빠는 공무원 연금이 나중에 자신을 구해 줄 것이라고 믿었다. 그러나 부자 아빠는 달랐다. 사업가였던 그분은 가만히 앉아 사회보장제도나 연금에 의지할 생각이 없었다.

1973년에 부자 아빠는 전과는 완전히 다른 입장을 취하게 되었다. 정부의 속셈을 알아차린 그분은 첫 번째 교훈인 "부자들은 돈을 위해 일하지 않는다."는 결론을 내렸다. 부자 아빠는 돈이 유해하기 때문에 돈을 위해 일하고 돈을 저축해서는 안 된다는 걸 깨달았다. 401(k)나 IRA 같은 정부 주도 투자나 주식, 뮤추얼 펀드, ETF 등이 사람들의 부를 훔치기 위해 의도적으로 만들어진 것임을 알아차렸다.

부자 아빠는 마이크와 내게 빚을 이용해 자산을 얻는 방법을 가르쳤다. 나는 그 조언에 따라 부동산 세미나를 들었고, 공인재무설계사 과정을 듣고 주식과 채권 투자 강좌에도 참석했다.

아래의 그래프에서 볼 수 있듯이, 저축을 한 사람들은 적어도 1990년대까지는 잘 해 나갈 수 있었다.

미국 재무부 채권 금리 변화 추이

출처: 옵저베이션스(observationsandnotes.blogspot.com)

그러나 1990년대 이후 금리가 급격히 하락하기 시작했고, 중산층과 가난한 사람들은 패배자가 되었다. 반면에 연방준비제도와 대형 은행, 그리고 미국 재무부가 지휘하는 도박꾼들은 더 많은 돈을 찍어 내어 자신과 부자 친구들을 구제하기 시작했다.

돈을 찍어 내는 것이 중산층과 가난한 사람들을 더 가난하게 만드는 이유는 가짜 돈은 인플레이션을 초래하고, 인플레이션은 기초 생활비 부담을 늘리기 때문이다.

> 부자 아빠는 "부자들은 돈을 위해 일하지 않는다."고 말했고, 가난한 아빠는 "열심히 공부해서 좋은 직장을 얻어 돈을 위해 일하고, 저축하고, 빚을 갚아라."라고 말했다. 나는 가난한 아빠의 말을 듣지 않았다.

현금강탈의 역사

1971년 이후 승리를 거둔 것은 도박꾼들이었다. 오른쪽의 125년에 걸친 다우존스 지수 그래프를 보라. 1971년 이후에 주식 시장이 현저하게 급상승한 것이 보이는가?

1970년대부터 경제학계는 금을 존 메이너드 케인스가 남긴 "야만 시대의 유물"이라는 말로 부르며 그 가치를 비하하기 시작했다. 오늘날 대부분의 MBA 졸업생과 기업 경영자들은 오직 가짜 돈과 가짜 자산만 알고 있다. 그들은 신의 돈인 금과 은에 대해서는 잘 모른다.

1970년대가 되자 가난한 집과 중산층 자녀들이 부자들을 위한 명문

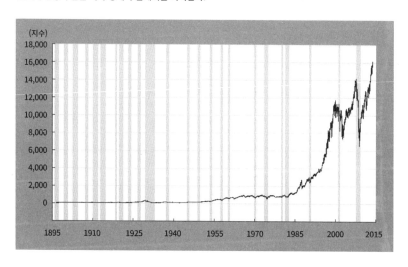

다우존스 산업평균지수(DJIA) | 1895~2015

도표의 음영 부분은 미국 경제의 침체기를 의미한다.

출처: S&P 다우존스 지수

대학에 입학하기 시작했다. 스티브 브릴은 『추락』에서 그를 비롯한 중산층이나 가난한 집안 아이들이 어떻게 아이비리그 대학에 입학해 진짜 부유한 명문가 젊은이들과 부대낄 수 있었는지 설명한다. 케네디와 부시, 트럼프처럼 부모님이 사업체와 부동산을 보유하고 있는 진짜 부잣집 아이들과 나란히 말이다.

명문대에 입학한 중산층과 가난한 학생들, 즉 버락 오바마와 빌 클린턴과 힐러리 클린턴 같은 똑똑한 학생들은 부자 동급생들을 따라잡아야 한다는 사실을 깨달았다. 이 세 사람이 모두 변호사라는 점에 주목하라. 마찬가지로 예일대 출신의 변호사인 브릴은 중산층이나 가난한 집안 출신의 변호사들이 가짜 자산을 발명하고 이론적으로 조작한 파생상품을 만들어, 자신들은 더 부자가 되는 한편 대중을 등쳐 먹기 시작했다고 말한다.

1972년에 닉슨 대통령은 중국과 교역을 시작했고, 임금이 동결되고 일자리가 사라지면서 노동계급은 점점 더 가난해졌다.

1974년에는 에리사 법이 통과되었다. 법안을 밀어붙인 것은 바로 로비스트와 대형 은행, 연방준비제도와 월스트리트, 수많은 이익단체와 군대, 교사 조합, 그리고 정부의 세금 환급을 원하는 NGO(트럼프 대통령은 이를 "수렁"이라고 불렀다.)였다. 그리고 4년 뒤에 우리는 401(k)의 탄생을 목도하게 된다.

에리사 법과 401(k), 그리고 IRA는 "수렁"의 산물이다.

에리사가 401(k)와 IRA, 그리고 노동자연금 제도의 길을 닦았다. 금융 교육을 전혀 받지 않은 수백만 중산층과 가난한 사람들에게 주식과 채권 시장이라는 거대한 카지노의 문을 열어 주었다.

정부 리더들이 돈을 찍어 내 노동자들을 등쳐 먹는 사이, 부자 아빠 같은 일부 중산층 투자자들은 현금강탈의 실체를 깨닫고 주식과 채권, 부동산 시장에서 거품이 형성되는 동안에도 부를 쌓기 시작했다.

1978년, 수백만 명의 아마추어 투자자가 부자들이 소유한 은행과 월스트리트라는 거대한 카지노로 억지로 걸어 들어가야 했다.

부자 아빠는 그런 대규모 카지노를 "카드로 만든 집"이라고 불렀다.

카드로 만든 집은 상업은행과 투자은행의 활동을 분리한 글래스 스티걸 법Glass-Steagall Act이 1999년에 폐지되면서 더욱 불안정해지기 시작한다.

클린턴 대통령과 재무부장관 로버트 루빈 — 전직 골드만삭스 회장이자 미국외교협회 명예회장 — 이 이끄는 엘리트 강도단이 가난한 노동계급과 중산층을 관 속에 밀어 넣고 뚜껑에 못을 박은 것이다.

Q 글래스 스티걸 법의 폐지가 어떻게 중산층과 가난한 노동계급을 끝장냈는가?

A 글래스 스티걸 법의 폐지는 은행가들이 평범한 사람들의 예금을 가져가 거대한 카지노에 투자할 수 있게 만들었다.

그런 다음 카지노가 일반 투자자들의 돈을 잃자 연방준비제도와 재무부는 금융구제를 통해 국민들의 세금으로 부자들을 구해 주었다.

부자들이 평범한 사람들의 돈으로 도박을 하고 돈을 잃었는데, 대중은 세금과 구제금융이라는 형태로 그 돈을 잃은 부자들의 손해를 메꿔 주고 보너스까지 지불해 줬던 것이다.

'카드로 만든 집'의 붕괴

그럼에도 세상은 계속 돌아갔다. 겨우 수백만 명이 길거리에 나앉았을 뿐인데 무슨 상관이란 말인가. 그러다 카드로 만든 집이 드디어 휘청거리기 시작했다.

1998년, 종이돈 카지노의 토대에 금이 가면서 거대한 붕괴가 시작되었다.

2008년, 금융 시장이 붕괴하자 전 세계 중앙은행과 미국 정부는 자기 자신과 친구들을 구하기 위해 약 9조 달러의 돈을 찍어 냈다.

그리고 이 글을 쓰고 있는 2018년, 주식과 채권, 부동산 가격이 수백만 명의 도박꾼을 부자로 만들어 세계는 또다시 방대한 거품 경제가되었다.

이처럼 1971년부터 2018년까지, 승리는 도박꾼들의 몫이었다. 반면에 가짜 돈을 벌기 위해 열심히 일하고, 가짜 돈을 저축하고, 유명 경영대학원에서 교육을 받은 가짜 펀드 매니저가 운영하는 가짜 자산에 투자한 중산층과 가난한 사람들은 가장 큰 패배자가 되었다.

세 개의 커다란 거품

첫 번째 거품

1998년 태국의 금융 위기

1999년 LTCM 파산

2000년 닷컴 붕괴

두 번째 거품

2008년 부동산 파생상품 붕괴

세 번째 거품

2018년에 발생한 거품은 무엇일까?

2018년 금리가 인상되자 주식과 부동산 시장이 하락하기 시작했다.

CNBC에 따르면 2018년 상반기에 아시아 '초부자'들은 아시아 시장이 호황이었음에도 불구하고 1,000억 달러 이상을 손실했다.

2018년 10월 1일부터 14일까지, 약 6조 달러가 세계 자본 시장에서 증발했다.

드디어 종말이 다가오고 있는 걸까? 2018년의 시장 붕괴는 부자들이 카지노를 떠났다는 증거일까?

2008년에서 10년이 지난 지금, 대중은 또다시 부를 빼앗기게 되는 걸까?

삼중 천장

나는 고등학교 시절에 바다에서 서핑을 하거나, 수업 시간에 창밖으로 바다를 내다보며 시간을 보냈다.

서핑을 해 본 사람이라면 알겠지만 대형 파도는 연달아 밀려오기 마련이다. 대부분은 세 번의 세트로 이뤄져 있다. 즉 첫 번째, 두 번째 파도를 놓치더라도 방향을 돌려 다시 바다 쪽으로 나아가라는 뜻이다. 곧 세 번째 대형 파도가 밀려올 테니 말이다.

살면서 가장 커다란 파도를 탔던 때를 아직도 기억한다. 겨울이었고, 1년 중 하와이 해변에 가장 큰 파도가 밀려오는 시기였다.

나는 그때 물에 들어가서는 안 됐다. 다른 사람들과 함께 모래사장에서 다른 사람들이 파도를 타는 모습을 구경하고 있었어야 했다. 내 능력에 부칠 정도로 커다란 파도가 몰아쳤지만, 나는 에고의 부추김에 이끌려 물속에 들어가고 말았다.

그날, 저 멀리 떨어진 곳에서 한 서퍼가 고함을 질렀다.

"아웃사이드!"

그것은 내가 파도의 임팩트 존 안쪽으로 너무 깊이 들어와 있다는 뜻이었다. 나는 곧장 보드를 돌려 파도 '밖으로' 빠져나가기 위해 미친 듯이 팔다리를 휘저었다.

첫 번째 파도는 태산처럼 덮쳐 왔다. 가까스로 벗어났을 때에는 두 번째 태산이 해변을 향해 밀려오는 것을 볼 수 있었다. 첫 번째 파도에서 빠져나오자 '바깥쪽'에 있는 서퍼들이 아직도 열심히 발버둥을 치고 있는 것이 보였다. 나는 세 번째 파도가 오고 있다는 것을 알고 있었다. 두 번째 파도를 타지 않으면 세 번째 파도에 휩쓸리리라는 것도 알고 있었다.

나는 약간 늦은 타이밍에 두 번째 파도 위에 올라탔다. 높이가 3~4미터 정도 될 거라고 생각했는데 막상 파도 위에 '올라탔을 때'는 너울이 벌써 5.5미터까지 치솟아 있었다. 등 뒤에서 우렁찬 소리를 내며 무너지는 파도를 타는 동안 다리에 힘이 빠져 후들거릴 지경이었지만 어떻게든 균형을 유지하는 데 성공했고, 해변에 닿자마자 보드를 챙겨들고 전속력으로 달려 세 번째 파도에서 달아났다.

페이크

세 번째 파도를 맞이하러 달려가는 서퍼들과 그들이 실패해서 나뒹구는 모습, 엄청나게 부풀어 올랐다가 와르르 무너지는 파도, 서퍼들의 보드가 공중으로 날아오르던 광경이 아직도 눈에 선하다.

사람들이 어떻게 시의적절하게 시장에서 빠져나오는 법을 배웠느냐고 물을 때마다, 나는 그저 이렇게 대답한다.

"어렸을 때 서핑을 했거든요."

이제 볼 다음의 그래프는 역사상 가장 거대했던 금융 시장의 파도를 보여 준다.

저기 세 개의 정점이 보이는가? 주식 트레이더들은 이런 패턴을 "삼중 천장"이라고 부른다. 첫 번째 최고점은 1998년에 발생했고, 두 번째는 2008년에 발생했다. 그렇다면 세 번째 최고점은 언제 나타날까?

지난 역사를 돌이켜볼 때, 이런 삼중 천장은 장기적 "탈진점"이 도래

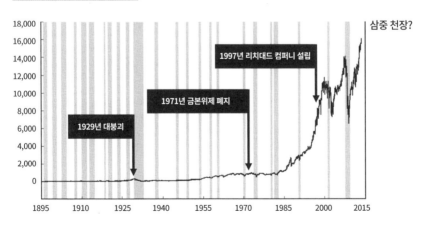

15 누가 내 돈을 가져갔지?

했음을 의미한다. 대개는 세 번째 정점을 찍고 나면 시장이 폭락한다.

나는 지금은 부자인 많은 아마추어 도박꾼들이 2019년에서 2025년 사이에 가장 큰 패배자가 될지도 모른다고 생각한다.

Q 대붕괴는 언제 발생할까?

A 나는 하와이의 빅 아일랜드에서 자랐는데, 지금도 화산 활동이 활발한 곳이다. 화산이 분출하기 전에는 전진(前震)이 발생하는데, 이는 주민들에게 곧 화산이 폭발할 테니 빨리 대비하라고 경고하는 작은 지진이다. 지진이 일거나 화산이 폭발한 뒤에는 여진(餘震)이 온다.

내가 지금 이 글을 쓰는 동안에도 점점 더 많은 전진이 발생하고 있다. 그러나 여전히 대부분의 미국인들은 낮은 실업률과 풍부한 일자리, 그리고 연봉 인상만으로도 안심하여 마음을 놓고 있다.

Q 전진의 징조에는 어떤 것들이 있는가?

A 국가 부채와 복지 혜택의 증가, 주식 및 채권 시장의 일시적 급락, 보험료의 증가를 가져올 자연재해, 사이버 해킹, 테러리즘과의 끝없는 전쟁, 그리고 정부 리더들이 국내 및 국제적 문제를 해결하는 것이 아니라 서로 싸우며 비난을 해 대는 모습 등을 들 수 있다.

그리고 네로는 하프를 탔다

"불타는 로마를 내려다보며 하프를 타는 네로"라는 말이 있다.

다음 도표를 보면 미국이 불타는 동안에도 정치가들은 선거운동 예산을 인상하는 데에나 정신이 팔려 있다는 사실을 알 수 있다.

경제적 격차

1979년 대비 계층별 소득점유율 변화(세후 및 인플레이션 반영)

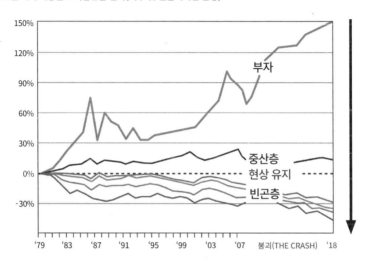

출처: 의회 예산처

도박꾼의 황금기가 드디어 끝나는 것일까?

도박이란 "무언가를 얻기 위해 모든 것을 잃는 확실한 방법"이다.

마태복음 20장 16절에 이르되 "나중 된 자로서 먼저 되고, 먼저 된 자로서 나중 되리라."라고 했다. 이 책은 지금은 가장 나중 되었지만 미래에는 가장 먼저 된 자가 되고 싶은 사람들을 위한 것이다.

은퇴와 연금, 가짜 자산이 가난한 사람과 중산층을 어떻게 더 가난하게 만드는지 나머지 방법들에 대해 알아보자.

두 번째 방법: 인플레이션

"젊은이들은 복이 있나니, 국가의 빚을 물려받게 되리라."

— 허버트 후버

"정부 보증 학자금 대출이 없다면 대학 등록금은 훨씬 저렴할 것이다."

— 게리 존슨

미국의 베이비붐 세대는 비교적 순탄한 삶을 살았다. 우리는 역사상 경제적으로 가장 풍요로운 호황기에 성장했다.

그러나 이들의 자녀와 손자 손녀들 — X세대와 1982년 이후 태어난 밀레니얼 세대, 그리고 1995년 이후 탄생해 인터넷에 익숙한 Z세대 — 의 앞날은 험난하다. 많은 밀레니얼 세대가 일자리를 구하지 못하거나 능력보다 하찮은 일을 하고 있을 뿐만 아니라, 사회에 나올 때부터 학자금 대출이라는 무거운 짐을 지고 시작한다. 또한 그들의 부모와 조부모, 증조부모가 물려준 어마어마한 국가 부채까지 짊어지고 있다.

지난 역사가 미래 세대를 괴롭힐 것이다

미래 세대가 현재의 타락한 시스템을 개선하지 않는다면 그들의 자식과 후손들은 무엇을 물려받게 될까?

"인플레이션이 지속되면 정부는 자국민으로부터

주요 재산 일부를 눈에 띄지 않게 비밀리에 압수할 수 있다."

— 존 메이너드 케인스(1883~1946)

"부르주아지(중산층)를 무너뜨리는 방법은

과세와 인플레이션의 맷돌 사이에서 으깨는 것이다."

— 블라디미르 레닌(1870~1924)

"인플레이션은 저축을 쓸모없게 만들고

향후 계획을 방해하고 투자를 저해한다.

이는 생산성이 떨어지고 생활 수준이 하락한다는 뜻이다."

— 케빈 브레이디(1955~)

Q 정부는 왜 인플레이션을 원하는가?

A 보다 값싼 달러로 국가 부채를 갚기 위해서다.

Q 인플레이션이 일어나지 않으면 어떻게 되는가?

A 동전의 반대쪽인 디플레이션이 발생한다. 디플레이션이 심화되면 미국

과 세계 경제는 제2의 대공황에 접어들게 될 것이다.

Q 정부가 우리가 점점 가치가 하락하는 달러를 위해 일하기를 바라고 있

다는 말인가?

A 그렇다.

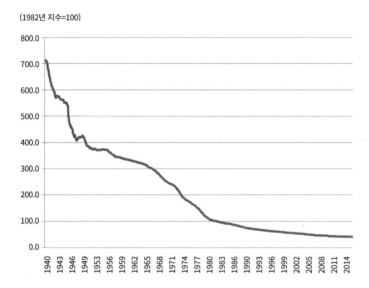

소비자 달러의 구매력

(1982년 지수=100)

출처: 세인트루이스 연방준비은행

위 그래프는 미국의 인플레이션이 달러 구매력을 얼마나 하락시켰는지를 보여 준다.

Q 정부는 어떻게 인플레이션을 유도하는가?

A 방법은 많다. 그중 하나는 돈을 찍어 내는 것이다. 돈을 많이 찍어 낼수록 화폐 가치는 하락한다. 정부와 은행이 돈을 찍어 내는 한, 채무자는 승자가 되고 저축을 하는 사람들은 패배자가 된다.

명심하라. 앞서 현대의 은행 제도는 돈을 찍어 내는 데 기반을 두고 있으며, 그것이 바로 부분지불준비제도라고 살펴본 바 있다. 이는 은행이 저축자가 맡긴 예금의 '일부'를 다른 사람에게 빌려줄 수 있다는 뜻이다. 부분지불준비금이 10퍼센트일 경우, 은행은 10달러의 예금 중 9달러를 다른 사람에게 빌려줄 수 있다. 채무자가 빌려온 9달러를 다른 은행에 맡기면, 그 은행은 또다시 90퍼센트인 8.10달러를 다른 사람에게 빌려줄 수 있다. 안타까운 점은 은행에 예치되어 있는 진짜 돈은 1달러에 불과하다는 것이다. 그러므로 만일 예금자가 공황에 빠져 은행에 달려와도 은행은 돈을 돌려줄 수 없을지도 모른다.

채권자손실부담 제도와 가짜 금고

구제금융bail out에 대해서는 다들 들어 봤을 것이다. 어쩌면 미래에는 당신의 예금을 은행의 '주식 자본'으로 사용하는 채권자손실부담bail in 제도가 시행될지도 모른다. 원치도 않았는데 은행의 투자자가 되는 것이다.

그러므로 은행이 아니라 집에 설치한 방화금고에 금과 은, 현금, 그리고 중요한 서류를 보관하는 편이 더 현명할 것이다.

어떤 이들은 '가짜 금고'를 설치하기도 한다. 혹시 강도가 들면 가짜 금고를 열어 가짜 보석이나 가짜 롤렉스 같은 가짜 귀중품을 갖고 가게 하는 것이다. 진짜 금고는 집에서 멀리 떨어진 곳에 있는 보관소나 '가짜 벽' 뒤에 숨겨 두는 것이 좋다.

자산을 보호하는 더 좋은 방법은 귀중품을 해외에 보관하는 것이다. 다만 반드시 합법적인 방법을 써야 한다는 점을 잊지 말도록. 많은 사람이 해외에 부와 돈을 숨겨 두지만 이를 '불법'적으로 행한다면 몰수될 수도 있다. 이런 종류의 해외자산 도피를 전문으로 다루는 변호사들이 있으니 참고하기 바란다.

내가 조언하는 모든 방법은 반드시 합법적으로 이뤄져야 한다.

> **돈의 정의**
>
> 이 책의 1부에서 '돈이 돈이 되기 위한' 조건에 대해 설명한 적이 있다.
>
> 1. 돈은 가치의 저장 수단이다: 1971년 이후 정부가 찍어 낸 돈은 해로워졌고 가치 저장 매체로서 신뢰할 수 없게 되었다. 돈의 정의에 따르면, 정부가 발행하는 돈은 실제 가치를 지니고 있지 않기 때문에 돈이라고 할 수 없다.
> 2. 돈은 가치의 척도다: 미국 달러는 현재 전 세계에서 가치를 측정하는 단위로 인정받고 있다.
> 3. 돈은 교환 매체다: 미국 달러는 현재 전 세계에서 교환 매체로 사용되고 있다.

Q 중산층과 가난한 사람들이 계속 가난해지는 것은 그들이 달러화 같은 정부의 돈을 신뢰하기 때문인가?

A 그렇다. 1971년부터 정부가 발행하는 모든 돈은 유해하며, 돈을 위해 일하고 돈을 저축하는 사람들의 부를 빼앗아 가고 있다.

세 번째 방법: 진짜 자산은 부자를 더 부자로 만든다

아마존의 창립자 제프 베조스는 억만장자다. 그는 억 단위의 연봉을 받아 억만장자가 된 것일까?

2부에서 살펴본 바에 따르면, 2017년에 아마존 직원들의 중간 연봉은 2만 8,446달러였다. 제프 베조스는 12초마다 2만 8,446달러보다 더 많은 돈을 벌지만 연봉은 170만 달러에 불과하다. 그런데도 그가 세계 최고의 부자라고 불리는 데는 이유가 있다. 약 8,000만 주의 아마존 주식을 보유하고 있는 덕분에 순 자산이 시시각각 증가하고 있기 때문이다.

매달 수백만 노동자들이 납부하는 401(k)와 연금계획에서 수십억 달러가 아마존 주가로 흘러 들어간다. 제프는 연봉을 인상 받지 않더라도 점점 더 많은 돈을 벌게 될 것이다.

> '현금'과 '흐름'은 돈의 세계에서 매우 중요한 단어다. 매달 평범한 노동자가 모으는 은퇴 자금이 제프 베조스의 세계로 흘러 들어간다.

네 번째 방법: 시장 붕괴는 부자를 더 부자로 만든다

시장이 붕괴하면 — 이는 필연적인 결과다. — 가난한 사람들과 중산층은 무너질 수밖에 없다. 그러나 부자들은 빚을 내어 노동자들의 부를 싼값으로 사들이면 된다.

다섯 번째 방법: 모금 만찬

부자가 되기 위한 공식을 모색하고 있을 때, 나는 간간히 '모금 만찬 Rubber Chicken Dinners, RCD'에 참가하곤 했다. RCD는 정치가들의 자금모금

만찬을 연상시키는 행사로, 나 같은 장래의 잠재 고객들이 모여 자산
관리회사나 재무설계사의 프레젠테이션을 듣는 곳이다.

그런 행사에 참석할 때면 헛소리가 역겨워서 토하고 싶을 정도다.
그런 헛소리를 꿀꺽 받아 삼키는 사람이 있다는 것을 믿을 수가 없다.

Q 연금 기금은 파산하고 있는데 부자는 어떻게 더 부자가 될 수 있는가?
A 이 게임의 이름은 '관리운용 자산'이라고 한다.

일반 대중은 투자로 돈을 벌지 못해도 부자들은 보수와 수수료를 통
해, 그리고 관리운용 자산을 이용해 더 많은 수수료를 벌어들인다.

2013년 5월 27일,《포브스》
「투자 수수료라는 무거운 부담」

포트폴리오 관리와 투자 자문에 대한 비용으로 매년 투자 수익의 40퍼센
트를 지불해야 한다면 대부분의 사람이 손사래를 치며 사양할 것이다. 그
럼에도 불구하고 뮤추얼 펀드나 ETF 관리를 위해 투자 자문을 고용하는
많은 사람들이 실제로 그런 높은 비용을 지불하고 있다.

2016년 5월 11일,《너드월렛NerdWallet》
「밀레니얼 세대는 어떻게 1퍼센트 수수료를 통해
퇴직 저축의 59만 달러를 빼앗기는가」

너드월렛의 분석에 따르면 45세에서 65세 사이 투자자의 수수료로 인한 손실은 12퍼센트에서 25퍼센트 이상까지 증가했다.

"모두 **복리의 장점**에 대해서만 이야기할 뿐, **복리 수수료의 위험**에 대해서는 이야기하지 않는다." 너드월렛의 투자 및 연금 펀드 책임자인 카일 램지의 말이다.(강조는 저자)

모금 만찬의 대가

나는 수많은 모금 만찬에 참가했고, 그때마다 금융 전문가들은 마법 공식으로 나를 부자로 만들어 주겠다고 말했다.

한번은 반짝반짝 광택이 나는 팸플릿의 작은 글씨까지 꼼꼼히 읽은 다음, 계산기를 꺼내 들고 내가 35세에 투자를 시작할 경우 지불해야 하는 전체 수수료를 계산해 보았다.

결과는 놀라웠다. 만일 내가 401(k)에 매달 750달러를 투자한다면 연 8퍼센트 수익률의 경우 수수료와 숨은 수수료만으로도 250만 달러 이상이 날아갔다. 250만 달러라면 이런 만찬을 수없이 개최할 수 있을 것이다.

내 회계사에게 계산한 것을 보여 주자 그가 말했다.

"거기서 빠져나와 다행이군요."

그러나 빠져나오지 못한 사람들은 어쩌란 말인가? 수많은 사람들이 개인 재무 상담을 받기 위해 길게 줄지어 기다리고 있는데.

그들은 왜 줄을 서서 기다린 걸까? 왜냐하면 현재의 수익률에 만족하지 못하고 있기 때문이다.

앞에서 말했지만, 이 게임의 이름은 '고객에게 높은 수익률'이 아니라 '관리운용 자산'이다.

뉴욕에서 왔다는 그 전문가의 마법 공식은 별로 마법도 아니었다. 내가 이해하는 한 그 공식은 S&P 500(국제 신용평가기관인 미국의 스탠퍼드 앤드 푸어사가 기업 규모·유동성·산업 대표성을 감안하여 선정한 보통주 500 종목의 주가지수—옮긴이)을 따르라는 것이었고, 초등학교 교육을 받았다면 누구나 내놓을 수 있는 전략이었다.

잘 나간다는 그 전문가는 자신의 수수료가 겨우 1퍼센트밖에 안 된다고 주장했지만, 작게 적혀 있는 글씨를 다 읽어 보니 실제 수수료는 그보다 훨씬, 훨씬 많았다. 하지만 그래도 절박한 이들이 그에게 수천, 수만 달러를 — 어쩌면 백만 단위까지도 — 던져 주는 것을 막을 수는 없을 것이다.

Q 사람들은 무엇을 얻고 싶어서 그렇게 절박한 건가?

A 대부분의 일반 투자자는 높은 투자수익 또는 자본수익을 얻고 싶어 한다. 가진 돈이 '불어나기'를 바라는 것이다.

시장수익률을 능가하는 결과를 내는 펀드 매니저는 전체의 5퍼센트에 불과하다. 하지만 그들은 당신이 패배할 때도 승리를 거둘 수 있다.

날마다 주식 시장을 감시하며 일희일비하기보다 차라리 펀드 매니저가 부과하는 수수료를 자세히 살펴보는 편이 더 현명할 것이다.

수수료의 종류는 굉장히 다양하다.

- **위탁계좌 보수**: 위탁계좌를 유지하는 연간 비용으로, 거래 전략에 도움이 되는 고급 리서치, 그리고(또는) 거래 플랫폼에 접근하는 비용
- **거래 수수료**: 주식처럼 특정한 투자 대상을 매수/매도할 때 중개인이 부과하는 수수료
- **뮤추얼 펀드 거래 보수**: 뮤추얼 펀드를 매수/매도할 때 중개인이 부과하는 비용
- **보수 비용 비율**: 모든 뮤추얼 펀드, 인덱스 펀드, ETF에서 부과하는 투자 금액에 대한 연간 수수료
- **판매 수수료**: 일부 뮤추얼 펀드에서 펀드를 판매한 판매인이나 중개인에게 지불하는 수수료 또는 추가 요금
- **관리 보수 또는 투자자문 보수**: 투자자가 자산관리사에게 지불하는 비용으로, 일반적으로 관리 자산의 1퍼센트
- **401(k) 운용 보수**: 연금계획을 유지하는 관리 비용으로 대개 고용주가 401(k) 계획 관리사에게 지불한다.

진짜 공인재무설계사

내 오랜 친구인 존 맥그레거는 지난 25년 동안 공인재무설계사로 일해 왔다. 그의 저서인 『부자들이 파산하는 10가지 이유*The Top 10 Reasons the*

Rich Go broke』는 재무상담사의 조언을 따랐다가 거의 모든 것을 잃은 사람들의 생생한 공포 스토리로 가득하다. 관리운용 펀드에 노후 자금을 일임하고 있는 사람이라면 그의 책을 반드시 읽어 봐야 할 것이다.

존은 언젠가 그런 모금 만찬에 갔다가 익숙한 얼굴의 금융 전문가를 발견했다고 한다. 그는 이 '전문가'가 전문 펀드매니저가 아니라 할리우드 배우이고 여러 TV 광고에서 얼굴을 본 사람이라는 것을 기억해 냈다. 그 배우는 만찬 테이블에서 펀드 매니저를 연기하고 있었다.

존은 방 안에 있는 거의 모든 사람들이 그 배우에게 돈을 바치고 싶어 안달이 나 있는 것을 보고는 환멸감을 느꼈다고 말했다.

수수료 분석하기

사람들에게는 돈이 필요하다. 그래서 증권회사들이 수수료와 중개료, 자문료를 부과하는 것이다.

나는 재무설계사가 보수나 수수료를 받는 것을 못마땅해하는 게 아니다. 요는 투자자라면 '평균'이라는 단어에 민감해야 한다는 얘기다. 왜냐하면 평균, 즉 ROI(투자수익률)와 ROF(수수료수익률)은 늘 거짓말을 하기 때문이다.

은퇴 계좌를 갖고 있거나 정부 지원을 받는 401(k)나 뮤추얼 펀드투성이인 IRA, ETF에 투자하고 있다면, 가장 먼저 수익률이 아니라 수수료를 자세히 살펴보라. 숫자에 약하거나 글씨가 너무 작아 읽기가 힘들다면 변호사나 회계사에게 대신 읽고 분석해 달라고 부탁하는 것도 좋다. 장기적으로 그 회계사나 변호사 비용과는 비교도 안 될 정도로 수백만 달러에 달하는 비용을 아낄 수 있을 테니까 말이다.

계약서의 작은 글씨를 읽어 주는 회계사나 변호사에게 지불하는 비용은 대학 교육보다도 더 가치 있는 투자일 것이다.

나는 사실 수수료로 많은 돈을 낸다.

왜냐고? 내 ROF는 환상적이기 때문이다.

나는 내 파트너와 리치대드 컴퍼니의 자문위원인 켄 맥켈로이의 부동산 투자 회사에만 수천 달러를 지불한다.

왜냐하면 켄의 ROI는 무한하기 때문이다. 그는 투자자가 투자한 돈을 다 회수할 때까지는 비용을 부과하지 않는다. 그는 투자자가 돈을 회수한 뒤에야 수익을 가져가는데, 킴과 나의 경우 이는 수백만 달러에 이른다. 무한수익은 '가짜'와 반대되는 개념이다.

이에 대해서는 다음 장에서 더 자세하게 논하도록 하자.

높은 수수료를 옹호하는 경우

20년 전에 처음 피닉스에 이사 왔을 때, 킴과 나는 누가 피닉스 최고의 상업 부동산 중개인인지 알고 싶었다.

그 사람을 찾아내는 데는 시간이 많이 걸리지 않았다. 킴과 나는 크레이그를 만났고, 그와 그의 투자 철학이 마음에 들었기 때문에 유능한 부동산 중개인을 만나면 늘 그렇듯이 그에게도 똑같은 제안을 했다. 일반적인 6퍼센트보다 더 높은 수수료를 지불하는 것이었다. 우리는 크레이그에게 파트너가 되어 주면 10퍼센트 수수료와 10퍼센트 ROI까지 더 얹어 주겠다고 제안했다.

킴과 나는 왜 그런 제안을 했을까?

우리는 그동안 투자자가 중개인에게 되도록 적은 돈을 주려고 애쓰는 것을 수없이 목격했다. 예를 들어 부동산 구매자와 매입자 사이에 협의가 체결되고 나면, 그들은 생각보다 자주 중개인의 '수수료를 깎으려' 한다. 가령 6퍼센트가 아니라 3퍼센트 수수료를 제안한다거나 하는 식으로 말이다.

나는 사람들이 도대체 왜 그러는지 모르겠다. 그들은 중개인의 수수료를 깎는 것이 똑똑한 일이라고 생각하는 모양이다. 그러나 우리는 그런 짓을 하지 않는다. 이 지역 최고의 중개인이라면 우리는 당연히 그와 파트너가 되고 싶다.

현금흐름 사분면을 살펴보라.

왼쪽은 가난한 사람들과 중산층이 속한 곳이고 오른쪽은 부자들이 위치한 곳이다.

사람들은 대부분 E와 S 사분면의 관점으로 세상을 바라본다. 그들은 부동산 중개인을 S 사분면에 속한 '중개인'으로 취급한다.

B와 I 사분면에 속한 나로서는 B와 I 사분면에 있는 최고의 실력자들과 손을 잡고 싶다. 켄은 B와 I 사분면에 속한 파트너다. 크레이그는 I 사분면의 동업자다.

언젠가 한 친구가 내게 어떻게 좋은 투자처를 찾을 수 있느냐고 물었다. 나는 "부동산 중개인을 단순한 중개인이 아니라 함께 일하는 동업자로 여겨라."고 대답했다.

우리와 함께 일하는 파트너들은 우리를 몇 번이고 백만장자로 만들어 주었다. 다른 투자자들이 중개인에게 돈을 덜 주기 위해 옥신각신하는 동안 우리는 수백만 달러를 벌었다.

수수료가 목적인 자산관리사

몇 년 전 친구 하나가 킴과 나에게 우리가 사용하고 있는 세무사무소를 바꾸는 것이 어떻겠느냐고 제안했다. 우리는 항상 새것을 배우고 시도하는 것을 좋아하기 때문에 국내에서 유명한 세무법인 사람들을 만나 보기로 했다.

그들은 우리의 재무제표를 검토했고, 몇 주일 뒤에 회의가 열렸다. 탁자를 사이에 두고 앉아 있는 킴과 내 앞에서 수석세무사가 선언했다.

"워싱턴 DC에서 날아온 우리 재무설계 전문가가 두 분의 포트폴리오에 대해 조언해 주실 겁니다."

동부 사립학교 출신처럼 멀쑥하게 차려입고 뿔테 안경을 쓴 전문가가 의자에 앉은 채로 말했다.

"두 분의 포트폴리오를 살펴봤는데 부동산에 너무 많은 투자를 하고 계시더군요. 부동산을 전부 팔고 증권과 채권, 뮤추얼 펀드에 투자하시길 권고합니다."

킴과 나는 폭소를 터트렸다. 우리는 그가 농담을 하고 있다고 생각했다. 그들은 우리 수입의 대부분이 부동산에서 유입되는 현금흐름이라는 사실을 모르는 걸까?

그는 웃지 않았고, 진지했다.

나중에 나는 CPA이자 우리의 개인 회계사인 톰 휠라이트에게 물어보았다.

"그 사람은 우리가 부동산으로 세금도 내지 않고 수백만 달러를 벌고 있다는 걸 몰랐던 걸까?"

톰은 고개를 끄덕였다.

"알고 있었을 겁니다."

"그런데 왜 우리한테 부동산을 팔라고 한 거지?"

톰이 말했다.

"당신이 갖고 있는 부동산으로는 수수료를 벌 수가 없으니까요."

"그럼 그 사람은 어떻게 돈을 버는데?"

킴과 내가 묻자 톰은 이렇게 답했다.

"관리운용 자산으로요."

말을 정확하게 사용하라

어렸을 때 우리는 "막대기와 돌멩이는 내 뼈를 부러뜨릴지 몰라도 말은 나를 다치게 할 수 없다."고 말하곤 한다.

이보다 더 틀린 말도 없을 것이다. 말은 강력하다. 아주, 아주 강력하다. 우리 모두는 다른 사람의 말 때문에 마음의 상처를 입은 경험이 있을 것이다. 말 때문에 행복감을 느끼거나 영감을 받거나 낙담한 적도 있을 것이다. 거짓말에 당하거나, 속거나, 잘못된 길로 가게 된 경험도 있을 것이다.

내가 MBA 과정을 포기한 것도 언어 때문이었다. 많은 교수들이 진짜 비즈니스 세계에서 사용하는 언어를 사용하지 않았다. 그들은 대부분 현실이 아니라 이론에만 기초한 언어를 말했다.

거기에 결정적인 종지부를 찍은 것이 회계 강사였다. 그가 '자산'과 '부채'에 대해 가짜 정의를 사용한 순간, 나는 교실을 떠났다.

학교에서는 자산과 부채에 대해 이렇게 가르친다.

- **자산**: 개인, 법인, 또는 국가가 소유하거나 통제하는 경제적 가치를 지닌 자원

여러분은 잘 모르겠지만 내가 보기에 이 정의는 너무 애매모호한 데
다 유용하지도 않다.

- **부채**: 법률상 회사가 지불해야 하는, 영업 과정에서 발생한 금전적인 빚
  또는 의무

그래서 많은 사람과 회계사들이 집과 자동차, 냉장고를 '자산'이라
고 부르는 것이다. 이렇게 모호한 정의는 '스스로에게 거짓말을' 하게
만든다.

그렇기 때문에 수많은 사람들이 실제로 부채인 집을 '자산'이라고
말하는 것이다.

나는 누군가 "내 순 자산은……"이라고 운을 뗄 때마다 귀를 닫아 버
린다. '순 자산'은 대개 아무런 가치도 없다. 왜냐하면 그것은 거짓말과
꿈, 희망, 환상에 기반하고 있기 때문이다. 사람들은 자동차와 가구, 의
류, 집, 심지어 예술품까지 과장해서 순 자산에 포함하는 경향이 있다.
부자 아빠가 늘 "순 자산은 가치가 없다."고 말한 것도 바로 그런 이유
때문이다.

부자 아빠는 구체적이고 정확한 숫자를 좋아했다. 직접 계산하고 확
인할 수 있기 때문이다. 그래서 부자 아빠는 마이크와 내게 사업을 할
때 가장 중요한 단어는 '현금'과 '흐름'이라고 가르쳤다.

"
부자 아빠의 교훈

부자 아빠는 종종 이렇게 말했다.

"큰 집과 좋은 자동차를 가진 사람은 아무것도 없는 사람보다도 가난한 경우가 많다. 큰 집과 좋은 차를 가진 사람은 겉으로는 순 자산이 많고 부자처럼 보일지 몰라도 직장을 잃으면 한 달 만에 파산할 것이다."

또한 부자 아빠는 자주 이렇게 말했다.

"네가 거래하는 은행가들은 성적표가 아니라 네 재무제표를 보고 싶어 한다. 재무제표는 네가 돈과 관련해 얼마나 똑똑한지 알려 주는 금융 IQ를 반영하기 때문이다."

"

자산은 넣어 주고 부채는 빼 간다

부자 아빠는 진짜 교사들에게서 비즈니스를 배웠다. 그분은 겨우 열세 살에 부친의 사업을 물려받았고, 은행가와 회계사, 변호사, 경리, 그리고 다른 진짜 교사들로부터 가르침을 받았다.

부자 아빠는 겨우 열세 살이었기 때문에 그분을 가르친 교사들은 모든 것을 엄청나게 간단하게 설명해 주어야 했다.

그래서 부자 아빠는 열 살 남짓이었던 나와 그분의 아들에게도 이렇게 가르쳤다.

"자산과 부채는 명사다. 어떠한 명사가 자산인지 부채인지 알고 싶다면 동사가 있는지 확인해야 한다. 가령 집은 명사다. 집에 '흐름flow'이라는 동사를 더해 보지 않으면 집이 자산인지 부채인지 알 길이 없다."

만일 집이 임대주택이며 당신의 주머니에 돈을 넣어 주고 있다면, 그 집은 자산이다.

만일 당신이 그 집에 살고 있으며 당신의 주머니에서 돈을 빼 가고 있다면, 그 집은 부채다.

그래서 우리는 다음과 같은 교훈을 배웠다.

1. 자산은 우리의 주머니에 (현금흐름으로) 돈을 넣어 주는 것이다.
2. 부채는 우리의 주머니에서 (현금흐름으로) 돈을 빼 가는 것이다.

가장 큰 부채는 은퇴

우리가 이 세상에 태어난 순간부터 짊어지게 되는 가장 큰 부채는 바로 은퇴다. 일을 그만두거나 혹은 더 이상 일을 할 수 없게 되는 상태 말이다.

운이 좋아 오래 살게 된다면, 생활에 들어가는 비용은 점점 더 비싸질 것이다. 베이비붐 세대가 대규모로 은퇴하고 있는 지금 사회보장제도와 메디케어가 파산한 것도 그런 이유에서다.

다람쥐는 겨울을 나려면 도토리를 모아야 한다는 것을 본능적으로 알고 있지만 인간은 다르다. 만일 은퇴 후에 필요한 경제적 자원을 미리 충분히 쌓아 두지 못한다면 겨울에 도토리가 바닥난 다람쥐처럼 곤궁하게 살아야 할 것이다.

내 친구 중 한 명은 더 이상 집에서 어머니를 보살필 수가 없게 되었다. 그는 24시간 의료 서비스를 제공하는 양로원을 찾아냈는데 한 달에 9,000달러나 지불해야 하는 곳이었다. 친구의 어머니는 양로원에 사신 지 벌써 6년이 되었고, 앞으로 더 오래 사실 것이다.

친구의 가족은 어머니가 이토록 오래 사실 줄 예상하지 못했다. 친구는 매달 자신이 버는 돈보다도 더 많은 비용을 모친의 양로원비로 내고 있고, 그와 부인은 수입과 은퇴 자금으로 간신히 버티고 있다.

만일 당신이 더 이상 생활비를 벌지 못하는 때가 온다면, 누가 당신을 보살펴 줄까?

흙탕물 만들기

앞에서 나는 "1971년 이후, 돈은 보이지 않게 되었다."고 말했다.

진짜 금융 교육을 받지 않은 대부분의 사람들은 돈을 보지 못한다. 그들은 컴컴하고 탁한 흙탕물 속에서 헤엄치고 있다. 금융 교육을 받지 않으면 자산과 부채의 차이에 대해서도 알 수가 없다.

그 결과 중앙은행과 정부, 월스트리트와 '대형' 은행, 그리고 교육 제도를 지배하는 초부자들은 더욱 부자가 되어, 아무것도 보지 못하고 더러운 흙탕물 속에서 헤엄치는 작은 물고기들을 마음껏 잡아들이고 있다.

물고기가 흙탕물 속에, 가짜 돈으로 짜여 있는 커다란 그물 속에 갇히고 나면 초부자들은 이 작은 물고기들에게 저축 계좌나 주식, 채권, 뮤추얼 펀드와 ETF 같은 가짜 자산을 판매한다.

사람들이 오래 살수록 그들의 가장 큰 부채는 은퇴 뒤의 노후 생활이 되며, 초부자들은 그 사실을 잘 알고 있다.

그들이 대중에게 가짜 '자산'을 판매하는 이유는 그 가짜 자산이 그들에게는 진짜 자산이 되기 때문이다. 이제 도표만을 통해서 현금이 어떻게 흘러가는지 살펴보라.

도표를 통해 보는 돈의 흐름

진짜 자산과 가짜 자산의 차이를 이해하려면, 다시 한번 다음 도표들을 살펴보고 돈의 흐름을 따라가 보라.

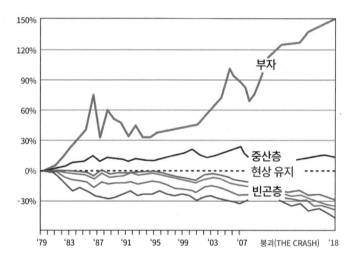

경제적 격차

출처: 의회 예산처

(구매력)   (유통 통화_단위 10억)

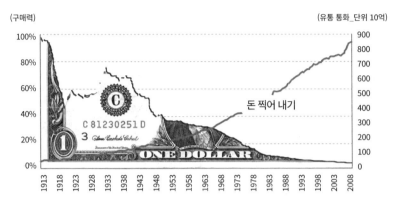

돈 찍어 내기

출처: 노동통계국

소비자 달러의 구매력

(1982년 지수=100)

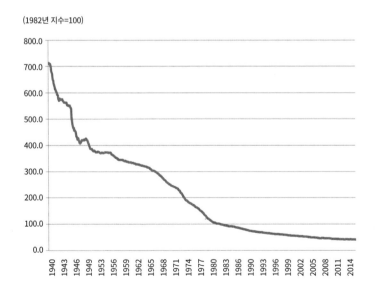

출처: 세인트루이스 연방준비은행

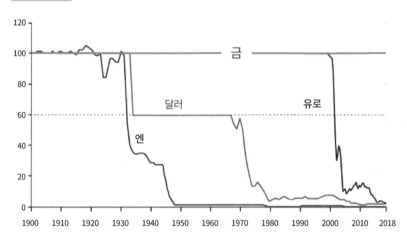

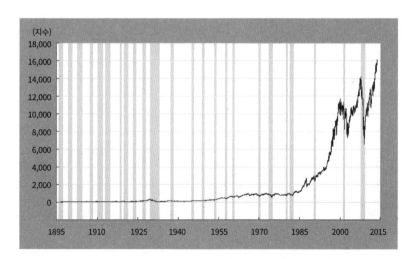

출처: S&P 다우존스 지수

현금흐름 사분면과 세금

현금흐름 사분면과 세금을 결합시키면 흙탕물을 조금 맑게 거를 수 있다.

각각의 사분면에서 납부하는 세율

돈을 위해 일하는 사람들이 세금을 가장 많이 낸다.

노동자들의 돈에 투자하는 사람들은 돈은 가장 많이 벌면서 세금은 가장 적게 낸다.

피해야 할 최악의 조언

그래서 "열심히 공부해서 취직하고 열심히 일해 돈을 모아 집을 사고, 빚을 갚고, 주식과 채권, 뮤추얼 펀드와 ETF로 다각화한 포트폴리오에 투자하라."는 조언의 결과가 다음 쪽에 나올 그래프인 것이다.

1979년 대비 계층별 소득점유율 변화(세후 및 인플레이션 반영)

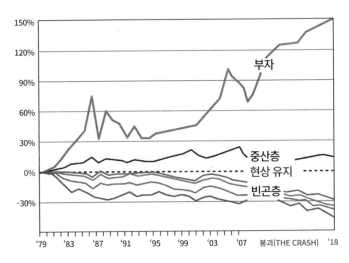

출처: 의회 예산처

학교에서 어서 빨리 진짜 금융 교육을 실시하지 않는다면 머지않아 중산층과 가난한 이들은 끝장날 것이다.

생각해 보라. 만일 빈부격차가 지금보다 더욱 심각해진다면 무슨 일이 일어날까? 부자와 빈곤층으로 양분된 세상에서 모두가 평화롭게 살아가게 될까? 아니면 프랑스 혁명이나 볼셰비키 혁명처럼 '가진 것이 없는 자들'이 '가진 자들'을 습격하는 혁명이 발발할까?

우리가 빈부격차를 해소할 수 있을까?

금융 교육으로 미래를 바꿀 수 있을까?

그렇다. 약간의 금융 교육만으로 빈부격차가 줄어들 수 있다. 하지만 지금은 당신과 가족들을 위해 스스로 그런 교육을 탐색하고 접근해야 할 것이다. 우리의 교육 체제는 물을 더럽게 유지하고 싶은 이들이 지배하고 있으니까.

Q 누가 우리의 교육을 통제하고 있는가?

A 1903년에 존 D. 록펠러가 일반교육위원회를 설립했다. 오늘날 학교에서 가르치는 과목을 결정하는 것은 바로 부자들이다. 그것이 학교에서 진짜 금융 교육을 하지 않는 이유다.

결론: 그것은 당신의 자산이 아니다

부자 아빠는 종종 이렇게 말했다.

"은행가가 네 집이 자산이라고 할 때, 그는 거짓말을 하는 게 아니다. 다만 진실을 감추고 있을 뿐이지. 그는 네 집이 너의 자산이 아니라 은행의 자산이라는 사실을 말해 주지 않는다."

당신의 예금과 주식, 채권, 뮤추얼 펀드와 ETF, 연금계획도 마찬가지다. 그것들이 가짜 자산인 이유는 돈이 복리 수수료와 부대비용의 형태로 초부자들의 주머니로 흘러 들어가기 때문이다. 돈의 흐름을 추적하면 그 돈이 실제로 누구의 손에 들어가는지 알 수 있다.

전설적인 투자가이자 뱅가드 펀드의 설립자인 존 보글은 이렇게 말했다. "(투자자는) 투자금도 리스크도 100퍼센트 전부 부담하지만 수익은 겨우 33퍼센트만 가져간다."

뮤추얼 펀드가 붕괴하면 투자자는 100퍼센트를 잃는다. 하지만 뮤추얼 펀드가 수익을 올릴 경우 투자자는 그중 20퍼센트만을 가져가고 나머지 80퍼센트는 펀드의 소유주 몫이다.

명심하도록. 이 게임의 이름은 '투자자의 돈을 보살핀다.'가 아니라 '관리운용 자산'이다.

대중이 모든 것을 잃고, 설사 펀드가 실패하고 거품이 터지고 무너진다고 해도 펀드의 소유주는 수수료와 수수료, 그리고 더 많은 수수료에 힘입어 언제나 승자가 될 것이다.

우리에게 필요한 것은 맑은 물이다

워런 버핏은 "30분간 포커를 쳤는데 그중 누가 호구인지 모르겠다면 바로 당신이 호구다."고 말했다.

우리에게 필요한 것은,

1. 현금이 누구에게 흘러나와서

2. 현금이 누구에게 흘러 들어가는지

또렷하게 볼 수 있는 맑은 물이다.

그렇게 되면 당신도 진짜 자산과 진짜 부채를 볼 수 있을 것이다. 무엇보다 누가 진짜 호구인지 알게 될 것이다.

일단 현금흐름을 볼 수 있게 되면 가짜 돈과 가짜 교사(특히 가짜 자산관리사와 중개인)와 가짜 자산을 더욱 잘 구분할 수 있게 된다.

그리고 무엇보다도, 현금흐름을 볼 수 있게 되면 더 이상 더러운 물에서 헤엄칠 필요가 없다. 다음 장에서는 부자들은 무엇을 볼 수 있고, 어떻게 더 부자가 되는지 배우게 될 것이다.

전 세계의 독자들이 묻고
로버트 기요사키가 답하다

Q 대부분의 사람들은 TV나 스포츠, 가짜 뉴스에 정신이 팔린 나머지 이런 중요한 문제에 대해 잘 모르는 것 같다. 다음번 시장 붕괴가 발생하면 그들도 깨닫게 될까?
— 엘리 B.(루마니아)

A 그러길 바라야 할 것이다. 금융 지식의 측면에서 볼 때, 세상은 지난 70년 동안 '장기 강세 시장'을 유지해 왔다. 이는 미국이 세계 경제를 견인하기 시작한 1944년 브래튼 우즈 협약 이후, 달러가 세계의 준비통화가 되면서 경제와 시장이 꾸준히 성장해 왔다는 의미다.

나는 이 '70년간의 장기 강세 시장'이 조만간 끝날 것이라고 보고 있다. 왜냐하면 미국은 그동안 금융적인 권위를 이용해 가난한 이들과 중산층을 희생하여 부자를 더 부자로 만들었기 때문이다. 그것이 바로 풀러가 말한 그런치의 핵심이다.

어쩌면 우리는 앞으로 '장기 약세 시장'으로 들어설지도 모른다. 미국 달러가 붕괴하고 세계 경제는 새로운 침체기로 접어들 것이다. 부자 아빠가 경제 변화에 대해 말했듯이 "변기 물이 흘러 내려갈 것이다."

대부분의 사람에게는 나쁜 소식이다. 그러나 이를 미리 내다보고 돈의 새 세상을 준비하는 이들에게는 좋은 소식이 될 것이다.

Q 많은 사람들이 물고기를 나눠 주는 것, 즉 공짜 교육과 공짜 식료품, 공짜 의료보험을 제공하는 게 옳은 일이라고 생각한다. 어느 쪽 의견이 맞을까?
— 마이클 S.(스코틀랜드)

A 두 의견 모두 옳다. 대답은 그것을 구하는 사람들의 관점에 달려 있다. 그보다 더 중요한 질문은 "신은 우리가 무엇을 하길 원하는가?"다.

Q 또다시 거대한 시장 붕괴가 발생할 경우, 1930년대와 40년대에 나치 정권이 부상했듯이 미국에도 그와 비슷한 전체주의 정권이 들어설 것이라고 예측하는가?
— 리디아 J.(리투아니아)

A 그렇다. 아마 거기에 가장 적절한 표현은 관료주의자들이 지배하는 파시즘 정권일 것이다. 사업가와 관료주의자 사이에는 커다란 차이점이 있다. 관료주의자는 규칙을 세우고, 그들 자신을 제외하고는 모두가 그 규칙에 따라야 한다고 주장하는 파시스트다. 그런 관료주의자는 지금도 삶의 모든 분야에 존재하고 있다.

내 말을 오해하지는 말기 바란다. 규칙이란 중요한 것이다. 우리에겐 규칙이 있어야 한다. 정해진 차선 안에서 달리고 제한 속력을 준수하는 것은 우리 모두에게 좋은 일이다.

문제는 관료주의자들은 세상 사람들이 전부 그들이 만든 규칙이 지배하는 세상에 살기를 바란다는 것이다. 그리고 대부분의 관료주의자와 고학력 엘리트층은 진짜 돈의 세계에 살지 않는다.

아인 랜드의『아틀라스』도 그러한 세상을 묘사하고 있다. 이 책은 경제 체제가 무너진 뒤에 관료주의자들이 세상을 운영하게 되면서 엉망진창이 되어버린 세상의 모습을 그린다. 그 결과 자본주의자들은 아무것도 생산하지 못하는 관료주의 기생충들에게 착취당하는 것을 거부하고 세상을 떠나 은둔해버린다.

Chapter 16

맑은 물에서 낚시하기
가짜 뉴스와 투명성

다음 몇 편의 기사를 읽고 잠시 생각해 보라. 무엇이 진짜이고 무엇
이 가짜일까.

2018년 10월 13일,《뉴욕타임스》

「재러드 쿠슈너, 몇 년간 소득세 거의 안 냈다」

지난 10년 동안 재러드 쿠슈너가 경영하는 가족 회사는 부동산 구입에 수
십억 달러를 썼고, 쿠슈너의 주식투자 액수 또한 급증했다. 그의 순 자산은
5배나 증가하여 약 3억 2400만 달러에 이른다.

그럼에도《뉴욕타임스》가 입수한 기밀 재무문서에 따르면 트럼프 대통령
의 사위이자 백악관 수석고문인 쿠슈너는 수년간 연방소득세를 거의 내지
않은 것으로 보인다.

가짜 뉴스일까 아니면 기자가 멍청한 것일까?

워런 버핏은 "언론인이 똑똑해야 더 나은 사회가 된다. 어떤 면에서 사람들은 지식을 쌓기 위해 언론 매체를 읽는다. 교사가 훌륭할수록 학생들도 나아지는 법이다."라고 말했다.

이 기사를 쓴 사람은 똑똑한 언론인일까, 아니면 멍청한 언론인일까? 아니면 그저 가짜 뉴스를 퍼트리고 싶었던 걸까? 우리는 그 대답을 결코 알 수 없을 것이다. 기사의 표제만 놓고 보자면, 트럼프 대통령의 딸 이방카의 남편 재러드 쿠슈너는 장인인 '도널드'처럼 사기꾼인 것처럼 보인다.

금융 교육을 받지 않은 사람들, 특히 내 가난한 아빠 같은 고학력 엘리트들은 "부자는 다 사기꾼이다."라고 말할 것이다.

하지만 이 점을 생각해 보라. 버핏의 말이 맞을까? 똑똑한 언론인이 있어야 더 똑똑한 사회가 될까? 사람들은 지식을 쌓으려고 언론 매체를 읽는 걸까?

만일 버핏이 옳다면 — 나는 그렇다고 생각한다. — 요즘 시대에는 왜 가짜 뉴스와 반사회적인 소셜 미디어가 만연하고 있으며, 진짜 금융 교육을 받지 않은 언론인(블로거를 포함하여)은 우리 사회를 위해 도대체 무엇을 하고 있는 걸까? 얼마나 많은 언론인이 가난한 아빠처럼 좋은 교육을 받고 지적으로 뛰어나지만 돈에 있어서는 순진무구한 채로 부자는 사기꾼이라고 뼛속 깊숙이 믿고 있는가?

우리는 그 대답을 결코 알 수 없을 것이다.

《뉴욕타임스》기사는 이렇게 계속된다.(강조는 저자)

(쿠슈너가) 세금을 적게 낸 이유는, 문서에 따르면 매년 발생한 수백만 달러의 평가손실로 인해 감세 혜택을 받았기 때문이다. 그러나 그러한 손실은 오직 서류상으로만 존재하며, 실제로 쿠슈너와 그의 회사는 어떠한 금전적 손실도 입은 것 같지는 않다. **대부분의 손실은 부동산 투자자가 매년 과세소득에서 건물 비용 일부를 공제할 수 있는 감가상각 부문에서 발생했다.** 예를 들어, 2015년에 쿠슈너는 170만 달러의 연봉 수입과 상당한 투자 소득을 올렸으나 850만 달러에 달하는 손실 때문에 그의 수입 전반이 상쇄되었다. 《타임》지가 입수한 문서에 따르면 이는 쿠슈너와 그의 회사가 입은 '심각한 부동산 평가손실' 때문이었다.

의문은 많다.

기자는 "재러드 쿠슈너가 사기꾼"이라고 말하거나 암시하고 있는 것인가?(확실히 하기 위해 말해 두자면, 그건 아니다. 기사는 "문서의 어떤 부분에도 쿠슈너나 그의 회사가 불법적인 행위를 했다는 증거는 없다."라고 분명히 명시하고 있다.)

그렇다면 쿠슈너는 어떻게 170만 달러의 연봉을 받으면서 830만 달러의 평가손실로 이를 상쇄할 수 있었던 걸까? 만일 그가 830만 달러나 손해를 봤다면 어째서 아직도 파산하지 않았을까?

'감가상각'은 비도덕적인 사기꾼 부자들이 사용하는 신비한 세금 구명일까, 아니면 기사를 쓴 기자를 포함해 누구든 사용할 수 있는 합법적인 감면 혜택일까?

감가상각은 누구나 사용할 수 있는 합법적인 감면 혜택이다. 당신이나 나, 심지어 기사를 쓴 기자도 마찬가지다.

> **Q** 재러드가 170만 달러의 연봉을 받고도 소득세를 내지 않은 것은 부동산 감가상각으로 830만 달러의 손해를 입었기 때문인가?
>
> **A** 그렇다.
>
> **Q** 그것은 합법인가?
>
> **A** 그렇다.
>
> **Q** 기자는 사람들에게 재러드와 그의 가족, 트럼프가 사기꾼이라고 믿게 부추기는 것일까?
>
> **A** 그건 기사를 읽는 사람이 어떻게 생각하느냐에 달렸다.

《뉴욕타임스》 기사를 계속 읽어 보자.

문서의 어떤 부분에도 쿠슈너나 그의 회사가 불법적인 행위를 했다는 증거는 없다. 쿠슈너 변호인의 대리인은 그가 "납부해야 할 세금은 전부 납부했다."고 말했다.

이론적으로 감가상각 조항은 부동산 개발업자가 건물의 손상 및 마모로 인해 투자가치를 손실하는 것을 보호하기 위한 조치다. 그러나 실제로 이는 종종 트럼프나 쿠슈너 같은 개발업자에게 높은 수익을 올릴 수 있는 기회를 선물한다.

Q 기자는 어째서 "트럼프와 쿠슈너 같은 개발업자에게 높은 수익을 올릴 수 있는 기회" 같은 선동적 표현을 사용했는가?

A 이런 것을 '황색 저널리즘'이라고 한다.

Q 황색 저널리즘이 무엇인가?

A 위키피디아의 정의에 따르면, 황색 저널리즘이란 철저하고 정당한 조사를 거치지 않았거나 정보가 미흡한 뉴스를 제공하는 신문이나 저널리즘을 지칭하는 용어로 판매량을 늘리기 위해 주로 자극적인 표제를 활용한다. 그들이 자주 사용하는 수법으로는 과장, 스캔들 퍼트리기, 자극적이고 선정적인 표현 등이 있다.

Q 언론에서는 왜 당신의 개인 자문가인 톰 휠라이트처럼 세금에 대해 정확히 가르치지 않는 것인가?

A 톰은 세법에 '세금을 내는 법'에 관한 부분은 몇 페이지밖에 되지 않는다고 말한다. 나머지 수천 장이 '합법적으로 세금을 내지 않는 법'에 할애되어 있으며, 대부분의 서구 국가가 모두 그렇다는 것이다.

톰은 그의 저서 『면세가 되는 자산』과 강의를 통해 당신과 나 같은 평범한 사람들에게, 자본주의 정부에는 다음과 같이 파트너가 필요하다고 가르치고 있다.

- 민주자본주의 정부는 당신과 나 같은 시민들이 국가의 파트너가 되어 정부가 원하는 프로젝트에 투자하기를 바란다.
- 사회주의 정부는 중앙집권화되어 있으며, 자본이 필요한 대부분의 프로젝트가 정부 관료들에 의해 운영된다. 이를테면 중국의 부자들은 대부분 정부 관료의 친구거나 그들의 자녀인 '왕족'들이다.
- 미국의 '자유시장 경제' 체제에서는 정부가 원하고 필요로 하는 프로젝트에 참여하면 평범한 시민과 사업가들이 세금 혜택을 받을 수 있다.

세금 혜택의 사례들

1. 주택 보급

이를테면 정부는 사업가가 사회에 주택을 공급하기를 바라기 때문에 부동산 투자자에게 조세유인으로 '감가상각'을 제공한다.

2. 일자리 제공

정부는 또한 사업가가 일자리를 제공하기를 바란다. 그래서 종업원 500명 이상의 사업장을 운영하는 B 사분면 사업가들이 세금을 적게 내는 것이다. 2018년에 아마존이 본사를 옮길 새로운 장소를 모색할 때도 많은 도시들이 수천 명의 고소득 봉급생활자들을 유치하기 위해 아마존에 세금 혜택을 제시했다. 엘론 머스크의 테슬라사는 네바다에 배터리 공장을 건설하는 대가로 10억 달러의 세금 혜택을 받기도 했다.

3. 고소득 봉급생활자

아마존과 테슬라에는 수천 명이 넘는 고소득 봉급생활자들이 근무한다. 일반적으로 봉급생활자는 연봉이 높을수록 세금도 더 많이 낸다. 고소득 봉급생활자는 수백 개의 소규모 비즈니스를 유인하게 되며, 규모가 작은 사업장은 역시 높은 비율의 세금을 낸다. 지역 정부가 아마존이나 테슬라 같은 회사를 유치하기 위해 세금 혜택을 제공하는 것도 바로 이런 이유 때문이다. 나아가 대형 사업체는 보다 작은 사업체들을 끌어들이며, 그로써 더 많은 일자리가 창출되고, 많은 일자리는 더 많은 주택과 공무원, 그리고 결과적으로 주나 시 정부에 더 많은 조세수입을 안겨 준다.

4. 에너지 공급

문명은 에너지 없이는 성장할 수 없다. 에너지 자원이 희귀해지거나 그 비용이 증가하면 인류 문명은 무너질 것이다. 따라서 정부는 에너지 공급 사업체를 유인하기 위해 원유 및 가스 생산 업체에 조세감면 혜택을 제공한다. 오늘날 미국은 외국에 대한 원유 의존도가 크게 감소한 상태다.

5. 식량 공급

정부는 국내에서 식량을 자체적으로 생산하기를 원하기 때문에 식량을 생산하는 이들에게도 조세유인을 제공한다. 국민들이 굶는다면 폭동이 일어날 테니까 말이다.

세법 구멍이 아니라 조세유인책이다

이러한 감세 혜택은 기자들이 오해하도록 부추기는 것처럼 비도덕
적인 사기꾼이 빠져나갈 수 있는 구멍이나 '실수'가 아니다. 조세유인
은 의도적인 정책이고 합법적이며, 기사를 쓴 기자들도 사용할 수 있
는 국민들 모두를 위한 것이다. 세금과 조세유인이야말로 자본주의를
움직이는 엔진이다.

누가 세금을 내는가

현금흐름 사분면을 보면 누가 세금을 내는지 알 수 있다.

트럼프나 쿠슈너 같은 부자들은 자식들이 B나 I 사분면이 되도록 교
육한다.

반면에 기자들은 학교에서 좋은 성적을 받으며 S나 E 사분면에 적합한 기술과 사고방식을 익혔을 것이다. 그들은 '황색 저널리스트'일 수도 있고, 아니면 단순히 더러운 흙탕물 속에서 헤엄치고 있는 것일 수도 있다. 금융 지식이 전무하여 B나 I 사분면에서 어떤 일이 일어나는지 전혀 모르는 것이다.

《뉴욕타임스》기사는 이렇게 계속된다.

해당 법은 건물 가치가 실제로는 매년 증가함에도 불구하고 하락한다고 가정한다. 이러한 놀라운 유연성 덕분에 부동산 투자자는 세금을 얼마나 낼지 직접 결정할 수 있다.

Q 부동산 투자자는 세금을 어떻게 낼지 직접 결정할 수 있단 말인가? 심지어 세금을 안 낼 수도 있는가?

A 그렇다. 그리고 전문 부동산 투자자는 주택보유자와는 달리 평가손실에 대해 공제 혜택을 받을 수 있다.

Q 만일 그게 가능하다면 왜 다들 그렇게 하지 않는 건가?

A 고등학교에서 세법을 가르치지 않기 때문이다.

Q 당신은 고등학교에서 세금에 대해 배웠는가?

A 아니다. 그렇지만 아홉 살 때 부자 아빠를 위해 일하면서 돈과 빚, 세금에 대해 배웠다.

Q 그러면 재정적으로 다른 사람들보다 앞선 상태에서 시작할 수 있었던

것인가?

A 실제로 그랬다. 그래서 킴과 내가 캐시플로 게임을 개발하고『부자 아빠 가난한 아빠』를 출간한 것이다. 우리는 부자 아빠가 나를 가르친 것처럼, 그리고 내가 킴을 가르친 것처럼 모든 사람들을 가르쳐서 재정적으로 일찍 출발할 수 있게 도와주고 싶었다.

1996년에 나와 킴은 전문가의 진단 및 평가를 받기 위해 하버드에 캐시플로 게임을 보냈지만 게임은 즉시 반송되었다. 심지어 상자를 열어 보지도 않은 채였다.

우리는 얼굴을 한 대 맞은 것처럼 충격을 받았다. 찬물을 뒤집어 쓴 것 같았다. 하지만 그건 나쁜 일이 아니었다.

하버드가 우리의 게임을 거부하고, 사람들이 '시뮬레이션'과 재미있는 활동, 실수를 통해 배운다는 아이디어를 퇴짜 놓은 순간, 킴과 나는 우리가 가난한 아빠처럼 직장에서 일하는 고학력자들에게 상품을 마케팅하려 했다는 사실을 깨달았다.

실패는 성공의 다른 면이다. 하버드가 우리의 게임을 들춰 보지도 않은 것은 결과적으로 우리에게 좋은 일이었다. 우리는 우리의 고객이 누구인지 잘 알고 있었고, 그건 대학이나 학교, 또는 교사들이 아니었다.

학교에서는 가르치지 않는 과목

그제야 킴과 나는 우리가 목표로 삼아야 하는 고객이 누군지 깨달았던 것이다.

나는 1997년에 『부자 아빠 가난한 아빠』를 썼다. 이 책은 원래 간단한 소책자로 출발했는데, 재무제표와 회계의 중요성에 대해 알리고 모든 답을 알고 있다고 생각하는 꽉 막힌 교수들이 아니라, 현실과 진짜배기를 배우고 싶은 사람들에게 캐시플로 게임을 팔기 위한 설명서였다.

같은 해에 우리는 리치대드 컴퍼니를 설립했다. 리치대드 컴퍼니의 사명은 "인류의 경제적 안녕을 향상시키는 것"이었다.

킴과 나는 그러한 사명을 성취하려면 시대에 뒤처지고 비싸고 더디고 지루하고 오만하고 현실감각이 부족한 교육 제도 밖에서 활동해야 한다는 것을 알고 있었다. 우리의 사업 계획은 단순했다. 학교에서 가르치지 않는 과목 가르치기. 우리가 가르친 과목은 바로 '돈'이었다. 전 세계 사람들이 날마다 활용할 수 있는 실용적인 과목이자 삶에서 반드시 익혀야 할 기술이었다.

리치대드 컴퍼니는 '사람들이 서로를 가르치면서' 교육하는 금융 교육 제품을 생산하는 데 주력했다.

의사나 변호사, 증권거래인, 또는 고소득 봉급생활자가 되려면 대학에 가야 할 것이다. 그러나 부자 사업가나 투자자가 되고 싶다면 굳이 대학에 갈 필요가 없다.

『부자 아빠 가난한 아빠』에서 지적한 것처럼 "부자는 자식들에게 가난한 사람이나 중산층은 알지 못하는 돈에 대한 지식을 가르친다."

재러드 쿠슈너가 아는 것

《뉴욕타임스》기사는 부자가 자식들에게 가르치는 것, 즉 재러드 쿠슈너 같은 부자는 알지만 중산층이나 가난한 사람들은 알지 못하는 것에 대해 계속 설명한다.

쿠슈너의 손실은 주로 감가상각에서 비롯되었으며, 그에 따라 해당 문서에 다뤄진 대부분 기간의 과세 소득이 차감된 것으로 보인다.

쿠슈너는 외부에서 조달한 자금으로 부동산을 구입했음에도 자산손실을 입었다고 보고했다. 입수한 문서에 따르면 쿠슈너는 대부분의 투자에서 실제 부동산 가격의 1퍼센트 미만을 지불했으며, 심지어 그조차 외부에서 조달한 융자금을 활용했다.

Q 쿠슈너는 수십억 달러 가치의 부동산을 실제 가격의 1퍼센트 미만의 자금으로 구입했는데, 그조차 빌린 돈이었단 말인가? 그건 자기 돈은 한 푼도 들이지 않고 수십억 달러짜리 자산을 마련했다는 뜻인가?

A 맞다. 그것을 '무한수익', 즉 '불로소득'이라고 부른다. 이는 내가 1973년에 처음으로 참석했던 부동산 세미나에서 배운 방법이기도 하다.

Q 그렇다면 부자가 되기 위해 돈이 있어야 할 필요가 없다는 뜻인가?

A 그렇다. 하지만 그렇게 하려면 진짜 금융 교육과 실질적인 경험이 필요하다.

무한수익을 이해한 순간, 나는 다시는 "나는 그럴 형편이 못 돼. 돈이 없는걸."이라고 말할 필요가 없어졌다. 무한수익의 힘을 이해하면 돈이 없어도 부자가 될 수 있다.

> ## 무한수익에 대하여
>
> 동영상을 보고 무한수익에 대해 자세히 배워 보라. 2018년에 톰 휠라이트와 나는 뉴올리언스 투자 컨퍼런스에서 '무한 ROI: 정보수익률'이라는 45분 길이의 프레젠테이션을 진행했다.(해당 영상은 'http://reg－backoffice.s3.amazonaws.com/videos/kiyosaki－noic18/Kiosaki.mov'에서 볼 수 있다.) 이 영상을 보면 재러드 쿠슈너가 어떻게 자기 자산을 투자하지도, 소득세를 내지도 않고 수백만 달러의 부동산을 구입했는지 알 수 있다. 킴과 나도 같은 공식을 사용한다.

《뉴욕타임스》기사는 이렇게 이어진다.(강조는 저자)

그 결과 쿠슈너는 타인으로부터 빌린 돈을 손실함으로써 세법에 따라 감세 혜택을 받을 수 있었다. 감가상각 공제는 다른 산업 분야에도 적용이 가능하지만 일반적으로 빌린 돈의 지출과 관련된 손실에 활용하지는 않는다. (…)

국세청의 관점에서 볼 때 쿠슈너는 수년째 손해를 보고 있다. (…)

임금 노동자와 달리 회사 소유주는 과세 목적으로 손실을 신고할 수 있다. 쿠슈너 컴퍼니 같은 회사가 비용이 수입을 초과했다고 신고할 경우 이는 '순 영업 손실'에 해당하며, 회사 소유주가 **납부해야 할** 세금에 대한 공제 혜택을 받을 수 있다. 손실 규모에 따라 심지어는 전년도에 납부한 세금을 환급받거나 향후 내야 할 세금에서 차감을 받을 수도 있다.

Q 다시 말해 빚과 세금이 부자를 더 부자로 만들어 준다는 뜻인가?

A 그렇다. 하지만 그렇게 하려면 적절한 금융 교육과 수많은 실습, 그리고 아주 똑똑한 재정자문이 필요하다.

"경제적 천국에는 많은 문이 있다. 경제적 지옥에는 그보다도 더 많은 문이 있다." 기사를 계속 읽어 보자.

"다시 태어날 수만 있다면 나도 부동산 사업에 뛰어들어야겠습니다."
유명한 상속 및 신탁 변호사이자 현재 파이오니어웰스파트너의 수석변호사인 조너선 블랫마커는 쿠슈너 문서를 검토한 뒤 이렇게 말했다.
"정말 환상적이에요. 자기가 돈을 내지도 않은 것에 대해 세금 공제를 받을 수 있거든요."

Q 누구보다 똑똑한 상속 및 신탁 변호사마저 부자들이 빚과 세금을 이용해 더 부자가 되는 법을 몰랐단 말인가?

A 그렇다. 이런 방법을 아는 사람은 정말 소수에 불과하다. 앞에서 추천한 동영상을 보면 당신도 그 비결을 배울 수 있다.

《뉴욕타임스》 기사는 이렇게 이어진다.

작년에 개정된 세법에 따르면 거의 모든 산업 분야에서 세금 공제 혜택이
줄었지만 단 한 가지 분야만은 예외다. 바로 부동산이다.

Q 그래서 당신이 2015년에 보유하고 있던 모든 종이 자산과 주식, 채권,
뮤추얼 펀드와 ETF를 처분한 것인가?

A 내 대답이 무엇일 것 같은가?

맑은 물에서 헤엄치기

《뉴욕타임스》는 또 다른 기사에서 재러드 쿠슈너와 이방카 트럼프
가 2017년 소극적 소득으로 8,200만 달러의 소득을 올렸다고 보도했
다. 이 또한 전부 세금 공제를 받았을 것이다.

부자를 더 부자로 만들어 주는 것은 돈이 아니라 학교에서는 가르쳐
주지 않는 진짜 '정보'다. 구구절절 설명하느니 직접 보는 편이 낫겠다.
우리의 학교에서는 다음 쪽에 나올 그림처럼 가르친다.

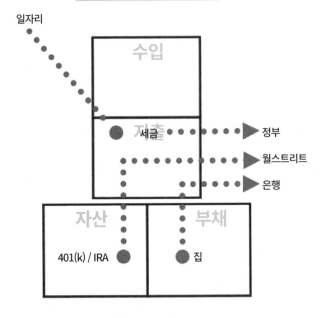

이것이 바로 학교에서 학생들이 배우는 내용이다. 현금이 어디서 들어와 어디로 흘러 나가는지 보라.

이것이 바로 흙탕물이 고인 웅덩이의 모습이다. 아이들에게 열심히 공부해서 취직하고, 집을 사고, 빚을 갚고, 장기적으로 투자하라고 조언했을 때 일어나는 일이다. 그런 충고가 맑은 물에 끊임없이 더러운 오물이 흘러들게 하고, 흙탕물로 만든다.

맑은 물로 만들려면?

『부자 아빠 가난한 아빠』에서 맥도널드의 창립자인 레이 크록은 텍사스대학에서 MBA 학생들에게 이렇게 묻는다. "맥도널드는 무슨 사업을 합니까?"

한 학생이 대답했다. "햄버거 사업이오."

크록이 말했다. "아니오. 맥도널드는 부동산 사업을 합니다."

레이 크록을 다룬 영화 「파운드」는 맥도널드의 그런 부동산 사업에 대해 명료하게 보여 주고 있다.

리치대드 컴퍼니 역시 부동산 사업을 한다. 아래의 그림을 보면 알 수 있듯이 리치대드 컴퍼니는 100만 달러를 벌 때마다 400만 달러를 빌린다. 소극적 소득은 증가하고, 우리는 소극적 손실을 통해 500만 달러를 감가상각하여 비용을 공제받을 수 있다.

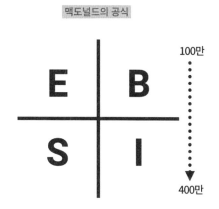

맥도널드의 공식

재러드 쿠슈너처럼 우리의 소극적 소득은 부동산에서 비롯되고, 사업 소득을 상쇄하며, 합법적으로 세금을 거의 낼 필요가 없다.

Q 세법 자체가 돈을 빌려 남의 돈으로 투자하고 부자가 되도록 독려한다는 뜻인가?

A 그렇다. 남의 돈을 빌리지 않고 자기 돈으로 부동산에 투자하면 세금을 더 내야 한다.

1971년부터 미국 달러는 빚이 되었다. 사람들이 돈을 빌리지 않으면 돈은 사라지고 경제는 붕괴할 것이다. 신용카드 회사가 사람들에게 신용카드를 사용하게 부추기고 신용카드 대출을 장려하는 인센티브를 제공하는 것도 이런 이유에서다. 미국 정부의 가장 큰 자산이 학자금 대출인 이유도 바로 그런 이유 때문이다.

빚이 곧 돈이다.

"빚을 지지 말고 살라."고 말하는 사람들은 실제로 우리 경제에 해악을 끼치고 있다. 빚을 지지 않고 사느니 차라리 부동산 투자 강좌를 듣고 빚과 세금을 '이용'해 부자가 되는 방법을 모색하라.

맑은 물에서 고기 잡기

맑은 물은 다음과 같은 모습을 띠고 있다. 다음 현금흐름 그림을 보면 부자들이 어떻게 맑은 물에서 고기를 잡는지 알 수 있을 것이다.

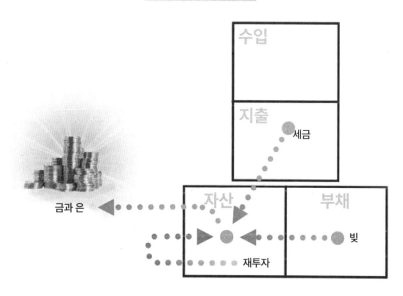

금융 교육을 받은 부자들은 다음과 같은 것들을 알고 있다.

1. 세금을 이용해 자산을 취득하는 법

2. 빚을 이용해 자산을 취득하는 법

3. 세금을 납부하지 않고 이득을 재투자하는 법

4. 가짜 돈이 아닌 금과 은을 축적하는 것이 더 유리한 이유

톰 휠라이트와 내가 세계 어딜 가든 간에, 아무리 위에 제시한 그림의 내용을 설명해 줘도 누군가는 늘 이렇게 말한다. "여기서는 그렇게

할 수 없어요."

영국과 일본, 러시아, 호주, 뉴질랜드와 캐나다, 중국, 그리고 미국 전역을 돌아다니며 핵심 개념과 그림을 보여 주고 설명했건만, 프레젠 테이션이 끝날 무렵이면 반드시 누군가 손을 들고 말한다. "여기서는 그렇게 할 수 없어요."

> **Q** 사람들이 "여기서는 그렇게 할 수 없어요."라고 말할 때면 당신은 뭐라 고 대답하는가?
>
> **A** "여기도 맥도널드는 있지 않아요?"라고 대꾸한다.

금융 교육을 받지 않은 사람들은 눈앞에 수백만 달러짜리 기회가 존 재하는데도 보지를 못한다.

《뉴욕타임스》 기사를 다시 한번 읽어 보라.(강조는 저자)

> (쿠슈너가) 세금을 적게 낸 이유는, 문서에 따르면 매년 발생한 수백만 달 러의 평가손실로 인해 감세 혜택을 받았기 때문이다. 그러나 그러한 손실 은 오직 서류상으로만 존재하며, 실제로 쿠슈너와 그의 회사는 어떠한 금 전적 손실도 입은 것 같지는 않다. **대부분의 손실은** 부동산 투자자가 매년 과세소득에서 건물 비용 일부를 공제할 수 있는 **감가상각 부문에서 발생 했다.**

감가상각 이외의 것들

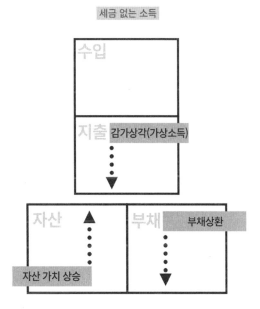

《뉴욕타임스》기자들은 감가상각 부문의 절세 효과에만 집중했지만, 진짜 금융 교육은 감가상각과 부채상환, 그리고 자산 가치 상승의 이점을 전부 포괄해야 한다.

1. 감가상각

감가상각은 전문 부동산 투자자가 활용할 수 있는 소극적 손실이다. 고정자산과 카펫이나 조명, 부동산 사업을 운영하는 데 필요한 다른 필수 요소를 비롯해 구성물의 '손상 및 마모'로 인한 손해를 계산하는 것이다.

2. 부채상환

부채상환은 시간이 지남에 따라 대출금이 줄어드는 것이다.

부동산 사업자는 대개 세입자가 내는 돈으로 부채를 상환한다.

부채상환으로 인한 이익은 면세를 받을 수 있다. 부동산으로 돈을 버는 한 가지 방법은 임차인이 대신 융자금을 내는 동안 재융자를 받아 빚을 늘리는 것이다. 재융자를 통해 조달한 자금 또한 빚이기 때문에 세금이 면제된다.

평범한 사람들도 마찬가지다. 주택 재융자를 통해 얻은 돈은 빚이기 때문에 세금을 면제받을 수 있다. 다만 문제가 있다면 그들은 매월 돈을 내야하는 세입자나 마찬가지라는 점이다. 2008년 금융위기 직전에도 수많은 사람들이 집을 ATM처럼 사용하여 집값의 가치상승분을 재융자했다. 그러나 부동산 시장이 붕괴하면서 그러한 가치상승분이 사라졌고, 수백만 명이 집값보다 더 많은 빚을 지게 되었다.

아직도 수백만 채의 집이 2008년 이전의 가격수준을 회복하지 못했으며, 내가 살고 있는 동네의 경우 2008년에 400만 달러였던 집이 2018년에는 200만 달러에서 350만 달러 수준에서 매매되고 있다.

2008년 이후 많은 사모펀드와 헤지펀드가 융자금을 내지 못해 압류된 집들을 폭락한 가격으로 사들였고, 2018년이 되어 주택 가격이 오르기 시작하자 이번에는 집값을 억제하기 위해 그 집들을 매각하고 있다.

3. 자산가치 상승

자산가치 상승은 모든 주택 소유자들이 꿈꾸는 것일 테다.

수백만 명이 아직도 "집값은 항상 상승할 것"이라고 믿고 있고, 주택을 수리해 매매하는 것을 전문으로 하는 업자들은 자본가치가 상승하기를 바란다. 하지만 이 경우에는 자본소득에 대한 세금이라는 문제가 발생한다. 그래서 나는 자본을 빌리는 편을 선호한다. 빚에는 세금이 부과되지 않기 때문이다.

무한수익에 대한 내 영상을 보면 부동산을 이용한 재융자 사례를 통해 부자들이 어떻게 빚을 이용해 수백만 달러를 벌고도 세금은 내지 않는지 배울 수 있을 것이다. 재러드 쿠슈너와 도널드 트럼프도 이와 똑같은 공식을 활용한다.

다만 경고할 게 있다. 빚은 총알이 장전된 총과도 같다. 이 총은 당신을 보호할 수도 있지만 동시에 자칫 잘못하면 당신을 죽일 수도 있다.

다음번 시장 붕괴가 발생하면 빚(특히 기업 부채)은 수백만 피고용인의 재정적 미래를 무너뜨리고 빚이 없는 봉급생활자들마저 피해를 볼 것이다. 왜냐하면 그들이 소속되어 일하는 사업체가 빚을 잔뜩 짊어지고 있고 그러한 부채를 갚지 못할 것이기 때문이다.

만일 피고용인 수백만 명이 일자리를 잃는다면 그들은 집이나 자동차 할부금을 낼 수가 없게 된다. 그들이 살고 있는 집과 자동차는 진짜 자산이 아니기 때문이다.

역사적 사실을 다시 상기해 보자. 1929년에 다우존스 산업평균지수는 381포인트였다. 대붕괴 이후 주가가 다시 381포인트를 회복한 것은 그 후로 자그마치 25년이나 흐른 1954년이었다.

투자수익률이 아니다. 정보수익률이다

워런 버핏의 말은 되새겨 볼 가치가 있다.

"언론인이 똑똑해야 더 나은 사회가 된다. 어떤 면에서 사람들은 지식을 쌓기 위해 언론 매체를 읽는다. 교사가 훌륭할수록 학생들도 나아지는 법이다."

워런 버핏은 무한수익을 운영한다. 그는 자신의 돈을 사용하지 않으며, 그래서 부자가 될 수 있었다.

다시 한번 말하지만, 무한수익의 위력에 대해 더 자세히 알고 싶다면 톰과 내가 2018년 뉴올리언스 투자 컨퍼런스에서 강연한 영상을 보라.

그런 다음에도 더 많은 것을 배우고 싶다면 가족과 친구, 그리고 비즈니스 파트너들과 그 영상을 보고 토론을 나눠 보라. 매우 격렬하고 생생하고 열기 띤 시간을 경험할 수 있을 것이다.

사람들은 보통 "부자들은 사기꾼"이라고 말한다.

트럼프 대통령을 싫어하는 사람이라면, 그가 어떻게 부자들에게 영구적인 세금 우대 정책을 마련해 주고, 돈을 위해 일하는 사람들에게서는 그런 혜택을 박탈했는지 톰의 설명을 들어 보라. 그러면 더더욱 그를 싫어하게 될 것이다.

킴과 나는 정치와 거리가 먼 사람들이라 그 문제에 대해 논쟁하는 건 시간과 에너지 낭비일 뿐이다. 우리는 그저 합법적이고 도덕적으로, 그리고 윤리적인 방식으로 부자가 되기로 선택했을 따름이다.

대부분의 투자자는 ROI가 돈의 '투자수익률'이라고 생각한다. 그러나 부자들에게 ROI는 정보수익률Return On Information이다. 학교나 책, 신문, 경제지에서는 찾아볼 수 없는 그런 귀중한 정보 말이다.

맑은 물에서 헤엄치려면 맑고 깨끗한 정보를 얻을 수 있어야 한다.

다음 장에서는 우리가 머지않아 직면하게 될 타락한 화폐 제도와 돈의 미래에 대비하는 법에 대해 배워 보자.

전 세계의 독자들이 묻고
로버트 기요사키가 답하다

Q 똑똑하고 많이 배웠지만 투자나 금융, 개인 재무에 대해서는 전혀 모르거나 거의 알지 못하는 사람들이 관련 글을 쓰거나 금융 전문가 취급을 받는다는 사실을 어떻게 대중에게 알려 줄 수 있을까?
— 엘라 M(스페인)

A 질문이 무슨 뜻인지 잘 이해하지 못하겠다. 얼마나 많은 고학력 엘리트 금융 전문가가 그들이 무슨 이야기를 하는지도 모르고 있는지 묻는 것인가? 어쨌든 내 대답은 그들이 왜 그런 기사를 쓰는 것인지 직접 한번 생각해 보라는 것이다. 1) 독자들에게 뭔가를 판매하기 위해서? 2) 독자들을 교육하기 위해서? 3) 경고하기 위해서? 4) 돈을 벌기 위해서? 5) 똑똑한 것처럼 보이기 위해서? ……그런 기사를 쓰는 것일까?

Q 세법이 실은 정부가 국민들로부터 원하는 행동을 이끌어 내기 위해 세금을 공제하거나 감면해 주는 인센티브를 제공하기 위해 만들어졌다는 사실을 대중에게 알릴 수 있는 가장 효과적인 방법은 무엇일까? 모든 면에서 어려운 일처럼 보이는데, 그런 일이 가능할까?

— 로버트 C.(아이슬란드)

A 솔직히 그게 가능할지는 의심스럽다. 만약 사람들이 부자들이 더 많은 돈을 벌면서도 세금은 적게 낸다는 사실을 알게 되면 혁명이 일어날지도 모른다. 그들은 세금을 적게 내는 방법을 알려 주는 진짜 금융 교육을 받을 기회가 없었기 때문이다. 우리의 교육 제도는 B나 I 사분면이 아니라 E와 S 사분면을 육성할 목적으로 설계되었다.

Q B 사분면에서는 세금을 줄이거나 또는 세금을 거의 내지 않아도 되는 수많은 방법(과 인센티브)을 활용할 수 있지만, S 사분면의 고소득자들은 그럴 수가 없다. 하지만 언론에서는 세법 개정안에 대해 언급할 때 그런 사실은 거의 알려 주지 않는다. 그 이유가 뭔가?

A 그런치가 언론이나 교육 체제가 세금에 대해 자세히 아는 것을 좋아하지 않기 때문일 것이다.

그래도 질문자가 세금에 대해 더 자세히 배우고 싶다니 기쁜 일이다. 더 깊이 알고 싶어 하는 것이야말로 배움의 첫 번째 단계. 배울 마음이 없는 사람은 가르쳐 봤자 헛일이다. 속담에서도 "돼지에게 노래 부르는 법을 가르치지 마라. 시간 낭비일 뿐만 아니라 돼지에게도 괴로운 일이다."라고 하지 않았나.

Chapter 17

미국 달러의 종말이
다가오고 있는가
호황, 불황, 폭락, 그다음은 붕괴?

제임스 리카즈는 『은행이 멈추는 날』에서 커트 보니것의 책 『고양이 요람』의 한 대목을 인용한다.

좋아 좋아 정말 좋아

좋아 좋아 정말 좋아

좋아 좋아 정말 좋아

서로 다른 사람들이

같은 기계장치 속에서

Q 리카즈는 우리 모두가 가축 떼처럼 한 우리에 갇혀 젖을 짜거나 도살되기만을 기다리고 있다고 말하는 것인가?

A 내 생각에는 그렇다.

Q 여기서 기계장치란 돈인가?

A 그렇다. 금융 상품과 돈의 파생상품 전반을 가리킨다.

Q 하지만 인간의 모든 것이 돈과 관련되어 있지 않은가? 세계 경제와 문명, 그리고 인간의 삶 전체가 갇혀 있다는 의미인가?

A 그렇다.

리카즈는 진짜 교사다. 그는 매우 영리하고, 명문 대학 출신의 고학력 엘리트이자 변호사, 재계 인사이자 금융학자다. 그는 또한 현대 금융 역사에서 가장 커다란 비극으로 끝난 LTCM의 자문위원으로 일했다. LTCM의 붕괴를 경험한 뒤 '경종'을 듣고 깨어난 리카즈는 LTCM이 실패한 원인을 분석했다. 어둡고 탁한 돈과 권력의 세계를 깊숙이 탐구한 후 누가 진정으로 이 세상을 운영하고 있는지 알게 되었다.

리카즈는 그러한 발견과 탁월한 통찰력을 바탕으로 미래의 '통화전쟁currency war'에 대한 미 국방부 자문위원으로 발탁되었으며 — 그의 저서 『커런시 워Currency Wars』의 제목이기도 하다. — 이후에는 미국 국가정보국과 세계 경제를 움직이는 중앙은행의 막후 및 권력자들과 함께 일했다.

리카즈가 진짜 교사인 이유는 그가 '내부자 중의 내부자'이기 때문이다. 나는 2011년에 『커런시 워』를 읽었는데, 내부자는 아니지만 '더러운 물'의 안쪽을 보고 싶어 하는 사람으로서 그 책은 마치 다이빙용

마스크와 고글을 쓰고 소수만이 볼 수 있는 혼탁한 세상을 엿보는 것과 비슷했다. 그의 후속작은 심지어 전작보다도 더 밝은 빛을 비춰 주었다.

금이 신의 돈이라는 사실이 조금이라도 의심스러운 사람이 있다면 리카즈의 2016년 작인 『금의 귀환』을 읽어라. 그 책은 누구나 읽어야 할 필독서다. 미국과 전 세계가 현재 어떤 종국을 향해 가고 있는지 알고 싶다면 『은행이 멈추는 날』이 우리 앞에 놓인 길을 밝혀 줄 것이다.

내가 리카즈와 함께 일하며 앞으로 다가올 돈의 새로운 세계에 대비해 금융 상품과 교육을 제공하고 있다는 사실이 심히 영광스럽다.

마지막 눈송이 하나

리카즈는 앞으로 닥칠 시장 붕괴와 달러의 붕괴에 대해 설명할 때 자주 눈사태에 비유한다. 마을을 굽어보고 있는 높은 산꼭대기에 벌써 몇 년째 눈이 쌓이고 있다. 해마다 간단히 폭발물을 터트려 작은 눈사태를 일으키면 되겠지만, 그러면 스키 시즌에 찾아오는 사람들을 실망시키게 될 터이기에 권력자들은 바리케이드를 설치해 관광객들을 끌어들이는 편을 선택했다. 매년 눈은 점점 더 두껍게 쌓이고 '거대한' 눈사태가 일어날 확률은 점점 불어났다.

그러던 어느 날, 작은 눈송이 하나가 산꼭대기에 내려앉는 순간, 마을 전체가 수천 톤의 눈더미에 파묻힐 것이다.

눈사태의 위험은 닉슨 대통령이 금본위제를 폐지했을 때부터 시작되었다. 시장이 무너질 때마다 정치 지도자들은 근본적인 문제를 해결하기보다 더 많은 가짜 돈을 찍어 냈고, 빚더미는 계속해서 쌓여 갔으며, 시간이 지날수록 문제는 크고 심각해졌다.

우리의 지구촌은 빚과 가짜 투자, 가짜 돈이라는 커다란 눈사태에 깔리기 직전에 도달해 있다. 이제 남은 것은 마지막 눈송이 하나가 내려앉는 것뿐이다.

달러의 종말

1944년, 브레튼우즈에 모인 세계 44개국이 전후 국제 통화제도에 대한 새로운 협정을 체결했다.

2차 세계대전 전까지만 해도 세계 금융 시장을 호령하던 것은 영국의 파운드화였다. 그러나 전쟁을 치르면서 영국은 미국에서 빌린 전쟁자금을 빌려야 했고, 보유하고 있던 금을 미국에게 넘겨주었다.

이제 대량의 금을 보유하게 된 미국은 달러의 금태환을 약속할 수 있었고, 미국 달러는 세계의 '준비통화'가 되었다. 1944년에 미국 달러는 금과 동등한 가치를 지니고 있었고, 문자 그대로 신뢰할 수 있고 존중받는 통화였다. 하지만 그런 시기는 오래가지 못했다.

1950년대와 60년대에 독일과 일본, 영국과 다른 유럽 지역이 빠른 속도로 경기 침체에서 회복하며 미국에 상품을 수출하기 시작했다. 금이 뒷받침하는 달러가 미국을 떠나기 시작하자 닉슨과 그의 친구들은 당황할 수밖에 없었다.

1971년, 닉슨이 브레튼우즈 협정을 깨트렸다. 이제 미국은 폭스바겐과 도요타 같은 진짜 상품의 대금을 가짜 돈으로 치르기 시작했다.

세계는 미국의 지도자에 대한 신용을 바탕으로 가짜 달러를 용인하고 받아들였지만 그러한 믿음은 2008년 이후 심각한 시험대에 서게 된다.

드디어 달러에 대한 신용이 사라진 걸까? 끝이 다가오고 있을까? 빚더미가 너무 높이 쌓인 건 아닐까? 가짜 돈을 더 쌓으면 눈사태를 막을 수 있을까? 머지않아 마지막 눈송이가 떨어질까?

어떤 돈이 살아남을 것인가

책의 앞부분에서 나는 현대의 돈을 세 가지로 분류할 수 있다고 말했다.

1. **신의 돈:** 금과 은
2. **정부의 돈:** 달러, 페소, 위안, 엔, 유로 등
3. **대중의 돈:** 비트코인, 이더리움 등 블록체인 기술을 이용한 가상화폐

공산주의와 자본주의의 차이점은 공산주의는 중앙정부를 기반으로 하고 자본주의는 중앙은행을 기반으로 한다는 것이다.

중앙은행은 금을 좋아하지 않는다. 금은 마음대로 찍어 낼 수 없기 때문이다. 마찬가지로 중앙은행은 비트코인이나 블록체인도 좋아하지 않는다. 대중의 돈은 중앙은행을 필요로 하지 않기 때문이다.

중앙은행은 정부의 돈을 찍어 낸다.

그리고 정부의 돈은 온전함이 부족하다.

신의 돈과 대중의 돈은 중앙은행의 돈보다 더 온전하다. 그 이유가 뭘까?

Q 정부의 가짜 돈은 언제쯤 사라질까?

A 별로 오래 걸리지 않을 것 같다. 과거에 미국 달러는 금과 은으로 뒷받침되고 있었다. 내 학창시절만 해도 정부의 돈 위에는 "은 증권silver certificate"이라는 문구가 적혀 있었다. 오늘날 정부의 가짜 지폐에는 이제 알다시피 "우리는 신을 신뢰한다."고 적혀 있다.

신이 국가 부채를 보증해 줄 수 있다고 생각한다면 정부의 돈을 신뢰해도 될 것이다.

미래의 돈?

짐 리카즈는 머지않아 정부의 돈이 또 다른 가짜 돈인 특별인출권 SDR으로 바뀔 수 있다고 말한다.

IMF가 발행하는 SDR는 그리 오래 가지 못할 것이다. 그것 역시 가짜 돈일 뿐이기 때문이다. SDR의 등장이 전 세계 정부의 돈의 종말을 불러올까? 이미 많은 사람들이 이 문제에 대해 숙고하고 있을 것으로 보인다.

신용이 사라지면 돈은 종잇조각이 된다

정부의 돈이 지닌 진짜 문제는 바로 신용에 있다.

사람들이 정부와 중앙은행을 믿고 신뢰하는 한, 달러나 엔, 위안, 페소, 유로 같은 정부의 가짜 돈은 안전하다고 말할 수 있다.

신용이 바로 마지막 눈송이다.

신용이 사라지는 순간 정부의 돈은 종잇조각이 된다. 달러가 무너지고 산꼭대기에서부터 시작된 눈사태가 그 아래 놓인 것들을 전부 쓸어버릴 것이다.

부자 아빠는 돈에 대해 이렇게 말했다. "돈은 하나의 개념이고, 신용으로 뒷받침되며, 진정한 일을 의미하고, 교환이 가능하다."

다음 설명을 보면 왜 정부의 돈이 위험한지 이해할 수 있을 것이다.

1. 돈은 개념에 불과하다. 돈은 실제로 존재하지 않는다.

2. 돈이 존재하기 위해서는 정부와 은행에 대한 신용이 존재해야 한다.

3. 진짜 돈은 진정한 일이 수행되었음을 의미한다. 가짜 돈을 찍어 내는 데는 힘이나 노력이 들지 않는다.

4. 진짜 돈은 진짜 가치를 창출한다. 가짜 돈은 가치를 강탈해 간다. 가짜 돈은 가치의 저장 수단이 아니다.

5. 가짜 돈을 찍어 내는 것은 진짜 사람들을 등쳐 먹고, 진짜 사람들이 생산한 진짜 일의 가치를 저하시킨다.

6. 가짜 돈을 찍어 내면 돈을 조작하는 사람들만 더 부자가 될 뿐이다.

7. 진짜 사람들이 진실을 깨닫고 신용을 잃으면 가짜 정부의 돈은 더 이상 존재할 수 없다. 산꼭대기가 무너져 거대한 빚의 눈사태가 발생할 것이다.
8. 금융 교육은 탐욕스러운 부자와 탐욕스러운 가난한 사람들에게 대항할 수 있는 자기보호 수단이다.

수십 년 전에 경제학자 존 메이너드 케인스는 말했다.

"자본주의는 가장 사악한 사람이 공공의 선을 위해 가장 사악한 일을 할 것이라는 놀라운 믿음이다."

또 다른 진짜 교사인 더그 케이시가 어리석음에 대해 뭐라고 했는지 읽어 보라.

"어리석음은 자신도 모르는 자기파괴 경향이다."
"둘 중 덜 악한 것이라도 악한 것은 악한 것이다."
"감사의 반대말은 당연함이다."

프랑스의 작가 알렉산드르 뒤마는 어리석음에 대해 이렇게 말했다.

"인간의 천재성에는 한계가 있지만 어리석음에는 한계가 없다."

미국의 발명가이자 정치가인 벤자민 프랭클린은 무지에 대해 이렇게 말했다.

"그는 참으로 박식하여 말의 이름을 아홉 개 언어로 붙일 수 있었고, 참으로 무지하여 타고 갈 말 대신 소를 샀다."

벤 버냉키는 연방준비제도 의장 시절에 이렇게 말했다.

"미국 정부는 인쇄술이라는 기술을 보유하고 있어서…… 실질적으로 아무 비용도 들이지 않고 US 달러를 원하는 만큼 찍어 낼 수 있다."

"아무 비용도 들이지 않고"라고? 진심인가? 스탠퍼드와 프린스턴대학에서 교수로 있으면서 어떻게 그런 말을 할 수가 있는가?

버냉키는 가짜 돈을 찍어 내면 수백만 사람들의 일자리와 집, 저축과 안전한 경제적 미래가 사라진다는 사실을 모른단 말인가? 당신은 어떻게 생각하는가?

기계장치에서 벗어나기

커트 보니것의 『고양이 요람』의 대목을 다시 반복해 읽어 보자.

좋아 좋아 정말 좋아

좋아 좋아 정말 좋아

좋아 좋아 정말 좋아

서로 다른 사람들이

같은 기계장치 속에서

그렇다면 우리는 어떻게 기계장치 속에서 '빠져'나올 수 있을까?

많은 사람들이 금본위제로 돌아가는 것이 해답이라고 생각한다. 그것이 바로 내가 1972년에 했던 일이었다.

1972년에 나는…… 이미 나만의 은본위제를 실천하고 있었다.

1964년에 미국 은화에 구리가 섞여 있다는 것을 알게 된 나는 은행에 가서 지폐를 은화로 바꾼 다음, 진짜 은화만 골라내고 나머지는 다시 은행에 갖다 주었다.

1965년 이전에 발행된 10센트 은화는 2018년 현재 개당 2달러의 가치를 지닌다. 나는 지금도 진짜 10센트와 25센트, 50센트 은화로 가득한 가방을 갖고 있다.

1972년에 베트남에서 전선을 넘어 금을 사러 갔다 온 뒤에 나는 이상한 낌새를 알아차렸다. 베트남전과 돈에 대해 우리가 속고 있는 게 아닌가 하는 의심이 들었던 것이다.

1972년에는 생애 처음으로 진짜 금화를 손에 넣었다. 홍콩에서 약 50달러를 주고 남아프리카 공화국의 크루거랜드를 산 것이다.

나는 범죄자였다. 1972년에 미국인은 금을 개인적으로 소유할 수 없었기 때문이다.

나는 아직도 그 동전을 갖고 있다. 은행에 넣어 둔 것은 아니지만 해외에 안전하고 합법적인 방법으로 보관 중이다. 오늘날 그 50달러짜리 크루거랜드의 가치는 약 1,200달러다.

1973년에 나는 처음으로 부동산 투자 강좌를 들었고 무한수익에 대해 배웠다. 나는 더 이상 가짜 돈이 필요하지 않았다. 나는 진짜 교사를 찾았고 같은 해에 MBA 과정을 포기했다.

나는 1973년부터 나만의 금본위제와 은본위제를 실천하고 있다.

더구나,

1. 나는 전통적인 교육 제도에서 빠져나왔다.
2. 진짜 교사를 찾아 세미나에 참석하고 책을 읽는다.
3. 정부가 나를 파트너로 원하는 진짜 자산에 투자한다. 진짜 자산에 투자하면 합법적인 방법으로 세금을 거의 낼 필요가 없다.
4. 연방준비제도는 돈을 찍어 낸다. 나도 나만의 돈을 만들어 낸다.
5. 나는 소위 '대마불사 은행'이나 월스트리트 투자은행의 흥망성쇠에 아무 영향도 받지 않는다.
6. 나는 빚을 이용해 무한수익을 얻고 세금은 내지 않는다.

다른 사람들이 "여기서는 그렇게 할 수 없어요."라고 말할 때, 나는 맥도널드와 똑같은 공식을 이용해 부를 쌓는다.

Q 빚이 많으면 걱정되지 않는가?

A 물론 그렇고말고.

Q 어떻게 그 빚을 다 감당하는가?

A 세계 경제 상황이 어떻게 돌아가고 있는지 늘 관심 있게 지켜보고 공부
한다. 나는 진짜 교사들과 함께 공부하고 금과 은으로 빚을 상쇄한다.
금은 현물은 내게 있어 일종의 '헤지' 정책이며, 정부와 나 자신의 어리
석음으로부터 보호하는 보험이다.

나만의 금본위 공식

앞에서도 이미 봤겠지만, 다음은 금과 은본위제로 돌아가는 나만의
공식이다.

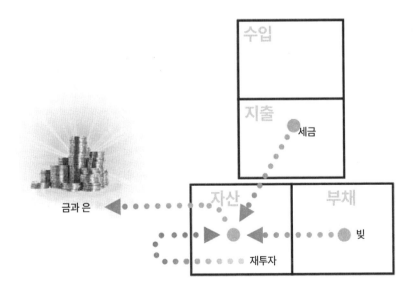

나는 정부가 발행하는 돈이 아니라 진짜 금과 은을 축적한다. 앞에서 본 그림은 내가 어떻게 기계장치에서 벗어날 수 있는지를 보여 준다.

Q 나도 당신과 같은 공식을 따라야 할까?

A 그런 건 아니다. 솔직히 말하자면 제발 내 공식을 따르지 마라. 그보다 더 쉽고 효과적인 공식들이 많다. 내가 이 공식을 따르는 이유는 개인적으로 도전을 좋아하고 최대한 많은 자산을 모으고 싶었기 때문이다. 정부가 원하는 파트너가 된다면 많은 자산을 획득할 수 있고, 돈을 필요로 하지 않게 되며, 세금을 합법적으로 내지 않아도 된다.

Q 빚을 사용하면 정부와 파트너가 될 수 있는가?

A 그렇다. 정부는 사람들이 돈을 빌려 빚을 지기를 원한다. 그래서 빚에는 세금이 붙지 않는다. 사람들이 돈을 빌리지 않으면 돈을 새로 창조할 수가 없기 때문이다.

가령, 항공사 신용카드를 사용하면 추가 마일리지와 좌석 업그레이드 혜택을 받을 수 있다. 항공사는 이런 방식으로 정부와 함께 손을 잡고 돈을 더 찍어 내고 있는 셈이다.

돈을 위해 일하는 사람들은 세금을 납부한 뒤에 남는 돈으로 투자를 해야 하고, 세후 소득으로 저축을 하려면 오랜 시간이 걸린다. 나는 내가 일해서 벌지 않은 돈, 즉 아직 과세되지 않은 돈을 투자하기를 원하기 때문에 빚을 활용한다. 나는 정부가 돈을 만들어 낼 수 있게 돕고,

정부는 다시 내가 돈을 만들어 낼 수 있게 돕는다. 이게 무슨 뜻인지 이해하더라도 부디 직접 실행에 옮기기 전에 반드시 전문 세미나나 강좌를 먼저 듣기 바란다.

부자 아빠는 자주 말했다. "빚은 바보의 손에 들어가면 재앙으로 변한다." 이미 너무나도 많은 바보들이 이 세상을 운영하고 있다. 제발 그들과 똑같아지지 마라.

최고의 금본위 공식

"기계장치"에서 벗어나는 최고의 공식은 바로 짐 리카즈의 조언에 따르는 것이다. 계속 직장에 다니면서 401(k)를 유지하는 한편, 금화와 은화를 구입하여 은행이 아닌 다른 안전한 곳에 보관하라.

또한 리카즈는 은행 시스템 외부에 약간의 현금을 구비해 두라고 추천한다. 킴과 나도 은행이 아닌 다른 기관과 해외에 돈을 예치해 두고 있다.

Q 그렇지만 금은 너무 비싸다. 가진 돈이 얼마 없다면 어떻게 해야 할까?

A 은을 모으는 것에서부터 시작하라. 나도 그랬다. 20달러만 있으면 진짜 은화를 살 수 있다. 사실 투자 대상으로는 은이 금보다 낫다.

Q 왜 은이 금보다 더 나은가?

A 은은 산업용 금속이기 때문이다. 다시 말해 사용할 때마다 양이 줄기 때문에 희귀성이 계속 증가한다.

기다리지 말 것

"지금이 가장 좋은 때다."라는 말을 들어 본 적이 있을 것이다. 전적으로 동의하는 바다. 오늘 당장 투자를 시작하라.

Q 주식과 예금통장에 꽤 많은 돈을 모아 놨는데, 금은의 가격이 오를 때까지 기다렸다가 사면 왜 안 되는 건가?

A 금은 실물은 가짜 돈이나 종이 자산이 아니기 때문이다. 부자들은 지금 이 순간에도 금과 은을 사들이고 있다.

Q 누군가 금은을 모으고 있다는 사실이 왜 그리도 중요한가?

A 왜냐하면 '돌아다니는 금'의 양은 한정되어 있기 때문이다. 돌아다니는 금이란 나나 당신처럼 일반 대중에 손에 넣을 수 있는 금을 가리킨다. 부유한 국가나 부자들은 이런 '돌아다니는 금'을 구해 깊고 커다란 금고 안에 쌓아 두고 있다.

현시점에서 미국과 중국은 중국이 금을 쉽게 확보할 수 있도록 금값을 최대한 낮게 조작하고 있다. 일단 중국이 금 보유량을 충분히 확보하고 나면 두 국가는 금값이 인상되도록 내버려 둘 것이다.

미국이 왜 중국을 돕고 있냐고? 왜냐하면 중국이 수조 달러에 달하는 미국 국채를 보유하고 있기 때문이다. 미국이 가짜 돈을 찍어 내면 국채의 가치는 하락한다. 그리고 중국이 미국 국채를 처분하기 시작한다면 미국 경제는 붕괴할 것이다.

그러므로 미국 정부로서는 중국을 도와 금값을 최대한 낮게 유지하는 것이 중요하다. 그래야 중국이 싼 가격으로 금을 사들여 미국 국채로 입은 손실을 상쇄할 수 있기 때문이다.

2016년에 중국 위안화는 IMF의 특별인출권 준비통화로 편입되었다.

이제 중국은 충분한 금을 보유하게 되었으며, 중국과 미국은 인플레이션을 부추겨 금값이 오르게 내버려 둘 것이다.

인플레이션은 미국 달러를 무너뜨릴 것이고, 중국은 상승한 금 가격을 통해 미국 국채로 입은 손실을 보완할 것이다.

Q 눈사태가 일어나고 '돌아다니는 금'이 사라졌다는 사실이 드러나면 금값이 급격히 상승할까?

A 짐 리카즈의 예측처럼 아무리 많은 돈으로도 진짜 금을 사지 못할 지경에 이를 것이다.

Q 금 시세가 어디까지 상승할까?

A 리카즈는 2017년 당시 유통되고 있는 가짜 달러와 금의 양을 계산하여 만일 모든 가짜 달러를 진짜 금으로 교환한다면 금 1온스가 1만 달러에 해당한다는 결론을 내렸다.

Q 가격이 오르면 부자들도 금을 팔지 않을까?

A 그럴 리가 없다. 진짜 부자는 돈이 필요하지 않기 때문에 금을 팔 이유가 없다. 재러드 쿠슈너에 대한 기사를 떠올려 보라. 진짜 부자는 빚을 돈처럼 사용한다.

Q 금이나 은 ETF에 투자하는 건 어떤가?

A 금과 은 ETF는 진짜 금은을 보유하는 것이 아니다. ETF는 금과 은을 은행에서 빌려 오고, 이는 종이 자산의 부분지불제도와 정확하게 동일한 시스템으로 운영된다. ETF는 그들이 빌린 금과 은 1온스당 각각 50~100온스에 달하는 가짜 종이 금과 종이 은을 아무것도 모르는 투자자들에게 판매한다.

금은 ETF를 매도하면 돈으로 돌려받지만, 돈은 시간이 지날수록 가치가 하락하는 한편 금과 은의 가치는 계속 상승할 것이다.

명심하라. 대형 은행과 월스트리트는 '앞면이면 내가 이기고 뒷면이면 당신이 지는' 게임을 하고 있다.

1972년에 나는 더 이상 이 게임에 참여하지 않기로 결심했다.

눈사태를 피하라

오늘날 수백만 명의 사람들이 언제든 눈사태가 덮쳐 올 산기슭에 살고 있다. 그들은 초부자들이 소유한 중앙은행 제도에 갇혀 있다. 중앙은행은 다수의 손에 선출된 것도 아니고 사람들의 질문에 답할 의무도 없다. 중앙은행이 금과 비트코인에 커다란 위협을 느끼는 것도 바로 그 때문이다.

혼자서라도 금은 본위제를 실천하는 것이야말로 산꼭대기에 마지막 눈송이가 내려앉기 전에, 거대한 눈사태에 휩쓸리기 전에 산기슭에서 도망칠 수 있는 방법이다. 이 거대한 눈사태가 전산 시스템을 강타하기라도 한다면 정부의 돈과 대중의 돈은 둘 다 끝장이다. ATM 작동이 중단되고, 월스트리트가 사라질 것이며, 월드와이드웹이 무너지면 대중의 돈도 자취를 감출 것이다.

잊지 마라. 금과 은은 지구가 탄생했을 때부터 존재했고, 인류가 멸망한 뒤에도 계속 존재할 것이다.

그래서 나는 재산의 최소 10퍼센트를 진짜 돈으로 바꿔 전산 시스템 밖, 국제 은행 제도 외부에 보관해 두어야 한다는 리카즈의 말에 찬성한다.

Q 만일 당신이 틀렸다면? 만약 아무 일도 일어나지 않고 글로벌 재앙 같은 건 존재하지 않는다면 어떻게 할 것인가? 세계 경제가 계속해서 성장한다면 어떻게 될까?

A 부디 이 세상을 위해서라도 짐과 내 예측이 틀렸기를 '진심으로 바란다.' 그리고 설사 우리가 틀렸다 할지라도 금과 은은 계속 그 가치가 성장할 것이며 달러의 가치는 하락할 것이다.

Q 어떻게 그렇게 확신할 수 있는가?

A 나보다 더 현명한 사람들의 말로 대답을 대신해 본다.

다음은 리카즈의 『커런시 워』에서 발췌한 대목이다.

1913년에 창설된 이래, 연방준비제도의 가장 핵심적인 책무는 달러의 구매력을 유지하는 것이었다. 그러나 1913년 이래 미국 달러는 95퍼센트 이상의 가치를 상실했다. 다시 말해 1913년에 1달러면 구입할 수 있었던 것을 지금은 20달러를 내야 한다.

프랑스의 계몽주의 사상가이자 작가, 역사학자이자 철학자인 볼테르는 말했다.

"지폐는 결국 그 본래의 가치인 무(無)로 돌아갈 것이다."

미국의 초대 대통령 조지 워싱턴은 이렇게 말했다.

"종이돈은 여러분의 주(州)에 영향을 끼쳐 상업 활동을 파괴하고, 정직한 사람들을 억압하고, 모든 종류의 사기와 불의에 문을 열어 줄 것입니다."

미국 상원의원이자 대통령 후보였던 론 폴은 말했다.

"금은 정직한 돈이기 때문에 부정직한 사람들은 금을 싫어한다."

동전의 반대쪽

앞에 인용한 문장들과 한 은행가의 말을 비교해 보자. 동전의 반대쪽에는 독일 은행가인 마이어 암셸 로스차일드가 있다.

"내게 국가 통화의 통제권을 달라……. 그러면 누가 법을 만드는지는 상관
없다."

로스차일드가 실제로 이 말을 한 적이 없다는 논란이 일기도 했고,
'구세계의 대부업자'인 로스차일드 가문의 누군가가 한 이야기라는 말
도 있다. 나는 가끔 정말로 진실을 알고 있는 사람이 있을지 궁금하다.
어쩌면 것도 흙탕물과 가짜 뉴스의 또 다른 사례에 불과한 걸까? 결국
진실은 누구도 알 수 없을 것이다.

무엇이 진짜일까? 초부자들은 정말로 통화 공급을 통제하고 있는
가? 로스차일드 은행 제국이 전 세계 중앙은행의 금리를 좌지우지하
고 있다는 것은 사실인가? 이런 질문에 대답할 수 있는 통찰력을 얻고
싶다면 노미 프린스의 이야기에 귀를 기울일 차례다.

미국에서는 들을 수 없는 이야기

노미 프린스는 제임스 리카즈와 같은 진짜 교사이자 리먼브라더스
와 베어스턴스 런던을 거쳐 골드만삭스에서 전무이사로 재직했던 금
융업계의 내부자다.

프린스는 리카즈와 같은 내부자 중의 내부자다. 프린스는 기계의 내
부에서 그 기계장치가 어떻게 작동하는지 목격했다. 그녀의 책 『공모』

와 초대 손님으로 출연한 리치대드 라디오에서, 프린스는 미국에서는 들을 수 없는 진짜 공모에 대한 이야기를 들려준다.

프린스는 '다크 머니Dark Money'에 대해 설명한다. 나는 그것을 가짜 돈이라고 부른다. 프린스의 언어로 그 이야기를 들어 보자.

1. 다크 머니란 무엇인가?

다크 머니는 연방준비제도와 다른 중앙은행들이 전자 시스템을 통해 발행해 또는 '만들어 내어' 거대 사설 은행과 금융 시장으로 흘러 들어가는 돈이다. 실질적으로 이 돈의 종착지를 추적하는 것은 불가능하다. 연방준비제도와 유럽중앙은행ECB, 그리고 일본중앙은행BOJ은 지금까지 약 15조 달러에 이르는 다크 머니를 창조했다. 중국인민은행PBOC이 만들어 낸 돈까지 합치면 자그마치 23조 달러에 이른다. 이 다크 머니는 제일 먼저 대형 사설은행과 금융 기관으로 흘러 들어가고, 거기서부터 거의 무한한 방향으로 흩어져 다양한 방식으로 서로 다른 금융 자산에 영향을 끼친다.

2. 다크 머니는 왜 나쁜가?

다크 머니는 정부와 중앙은행, 사설은행 사이에 새로운 공모가 이뤄지고 있음을 의미한다. 그들은 함께 일하며 법률과 정치, 그리고 현상 유지를 이용해 더 많은 돈과 권력을 흡수한다. 다크 머니는 가짜 돈의 일종이다. 왜냐하면 실질 경제에서 비롯되는 것이 아니기 때문이다. 다크 머니는 시장을 인위적으로 자극하는 외부 요소다. 이는 시장을 조작하고 왜곡해 자유

시장이나 규제시장의 기능을 저하시킬 수 있다.

3. 우리는 왜 뉴 노멀에 와 있는가?

세계 중앙은행들은 어떠한 법적 제재나 양적 규제 없이 대량의 돈을 찍어
낼 수 있는 권한을 행사함으로써 국가 정부보다도 더 강력한 존재가 되었
다. 시장과 은행, 투기꾼은 긴급 구제뿐만 아니라 활동에 필요한 지속적인
보조금까지 중앙은행의 화폐 발행 권한에 의존하고 있다.

Q 저게 무슨 뜻인가?

A "내게 국가 통화의 통제권을 달라……. 그러면 누가 법을 만드는지는 상
관없다."라는 말이 진실이라는 뜻이다.

거짓된 요청

2008년, 미국의 재무부 장관이자 전직 골드만삭스의 CEO인 행크
폴슨이 '대마불사 은행'들을 구제할 목적으로 미국 정부와 국민들에게
7,000억 달러의 예산 지원을 요청했다.

Q 그것이 어째서 거짓된 요청인가?

A 폴슨처럼 골드만삭스에서 일했던 프린스의 『공모』를 읽어 보면 알 수
있다.

간단히 설명하자면, '중앙은행'은 돈을 찍어 낼 때 허락을 구할 필요가 없다. 연방준비제도는 돈을 발행할 때 폴슨이나 조지 W. 부시 또는 의회, 나아가 국민에게도 어떤 허가도 받을 필요가 없다.

Q 그것이 뉴 노멀인가? 연방준비제도와 중앙은행이 누구의 허락도 받을 필요 없이 하고 싶은 일을 할 수 있다는 게 뉴 노멀인가?

A 나는 그렇다고 믿는다. 오늘날 초부자들은 누가 법률을 만들고 누가 정권을 잡고 있는지(공화당이든 민주당이든 보수든 진보든) 혹은 자본주의 국가인지 사회주의, 혹은 공산주의 국가인지 상관하지 않는다.

Q 어떻게 그럴 수 있나?

A 2008년에 긴급경제안정화법Emergency Economic Stabilization Act이 제정되어 TARP 법에 의해 TARP 프로그램이 가능해졌기 때문이다. 2010년에 도드-프랭크 월스트리트 개혁 및 소비자 법Dodd-Frank Wall Street Reform and Consumer Protection Act 개정안 덕분에 7,000억 달러가 4,750억 달러로 줄었다.

Q 정부가 7,000억 달러를 요청한 데 대해 '안 된다.'고 거절한 것인가?

A 그렇다. 개정안에 의해 7,000억 달러가 4,750억 달러까지 삭감됐다.

Q 그다음에는 어떻게 됐는가?

A 2012년 11월 11일 의회 예산처가 이를 4,310억 달러로 재차 삭감했다.

Q '그런' 다음에는 어떻게 됐는가?

A 로스차일드의 말이 사실이 되었다. 국가의 리더가 '안 된다.'고 거절하자 중앙은행이 나섰고, 프린스의 말을 빌자면 뉴 노멀이 시작되었다.

프린스의 표현을 다시 읽어 보자.

세계 중앙은행들은 어떠한 법적 제재나 양적 규제 없이 대량의 돈을 찍어 낼 수 있는 권한을 행사함으로써 국가 정부보다도 더욱 강력한 존재가 되었다.

2012년 11월 11일, 의회 예산처가 TARP를 4,310억 달러로 삭감했을 때 로스차일드의 말은 사실이 되었다.

연방준비제도와 유럽중앙은행, 그리고 일본중앙은행은 지금까지 약 15조 달러에 이르는 다크 머니를 창조했다. 중국인민은행이 만들어 낸 돈까지 합치면 자그마치 23조 달러에 이른다. 이 다크 머니는 제일 먼저 대형 사설은행과 금융 기관으로 흘러 들어가고, 거기서부터 거의 무한한 방향으로 흩어져 다양한 방식으로 서로 다른 금융 자산에 영향을 끼친다.

Q 그렇다는 것은 내가 누구에게 투표하고 어떤 정당에 속해 있든, 선거에서 누가 이기든 지든 실질적으로 아무 상관도 없다는 뜻인가?

A 그 질문에 대해서는 스스로 답해 보기 바란다. 많은 사람들이 선거를 통한 권리 행사가 중요하다고 믿고 싶어 한다.

프린스는 『공모』를 통해 기계장치 속을 엿볼 수 있게 도와준다. 적어도 동전의 다른 면을 볼 수 있을 것이다. 동전의 반대쪽을 본 다음에 당신의 한 표가 정말로 중요할지 판단해 보라.

Q 금융 시장이 조작되고 있다는 뜻인가?

A 그렇다, 그렇다, 그렇다. 예전에 전문 투자자는 그저 '가격 발견price discovery' 과정만 고려하면 됐다. 다시 말해 자유 시장이 자산의 진정한 가격을 결정했다는 뜻이다. 하지만 오늘날에는 중앙은행이 자산의 가격을 결정한다.

Q '진짜 가격 발견' 과정을 거치지 않은 자산의 가격은 가짜라는 뜻인가?

A 그렇다. 조작된 다크 머니는 다크 풀에서 거래되고…… 당신과 나는 그 과정을 볼 수가 없다. 심지어 금과 은의 가격마저 조작되고 있다.

Q 금과 은의 가격이 조작되고 있다면 왜 그 실물을 축적해야 한단 말인가?

A 내 답변은 항상 같다. 금과 은은 신의 돈이기 때문이다. 금은 실물에는 거래상대방 위험이 없다.

반대로 모든 가짜 자산은 거래상대방 위험을 지닌다.

> ❝
> '거래상대방 위험'이란 자산의 가치가 타인, 즉 거래를 하는 상대방에게 좌우된다는 의미다. 예를 들어 미국 달러화의 실질적 가치는 미국 정부의 지도자에게 달려 있다. 주식의 실제 가치는 주식을 발행하는 회사의 가치에 달려 있다. 만일 당신이 친구에게 돈을 빌려줬다면 그 돈의 가치는 그 친구의 신용에 달려 있다.
> ❞

중앙은행이 쌓은 카드 집이 무너진다고 해도 금과 은은 언제까지나 금과 은일 것이다. 왜냐하면 그것은 신의 돈이기 때문이다.

다음 장에서는 앞으로 다가올 눈사태에 대비하고 기계장치에서 빠져나가는 방법에 대해 알아보자.

전 세계의 독자들이 묻고
로버트 기요사키가 답하다

Q 짐 리카즈와 노미 프린스가 금융 세계의 진실을 폭로한 까닭에 앞으로 그들이 위험해질지도 모른다고 생각하는가?
— 아만다 E.(미국)

A 그렇다. 알다시피 소셜 미디어는 그 이름과 달리 종종 반사회적인 경향을 띤다. 누군가 마음만 먹는다면 정의롭다고 믿는 군중을 부추겨 당신에게 공격을 가할 수도 있다. 소셜 미디어 법정에서는 무죄가 밝혀지기 전까지는 무조건 유죄다.
짐과 노미에게만 해당되는 이야기가 아니다. 우리 모두 마찬가지다.

Q 미국 정부가 1933년에 그랬던 것처럼 개인의 금 소유를 금지하게 될까?
— 호세 F.(니카라과)

A 그런 일이 일어날 것 같지는 않지만, 그렇지 않다고 확신할 수도 없다. 2018년부터 일부 중앙은행들이 10년 만에 처음으로 금을 매입하기 시작했다. 이런 금 매입이 갑자기 공황 사태로 돌변한다면, 그리고 미국 달러가 붕괴한다면, 미국 정부가 무슨 일을 할지 누가 알겠는가?

Q 미국 달러에 대한 신용이 앞으로 얼마나 유지될 수 있을까? 달러화가 신용을 잃으면 글로벌 경제는 어떻게 변할까?
— 데네스 T.(헝가리)

A 솔직히 나도 모르겠다. 내가 아는 것이라고는 이렇다.

1. 미국 정부와 경제, 국민들은 어마어마한 부채를 지고 있다.
2. 복지후생 정책에는 예산이 자동적으로 배정된다.
3. 미국에서만 하루에 1만 명 이상의 베이비붐 세대가 퇴직을 하고 있다.
4. 베이비붐 세대의 연금 자금은 적자를 기록하고 있다.
5. 미국은 테러와의 전쟁이라는 이길 수 없는 전쟁을 하고 있다.
6. 미국은 부채를 갚기 위해 계속해서 돈을 빌리고 있다.
7. 인공지능은 중국보다도 더 많은 일자리를 빼앗아 갈 것이다.
8. 2008년 이후 세계는 미국 달러에 대한 신용을 잃었다.

미국의 리더들이 이런 문제를 해결할 수 있다고 믿는다면 계속 가짜 돈을 저축하기 바란다.

Q 나는 사람들이 체제 전복을 꾀하기는커녕 이 같은 사기행각이 벌어지고 있다는 사실을 제대로 이해하지도 못할 것 같다. 당신의 주장에 대한 근거를 대 보라.
— 아키라 Y.(일본)

A 소셜 미디어를 통해 분노와 좌절감이 확산되고 있다. 세계적으로 사회적인 불안도 고조되고 있다. 지금 베네수엘라에서 무슨 일이 벌어지고 있는지 보라. 폭도들이 법과 질서의 자리를 대신할 것이다.

Q 그림자금융 세계의 은행가들이 우리를 지배하고 있다는 것은 알겠다. 그들이 힘을 잃으려면 어떤 일이 일어나야 할까?
— 레날도 J.(필리핀)

A 은행 제도는 지난 수천 년간 저축하는 사람들을 속이고 등쳐 먹었다. 수천 년 전에 사람들이 은행에 금이나 은을 맡기면 은행은 IOU를 발급해 주었고, 그러면 예금자는 그 종이쪽지를 돈 대신에 사용했다. 은행가는 예금한 사람의 금이나 은을 다른 고객에게 대출해 줬고, 그 같은 행위를 수없이 반복했다. 인플레이션은 경제 체제 내부에서 유통되는 통화량이 너무 많을 때 발생하며, 그 결과 돈의 구매력을 감소시킨다. 저축을 한 사람들의 금과 은은 그들이 가진 금은의 양이 인플레이션 경제 안에서 몇 배로 늘어남에 따라 가치가 하락한다.

오늘날에는 이러한 은행 체제를 '부분지불준비제도'라고 부른다. '지불해야 할 경우에 대비해' 예금자가 맡긴 돈의 일부만 은행에 보관해 두기 때문이다. 저축을 한 사람들의 돈은 몇 번이고 거듭해서 다른 이들에게 융자된다. 이것이 바로 은행이 경제 발전을 위한다는 명목으로 더 많은 돈을 만들어 내는 방식이다.

그림자금융은 부분지불준비제도의 확장판이라고 할 수 있다. 개인이 돈을 빌려 제도권 은행 밖에서 다른 사람이나 기관에 대출해 준다. 점점 더 많은 돈을 빌리고 빌려주면서 경제는 점점 활발해진다. 어쨌든 경제가 확장되는 동안에는 별 문제가 없다.

하지만 만약 작은 회사 하나가 융자를 갚지 못한다면 이 카드로 만든 집은 줄줄이 무너지게 된다. 부분지불제도와 그림자금융이 진짜 돈보다 훨씬 많은 가짜 빚을 창조했기 때문이다.

그림자금융은 특히 중국에서 심각한 문제가 되고 있다. 중국의 경제 성장률이 계속 하락해 지금까지 빌린 돈을 갚지 못한다면, 2008년 서브프라임 사태는 커다란 웅덩이에 떨어진 작은 물방울 하나로 느껴질 만큼 처참한 시장 붕괴를 겪게 될 것이다.

2008년에 은행들은 금리를 낮추고 일부는 마이너스 금리를 제시했으며, 동시에 수조 달러의 가짜 돈을 찍어 냈다.

저축을 하는 사람들은 예금의 이자 수입을 잃었을 뿐만 아니라 수조 달러의 가짜 돈이 늘어난 까닭에 예금되어 있던 돈의 구매력까지 상실했다.

그러나 이러한 재앙을 일으킨 장본인인 은행가들은 '구제'되었고 보너스로 수십억 달러를 챙겨 간 반면, 저축을 한 사람들은 경제 역사상 가장 큰 패배자가 되었다.

다음번에 올 대재앙은 2008년의 금융 붕괴보다도 훨씬 거대할 것이다. 그런데도 학교는 여전히 학생들에게 빚을 지지 말고 돈을 모으라고 가르친다.

1971년에 세상이 바뀌었건만 교육 제도는 아직까지도 바뀌지 않았다.

Chapter 18

밝은 미래를 위해
영적 건강과 부유함, 행복 찾기

나는 매일 아침 할 엘로드가 『미라클 모닝』에서 제시하는 현명한 조언을 따른다. 아침마다 10분 정도 요가를 하고, 30분 정도 명상을 하고, 10분 정도 영적인 글이나 책을 읽고, 나 자신의 가장 내밀한 생각을 일기장에 적는다.

이렇게 보내는 아침 시간은 내 일과 중 가장 중요한 시간이다. 그날 하루를 어떻게 보낼지가 결정되기 때문이다.

유리천장

여성들은 종종 '유리천장'에 대해 말하곤 한다. 남성들, 그리고 많은 경우 같은 여성들마저도 여성이 남성만큼 유능하지 않다고 치부한다. 특히 돈이라는 분야에 있어서는 더욱 그렇다. 이런 근거 없는 믿음이 점차 사라지고 있다는 게 얼마나 다행인지 모르겠다.

내 아내 킴에게는 유리천장이 없다. 킴은 자택 근무를 하고, 남성이든 여성이든 상관없이 함께 일하며, 어떤 일을 하든 얼마나 많은 돈을 벌든 아무런 제한도 없다.

돈과 부는 차별하지 않는다. 돈과 부는 남성과 여성의 차이를 알지 못하며 연령이나 교육 수준, 또는 인종을 차별하지도 않는다. 차별을 하는 것은 사람이다. 많은 사람들이 스스로를 차별하고 의심하며, 자기 안의 유다가 "난 절대로 부자가 될 수 없을 거야."나 "대학에 가지 않았으니 절대로 성공하지 못할 거야." 같은 말을 속삭이게 내버려 둔다.

내가 명상을 각별하게 여기는 것도 이 때문이다. 나는 매일 아침 명상을 통해 내 안의 유다를 잠재우고 고요와 평화를 찾아 침전한다.

큰 개와 가짜 큰 개

남자들에게도 '유리천장'이 있다. 남자들의 경우에는 알파 남성 신드롬이라고 한다. 인류 역사의 대부분은 위대한 업적을 성취하거나 세상에 끔찍한 일을 하고 인류에 거대한 범죄를 저지른 알파형 남성들의 이야기로 이뤄져 있다.

이런 알파 남성들을 거물, 즉 '빅 독big dog'이라고 부른다.

많은 남자들이 다른 사람을 괴롭히거나 허세를 떨거나 거만하게 구는 등 빅 독인 척 군다. 이들은 가짜 거물이다. 가짜 빅 독은 사실은 건드리면 금세 부서질 그들의 연약한 에고를 채워 줄 '리틀 독little dog'을 필요로 한다.

가정과 사회, 기업, 국가에서 발생하는 대부분의 경제적 재앙은 돈에 대해 모든 걸 안다고 착각하는 이런 가짜 빅 독들이 진짜인 척 굴 때 발생한다.

우리 모두는 돈에 관한 가짜 빅 독들을 알고 있다.

당신은 가짜 빅 독을 위해 일하고 있는가? 자기가 빅 독이라고 착각하는 리틀 독과 함께 살고 있는가?

가짜 천장

남녀불문 성공하고자 하는 야망을 품은 사람이라면 유리천장이나 앞길을 가로막은 가짜 빅 독과 마주쳐 본 적이 있을 것이다.

대부분의 사람들은 스스로 가짜 유리천장을 세우거나 가짜 빅 독을 내세워 행복으로 가는 길을 가로막는다.

가짜 유리천장과 가짜 빅 독, 또는 유다가 삶을 지배하면 성공의 한계나 경제적 부족, 승진 실패나 막다른 경력, 인간관계의 파국이나 골치 아픈 과거, 잘못된 선택, 한정된 행복, 중독, 우울증 등에 부딪치게 될 것이다.

자신이 가짜 유리천장 밑에 갇혀 있다는 사실을 자각하고 있다면, 그것만이라도 좋다. 대부분의 바보들은 자기가 유리천장 아래 있다는 사실조차 모른다. 거기 머리를 부딪치기 전까지는 말이다. 나도 여러 번 그런 바보 같은 짓을 해 봤다.

그나마 좋은 소식은 바보가 되는 데도 이점이 있다는 것이다. 모든 동전에는 두 개의 면이 있고, '바보'의 반대쪽에는 '천재'가 있다.

즉 바보가 되어 본 적이 있다면 천재 또한 될 수 있다.

동화는 끝났다

많은 사람들이 어렸을 때 동화를 믿으며 자랐을 것이다. 누구나 "오래오래 행복하게 살았습니다."로 끝나는 동화책을 읽은 적이 있을 것이다.

모든 동화에는 유리천장이 있다. 가령 젊고 아름다운 다이애나 왕세자비는 현실 세계의 진짜 왕자이자 미래 영국의 국왕이 될 찰스 왕자와 혼인하여 아름다운 두 아들을 낳았다. 미래의 왕과 그 동생이 될 왕자들이었다.

1961년 6월 1일에 태어난 다이애나 프랜시스 스펜서는 많은 여자아이들처럼 공주님이 되어 왕자님과 결혼하는 꿈을 꿨고, '진짜' 왕자와 결혼식을 올렸다.

그러나 불행히도 그녀의 동화는 악몽으로 변했다. 왕가의 화려한 결혼식으로 시작된 다이애나의 동화 같은 삶은 어느 날 파리의 한 터널에서 망가지고 부서진 메르세데스로 끝을 맺고 말았다.

우리는 동화 같은 삶을 살 수 있을까

당신과 나 같은 보통 사람도 동화 같은 삶을 살 수 있을까? 그렇다.

다만 한 가지 조건이 있다. 동화 같은 삶을 누리려면 동전의 반대쪽에 악몽이 존재한다는 사실을 인지해야 한다.

사실 악몽은 '동화'로 이어지는 통로다. 문제는 당신이 '눈을 뜨고 깨어나' 그 악몽을 직시하며 살아갈 용기가 있느냐에 달려 있다.

대다수 사람들이 진정으로 원하는 것은 건강하고 부유하고 행복하게 사는 것이다.

이 장에서는 동전의 반대쪽, 즉 우리가 꿈꾸는 동화 같은 삶을 살아가는 방법에 대해 이야기해 보기로 하자. 영적 건강과 영적인 부, 그리고 영적인 행복으로 가득한 세상에서 살 수 있는 방법 말이다.

과연 그것은 가능할까?

영적 건강

내 심장 전문의인 라다 고플란 박사는 수년간 내게 명상을 권하며 의사와 약물치료는 가짜 건강일 뿐, 내면의 영성을 회복하는 것이야말로 진짜 건강이라고 말했다.

라다는 진짜 교사이자 멘토이며, 사적으로 가까운 친구이기도 하다. 그는 또한 서양의학과 동양의학의 접목을 통한 치료를 다룬 『세컨드 오피니언*Second Opinion*』이라는 책을 쓰기도 했다. 작년에는 3일간 열린 리치대드 자문위원회 세미나에서 질병이 어떻게 건강과 영적 깨달음으로 이어질 수 있는가에 대한 토론을 주재하기도 했다.

고플란 박사는 심장병 전문의이자 전문 침술사다. 그는 건강과 행복을 희생해서라도 돈을 벌고 싶다는 내 완고한 고집을 꺾는 데 성공했다.

A형 인간인 나는 내가 하는 일을 사랑한다. 나는 매일매일이 즐겁다. 살아가는 모든 나날이 내게는 즐거운 도전이며 동시에 스트레스로 가득하다. 나는 스트레스를 경험함으로써 계속 발전한다. 문제는 내 영혼이 아니라 에고가 삶을 이끌고 있다는 것이고, 나는 사실 그마저도 마음에 든다.

에크하르트 톨레는 『지금 이 순간을 살아라』에서 이렇게 쓰고 있다.

언제나 지금 있는 곳에 만족하지 않고 다른 곳으로 향하고 있는가? 거의 모든 행동이 목적을 위한 수단에 불과한가? 언제나 성취감을 쫓고, 섹스나 음식, 약, 술, 스릴이나 흥분 같은 순간적인 쾌락만을 추구하는가? 항상 무언가를 이루고 성취하고 얻는 데만 집중하거나 쾌감을 느낄 수 있는 새로운 스릴에 심취해 있는가? 많은 것을 손에 넣으면 넣을수록 더 큰 성취감을 느끼거나 행복하거나 심리적으로 완전해질 수 있을 것이라 생각하는가? 누군가 당신의 인생에 큰 의미가 될 수 있는 사람을 기다리고 있는가?

어쩌면 톨레는 비록 환상에 불과할지라도 "구원을 약속하는 미래"에 사로잡혀 과거에서 달아나려고 발버둥 치는 나 같은 사람에 대해 이야기하고 있는지도 모르겠다.

톨레는 이렇게 덧붙인다.

미래는 대개 과거의 복사본이다. 피상적인 변화는 가능하나 '진정'한 변신은 드물며, 이는 지금의 힘에 집중함으로써 과거를 해소하고 지금 이 순간에 충실하게 살 수 있느냐에 달려 있다.

고플란 박사가 나를 설득해 "깨어남"의 명상을 하고 (금융·경제 서적뿐만 아니라) '영적'인 책을 읽고 요가를 하고 체육관에 가게 만들기 전까지, 나는 빅 독이 되기를 꿈꾸는 리틀 독에 불과했다. 이 얼마나 안타까운 일인가.

나는 날마다 아침에 일어나 일을 하러 갈 때마다 나 자신의 미래의 건강과 부, 행복을 파괴하고 있다는 사실을 미처 알지 못했다.

거물이 되고 싶어 하는 피라미처럼 나는 더 열심히 일하고 또 일하면서 스스로 만든 유리천장에 머리를 부딪치고, 동화 같은 삶과 결혼 생활, 비즈니스를 악몽 속으로 내던졌다.

고플란 박사를 만났을 때 나는 대부분의 사람들이 '성공'이라고 간주하는 것을 전부 손에 넣은 상태였다. 소중한 아내와 즐거운 삶, 약간의 명성과 행복, 건강까지 내게는 부족한 것이 없었다.

문제는, 내가 항상 더 '많은' 것을 바란다는 사실이었다.

변화하려면 내가 먼저 바뀌어야 한다

요즈음 나는 하루를 시작하는 아침 한 시간을 내 영적 건강과 부, 그리고 행복을 위해 투자한다.

라다에게 고무된 나는 새로운 교사를 찾기 시작했다. 이번에는 나를 영적으로 도와줄 교사였다. 나는 세미나에서 할 엘로드를 만났는데, 오토바이 사고로 죽을 뻔한 고비에서 가까스로 목숨을 건진 젊은이였다. 그는 자신의 삶과 영적인 건강, 부, 그리고 행복을 되찾을 때 활용했던 공식이 담긴 그의 책 『미라클 모닝』을 건네주었다.

할의 책을 읽고 나자 나는 라다가 무엇을 알려 주고 싶었는지 더 잘 이해할 수 있었다. 할의 책에 적힌 과정을 실천하자 천천히, 그러나 분명하게 머리 위의 유리천장이 조금씩 걷히기 시작했다. 내 안의 리틀 독이 빅 독이 되려는 발버둥을 멈춘 것이다.

나는 미래의 구원을 바라며 과거로부터 도망치고 있었다. 이제는 모든 것이 명확해 보였고, 나는 그것을 바꾸고 싶었다. 나는 변화가 나 자신으로부터 시작된다는 사실을 알고 있었다.

그리고 자랑스럽게 밝히건대, 악몽에서 도망치는 것이 아니라 그 악몽을 극복하자 진짜 기적이 일어났다.

바로 그 악몽이 내가 유리천장을 뚫고 부상할 수 있는 발판이 되어 주었다.

당신은 어떤 독수리인가

기적과도 같은 아침 시간마다 내가 읽었던 책 중 하나가 영적 깨우침을 다룬 앤소니 드 멜로의 『깨어나십시오』였다. 내가 이 책을 좋아하는 이유는 이제껏 내가 갈구하던 유형의 영성에 대해 말하고 있기 때문이다.

앤소니 드 멜로는 진정한 영적 교사다. 나도 그를 직접 만난 적은 없고 그저 『깨어나십시오』라는 책을 통해 그를 알고 있을 따름이다. 인도 뭄바이 예수회 신부인 멜로는 1987년 갑작스럽게 세상을 떠났다.

앤소니 드 멜로는 만약 사제가 되지 않았다면 아주 훌륭한 해병대 교관이 되었을 것이다. 영적 지혜로 가득한 그의 말은 직설적이고 투박하며, 심지어 정치적으로 올바르지도 '않다.'

요즘 세상이었다면 멜로가 대학교에 다닐 수 있었을지도 의심스럽다. 틀림없이 많은 교사와 학생들의 감정을 해쳤을 테니까.

그의 책 『깨어나십시오』는 이런 이야기로 시작된다.

한 남자가 독수리의 알을 발견하고 뒷마당에서 키우는 암탉의 둥지에 넣어 두었다. 암탉이 품은 알에서 깬 독수리 새끼는 병아리와 함께 자라났다. 독수리 새끼는 평생 자신을 닭이라고 믿으며 살았고, 닭들과 똑같이 행동했다. 닭처럼 발로 흙바닥을 파헤쳐 애벌레와 곤충을 잡아먹었다. 닭처럼 꼬끼오 하고 울었다. 날개를 퍼덕이며 몇십 센티미터 정도 공중으로 뛰어오르기도 했다.

시간이 지나 독수리도 나이가 들었다. 어느 날 그는 구름 한 점 없는 맑은 하늘 위로 아주 멋지고 근사한 새 한 마리가 날아가는 것을 보았다. 그 새는 아름다운 황금빛 날개를 활짝 펼친 채, 거센 바람을 타고 우아하고 장엄한 자태로 높은 하늘을 가로지르고 있었다.

늙은 독수리는 경외심에 가득한 눈빛으로 그 새를 올려다보았다.

"저건 누구야?"

그가 물었다.

"조류의 왕인 독수리야."

그의 친구가 말했다.

"독수리는 하늘에 속해 있는 존재야. 우리는 땅에 속해 있고. 우리는 닭이
니까."

그래서 독수리는 닭으로 살다가 닭으로 죽었다. 자신이 닭이라고 믿었기에.

자, 이제 자기 자신에게 물어보라. 당신은 닭 무리와 함께 살고 있는
독수리인가? 아니면 거물이 되고자 하는 독수리인가?

영성이란 무엇인가

드 멜로는 이렇게 쓰고 있다.

영성은 깨어남이다. 대부분의 사람들은 자신이 잠들어 있다는 것도 모른
채 잠들어 있다. 그들은 잠든 채로 태어나 잠든 채로 살고, 잠든 채로 결혼
해 자손을 낳고, 한 번도 깨어나지 못하고 죽는다. (…)
먼저 이 점을 분명히 해 두고 싶다. 종교는 영성과 관계가 있을 필요가 없
다. 다시 한번 강조한다. 종교는 영성과 관계가 있을 필요가 '없다.' 당분간
은 종교를 이 문제에 끌어들이지 말기로 하자.

깨어나야 할 시간

멜로가 예로 든 또 다른 이야기를 읽어 보자.

한 남자가 아들의 방문을 두드리며 말한다. "제이미, 일어나렴!"

제이미가 대답한다. "싫어요, 아빠."

아버지가 소리친다. "일어나! 학교 가야지."

제이미가 대꾸한다. "학교에 가기 싫어요."

아버지가 묻는다. "왜 가기 싫은데?"

"세 가지 이유가 있어요. 먼저 학교는 재미가 없고요, 둘째로 애들이 날 놀리고요, 셋째로 난 학교가 싫어요."

그러자 아버지가 말한다. "그럼 네가 왜 학교에 가야 하는지 세 가지 이유를 말해 주마. 첫째는 그게 네 의무이기 때문이고, 둘째로 너는 마흔다섯 살이고, 셋째는 네가 교장 선생님이기 때문이야."

일어나! 일어나라! 당신은 이제 어른이다. 계속 잠만 자기엔 너무 나이가 많다. 일어나라! 장난감을 갖고 노는 건 이제 그만둬라.

사람들은 어서 빨리 유치원에서 나가고 싶다고 말하지만, 그 말을 믿지 마라. 그들의 말을 믿지 마라! 그들은 그저 고장 난 장난감을 고치고 싶은 것뿐이다. '내 아내를 돌려줘. 내 직장을 돌려줘. 내 돈을 돌려줘. 내 명성을 돌려줘. 내 성공을 돌려줘.' 그들이 원하는 것은 장난감을 다른 것으로 바꾸는 것이다. 그게 전부다. 뛰어난 심리학자들은 실은 그들이 치료를 받고 싶은 게 아니라, 그저 위안을 바라는 것뿐이라는 것을 알고 있다. 치유되는 것은 고통스럽다.

부자 아빠는 종종 말했다.

"모두가 천국에 가고 싶다고 하지만…… 죽고 싶어 하는 사람은 아무도 없지."

부자 아빠는 또 이렇게 말했다.

"대부분의 사람들은 돈을 많이 벌기만을 원할 뿐이야. 그들은 진정으로 부자가 되고 싶은 게 아니다. 돈을 위해 일하는 건 쉽지. 누구나 돈을 위해 일하는 건 할 수 있어. 그렇지만 부자가 되기는 어렵단다."

부자 아빠는 평소에 '존재Be-행동Do-소유Have' 모델을 자주 활용하곤 했다.

그분은 말했다. "부자가 되는 것과 돈을 소유하는 것은 다르다. 대부분의 사람들은 부자가 되는 것보다 돈을 소유하는 데 초점을 맞추지." 그리고 이렇게 설명했다. "테레사 수녀는 부자다. 왜냐하면 필요한 일을 하기 위해 돈이 필요하지 않거든."

에크하르트 톨레는 『삶으로 다시 떠오르기』에서 이렇게 썼다.

자아는 존재와 소유를 동일시하는 경향이 있다. 나는 갖고 있다. 그러므로 존재한다. 내가 가진 것이 많아질수록 나는 더 많이 존재한다. 자아는 비교를 통해 살아간다. 타인이 보는 자신의 모습이 곧 스스로를 보는 방식이 된다. (…) 자아존중감은 대개 타인의 눈에 비친 자기 모습과 연관된다. 자존감을 느끼기 위해 타인이 필요하고, 자기가 소유한 것과 자아존중감이 동일시되는 문화 속에서 살고 있으며, 이런 집단적 망상을 꿰뚫어 볼 수 없다면, 평생 물질만을 추구하면서 거기서 자신의 가치와 자존감의 완성을 얻을 것이라는 헛된 희망을 품게 될 것이다.

어떻게 하면 사물에 대한 집착을 버릴 수 있을까? 시도도 하지 않는 게 좋다. 그런 건 불가능하다. 사물에 대한 집착은 그 안에서 자아를 찾는 것을 포기할 때 사라진다. 자신이 그러한 집착을 갖고 있다는 사실을 자각하라. (…)

자아는 소유를 통해 구분되지만 소유함으로써 얻는 만족감은 피상적이며 수명도 짧다. 그 안에 놓여 있는 것은 '충분하지 않다.'는 불완전함에 대한 불만이다. '아직 충분히 갖지 못했다.'에 내포된 진정한 의미는 '나는 아직 부족하다.'이다.

부자 아빠의 교훈을 되새겨 보자.

"'부자'가 되는 것은 돈을 많이 '갖는 것'이 아니다."

Q 부자가 된다는 것은 어떤 의미인가?

A 나도 모르겠다. 이 질문에 대한 대답은 각자 다를 것이다. 이 질문에 답할 수 있는 것은 자기 자신뿐이다. 내가 아는 것이라곤 많은 사람들이 더 많은 돈을 갖고 더 많은 물건을 소유하기를 '원한다'는 것뿐이다.

내 유리천장은 나 자신으로부터, '난 아직 부족해.'로부터 계속 달아나려는 리틀 독이었다.

거기서 해방되어야 한다. 불행히도 돈과 성공은 치유책이 아니다. 부와 성공은 일시적인 처방약일 뿐이다.

마법의 약은 없다

1960년대에 이런 광고가 있었다. "위안을 어떻게 쓰나요?" 대답은 그 광고가 선전하는 제산제의 이름이었다. 광고는 한 글자씩 또박또박 제품의 이름을 읊었다. "롤-레-이-즈." 수많은 사람들이 뛰쳐나가 "위안"을 샀다.

오늘날 우리는 전 세계 곳곳에서 '마법의 약' 광고에 시달린다. 마법의 약은 인간의 깊숙한 욕구와 절실함, 불행, 그리고 '나는 부족해.'라는 불안감을 먹고 산다.

사람들은 체중 감소, 부자 되기, 연인 찾기, 직장 그만두기, 다시는 일하지 않기, 대학으로 돌아가 학위 따기 등을 위해 마법의 약을 먹는다.

내가 끌리는 마법의 약은 다이어트 광고다. 나는 평생 과체중 때문에 고생했는데, 그래서 "이 약을 먹고 20킬로그램이나 뺐어요. 따로 다이어트도 안 했는데요. 제 모습을 좀 보세요!"라고 외치는 끝내주는 복용 전후 사진이 붙은 광고들을 마구 집어삼키곤 했다.

몇몇 광고는 어쩌나 믿음직한지 곧장 신용카드를 꺼내 마법의 약을 주문하기도 했다. 하지만 지금까지 진짜 효과가 있는 약은 한 번도 만

나지 못했고, 나는 아직도 체중과의 전쟁을 벌이고 있다.

드 멜로는 말했다. "그들은 그저 위안을 바라는 것뿐이다. 치유되는 것은 고통스럽다."

마법의 약보다는 다이어트와 운동 프로그램이 필요하고, 거기에는 고통이 수반된다. 그것이 바로 치유로 가는 길이다.

복권 당첨도 없다

돈을 바라는 마음에 대한 위안도 있다.

2018년에 복권당첨금이 10억 달러에 가까워지고 있다는 소식이 온갖 미디어를 뒤덮기 시작했고, 뉴스가 퍼지자마자 당첨금은 금세 10억 달러를 넘어섰다.

그 이유가 뭐냐고? 왜냐하면 많은 사람들이 재정적 치유가 아니라 구원을 바라기 때문이다. 사람들은 부로 가는 쉬운 길을 원한다. 그리고 바로 그렇기 때문에 부자가 되지 못하고 돈에 대한 걱정에서 벗어나지 못한다.

비트코인이 화제가 되었을 때도 똑같았다. 갑자기 수백만 명의 사람들이 비트코인에 투자하기 시작했다. 나도 그중 한 명이었다. 나는 비트코인 다섯 개를 팔겠다는 사람을 만났다. 아직 아무도 비트코인에 대해 모를 때 구입한 것이라고 했다. 우리는 거래를 하고 악수를 하고 헤어졌지만 아무 일도 일어나지 않았다. 판매자와 그의 변호사는 갑자기 자취를 감춰 버렸고, 내가 얼마나 어리석은 짓을 했는지 일깨워 주었다.

비트코인이 바보 같은 물건이라는 뜻이 아니다. 바보는 바로 나였다. 당시 비트코인의 가격은 상승하고 있었고, 나는 버스를 놓치기 전에 올라타고 싶다는 이유만으로 그것을 구입하려 했다. 그 게임을 배울 생각으로 — 실습을 하기 위해 — 다섯 개만 살 생각이었다. 나는 실제로 '게임에 참여할' 때 중요한 교훈을 배운다. 금과 은, 주식과 채권에 투자할 때도 그렇다.

결국 나는 비트코인보다는 덜 알려진 다른 대중의 돈을 구입했다. 나는 조금씩 약간의 돈을 투자해 게임에 참가하고, 직접 플레이하면서 게임의 방식을 배운다.

나는 대중의 돈인 암호화폐가 정부의 돈이라는 유리천장을 깨트릴 수 있을 것이라고 보고 있다. 이 작은 개가 커다란 개의 엉덩이를 걷어차 줄 것이라고 말이다.

사람들은 왜 깨어나지 않는 걸까

드 멜로는 "영성은 깨어남을 의미한다."고 말했다.

깨어난다는 것은 불쾌한 일이다. 침대에 편안하게 누워 있는데 눈을 뜨고 잠에서 깨는 것은 짜증스러운 일이다. 그래서 현명한 이들은 사람들을 억지로 깨우지 않는다. 나 역시 당신이 잠들어 있다면 억지로 깨우지 않을 것이다. 그건 내가 상관할 바가 아니다. 가끔씩 "일어나!"라고 외치긴 해도,

나의 임무는 내 할 일을 하는 것이며, 나의 춤을 추는 것이다. 그러는 도중 당신이 뭔가를 얻어 갈 수 있다면 그건 괜찮다. 그러지 못한다면 그저 안타까울 따름이다. 아랍의 속담처럼 "같은 비가 내려도 늪지에서는 가시가 자라고 정원에서는 꽃이 핀다."

해석: 마법의 약은 효과가 없다. 현명한 스승도 효과가 없다. 새 아내도, 새로 산 페라리도 아무 효과가 없다.

'존재-행동-소유'를 들여다보면 근본적인 문제는 '더 많은 것을 원하는 것'에 있다는 것을 알 수 있다.

Q 새 자동차와 새 아내, 더 큰 집과 새 옷과 신발, 또는 많은 돈 같은 위안으로도 아무 효과를 얻을 수 없다면 '탐욕'을 어떻게 치료할 수 있을까? '나는 아직도…… 부족하다.'를 어떻게 치유할 수 있을까?

A 이 점을 명심하라. '나는 아직 부족하다.'는 당신 안에 존재하는 유다, 즉 당신을 해치는 존재다.

유다는 당신이 아니다.

치유 과정은 고통과 함께 살아가고 그 고통을 자각함으로써 시작된다. 술이나 약, 섹스, 음식, 쇼핑으로 고통을 달래는 것은 아무 소용도 없다.

고통과 함께 살아가는 것은 라다의 책 『세컨드 오피니언』과 톨레의

『지금 이 순간을 살아라』, 할 엘로드의 『미라클 모닝』, 라이언 홀리데이의 『돌파력』에도 담겨 있는 교훈이다.

이러한 영적 서적들은 당신의 마음에 살고 있는 영혼에 힘을 부여하여 당신의 머릿속에 살고 있는 유다를 통제할 수 있게 해 준다.

Q 동전의 다른 면에서 내 영혼을 찾을 수 있다는 뜻인가?

A 그렇다. 인간은 모두 나름의 강점과 약점, 용기와 두려움, 사랑과 증오를 지니고 있다. 우리 영혼의 능력은 동전의 반대쪽을 회피하거나 무시하거나 약으로 다스리는 것이 아니라 양쪽 면을 하나로 통합하는 데 있다.

내가 고혈압과 과체중, 전당뇨 증세 때문에 병원에 갈 때마다 라다는 나를 깨우기 위해 살며시 흔들곤 했다.

"영적 건강은 질병에 있고
영적 부는 빈곤에 있으며
영적 행복은 슬픔에 있다."

교훈: 당신의 고통과 약점, 어두움, 그리고 당신 안의 유다와 함께 살아가는 것이야말로 '진짜 영성'을 찾는 길이다.

아이들을 나약하게 가르치기

현재 우리의 교육은 커다란 위기에 봉착해 있다. 그렇다. 교육이 바로 문제다. 제도권 교육은 정신을 교육할 뿐 영혼을 교육하지 않는다.

이 책의 앞부분에서 나는 스티븐 브릴의 저서 『추락』에 대해 말했다. 『추락』은 고급 교육을 받은 똑똑한 학생들이 어떻게 법 체제를 타락시키고, 금융 체제를 타락시키고, 가짜 금융을 발명해 나머지 세상을 등쳐 먹고 부자가 되어 세상에 악영향을 미치게 되었는지에 관한 책이다.

하버드대 출신의 숀 아처는 그의 책 『빅 포텐셜』에서 현대의 교육 방식과 실행, 그 과정이 학생들을, 심지어 매우 뛰어난 학생들마저 커다란 잠재력(빅 포텐셜)이 아니라 작은 잠재력(스몰 포텐셜)에 가둬 놓고 있다고 지적했다.

그레그 루키아노프와 조너선 하이트는 2019년에 출간한 『과보호되고 있는 미국인The Coddling of the American Mind』에서 그보다 더욱 심각한 현대 교육 제도의 해악에 대해 묘사한 바 있다.

루키아노프는 '교육에서의 개인권리재단Foundation for Individual Rights in Education' 회장으로 아메리카대학과 스탠퍼드 법학대학원을 졸업했다. 그의 전문 분야는 언론의 자유와 수정헌법 제1조다.

하이트는 뉴욕대학 스턴경영대학원에서 윤리적 리더십을 가르치는 교수다. 펜실베이니아대학에서 사회심리학 박사 학위를 취득했으며 버지니아대학에서 16년째 교편을 잡고 있다.

『과보호되고 있는 미국인』은 전 세계에서 증오와 혐오, 배타성이 공공연하게 표출되고 있는 근본적인 원인에 대해 고찰한다. 사람들은 왜 이성적으로 토론을 하지 않고 말다툼을 하는가? 테러와 혐오범죄가 증가하는 이유는 무엇인가? 미국을 비롯한 세계 전역에서 대량 살인이 발생하는 이유는 무엇인가? 공화당과 민주당은 어째서 서로 협력하지 않고 공격을 일삼는가? 그리고 왜 대학생들은 '위협'을 느끼거나 '트리거'를 건드렸다는 이유로 교수들을 공격하는가?

루키아노프와 하이트는 "현대의 새로운 전제는 학생들이 나약하다는 것이다."라고 쓰고 있다.

그들은 i세대(인터넷 세대)에 초점을 맞춘다. 사회심리학자 진 트웬지가 처음으로 이름 붙인 i세대는 1995년 이후에 출생한 이들로, 2014년에 캠퍼스에서 일련의 폭동을 일으킨 바 있다. 저자들은 책에서 이렇게 말한다.

많은 대학생들이 왜곡된 방식으로 생각하는 법을 배우고 있고, 이로 인해 연약하고 불안하며 쉽게 상처받는 경향을 발전시켰다.

이 책을 쓰기 전에 저자들은《애틀랜틱》지에 「괴로움을 옹호하는 언쟁: 대학에서는 어떻게 인지 왜곡을 가르치는가」라는 제목의 글을 기고했다. 이 글은 후에 『과보호되고 있는 미국인』으로 발전했는데, 저자들은 그 과정을 이렇게 적고 있다.

그 글에서 우리는 많은 교사와 부모, 초등 및 중고교 교사, 교수, 대학 행정직원들이 자신도 모르는 사이에 학생들에게 우울증과 불안 증세를 앓는 이들에게서 흔히 볼 수 있는 습관을 가르치고 있다고 주장했다. (…)

그러한 사고방식은 직접적으로 학생들의 정신적 건강을 해치고 지적 발달을 방해했으며 때로는 주변인들의 발전마저 저해했다. 일부 학교에서는 방어적인 자기검열 문화가 부상하는 듯 보였는데, 이는 부분적으로 남들의 사소한 행동들에 대해 무신경하다고 부르며 창피를 주거나 '비난'하는 학생들에게 대응하는 방법이었다. 우리는 그러한 패턴을 '보복적 방어'라고 부르며 이 같은 행동이 학생들이 비판적 사고와 시민적 논의에 필수적인 기술을 연습해야 하는 열린 토론을 어렵게 만들었다고 주장했다.

Q 이게 무슨 뜻인가?

A 폭력과 증오, 불화가 고등 교육과 첨단기술의 확산 때문에 증가했다는 의미다.

오늘날의 교사와 학생들은 '안전'을 요구한다. 신체적인 안전도 물론 중요하지만, 이 같은 안전의 개념은 학생들을 불쾌하게 만들 수 있는 생각으로부터의 '안전'까지 확대되었다. 다시 말해 감정적인 안전 말이다. 이는 곧 언론의 자유가 죽었다는 뜻이다.

설상가상으로 만약 학생이 특정한 생각 때문에 '위협'을 느낄 경우, 이 새로운 문화는 학생들이 보복이나 공격을 하거나 나아가 그들의 불편한 감정을 '트리거'했다고 판단되는 상대방을 해치는 것마저 허용한다.

이것이 바로 폭력이 증가하고 있는 이유다. 언론의 자유가 죽었다. 진짜 교육은 죽었다.

『과보호되고 있는 미국인』은 매우 중요한 책이다. 자녀가 학교에 다니거나 1995년 이후 출생한 i세대와 함께 일하고 있는 고용주라면 더욱 그렇다. 군대에 있는 내 친구는 밀레니얼 세대와 일할 때와 i세대와 일할 때 뚜렷한 차이점이 있다고 말한다.

루키아노프와 하이트는 밀레니얼 세대에게 파격적이고 호전적이라는 명성을 안겨 준 것이 바로 이 i세대라고 말한다. 문제는 i세대와 교사들의 태도가 전 세계적으로 모든 세대에 영향을 끼치고 있다는 것이다.

Q 이렇게 낯설고 새로운 세계에 어떻게 대비해야 할까?

A 『과보호되고 있는 미국인』에서는 다양한 해결책을 제시하는데, 그중 하나는 2007년 베스트셀러이자 많은 전문 투자자들의 금융 바이블인 『블랙 스완』의 저자 나심 탈레브의 통찰력에서 영감을 얻고 있다.

탈레브는 통계학자이자 주식 트레이더, 박학다식한 천재이자 뉴욕대학에서 리스크 관리를 가르치는 교수다. 그는 많은 투자자가 리스크를 잘못된 관점에서 바라본다고 말한다. 복잡계에서는 미래에 어떤 일이 일어날지 예측하는 것이 불가능하지만, 우리는 포기하지 않고 과거의 경험을 기반으로 리스크를 계산하려 한다. 따라서 이는 아무도 내다보거나 준비하지 못한 "검은 백조"에게 기회를 열어 주게 된다.

검은 백조black swan
(명사) 예상하거나 예측하지 못한 사건, 특히 극단적인 결과를 초래하는 사건을 가리킨다.

짐 리카즈가 벤 버냉키 같은 고학력 엘리트들이 잘못하고 있다고 믿는 것도 이런 이유 때문이다. 리카즈와 노미 프린스 — 가짜 고학력 엘리트가 아닌 진짜 내부자 — 는 우리가 양적 완화를 통해, 계속해서 더 많은 돈을 찍어 냄으로써 미래를 나약하고 무너지기 쉽게 만들고 있다고 믿는다.

버냉키는 대공황 부문의 전문가다. 2008년에 그는 연준이 1929년에 했어야 했다고 생각하는 일을 실천했다. 바로 더 많은 돈을 찍어 내는 것 말이다. 버냉키는 미래로 향하는 길로 뛰어들면서 계속 백미러만 쳐다보고 있다. "장군들은 항상 지난 전투를 준비한다."는 옛말처럼 말이다.

2008년에 버냉키는 이미 1929년에 지나간 과거의 전투를 치르고 있었다.

『과보호되고 있는 미국인』과 나심 탈레브의 2012년 작 『안티프래질』은 우리의 학교가 미래의 검은 백조에 대비하게 가르치는 것이 아니라, 오히려 너무 연약하고 상처받기 쉽게 만듦으로써 학생들의 미래를 해치고 있다고 주장한다.

탈레브는 사람들을 세 가지 종류로 분류할 수 있다고 말한다.

1. 어떤 사람들은 도자기 컵처럼 '프래질fragile'하다. 이들은 깨지기 쉽고 '스스로 치유할' 수 없기 때문에 조심스럽게 다뤄야 한다.

2. 어떤 사람들은 플라스틱 컵처럼 '탄력적'이다. 이들은 삶에 커다란 충격이 닥쳐오더라도 이를 견뎌 낼 수 있다. 부모들이 아이들에게 플라스틱 컵을 주는 것도 비슷한 이유다. 문제는 플라스틱 컵이라고 해도 거칠게 다루거나 높은 곳에서 떨어뜨려 봤자 아무 도움도 안 된다는 것이다. 그런다고 해서 플라스틱 컵이 배우거나 성장하거나 더 강해지지는 않기 때문이다.

3. 어떤 사람들은 '안티프래질antifragile'하다. 안티프래질한 사람들은 스트레스와 도전, 고난을 통해 새로운 것을 배우고 적응하고 성장한다.

명심하라. 안티프래질한 시스템은 고난이나 어려움을 겪지 않으면 점점 더 약해지고 경직되고 비효율적이 된다. 예를 들어 인간의 근육은 나이가 들수록 어린아이의 것처럼 허약해지고 뼈도 물렁해진다. 인간의 신체는 안티프래질하기 때문이다.

가령 환자가 침대에 한 달간 꼼짝없이 누워 있다 보면 몸의 근육이 위축되는데, 스트레스가 감소하여 복잡계의 기능이 약화되기 때문이다.

강박적일 정도로 과보호인 부모와 교사들은 학생들을 현실로부터 보호한답시고 반대로 학생들과 우리의 미래를 해치고 있다.

무엇보다 프래질한 사람들은 현실로부터 보호받을 권리를 주장하며 폭력적으로 변할 수 있다.

촛불과 모닥불

이 상황을 촛불과 모닥불에 비유해 보자. 촛불은 너무 세게 불면 꺼진다. 모닥불은 세게 불면 불수록 더 크고 강하게 타오른다.

학교와 교사, 과보호 부모들이 아이들을 현실로부터 지나치게 보호하려 든다면 아이들은 '촛불'이 될 것이다. 그들은 어른이 되어 사회에 나가거나 검은 백조를 마주치게 되었을 때, 아무런 준비도 되어 있지 않을 것이다.

미래를 어떻게 준비할 것인가

많은 사람들이 강건하고 탄력적이다. 다시 말하지만, 플라스틱 컵처럼 강건하거나 탄력적인 사람들의 문제는 계속해서 배우거나 성장하지 못하고 미래로 나아가는 세상에서 뒤처지게 된다는 데 있다.

『과보호되고 있는 미국인』의 저자들이 책의 첫 번째 장인 '취약성의 진실'에서 인용한 다음 단락을 읽고 잘 생각해 보기 바란다.

하늘이 사람에게 장차 큰일을 맡기려 할 때는 마음과 뜻을 괴롭게 하고, 뼈가 꺾어지도록 고난케 하고, 육체를 굶주리게 하고, 생활을 곤궁케 하고,

페이크

하는 일마다 어지럽게 하느니, 이는 마음과 성품을 단련시켜 부족한 역량을 키워 주기 위함이라.

— 맹자(기원전 4세기)

이것이 바로 인간이 독수리가 되는 방법이다.

라다가 나를 깨워 마음을 열고 배울 수 있게 해 준 것처럼 말이다.

"영적 건강은 질병에 있고

영적 부는 빈곤에 있으며

영적 행복은 슬픔에 있다."

닭은 탄력성이 강하다. 그들은 세상에서 살아남지만 새로운 것을 배우지는 못한다. 농장에 살며 농부가 주는 모이를 먹고, 농부가 자신이 낳은 알을 가져가거나 병아리를 가져가거나 심지어 자기가 농부의 배 속에 들어가도 불평하지 않는다.

독수리는 안티프래질이다. 그들은 어떤 방향으로 불지도 모르는 바람을 좋아하고, 새끼들을 먹여 살리는 어려운 도전에 기꺼이 뛰어들고, 자유로운 하늘을 사랑한다.

다음 질문들을 한번 생각해 보라.

- 당신은 독수리인가 닭인가?
- 우리의 학교 제도는 학생들에게 독수리가 되라고 가르치는가 아니면 닭이 되라고 가르치는가?
- 학교에서는 당신에게 무엇이 되라고 가르쳤는가?

이 질문에 대답할 수 있는 것은 오직 당신 자신뿐이다.

다음 장에서는 닭 무리가 이끄는 세상에서 독수리처럼 하늘 높이 부상하는 법을 배울 수 있을 것이다.

전 세계의 독자들이 묻고
로버트 기요사키가 답하다

Q 고플란 박사의 『세컨드 오피니언』을 읽고, 동양의학과 서양의학, 그리고 우리들 각자의 내적 힘이 신체적 건강과 정신적 안녕에 긍정적인 영향을 끼칠 수 있다는 것을 깨달았다. 아직 깨달음을 얻지 못한 수많은 대중에게 어떻게 이 정보를 효과적으로 알릴 수 있을까?
— 모니크 B.(미국)

A 누구든 어떤 분야에 있어서는 무지할 수밖에 없다. 모든 것을 알 수는 없으니까 말이다. 우리는 살면서 배운 것들을 다른 사람들과 함께 나누고 공유함으로써 이 세상에 공헌하고 있다. 고플란 박사에게 서양의학과 동양의학에 관한 그의 지식을 널리 나누라고 조언한 사람도 바로 나였다.
그 책을 읽었다니 나도 기쁘다. 그렇게 우리는 깨달음을 나누고 공유하는 것이다.

Q 건강에 대한 고플란 박사의 지식과 상식이 어째서 주류 의학의 인정을 받지 못한다고 생각하는가?

— 디펙 J.(인도)

A 고플란 박사는 "현대의 의료 체계는 엄밀히 말해 가진 자들을 위한 것이다. 진정한 의료는 무료다."라고 말한다. 실제로 양쪽 모두 각자의 역할이 있다. 사람들이 고플란 박사의 조언을 따르고 약물치료가 아니라 건강에 초점을 맞춘다면 개인 의료비용을 크게 줄일 수 있을 것이다.

Q 열심히 연습한다면 우리 안의 "유다"(당신의 표현에 따르자면)를 확실하게 통제할 수 있을까?

— 아르투로 S.(멕시코)

A 우리는 내면의 유다를 절대로 완벽하게 통제할 수 없다. 유다의 영향력을 줄이는 방법은 유다가 말을 걸 때 이를 인지하고 귀를 기울이는 것뿐이다. 유다는 당신이 듣고 있다는 사실을 깨닫는 순간 힘을 잃는다.

Chapter 19

닭들이 지배하는 세상에서 독수리처럼 날기

내 삶은 나의 것

미리 경고하건대, 자기가 닭이라고 생각하는 사람들은 이 장을 읽고 불쾌할 수도 있다.

그레그 루키아노프와 조너선 하이트가 『과보호되고 있는 미국인』에서 경고했듯이 이 장은 도자기 컵처럼 깨지기 쉬운 사람들에게는 '트리거'가 될 수도 있다. 자신이 그런 사람이라고 생각한다면 마지막 장은 읽지 않는 게 좋겠다. 하지만 탄력적이거나 안티프래질인 독수리에게는 이 마지막 장이야말로 지금껏 기다려온 것일 테다.

결론: 독수리를 위한 교훈

1972년에 나는 베트남에서 금 거래상을 만났다. 빈랑나무 열매로 붉게 물든 치아를 가진 그녀는 내 최고의 교사 중 한 명이었다. 나는 아직도 자주 그 금 거래상을 떠올리곤 한다.

나는 그날 일어난 일을 아직도 생생하게 기억한다. 전선을 가로지르며 내려다봤던 지상에 흩어져 있는 격전의 잔해, 단단한 평지라고 생각한 곳에 헬기를 착륙시키고 작은 마을로 걸어 들어가며 과일과 야채, 닭과 오리를 파는 주민들에게 웃으며 손을 흔들던 일. 농부들은 무장도 하지 않고 '적의 점령지'에 들어와 광산으로 가는 길을 묻는 미 해병대원 둘을 빤히 바라보며 경악했다.

나는 오로지 금을 사기 위해 적지로 들어간다는 게 얼마나 어리석은 일인지 알고 있었다. 그건 정말 멍청한 짓이었고, 모험이었다. 하지만 오늘날 나는 금을 구하러 다니는 것이야말로 이제까지 내가 한 일 중에 가장 현명한 일이라고 믿는다.

베트남 여인이 내 스승이 된 것은 금값을 깎아 주기를 거부했기 때문이다. 그녀는 그날 국제시장에서 책정된 현물가로 거래하기를 원했다.

당시에 나는 '현물가'라는 게 무슨 뜻인지도 몰랐다. 나는 아무것도 모르는 대학 졸업생이었을 뿐이니까. 베트남 금 거래상은 진짜 돈인 금과 진짜 돈의 세계에 대해 나보다 훨씬 많은 것을 알고 있었다.

나는 부자 아빠와 가난한 아빠에 대해 생각했다. 어떻게 그토록 많이 배운 미국인들이 진짜 돈의 세계에 대해서는 잘 모르는지 의아했다. 나는 왜 금에 대해 아무것도 모르고 있을까? 혹시 교육 체제가 우리를 가난한 고학력 시민이 되도록 가르친 것은 아닐까?

베트남에서 만난 여인이 내 미래를 바꿨다.

오늘날 나는 가짜 종이돈도 가짜 종이 자산도 아닌 신의 돈, 금은 실물을 기반으로 자산을 구축한다.

안정적인 통화, 안정적인 세계?

만일 우리의 학교에서 학생들에게 베트남 여인도 알고 있던 진짜 돈의 세계를 가르친다면 세상은 어떤 모습이 될까? 그리고 그런 생각을 할 때마다 나는 또 다른 의문을 품게 된다. 안전하고 안정적인 통화를 사용한다면 세상도 더 안정적이 되지 않을까? 부자와 중산층, 빈곤층의 빈부격차가 줄어들지 않을까? 지금보다 더 공정한 세상이 되지 않을까?

앞서 보았듯이 앤소니 드 멜로는 『깨어나십시오』에서 이렇게 썼다.

영성은 깨어남이다. 대부분의 사람들은 자신이 잠들어 있다는 것도 모른 채 잠들어 있다. 그들은 잠든 채로 태어나 잠든 채로 살고, 잠든 채로 결혼해 자손을 낳고, 한 번도 깨어나지 못하고 죽는다. (…)

먼저 이 점을 분명히 해 두고 싶다. 종교는 영성과 관계가 있을 필요가 없다. 다시 한번 강조한다. 종교는 영성과 관계가 있을 필요가 '없다.' 당분간은 종교를 이 문제에 끌어들이지 말기로 하자.

베트남 금 거래상이 금값을 할인해 줄 수 없다고 거절했을 때, 그녀는 내게 "깨어나! 깨어나! 깨어나!"라고 외치고 있었던 것이다.

나만의 금광

베트남 여인 덕분에 깨어난 나는 1990년대에 내가 소유할 수 있는 금광을 찾기 시작했다. 나는 파트너들과 함께 중국에서 상당한 매장량이 묻힌 금광을 찾아냈고, 토론토 증권거래소에 상장했다.

하지만 일단 금광이 성공을 거두자 중국 정부가 나타나 그것을 빼앗아 갔고, 멜로의 말을 빌자면 나는 그 사건을 계기로 진짜 돈과 권력의 세계에 눈을 뜨게 되었다.

제임스 리카즈는 『은행이 멈추는 날』에서 이렇게 썼다.

폴 라이언 하원의장은 예산안에 중국의 국제통화기금 의결권을 확대하는 조항을 슬쩍 끼워 넣었다. 이로써 세계 통화 제도를 운용하는 국가들로 구성된 클럽에 중국도 회원 자격을 확보하게 된 것이다.

이런 중국의 승리는 2006년 이후 위에서 언급된 배타적인 클럽의 가입비로 이해할 수 있는 금 보유고를 확대하고자 하는 맹렬한 노력과 밀접한 연관이 있다. 미국 및 다른 주요 선진국은 공공연히 금의 가치를 폄하하고 있지만 동시에 지폐에 대한 신용이 사라질 날에 대비해 금을 사재기하고 있다. 현재 미국의 금 보유량은 8,000톤 이상이며, 유로존은 1만 톤, IMF는 거의 3,000톤을 보유하고 있는 상태다. 4,000톤 이상의 금 보유량을 확보하고 계속 그 양을 늘려 가고 있는 중국 또한 다른 금과 (특별인출권) 권력을 쥐고 테이블의 한 자리를 차지하게 되었다.

교훈: 금을 가진 자들이 규칙을 만든다.

이는 베트남에서 만난 여인이 내게 가르쳐 준 교훈이기도 하다. 그녀가 아니었다면 나는 느리지만 꾸준히 금 현물을 모으지 않았을 테고, 이 진정한 재정적 토대를 기반으로 지금과 같은 부를 쌓지도 못했을 것이다.

베트남에서 금 거래상을 만나지 않았다면 나는 가짜 돈과 가짜 종이 자산, 카드로 만든 불안정한 집 위에 내 재산을 쌓았을지도 모른다.

2017년, 레이건 대통령의 예산관리국장이었던 데이비드 스톡맨은 다음과 같은 경고를 날렸다.

역사상 유례없는 전환의 기점으로…… 연방준비제도의 대차대조표 축소 정책을 향해 직진하고 있는 재정적자의 폭발이 카지노의 서까래를 뒤흔들고 있다.

정말로 끝이 다가오고 있는 걸까?

2018년 11월 15일, 《배런스》

「"전 세계적인 신용 거품에 갇혀 있는지도" 헤지펀드의 아버지가 말하다」

튜더 인베스트먼트의 창립자이자 헤지펀드 업계의 선구자인 폴 튜더 존스 2세가 오늘 코네티컷에서 열린 그리니치 경제 포럼에서 "우리는 어쩌면 전 세계적인 신용 거품, 부채 거품에 갇혀 있는지도 모른다."고 말했다.

현재 국내총생산 대비 부채비율은 전 세계적으로 역대 최고치를 기록하고 있다.

"전속력으로 출구를 향해 뛰어야 할지는 아직 잘 모르겠지만, 우리의 역량 이상으로 계속 증가 중인 부채의 패러다임이라는 매우 어려운 시점에 와 있는 것은 분명하다."

그는 1944년 뉴햄프셔주 브레튼우즈에서 열린 국제통화금융회의 이후 "각국 중앙은행의 협력으로 구축된 신뢰할 수 있는 경제권" 때문에 부채 수준이 증가했다고 말한다. 금융위기 때도 유지됐던 그 기반에 "금이 가고" 있다는 것이다.

독수리처럼 세상을 굽어보는 진짜 교사들

데이비드 스톡맨과 폴 튜더 존스는 진짜 교사다. 그들은 돈의 세계 한복판에서 세상을 굽어보는 독수리들이다. 노미 프린스와 제임스 리카즈도 마찬가지다. 그들 역시 비슷한 경고를 날린 바 있다. 그들은 『오즈의 마법사』에 나오는 도로시처럼 마법사를 만났고, 진실을 깨달았다. '마법사'가 실은 마법사가 아니라는 사실 말이다.

내가 베트남에서 만난 금 거래상 역시 그녀의 작은 금의 세계에서 세상을 굽어볼 줄 알았다. 그래서 그녀도 진짜 교사인 것이다. 앞서 내가 얘기한 진짜 교사 단계표를 다시 한번 살펴보자.

페이크

교사의 단계

기억력

90% 경험을 통해 가르치고 학생들에게 진짜 일을 하라고 독려하기

실습과 시뮬레이션, 게임을 활용하여 실수를 통해 배우라고 독려하기

70% 학생들에게 다른 학생들을 가르치라고 독려하기

협동 학습과 그룹 토의를 독려하기

50% 현장학습을 통한 직접 체험 장려하기

30% 영상 보기

20% 강의

10% 읽기

능동적 학습

수동적 학습

베트남 여인은 이 표의 꼭대기에서 세상을 내려다보았다. 그녀는 현실 세계에서 진짜배기 일을 했고, 금광의 소유주를 위해 금을 판매했다.

제임스 리카즈의 책 『금의 귀환』은 고등 교육이 1970년대에 가장 똑똑하고 영리한 학생들을 세뇌했다는 스티븐 브릴의 말을 다시금 확인시켜 준다. 리카즈는 1970년대에 명문 대학들이 금을 폄하하며 학생들에게 존 메이너드 케인스의 "금은 야만시대의 유물"이라는 생각을 가르쳤다고 말한다.

오늘날의 금융 전문가들은 가짜 교사다. 그들은 금을 하찮게 여기고 진짜 금과 진짜 돈에 대해서는 아무것도 모른다. 그들이 금에 대해 배운 것이라고는 경영대학원에서 가짜 교사들에게 배운 것뿐이다.

현대의 금융 전문가들은 대부분 독수리가 아니다. 학계 교수들이 가르치는 내용을 '아무런 의문도 품지 않고' 끊임없이 되풀이하는 앵무새일 따름이다. 대다수의 자산관리사와 주식 중개인, 연금펀드 매니저가 이에 속하며, 그래서 그토록 많은 연금 기금이 파산한 것이다. 그들은 독수리가 아니라 앵무새다.

당신도 세뇌되었는가?

대부분의 금융 전문가들이 "금은 야만시대의 유물"이라고 말한다. 왜냐하면 그렇게 세뇌되었기 때문이다. 그들은 그저 배운 대로 읊을 뿐이며, 그래서 금 현물을 소유한 사람들이 거의 없는 것이다.

당신도 금을 소유해 봤자 아무 소용도 없다고 세뇌되었는가? 당신도 은행에 돈을 저축하고 주식과 채권, 뮤추얼 펀드와 ETF로 다각화된 포트폴리오에 장기적으로 투자하는가?

세뇌에 대한 앤소니 드 멜로의 말을 되새겨 보자.

세뇌에 대한 몇 가지 흥미로운 연구가 있다. 세뇌된다는 것은 자신의 생각이 아닌 것이나 다른 사람의 생각을 받아들이거나 '내투사(內投射)'하는 것을 가리킨다. 여기서 흥미로운 사실은 일단 세뇌되고 나면 그것을 위해 죽을 각오마저 불사한다는 것이다. 이상하지 않은가? 세뇌 여부를 판단하는 첫 번째 시험은 내투사된 사고와 믿음이 공격을 받는 순간 시작된다. 당신은 망연자실해지고, 감정적으로 반응할 것이다. 그것이 바로 당신이 세뇌되었다는 증거다. 당신은 당신 자신의 생각도 아닌 것을 위해 죽을 각오가 되어 있다. 테러리스트나 (소위) 성자는 어떠한 생각을 받아들이고, 통째로 삼키고, 그것을 위해 죽을 각오가 되어 있다. 어떤 생각에 대해 감정적이 되면 외부의 소리를 쉽게 들을 수가 없다.

나는 깨어났다

나는 베트남에서 내가 세뇌되었다는 사실을 알았을 때 깨어났다. 나는 나이 어린 소년을 살해할 뻔했다는 사실을 알았을 때 깨어났다. 나는 우리가 공산주의에 대항해 싸우고 있는 것이 아니라 원유를 위해 싸우고 있다는 사실을 알았을 때 깨어났다.

나는 세뇌되었다는 사실을 알았을 때 깨어났다. 그동안에는 내가 해양사관학교에서 석유와 관련해 전문 교육을 받았고, 내가 유조선 승무원이라는 사실을 깜박 잊고 있었다. 킹스포인트에 있는 해양사관학교에서 국제 경제학 시간에 우리는 중국이 베트남의 석유에 손을 대는 것을 미국이 좋아하지 않는다고 배웠다. 그렇지만 나는 그 모든 사실을 까맣게 잊고 있었다. 나는 해병대에 입대했고, 공산주의에 대항해 미국을 수호하기 위해 비행학교에 갔다.

사실 우리는 베트남에서 석유를 지키기 위해 싸웠다. 우리는 아직도 석유를 갖기 위해 싸우고 있다. 1914년 이래, 모든 전쟁은 석유와 관련

되어 있다.

우리는 이라크와 이란, 시리아, 예멘, 그리고 아프가니스탄의 전쟁에 참여했다. 러시아가 참전한 이유도 거기에 있다. 미국은 사우디아라비아의 편에서 그들의 적인 이란과 싸우고 있다.

'테러리스트'들이 어떻게 무기를 조달한다고 생각하는가? 그들은 석유를 판다.

맑은 눈을 뜨고 깨어나는 순간 독수리가 된다. 나는 베트남에서 깨어났다.

독수리가 하늘을 나는 법을 배우는 방법

1단계: "깨어나라"

돈에 관한 한 우리 모두는 세뇌되었다. 세뇌란 자신의 생각이 아닌 것을 받아들이는 것이다. 세뇌된 사람들은 다른 사람의 생각을 위해 기꺼이 싸우거나 목숨을 바칠 수 있다. 나는 조국을 위해 죽을 각오가 되어 있었지만 우리가 석유 때문에 싸우고 있다는 사실을 깨닫고 깨어났다. 지금 우리가 치르고 있는 전쟁도 마찬가지다.

내가 이런 말을 하면 세뇌된 사람들은 불쾌해한다.

"저축을 하는 사람은 패배자다."

"당신의 집은 자산이 아니다."

"부자는 돈을 위해 일하지 않는다."

"부자는 빚을 돈처럼 사용한다."

"부자는 합법적으로 세금을 내지 않는다."

어떤 사람들은 화를 내기도 한다. 그들이 감정적으로 반응하는 이유는 세뇌되었기 때문이다. 그들의 '프래질'한 믿음을 반박하기 때문에 — '트리거'되어 — 상처를 입는다.

독수리는 이러한 사실을 알지만 닭은 모른다. 닭은 설사 손해를 보는 한이 있더라도 세금을 납부하고, 돈을 저축하고, 다각화된 포트폴리오에 장기적으로 투자할 권리를 지키고 싶어 한다. 드 멜로는 이렇게 썼다.

세뇌 여부를 판단하는 첫 번째 시험은 내투사된 사고와 믿음이 공격을 받는 순간 시작된다. 당신은 망연자실해지고, 감정적으로 반응할 것이다. 그것이 바로 당신이 세뇌되었다는 증거다. 당신은 당신 자신의 생각도 아닌 것을 위해 죽을 각오가 되어 있다.

당신의 저축과 집, 그리고 은퇴 자금이 당신의 자산이 아니라 부자들의 자산임을 알게 된 순간, 당신도 깨어난 것이다.

집을 사지도 말고 돈을 모으지도 말고, 주식 시장에 장기적으로 투자해서는 안 된다고 말하는 게 아니다. 오히려 진짜 금융 교육을 받지 않은 사람이라면 집을 사고 돈을 저축하고 빚을 갚고 주식 시장에 장기 투자를 해야 한다는 믿음을 고수하라고 권하고 싶다. 금융 교육에 시간과 돈을 투자하는 데 관심이 없는 평범한 사람에게는 그것이야말로 최선의 방법이기 때문이다.

나는 그저, "깨어나라."고 말하고 싶은 것뿐이다. 만일 당신이 내 말을 듣고 감정적으로 반응하고 기존의 믿음을 지키고 싶다면, 그건 당신이 세뇌되었다는 증거다.

감정적으로 대응하거나 방어적이 된다면 배울 수가 없다. 동전의 다른 면인 독수리가 있는 쪽을 볼 수가 없다.

2단계: 독수리는 자식들에게 돈에 대해 가르친다

재러드 쿠슈너는 어떻게 세금과 빚, 무한수익에 대해 알고 있었을까? 그런데 기자는 왜 그 사실을 몰랐을까?

재러드가 학교에서 빚과 세금, 부동산과 무한수익에 대해 배웠을까, 아니면 아버지한테서 배웠을까? 트럼프는 빚과 세금, 부동산과 무한수익에 대해 학교에서 배웠을까, 아니면 그의 아버지에게서 배웠을까?

누가 나한테 빚과 세금, 부동산과 무한수익에 대해 가르쳤을까? 내 친아버지인 가난한 아빠? 교육은 분명 중요하지만 우리는 항상 의문을 가져야 한다. 과연 어떤 '종류'의 교육이 중요할 것인가?

나는 아홉 살 때 부자 아이들과 함께 학교에 다니면서 친구들이 나는 모르는 무언가를 배우고 있다는 사실을 깨달았다. 많은 아이들이 집에서 부모님에게 돈에 대해 배우고 있었다.

그래서 부자 아빠도 방과 후에 그분의 아들과 나를 가르친 것이다.

부자 아빠는 자주 이렇게 말했다. "부자는 보통 3대를 못 간다. 첫 세대가 돈을 벌고, 두 번째 세대가 그 부를 즐긴다면, 세 번째 세대는 재산을 탕진하지."

그래서 그분은 아들과 내게 진짜 비즈니스와 부동산에 대해 가르쳤다. 그분의 재산이 3대째에 탕진되는 것을 바라지 않았기 때문이다.

부자 아빠는 가문 대대로 내려오는 재산을 "왕가의 부"라고 불렀다. 부자 아빠는 또 "대부분의 중산층과 가난한 부모들은 자식들이 좋은 직업을 갖기만을 바라지."라고 말했다.

제임스 리카즈는 『은행이 멈추는 날』에서 이탈리아에서 만난 한 아름다운 여인에 대한 이야기를 들려준다. 그녀는 900년이 넘는 역사를 지닌 부유한 가문 출신이었다. 이탈리아 역사를 어느 정도 아는 사람이라면 900년 동안 가문의 재산을 지킨다는 것이 거의 불가능에 가까운 일이라는 걸 알 것이다.

리카즈가 그녀에게 어떻게 그렇게 오랫동안 부유함을 유지할 수 있었느냐고 묻자 그녀는 이렇게 대답했다. "간단하죠. 오래가는 것에 투자했거든요." 그 오래가는 것이 무엇이냐고 묻자 그녀는 말했다. "부동산과 금, 그리고 박물관급의 예술품이죠." 그녀는 현금이나 주식, 채권, 뮤추얼 펀드나 ETF에 대해서는 입도 벙긋하지 않았다.

킴과 내가 캐시플로 게임을 개발하고 책을 쓰고 다른 사람들을 가르치는 이유도 '사람들이 서로를 가르치고 부모가 자식을 가르쳐' 더 많은 사람들이 가문의 부를 쌓고 성장시켜 자자손손 대대로 물려줄 수 있길 바라기 때문이다.

3단계: 독수리는 실수를 저지르고 실수로부터 배운다

닭은 겁이 많아 실수를 저지르지 않거나 또는 실수를 저지르지 않는 척하기 때문에 결코 배울 수가 없다.

나심 탈레브는 닭들이 '탄력성'과 참을성이 강하고 터프하지만, 학습하거나 변화하거나 성장하지는 못한다고 표현했다. 닭들이 배우고 성장하지 못하는 이유는 학교에서 "실수를 저지르는 사람들은 멍청하다."고 주입시키고 세뇌시켰기 때문이다.

학교에서는 학생들에게 실수를 통해 배우는 방법을 가르치는 것이 아니라 실수를 하지 말라고 가르친다. 우리의 교육 제도는 학생들을 나약하게 키우고, 다른 견해를 가졌거나 자신의 기분을 상하게 하는 사람들을 공격하라고 가르친다. 그래서 세상에는 독수리보다 닭들이 더 많은 것이다.

4단계: 독수리는 부정행위를 한다? 남에게 도움을 요청할 줄 안다!

학교에서는 옆 사람에게 도움을 요청하는 것을 부정행위라고 부른다.

닭들은 탄력성이 강하기 때문에 도움을 요청하지 않는다. 그들은 참고 견디지만 배우거나 공부하거나 성장하지는 못한다. 그래서 그들은 독수리가 되지 못한다.

독수리는 다른 사람들에게 도움을 요청할 줄 안다. 그들은 팀을 꾸리고, 팀으로서 행동하고 일한다. 그들은 전문 코치를 고용한다. 프로 운동선수는 코치를 고용하지만 아마추어는 그렇지 않다.

돈은 게임이다. 학교는 학생들에게 혼자서 E와 S 사분면으로서 돈의 게임을 플레이해야 한다고 가르친다.

E와 S 사분면이 돈의 게임을 하는 방법

성공은 혼자서 성취하는 것이다.

『빅 포텐셜』에서 숀 아처는 현대의 교육 방식이 학생들의 작은 잠재력을 키우는 데만 국한돼 있다고 말한다. 학교에서 뛰어난 학생들은 의사나 변호사 같은 고소득 전문직 S가 된다. 남에게 도움을 요청하는 것은 나약하다는 증거다.

S 사분면에 있는 전문직 종사자들은 높은 비율의 세금을 낸다. 닭들은 돈이라는 게임을 혼자서 플레이한다.

B와 I 사분면이 돈의 게임을 하는 방법

돈이라는 게임은 팀 스포츠다.

위는 세계 최고의 럭비팀인 뉴질랜드 올블랙All Black 팀의 사진이다.

『빅 포텐셜』에서 숀 아처는 팀의 일원이 되는 법을 배우면 개인의 빅 포텐셜을 향상시킬 수 있다고 말한다.

사업가라면 사업을 운영할 때 가장 어려운 일이 사람, 즉 고객과 직원, 전문가와 정부 관료들을 관리하는 것임을 잘 알고 있을 것이다. 팀을 구성하면 중요한 개인적인 능력 및 대인 관계 기술을 발전시키고, 따라서 빅 포텐셜을 향상시킬 수 있다. 사업과 투자는 팀 스포츠다.

독수리는 B와 I 사분면으로 구성된 팀과 함께 돈의 게임을 플레이한다. 닭들은 E와 S 사분면에서 혼자서 돈의 게임을 한다.

돈의 게임에서는 마음가짐이 중요하다

E와 S 사분면 사람들은 혼자일 때 강해진다. 그들의 모토는 "제대로

하려면 혼자서 해라."다. B와 I 사분면 사람들은 팀으로 활동한다. 독수리를 위한 팀은 최소한 경리나 또는 회계사와 변호사로 구성되어 있다.

정확하고 꼼꼼한 경리는 B-I 팀에서 비용은 가장 적게 들지 몰라도 그 역할만큼은 값어치를 따지기가 힘들 정도로 중요하다. B-I 팀은 정확하고 꼼꼼한 사람이 없다면 제대로 돌아가지 않는다. 그러나 대부분의 S 사분면 사업가는 회계장부를 직접 쓰거나 배우자에게 맡기거나, 아니면 아예 장부를 쓰지 않는다. 그래서 S 사분면 사업가들이 닭들과 어울려 다니는 것이다.

킴과 내가 처음 사업을 시작했을 때, 가장 먼저 고용한 사람은 바로 경리인 베티였다. 베티를 고용했을 때 우리는 아직 돈이 없었는데, 그녀는 우리에게 있어 진정한 진짜 교사였다. 베티가 아니었다면 킴과 나는 아직도 재정적 자유를 달성하지 못했을 것이다.

그러나 닭들은 "돈을 벌면 경리를 고용할 거야."라고 말한다. 바로 그래서 대부분의 닭들이 독수리가 되지 못하는 것이다.

결혼과 돈

결혼은 팀 스포츠다.

어떤 커플은 타잔과 제인의 관계를 떠올리게 한다. 타잔이 혼자서 돈을 관리하는 것이다. 반대로 사업 동업자와 비슷한 커플도 있다. 우리 부부의 경우에는 킴이 CEO를 맡고 있다. 당신의 팀에는 누가 있는가?

5단계: 독수리는 자신이 좋아하는 것에 투자한다

닭은 남들이 시키는 대로 투자한다. 그리고 좋은 성적을 얻고, 열심히 일하고, 세금을 내고, 돈을 저축하고, 주식 시장에 장기투자를 하라는 조언을 듣는다. 드 멜로라면 "그들은 잠들어 있고 세뇌되었다."고 말할 것이다.

대부분의 닭은 "좋아하는 일을 하면 돈이 저절로 따라온다."라고 믿는다. 문제는, 연구에 따르면 70퍼센트의 닭이 자신이 하는 일을 싫어한다는 것이다.

독수리는 자신이 좋아하는 자산을 취득한다. 아래 재무제표를 보면 차이점을 알 수 있다.

사업체와 부동산은 유동성이 낮아 제일 위험한 자산이다. 투자자가

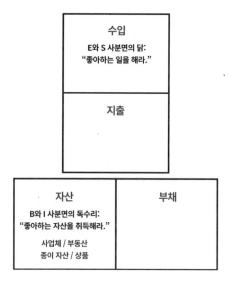

실수라도 저지르면 자산과 함께 파산할 수 있다. 그래서 이 두 분야에는 많은 금융 교육과 훌륭한 팀이 필요하다.

종이 자산과 금은 같은 상품은 유동성이 높고 설사 투자자가 실수를 저지르더라도 재빨리 더 큰 손실을 막을 수 있다.

내가 성공을 거둘 수 있었던 비결은 바로 애정이다. 나는 내가 사업가라는 게 좋다. 회사를 차리고 사업을 하는 게 좋다. 나는 부동산을 좋아하고, 빚을 이용해 최대한 세금을 적게 내는 것도 좋아한다. 그리고 나는 금과 은, 원유를 사랑한다.

독수리는 그들의 자산을 사랑한다. 닭은 그렇지 않다.

6단계: 독수리는 다른 사람의 돈으로 무한수익에 투자한다

여기서 다른 사람이란 바로 닭이다.

종이 자산은 무한수익을 얻는 가장 쉬운 방법이지만, 자신도 모르게 '금융 전문가'에게 돈을 갖다 바치게 될 수도 있다.

간단하게 설명해 보자.

내가 주당 1달러짜리 주식을 100주 매수했다고 하자. 주가가 10달러까지 치솟았을 때, 나는 주당 10달러 가격으로 10주를 매도한다. 이제 나는 원래의 투자금인 100달러를 회수했고 남은 90주는 무한수익의 원천이 된다. 이 수입은 돈이 아니라 정보를 투자하여 얻는 수입이다.

여기에 스톡옵션이나 풋옵션, 콜옵션 같은 것을 사용하면 더 높은 ROI를 얻을 수 있다. 하지만 다시 한번 강조한다. 옵션 투자 세미나 등을 듣지 않은 상태에서는 절대로 섣불리 시도하지 마라.

'종이 자산 옵션'과 '사업체 및 부동산 부채'는 레버리지다. 항상 명심하되 조심해야 한다. 레버리지가 높으면 높을수록 위험도 크고 보상도 크고, 수익과 손실도 크다.

시간과 돈을 들여 금융 교육을 받고 실습, 실습, 실습을 하지 않는다면 차라리 겁쟁이 닭이 되는 편이 더 현명하다.

다섯 가지의 말들

독수리처럼 날아오르려 할 때 떠오르는 다섯 가지의 말이 있다. 이다섯 가지의 말들을 읽을 때, 당신의 머릿속의 '작은 목소리'가 뭐라고 말하는지 잘 들어 보라.

"나는 그럴 형편이 못 돼요."

"말도 안 돼."

"난 돈에 관심이 없어요."

"난 결코 부자가 되지 못할 거야."

"난 저런 걸 할 수 있을 만큼 똑똑하지 않아."

우리 안의 유다는 우리 자신과 남들의 등을 찌르지만, 내 경험에 따르면 너무나도 많은 사람들이 그 말에 귀를 기울이고 있다.

당신의 영혼은 마음속에 산다. 영혼은 고요와 침묵 속에 있다.

페이크

유다의 목소리를 듣게 되면 심호흡을 하고 나무나 꽃, 시냇물 같은 주변의 생명을 둘러보며 당신의 영혼이 침묵을 통해 말을 걸 수 있게 고요하고 조용하게 기다려라.

당신의 진정한 잠재력을 감지하는 열쇠는 사랑과 교육 그리고 경험이다. 당신의 자산을 사랑하고, 공부하고 연습하고 절실히 배우고자 노력한다면, 무한수익에 투자하는 방법을 금세 알 수 있을 것이다.

킴과 나는 사업가가 되는 것이 좋다. 우리 둘은 부동산을 사랑하고 금과 은을 사랑한다. 나는 킴보다 원유를 더 사랑한다. 왜냐하면 원유는 사관학교 시절 내 전문 분야였기 때문이다.

주식 vs. 실물

만일 종이 자산에 10만 달러를 투자하면 — 가령 내가 전에 일한 스탠더드오일 주식이라고 치자. — 10만 달러에 대한 감세 혜택은 단 한 푼도 없다. 그러나 미국의 원유개발 프로젝트에 10만 달러를 투자하면 주 및 연방세금이 거의 40퍼센트 가까이 공제될 수 있다.

간단히 말해 똑같이 10만 달러를 투자하고도 후자는 세금을 4만 달러나 덜 낼 수 있다는 뜻이다.

이는 또한 소득세도 4만 달러나 공제받을 수 있다는 의미다. 원유 투자로 인한 감세 혜택이 다른 수입에 대한 내 납세 의무를 상쇄시켜 세금을 거의 안 낼 수도 있다.

다음과 같이 말이다.

회계이익으로 인한 $40,000 세금

원유 투자로 인한   -$40,000 면세
_____

$0

이렇게 세금을 납부하지 않음으로써 발생하는 보이지 않는 소득을 가상소득이라고 부른다.

교훈: B와 I 사분면의 감세 혜택은 나라마다 비슷하지만 약간씩 다르다. 여기서 독수리가 할 수 있는 가장 현명한 행동은 똑똑한 세무사와 세무 전문 변호사를 고용하는 것이다.

닭들은 경리나 세무사, 세무 전문 변호사를 고용하지 않는다.

투자를 하기 전에는 반드시 세금 혜택과 관련해 먼저 세무사와 세무 전문 변호사와 상담하라.

교훈: 세법은 세금을 납부하는 방법이 아니라 '세금을 적게 내는 방법'에 관한 법이다. 미국 정부는 투자자를 정부의 파트너로 끌어들이기 위해 조세유인을 제공한다.

문명이 발전하려면 에너지가 필요하다. 에너지와 화석연료, 재생원료가 없다면 문명사회는 무너질 것이다. 미국은 많은 양의 석유를 필요로 하며, 만일 원유에 대한 세금우대 정책이 없다면 휘발유 가격은 천정부지로 치솟고 문명은 혼란에 빠질 것이다.

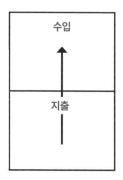

독수리가 돈을 쓰는 법

수입

지출

교훈: 독수리는 교육(강좌와 세미나)을 받고 경리와 회계사, 변호사의 전문적인 조언을 토대로 돈을 사용해 수입을 늘린다. 반가운 소식은 정부가 돈을 써서 돈을 만드는 이들에게 감세 혜택을 준다는 것이다.

교훈: 닭들은 열심히 일하고 돈을 아끼고 모아 그 돈으로 높은 세금을 내지만 감세 혜택은 거의 받지 못한다.

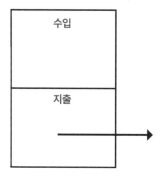

닭들이 돈을 쓰는 법

수입

지출

교훈: 닭들은 돈을 쓰지만 그 돈은 그들에게 다시 돌아오지 않는다. 닭들은 남들이 시키는 대로만 할 뿐, 자산관리사나 펀드 매니저 같은 '금융 전문가'들에게 돈을 자진해서 넘겨준다. 문제는 이 전문가들이 승리를 거두어도 닭은 아무것도 배우지 못하며, 전문가가 '그들'의 돈을 잃어도 아무것도 배우지 못한다는 것이다.

독수리는 어떻게 나는 법을 배우는가

2부에서 이야기했던, 내가 제록스사에 있던 시절을 다시 한번 떠올려 보자. 1978년에 나는 제록스에서 최고의 영업사원으로 선정돼 프레지던트 클럽에 올랐다. 나는 내 목표를 달성했다. 수줍은 성격과 거절에 대한 두려움을 극복했고, 용기를 내서 상품을 판매하는 법을 배웠다. 그렇지만 무엇보다 나는 사업가가 되는 데 가장 필요한 기술을 익혔다. 바로 영업 능력이었다.

1978년에 나는, 지난 4년 동안 진짜 교육을 해 준 제록스사에 고맙지만 회사를 그만두고 내 사업을 시작하겠다고 선언했다.

나는 그동안 남는 시간에 제록스에서 함께 일하던 동료 한 명과 함께 제록스사 길 건너편에 우리의 사업 — 서퍼용 나일론 벨크로 지갑 — 을 시작할 사무실을 준비하고 있었다.

첫 출시품인 10만 개의 나일론 지갑이 한국에 있는 공장에서 출발해 뉴욕에 도착했다. 이제는 지갑을 판매할 시간이었다. 친구와 나는 흥분되는 동시에 겁에 질려 있었다. 모든 게 여기에 달려 있었다.

회사 건물을 떠나는데 로비에서 일하던 일레인이 나에게 말했다. "실패하고 금방 돌아올 거예요." 일레인은 잘 나가는 세일즈맨이 나처럼 야심만만하게 회사를 나갔다가 실패하고 다시 제록스로 돌아오는 모습을 수없이 목격했다. 내 매니저도 그렇게 실패하고 다시 돌아온 사람 중 한 명이었다.

내 친구와 — 아직까지도 내 절친한 친구다. — 나는 성공을 거뒀다. 우리가 바라고 상상했던 것 이상으로 크게 성공했다. 서퍼용 나일론 지갑은 국제적인 성공을 거뒀고, 스포츠용품 잡지와 육상 잡지, 서핑 잡지, 심지어 《플레이보이》지에도 소개되었다. 돈이 쏟아져 들어왔다. 우리는 아메리카 드림을 실현했다. 우리는 백만장자였다.

하지만 다음 순간 모든 게 날아갔다. 투자자들에게 돈을 다 갚기까지는 8년이 걸렸고, 채무자 중에는 내 친아버지인 가난한 아빠도 있었다.

그 경험은 내게 진정한 진짜 교육이 되어 주었다.

나는 제록스를 떠날 때 일레인에게 이렇게 말했다. "실패할지도 모르죠. 그렇지만 여기로 돌아오진 않을 겁니다." 그리고 나는 돌아가지 않았다. 나는 끝없이 성공과 실패를 거듭했다. 내가 앞으로 얼마나 더 부자가 되고 성공을 거두든 언제나 성공과 실패를 거듭할 것이다.

그것이 바로 나심 탈레브가 말하는 "안티프래질"이다. 인간의 신체가 강인하게 유지되려면 끊임없는 도전과 스트레스, 고난과 역경을 거쳐야 하듯이, 인간의 영혼도 마찬가지다.

그리고 우리의 영혼은 마음속에 살고 있다.

독수리는 그렇게 하늘을 나는 법을 배운다.

우리는 모두 독수리다. 모두 날개가 있다. 우리는 모두 신이 선물하신, 비상하는 법을 배울 수 있는 영혼을 갖고 있다. 문제는 우리가 과감히 나는 법을 배울 수 있을 만한 용기가 있느냐는 것이다.

마지막 지혜의 말씀들

"신은 먼저 바보를 창조하셨다. 그건 연습이었다. 그런 다음 그분은 교육위원회를 창조하셨다."라는 마크 트웨인의 농담이 있다.

교육위원회는 돈에 대해 현명한 사람들로 구성돼 있을까, 아니면 금융에 대해 아무것도 모르는 눈먼 쥐들로 이뤄져 있을까?

부자 아빠는 말했다.

"돈은 누구든 쓸 수 있다. 돈을 쓰는 데는 특별한 재능이나 교육이 필요치 않다. 돈을 만들고, 유지하고, 무엇보다 그 돈을 바보들로부터 멀리 떨어뜨려 놓기 위해서는 현명한 사람들이 필요하다."

아인슈타인은 말했다

"교육이란 학교에서 배운 것을 잊어버린 다음 남는 것이다."

돈에 대해 학교에서 배우지 않는데 어떻게 잊어버릴 수가 있겠는가? 아인슈타인은 또 이렇게 말했다.

"상상력은 지식보다 더 중요하다."

부자 아빠도 같은 의견이었다. 그분은 그 말에 이렇게 덧붙였다.

"상상력은 지식보다 '더' 중요하다. 아인슈타인은 지식이 중요하지

'않다'고는 말하지 않았다. 지식도 매우 중요하다. 지식은 사람의 상상력을 뒷받침해 주기 때문이다."

부자 아빠는 말했다.

"누구나 돈이 될 수 있는 훌륭한 아이디어를 갖고 있다. 하지만 금융 교육을 받지 않으면 아이디어는 아이디어로, 희망은 희망으로, 꿈은 꿈으로만 남을 뿐이다."

"그중에서 최악은 금융 지식이 없다면 세상을 바꿀 수 있는 수많은 획기적인 아이디어와 인류의 삶을 증진시킬 수 있는 발명품, 세계 평화를 가져올 수 있는 제품들이 사람들의 머릿속에 상상으로만 남게 된다는 것이다."

"지식이 없으면 정보는 무의미하다. 지식이 없으면 대부분의 사람들은 수백만 달러짜리 기회를 그냥 지나치게 될 것이다."

"지식은 상상력을 현실로, 아이디어를 돈으로 현실화하는 힘이다."

정보수익도 지식이 존재할 때만 얻을 수 있다. 지식이 없다면 정보는 무의미하며, 금융 교육을 받지 않은 지식은 부로 발전할 수 없다.

버크민스터 풀러는 이렇게 썼다.

한 명의 개인으로서 생각해 보기 바란다. 개인은 이렇게 말할 것이다. "내가 뭘 할 수 있지? 난 그저 하찮고 평범한 사람일 뿐인데."

당신이 무엇을 할 수 있는지 말해 주겠다. 앞서 말했지만, 우리는 마지막 시험을 치르고 있다. 나는 어젯밤, 우리가 이 우주에서 하나의 역할을 수행하고 있다고 말했다. 우리는 이곳 우주의 정보를 수집하고, 영원히 재생을 거듭하는 우주의 온전성을 유지하는 데 필요한 국지적인 문제를 해결하기 위해 여기에 있다.

그러나 온전성이란 본질이다. 보이지 않는 세상에는 눈에 보이는 미적인 특성이 없다. 보이지 않는 세상에 존재하는 유일한 미적 특성은 바로 온전함이다. 현재 우리가 향해 가고 있는 이 위대한 컴퓨터 세상에서 말이다.

하와이의 내 친구 랜돌프 크래프트에게 정말이지 감사하지 않을 수 없다. 내가 1981년에 캘리포니아주 타호 호수 근처에 있는 커크우드에서 열린 풀러 박사의 '비즈니스의 미래' 세미나에 참석한 것은 다 그 친구가 꼬드긴 덕분이기 때문이다.

솔직히 풀러 박사의 이야기는 내게 지루하게 느껴졌다. 세미나는 아침 일찍 시작해 밤늦게까지 이어졌고, 나는 꾸벅꾸벅 졸기 일쑤였다. 이번에도 내가 고등학교 때 그랬던 것처럼, 세미나 기간인 닷새 내내 졸지 않고 강연에 집중할 수 있게 도와준 사람은 랜돌프였다.

랜돌프는 내가 영상 녹화팀에 참가하게 해 주었고, 덕분에 나는 나중에 내 인생에서 가장 중요해진 강연 시간 내내 잠들지 않고 정신을 집중할 수 있었다. 그리고 그때의 세미나가 내 인생의 방향을 완전히 뒤바꿔 놓았다.

버키 풀러가 정보화 시대가 무형화 시대로, 그리고 무형화 시대가 온전함의 시대로 변화할 것이라고 말했을 때, 나는 눈을 뜨고 깨어났다.

페이크

당시에 나는 성공과는 거리가 먼 사람이었다. 사업도 인생도 엉망이었다. 그러나 풀러의 말은 내게 경종을 울려 주었고, 지난 인생을 돌아보며 내가 온전함에서 얼마나 멀리 떨어져 있는지 자각하게 해 주었다. 그 1981년 이후, 나는 내가 삶의 수많은 분야에서 온전함을 잃었다는 사실을 깨닫고 '내 행동을 정리'하기 시작했다.

내가 참가한 도합 세 번의 세미나에서, 풀러 박사는 "온전함은 모든 성공적인 것의 정수"라고 말했다. 내가 특히 깊은 감명을 받은 것은 온전함에 관한 바로 그 이야기였다.

한 명의 개인으로서 생각해 보기 바란다. 개인은 이렇게 말할 것이다. "내가 뭘 할 수 있지? 난 그저 하찮고 평범한 사람일 뿐인데."

당신이 무엇을 할 수 있는지 말해 주겠다. 앞서 말했지만, 우리는 마지막 시험을 치르고 있다. 나는 어젯밤, 우리가 이 우주에서 하나의 역할을 수행하고 있다고 말했다. 우리는 이곳 우주의 정보를 수집하고, 영원히 재생을 거듭하는 우주의 온전성을 유지하는데 필요한 국지적인 문제를 해결하기 위해 여기에 있다.

풀러 박사는 1983년 7월 1일에 세상을 떠났다. 내가 그를 마지막으로 만나고 한 달 뒤의 일이었다.

그 소식을 들었을 때 나는 호놀룰루에서 H-1 도로를 운전하고 있었고, 즉시 길가에 차를 세우고 울음을 터트렸다. 나는 항상 그가 우리

곁에서 지켜보며 이 혼란스러운 상황에서 인류를 이끌어 줄 것이라 생각했건만…… 이제 그는 세상에 없었다. 그분의 말씀이 끊임없이 머릿속에서 맴돌았다.

"내가 뭘 할 수 있지? 난 그저 하찮고 평범한 사람일 뿐인데."

그로부터 몇 달 뒤에 나는 풀러 박사의 유작인 『자이언트 그런치』를 읽었다.

그 책을 읽고 있으니 어린 시절 부자 아빠와 가난한 아빠에게서 배운 가르침과, 베트남에서 겪은 추락사고, 금 가격을 할인해 주지 않겠다고 거절한 베트남의 거래상…… 그리고 하와이로 돌아왔을 때 가난한 아빠가 부패한 주지사에게 대항한 대가로 실업자가 되었다는 사실을 알게 되었던 일이 떠올랐다. 수많은 견해와 관점들이 기억났다. 가난한 아빠는 내가 학위를 따길 바랐고, 부자 아빠는 빚과 세금에 대해 배우길 원했다.

1983년에 나는 여전히 하찮고 평범한 사람이었지만 내가 무엇을 해야 할지 알고 있었다.

1983년에 나는 엔터테인먼트 분야에서 일하고 있었다. 재미는 있었지만 인생의 목표는 아니었고, 그래서 파트너에게 아무런 요구도 없이 사업을 넘겼다. 나는 더 이상 그 일을 하고 싶지 않았다.

풀러는 "학자들이 그들만의 학업으로 돌아갈 수 있도록 자유롭게 해방시켜야 한다."고 말했다.

나는 1983년에 내 인생 최초로 진짜 학생이 되었다. 나는 처음으로 완전함을 느꼈다. 나는 오롯했다. 나는 온전한 학생이었다. 더 이상 가짜 학생이 아니라 진짜 학생이었다. 나는 '그런치'를 공부하는 학생이 되었다.

1984년에 하와이를 떠날 준비를 하고 있을 때 나는 세상에서 가장 아름다운 여인을 만났고, 삶의 목적에 대한 이야기를 나누며 사랑에 빠졌다.

나는 직장도, 돈도, 미래도 없었지만, 킴과 함께 손을 잡고 신념의 도약을 이뤘다. 우리는 하와이를 떠나 캘리포니아로 향했다. 한동안 집도 없이 떠돌며 끔찍한 사람들과 훌륭한 사람들을 만났고, 말 그대로 산전수전을 다 겪었다. 그러나 우리는 절대로 뒤돌아보지 않았다. 킴과 나는 함께함으로써 온전했고, 인생의 목적과 사명이 있기에 온전했다. 삶이 힘들고 어려울수록 우리는 더 '안티프래질'이 되었다. 무엇도 우리를 멈출 수 없었다.

우리는 "온전함은 모든 성공적인 것의 정수다."라는 말을 그때도, 그리고 지금까지도 마음속 깊이 새기고 있다. 그리고 지금, 우리는 그 말에 무형화 시대에 알맞은 또 다른 의미가 숨어 있음을 안다. 변화와 첨단기술, 그리고 돈의 세계가 전부 보이지 않게 된 이 시대에.

> **온전함integrity**
> 1. 정직하고 강력한 도덕적 원칙을 가진 것. 정신적 고결함
> 2. 오롯하고 고스란한 상태

마지막으로, 킴과 내가 직업도 없고 돈도 없던 시절에도 버틸 수 있게 원동력이 되어 주었던 버키 풀러의 말로 이 글을 마친다.

"만약 이 행성과 인류의 성공이나 실패가
나라는 사람과 내 행동으로 결정된다면……
나는 어떤 사람이 될 것인가?
나는 무엇을 할 것인가?"

전 세계의 독자들이 묻고
로버트 기요사키가 답하다

Q 가짜 귀금속, 특히 가짜 금과 은에 대해 얼마나 조심해야 할까?
— 숀 T.(캐나다)

A 가짜와 위조품이 있다는 사실을 늘 염두에 두고, 신뢰할 수 있는 거래상과만 거래하라.

Q 금을 투자하기에 안 좋은 시기가 있는가?
— 알렉산드라 B.(미국)

A 그렇다. 너무 탐욕스럽거나 욕심이 많아질 때에는 금에 투자하지 않는 게 좋다.

Q 내가 금이나 은에 투자하기가 꺼려지는 이유는 언젠가 정부가 몰수해 갈까 봐 불안하기 때문이다. 언젠가 정말로 그런 일이 발생할 수도 있을까?
— 리우 X.(중국)

A 무슨 일이든 일어날 수 있다. 미국 정부가 국민들의 금을 몰수할 것 같지는 않지만, 그렇다고 그럴 리가 없다고 확신할 수도 없다. 그래서 나는 항상 대책을 세워 둔다.

Q 만약에 풀러 박사가 아직 살아 있고, 당신이 경제적 성공을 거두고 캐시플로 보드게임을 발명해 다른 사람들에게 투자에 대해 가르치고 있다는 걸 알면 뭐라고 말씀하실 것 같은가?
— 이루 L.(아르헨티나)

A 내가 『자이언트 그런치』를 읽고 스스로 행동에 나섰다는 걸 알면 기뻐하실 것 같다.

맺음말

교육이 그 어느 때보다도 중요한 시대가 왔다. 교육의 힘은 그 무엇과도 비교할 수 없을 만큼 강력하다.

하지만 나는 이렇게 묻고 싶다. 배움을 얻을 교사를 선택함에 있어, 당신은 동방박사를 따르겠는가, 아니면 눈먼 생쥐를 따르겠는가?

우리는 모두 독수리다. 우리 모두에게는 날개가 있고, 하늘을 나는 법을 배울 수 있는 영혼이 있다.

우리에게는 선택권이 있다. 그러니 스스로에게 물어보라. 당신은 과감하게 하늘 위로 날아오를 용기가 있는가?

이 책을 읽어 준 독자들에게 감사하며
로버트 기요사키

사진 출처

62쪽, Getty Images/Corbis
139쪽, (좌상) Getty Images/Albert Harlingue/Roger Viollet
    (우상) Getty Images/Universal History Archive
    (좌하) Getty Images/Corbis
    (우하) Getty Images/ullstein bild
140쪽, Getty Images/H. Miller

저자 소개

로버트 기요사키 | Robert T. Kiyosaki

재테크 분야의 고전으로 손꼽히는 '부자 아빠 가난한 아빠' 시리즈를 통해 전 세계 수천만 사람들의 돈에 대한 인식을 바꿔 놓았다. 사업가이자 교육자이며, 나아가 일자리를 창출할 사업가가 세상에 더 많이 필요하다고 믿는 투자가다.

돈과 투자에 대해 기존의 통념과 대조적인 사고방식, 직설적인 화법과 대담한 태도로 국제적인 명성을 떨치고 있다. 돈과 투자, 금융 및 경제와 관련된 복잡한 개념을 단순하게 설명하는 놀라운 재능을 지녔으며, 재정적 자유를 얻게 된 자신의 여정을 담은 이야기로 세대와 국적을 초월한 다양한 독자들에게 울림을 주었다.

그는 좋은 일자리를 얻어서, 돈을 모아 빚을 갚고, 장기적으로 분산 투자하라는 기존의 충고는 한물간 구식이라고 평한다. "당신의 집은 자산이 아니다." "현금 흐름을 얻기 위해 투자하라." "저축을 하는 사람은 패배자다." 등 그의 가르침과 철학은 커다란 논란을 일으켰지만, 지난 20년간 사실임이 증명되었다.

『부자 아빠 가난한 아빠』를 비롯해 25권의 저서를 펴냈으며, 그의 책들은 전 세계 베스트셀러 명단에 굳건히 자리를 지키고 있다. 금융 교육 회사인 리치 대드 컴퍼니를 설립해 많은 사람들을 경제적 안정으로 가는 길로 안내하는 한편, CNN, BBC 등의 언론 매체와 「래리 킹 라이브」, 「오프라 쇼」를 비롯한 다양한 프로그램에 출연해 투자와 경제적 성공에 대한 해답을 제시하고 있다.

옮긴이 | 박슬라

연세대학교에서 영문학과 심리학을 전공했으며, 현재 전문 번역가로 활동 중이다. 옮긴 책으로는 『스틱!』, 『부자 아빠의 투자 가이드』, 『부자 아빠의 자녀 교육법』, 『부자 아빠의 금·은 투자 가이드』, 『인비저블』, 『순간의 힘』, 『한니발 라이징』, 『아머』, 『칼리반의 전쟁』, 『몬스트러몰로지스트』, 『다섯 번째 계절』 등이 있다.

페이크

1판 1쇄 펴냄 2019년 7월 17일
1판 13쇄 펴냄 2024년 1월 22일

지은이 | 로버트 기요사키
옮긴이 | 박슬라
발행인 | 박근섭
책임편집 | 강성봉, 정지영
펴낸곳 | ㈜민음인

출판등록 | 2009. 10. 8 (제2009-000273호)
주소 | 135-887 서울 강남구 신사동 506 강남출판문화센터 5층
전화 | 영업부 515-2000 **편집부** 3446-8774 **팩시밀리** 515-2007
홈페이지 | minumin.minumsa.com

도서 파본 등의 이유로 반송이 필요할 경우에는 구매처에서 교환하시고
출판사 교환이 필요할 경우에는 아래 주소로 반송 사유를 적어 도서와 함께 보내주세요.
06027 서울 강남구 도산대로 1길 62 강남출판문화센터 6층 민음인 마케팅부

한국어판 ⓒ ㈜민음인, 2019. Printed in Seoul, Korea
ISBN 979-11-5888-534-2 03320

㈜민음인은 민음사 출판 그룹의 자회사입니다.